全国高等教育自学考试指定教材
行政管理专业（专科）

管理心理学

Guanli Xinli Xue

（含：管理心理学自学考试大纲）

（2011年版）

全国高等教育自学考试指导委员会　组编

主　编　程正方

图书在版编目（CIP）数据

管理心理学：2011年版/程正方主编.—北京：高等教育出版社，
2011.4（2024.4重印）
ISBN 978-7-04-028271-9

Ⅰ.①管… Ⅱ.①程… Ⅲ.①管理心理学-高等教育-自学考试-
自学参考资料 Ⅳ.①C93-05

中国版本图书馆CIP数据核字（2011）第049862号

策划编辑 王小钢　　责任编辑 王小钢　　版式设计 王艳红
责任校对 刘 莉　　责任印制 刁 毅

出　版	高等教育出版社	网　址	http://www.hep.edu.cn	
社　址	北京市西城区德外大街4号		http://www.hep.com.cn	
邮政编码	100120	网上订购	http://www.hepmall.com.cn	
印　刷	北京市大天乐投资管理有限公司		http://www.hepmall.com	
开　本	787×1092　1/16		http://www.hepmall.cn	
印　张	17.25			
字　数	420 000	版　次	2011年4月第1版	
购书热线	010-58581118	印　次	2024年4月第17次印刷	
咨询电话	400-810-0598	定　价	30.00元	

本书如有缺页、倒页、脱页等质量问题，请到教材供应部门联系调换
版权所有　侵权必究
物料号 28271-00

总目录

管理心理学自学考试大纲 ·· 1

    前言 ··· 3
    目录 ··· 5
    Ⅰ 课程性质、设置目的与要求 ·· 7
    Ⅱ 考核目标 ·· 8
    Ⅲ 课程内容与考核要求 ·· 9
    Ⅳ 相关说明与实施要求 ·· 23
    考试题型样例 ··· 27
    对制定《管理心理学自学考试大纲》的几点说明 ·· 30

管理心理学（指定教材） ·· 31

    组编前言 ··· 33
    前言 ··· 35
    目录 ··· 37
  第一篇　总论 ·· 39
    第一章　管理心理学绪论 ·· 39
    第二章　管理和管理心理学的基本理论与人性观的发展 ··· 62
  第二篇　个体心理与管理 ··· 80
    第三章　认知的个体差异与管理 ··· 80
    第四章　个性差异与管理 ·· 98
    第五章　需要、动机、激励与员工积极性的调动 ·· 119
    第六章　工作态度、心理契约、心理压力与管理 ·· 139
  第三篇　团体心理与管理 ··· 153
    第七章　团体行为与管理 ·· 153
  第四篇　组织心理与管理 ··· 206
    第八章　组织行为与管理 ·· 206
    第九章　组织文化与组织形象建设 ··· 228
  第五篇　领导心理与管理 ··· 243
    第十章　领导行为与管理 ·· 243
  参考文献 ·· 270

全国高等教育自学考试
行政管理专业（专科）

管理心理学自学考试大纲

全国高等教育自学考试指导委员会　制定

前　言

　　为了适应社会主义现代化建设事业的需要,鼓励自学成才,我国在20世纪80年代初建立了高等教育自学考试制度。高等教育自学考试是个人自学、社会助学和国家考试相结合的一种高等教育形式。应考者通过规定的专业考试课程并经思想品德鉴定达到毕业要求的,可获得毕业证书;国家承认学历并按照规定享有与普通高等学校毕业生同等的有关待遇。经过近30年的发展,高等教育自学考试为国家培养造就了大批专门人才。

　　"课程自学考试大纲"是国家规范自学者学习范围、要求和考试标准的文件。它是按照专业考试计划的要求,具体指导个人自学、社会助学、国家考试、编写教材、编写自学辅导书的依据。

　　随着经济社会的快速发展,新的法律法规不断出台,科技成果不断涌现,原大纲中有些内容过时,知识陈旧。为更新教育观念,深化教学内容方式、考试制度、质量评价制度改革,使自学考试更好地提高人才培养的质量,各专业委员会按照专业考试计划的要求,对原课程自学考试大纲组织了修订或重编。

　　修订后的大纲,在层次上,专科参照一般普通高校专科或高职院校的水平,本科参照一般普通高校本科水平;在内容上,力图反映学科的发展变化,增补了自然科学和社会科学近年来研究的成果,对明显陈旧的内容进行了删改。

　　全国考委公共管理类专业委员会组织制定了《管理心理学自学考试大纲》,经教育部批准,现颁发施行。各地教育部门、考试机构应认真贯彻执行。

全国高等教育自学考试指导委员会
2010年9月

目 录

Ⅰ 课程性质、设置目的与要求 7
Ⅱ 考核目标 8
Ⅲ 课程内容与考核要求 9
  第一章 管理心理学绪论 9
    一、课程内容 9
    二、自学要求 9
    三、考核知识点及考核要求 9
  第二章 管理和管理心理学的基本理论与人性观的发展 10
    一、课程内容 10
    二、自学要求 11
    三、考核知识点及考核要求 11
  第三章 认知的个别差异与管理 12
    一、课程内容 12
    二、自学要求 12
    三、考核知识点及考核要求 12
  第四章 个性差异与管理 13
    一、课程内容 13
    二、自学要求 14
    三、考核知识点及考核要求 14
  第五章 需要、动机、激励与员工积极性的调动 14
    一、课程内容 14
    二、自学要求 15
    三、考核知识点及考核要求 15
  第六章 工作态度、心理契约、心理压力与管理 15
    一、课程内容 15
    二、自学要求 16
    三、考核知识点及考核要求 16
  第七章 团体行为与管理 16
    一、课程内容 16
    二、自学要求 17
    三、考核知识点及考核要求 18
  第八章 组织行为与管理 19
    一、课程内容 19
    二、自学要求 19
    三、考核知识点及考核要求 19

第九章 组织文化与组织形象建设 ·················· 20
  一、课程内容 ·················· 20
  二、自学要求 ·················· 20
  三、考核知识点及考核要求 ·················· 20
第十章 领导行为与管理 ·················· 21
  一、课程内容 ·················· 21
  二、自学要求 ·················· 21
  三、考核知识点及考核要求 ·················· 22
Ⅳ 相关说明与实施要求 ·················· 23
  一、制定自学考试大纲的目的及其作用 ·················· 23
  二、课程自学考试大纲与教材的关系 ·················· 23
  三、关于自学教材 ·················· 24
  四、关于自学要求 ·················· 24
  五、自学方法的指导 ·················· 24
  六、应考指导 ·················· 25
  七、对于社会助学的建议 ·················· 25
  八、关于命题考试的规定 ·················· 25
考试题型样例 ·················· 27
对制定《管理心理学自学考试大纲》的几点说明 ·················· 30

Ⅰ 课程性质、设置目的与要求

　　管理心理学是研究管理过程中人的社会心理活动及行为规律,提高领导与管理效能的一门学科。"管理心理学"课程是为高等教育自学考试公共管理类行政管理专业(专科)自学考试设置的一门选修课程(5学分),同时也兼顾其他专业高等教育自学考试开设同类课程的需要。

　　管理心理学是管理学与心理学交叉而形成的一门新兴的中间与边缘性学科,是一门多学科、多层次、理论性很强的应用心理学科分支。学习这门学科应具有基础心理学、社会学与社会心理学、管理学、文化与人类学等先修学科的知识。

　　在高等教育自学考试管理类专业开设管理心理学的主要目的是:使自学者与应考者认识与重视管理心理学在现代管理科学中的地位、性质、目的、对象、意义与作用;领会与理解管理心理学的基本知识与概念、基本理论与原理,分析与掌握个体、团体、组织、领导等心理与行为活动的规律,提高学员研究、预测、指导、控制和调节人的心理与行为活动的能力,进而提升他们的心理素养、管理能力与水平,促进企业与各类组织生产效率的提高,以及社会物质文明、精神文明、政治文明、生态文明建设的发展。

　　学习这门学科的要求是:学员要认真阅读和理解教材的内容,把握知识与原理的重点与难点,在头脑中形成管理心理学的学科知识体系;要紧密联系实际,应用所学的知识与原理解决社会生活与各类管理活动中的实际问题;要重视与掌握学习与研究管理心理学的基本方法,在学习、思考、研究与应用过程中,提升学员的自学与解决实际问题的效能与水平。

II 考核目标

本大纲在考核目标中,按照识记、领会、简单应用和综合应用四个层次规定其应达到的能力层次要求,这四个能力层次是递进等级关系。其含义分别是:

识记:要求考生能够识别和记忆管理心理学的主要内容,如定义、特点与规律、原理与原则等,并能做出正确的表述、判断和选择。

领会:要求考生能够全面领悟和理解管理心理学基本概念和基本原理的内涵和外延,能掌握和分析有关概念和原理的区别与联系,并能根据考核的不同要求,对管理心理学的基本问题做出正确的判断、解释和说明。

简单应用:要求考生能够根据已掌握的管理心理学知识,分析解答基本问题,得出正确的判断或结论。或者能运用本课程的个别知识点,简要分析和解决管理中存在的一些简单问题。

综合应用:要求考生能够综合运用管理心理学的基本知识和原理,分析和解决企业和行政管理过程中存在一些比较复杂的理论和实际问题。或者能综合运用本课程的多个知识点,综合分析和解决比较复杂的问题。

需要特别指出的是,试题的难易程度与能力层次的高低不是一个概念。试题的难易程度是指思维过程的复杂程度和分析处理的繁简、技巧。能力层次体现的是对管理心理学概念和规律的理解程度,以及对心理规律的综合应用能力,在各个能力层次中,有不同难易度的试题,切勿混淆。

Ⅲ 课程内容与考核要求

第一章 管理心理学绪论

一、课程内容

（一）管理与心理
1. 管理的概述
2. 心理的概述
3. 心理与管理的关系

（二）管理心理学的研究对象
1. 管理心理学的研究对象及其特点
2. 管理心理学的内容与范围
3. 管理心理学的学科性质及其与相关学科的关系

（三）管理心理学的研究任务
1. 管理心理学服务的两个重要目的
2. 管理心理学的研究任务
3. 逐渐完善与发展管理与行为科学的理论，建立我国有特色的管理心理学学科体系

（四）管理心理学的研究原则与方法
1. 管理心理学的研究原则
2. 管理心理学的研究方法

二、自学要求

1. 了解与领会管理与心理的关系，心理规律在管理活动中的意义与作用。
2. 领会与理解管理心理学的研究对象与内容、管理心理学的研究任务与意义。
3. 理解与掌握管理心理学的研究原则与具体研究方法。
4. 本章重点：管理与心理的关系；管理心理的研究对象、服务目的与研究任务。

三、考核知识点及考核要求

（一）关于管理与心理
1. 识记：管理的概念、对象、职能、目的、心理学、心理、心理过程、个性（人格）。

2. 领会:实现管理目标必须遵循的依据、人本管理与人的心理关系。
3. 简单应用:掌握有效管理的心理依据与原理。

(二) 关于管理心理学的研究对象
1. 识记:管理心理学的对象。
2. 领会:管理心理学的内容与学科性质。
3. 简单应用:分析说明管理心理学研究对象的特点。
4. 综合应用:管理心理学的学科性质及其与工业心理学、行为科学、社会心理学、管理学等的区别与联系。

(三) 关于管理心理学的研究任务
1. 识记:管理心理学的服务目的、管理心理学的研究任务。
2. 领会:学习管理心理学的理论与实践意义。
3. 综合应用:举例说明管理心理学的理论与实践意义,及其对促进我国四个文明建设发展的作用。

(四) 关于管理心理学的研究原则与方法
1. 识记:管理心理学原则与方法的概念。
2. 领会:管理心理学研究原则的含义与侧重点、各种方法的优缺点。
3. 简单应用:结合实例说明管理心理学研究原则与方法的实际应用。

第二章 管理和管理心理学的基本理论与人性观的发展

一、课程内容

(一) 早期文明与工业革命时期的管理
1. 早期文明的管理
2. 工业革命时期的管理特点与管理先驱的思想

(二) 古典管理理论的形成与工业心理学的兴起
1. 古典管理理论的形成
2. 早期工业心理学的诞生

(三) 管理心理学的产生、形成与发展
1. 管理心理学的产生——人际关系(行为科学)理论的产生
2. 管理心理学的形成(形成的标志)
3. 管理心理学的发展——在美国与中国的发展

(四) 现代"管理科学"的理论
1. 现代"管理科学"学派
2. 现代"管理科学"的基础——运筹学
3. 现代"管理科学"的特点——系统分析
4. 现代"管理科学"的灵魂——决策论
5. 系统工程及最新管理理论阶段

（五）人性假设理论的演化与发展

1．马克思主义的人性观（人的本质、价值与需要）

2．西方管理心理学人性假设的提出及其内容要点

3．西方管理心理学中的人性假设与管理理论

二、自学要求

1．了解管理思想、管理理论的起源与发展。

2．领会管理心理学的产生与形成过程和特点，理解人性假设与管理理论之间的关系，以及现代人性观的发展。

3．能分析与简单评析不同人性观与管理理论在实践中的应用。

4．本章重点：古典管理理论、管理心理学（人际关系理论）产生、人性假设与管理理论的演化与发展。

三、考核知识点及考核要求

（一）关于早期文明与工业革命时期的管理

1．识记：早期文明国家（古巴比伦、埃及、罗马、中国）的管理实例。

2．领会：工业革命时期管理先驱（欧文、巴贝奇、尤尔、迪潘、麦卡拉姆等）的管理思想。

3．简单应用：分析管理思想发展与社会发展的关系。

（二）关于古典管理理论的形成与工业心理学的兴起

1．识记：泰勒的科学管理、法约尔的管理、韦伯的官僚模型、闵斯特伯格的工业心理学。

2．领会：古典管理与工业心理学结合产生管理心理学的作用。

3．简单应用：分析泰勒科学管理的积极与消极作用。

（三）关于管理心理学的产生、形成与发展

1．识记：霍桑实验阶段、霍桑效应、人际关系（行为科学）理论。

2．领会：霍桑效应的作用与人际关系理论的要点。

3．综合应用：根据霍桑效应与人际关系（行为科学）理论提高企业与行政管理的效能；综合分析古典理论与人际关系（行为科学）理论的特点以及两者的区别。

（四）关于现代"管理科学"的理论

1．识记：现代管理科学学派、社会系统学派、决策理论学派、系统管理学派、经验主义学派、权变理论学派。

2．领会：社会系统理论、决策理论、权变理论的管理要点。

（五）关于人性假设理论的演化与发展

1．识记：人本管理、X理论、人际关系理论、Y理论、超Y理论、经济人、社会人、自动人、复杂人等概念。

2．领会：各种不同的人性假设与不同管理理论之间的关系。

3．综合应用：举例分析各种人性假设的基本观念及其对应管理理论的特点和功能。

第三章　认知的个别差异与管理

一、课程内容

（一）一般知觉

1. 知觉的概念：反映论的知觉概念、信息加工的知觉概念
2. 知觉的种类——空间、时间与运动知觉
3. 知觉的基本特性——选择性、理解性、整体性和恒常性
4. 影响知觉的因素——主观因素与客观因素

（二）社会知觉（认知）

1. 社会知觉的概念
2. 社会知觉的种类——对他人、自我、角色和人际的知觉

（三）归因——知觉社会行为的原因

1. 归因的概念与模式
2. 归因偏差与归因偏差的克服

（四）社会知觉的主要影响因素与效应

1. 首因与近因效应
2. 晕轮（光环）效应
3. 心理定势现象
4. 制约（条件）反射现象
5. 社会知觉的其他效应——投射、迷信心理、情绪效应、线索偏差、自己人效应、自我中心、积极性偏差、后视偏差和名人效应等

（五）社会知觉的应用及印象整合与管理

1. 社会知觉的应用
2. 社会知觉的印象整合与管理方法

二、自学要求

1. 了解一般知觉的概念、种类、基本特性、社会知觉（认知）的概念与种类。
2. 理解知觉基本特性之间的关系和影响知觉的主客观因素、社会知觉的各种障碍偏差与效应。
3. 掌握社会知觉的归因方法并认识社会知觉与行为的原因、有效进行社会知觉的信息整合与印象管理。
4. 本章重点：社会知觉的概念、种类；社会知觉的障碍偏差与效应；归因概念与归因偏差；印象管理等。

三、考核知识点及考核要求

（一）关于一般知觉过程

1. 识记：一般知觉的概念、知觉过程、知觉种类、知觉基本特性。

2. 领会：影响知觉基本特性的因素、深度知觉的单眼与双眼线索、形状知觉的组织构图原则。

3. 简单应用：联系实际应用与分析影响知觉的主观、客观因素。

（二）关于社会知觉（认知）

1. 识记：社会知觉、对人的认知、人际知觉、角色与角色知觉、自我与自我知觉的概念。

2. 领会：对他人知觉的影响因素与表情线索、人际知觉的影响因素、角色知觉过程与角色知觉标准及影响因素、自我知觉的构成要素。

3. 简单应用：联系实际分析角色知觉的影响因素与效应。

4. 综合应用：应用知人方法分析如何知人善任；根据个人的成长与发展简要分析自我知觉的形成过程、重要途径和自我管理的方法。

（三）关于归因——知觉社会行为的原因

1. 识记：归因的概念及归因的内容。

2. 领会：海德、维纳、凯利三种不同的归因模式；归因有哪些常见的偏差。

3. 简单应用：根据归因模式分析并知觉社会行为的原因。

4. 综合应用：联系实际分析如何克服常见的归因偏差。

（四）关于社会知觉的主要影响因素与效应

1. 识记：社会知觉各种效应的概念。

2. 领会：认识社会知觉各种效应的现象及其积极与消极作用。

3. 简单应用：举例分析公共管理与社会生活中的社会知觉效应及其防范。

（五）关于社会知觉的应用及印象整合与管理

1. 识记：社会知觉印象整合的平均法则、叠加法则、加权平均法则、印象管理等概念。

2. 领会：印象管理的"登门槛"效应、"门面"效应及其作用。

3. 综合应用：联系实际分析说明如何进行社会知觉的有效应用与管理。

第四章　个性差异与管理

一、课程内容

（一）能力的差异与管理

1. 能力的概述（概念、结构与种类）
2. 能力差异的分析
3. 能力差异的管理

（二）气质的差异与管理

1. 气质的概述
2. 气质的学说（体质与体型说、激素与体液说、神经类型说）
3. 气质类型的差异分析
4. 气质差异在管理中的应用

（三）性格的差异与管理

1. 性格的概述(性格的概念及其与气质的关系)
2. 性格(结构)特征分析——性格的态度、情绪、意志和理智体征
3. 性格的类型——性格机能类型、内外倾向类型、优越型与自卑型、场独立型与场依存型、"五因素性格类型"及社会文化类型
4. 性格差异在管理中的应用

二、自学要求

1. 了解个性(人格)、能力与智力、气质、性格等概念。
2. 领会与理解个性的结构、能力的种类、气质的类型与神经机制、性格的结构与类型。
3. 掌握根据个性(能力、气质与性格)差异,进行有效管理的方法。
4. 本章重点:个性(能力、气质、性格)的差异与管理。

三、考核知识点及考核要求

(一) 关于能力差异与管理
1. 识记:能力、智力、知识、技能的概念;能力的种类。
2. 领会:能力与智力的结构,能力的差异,知识技能与能力的关系。
3. 综合应用:联系实际分析说明如何根据能力差异有效进行人力资源的管理应用与开发。

(二) 关于气质的差异与管理
1. 识记:气质与气质类型概念。
2. 领会:气质的神经机制及气质类型与神经类型的关系。
3. 简单应用:联系实际分析气质差异在社会生活与管理中的意义和作用。

(三) 关于性格的差异与管理
1. 识记:个性、人格、性格的概念。
2. 领会:性格的结构、性格的类型、性格与气质的关系。
3. 综合应用:联系实际分析怎样根据人的性格差异进行有效的管理。

第五章 需要、动机、激励与员工积极性的调动

一、课程内容

(一) 行为与动机
1. 人的行为概念、模型及其特点
2. 动机与目的
3. 目标设置与目标管理

(二) 需要与激励
1. 需要的实质与分类
2. 激励的概念、过程与管理对策
3. 激励机制的设计与激励原则、方法

（三）激励理论及其应用
1. 内容型激励理论——需要层次论，"生存、关系、成长"需要论，双因素论，成就需要论
2. 过程型激励理论——期望理论、内外综合激励理论、公平理论
3. 行为矫正理论——条件反射的强化理论

二、自学要求

1. 了解需要、动机、激励、目标、目标设置与目标管理的概念。
2. 理解需要的种类、动机与目的的关系及其制约作用，目标设置的要点与目标管理理论，内容型、过程型与行为矫正型激励理论。
3. 掌握激励理论的基本模式与观点、各种激励理论的评价并联系实际应用来调动员工的积极性。
4. 本章重点：激励的过程，需要、激励与管理的关系，激励的原则与方法，各种激励理论的模型要点与应用。

三、考核知识点及考核要求

（一）关于行为与动机
1. 识记：行为、动机、目的、兴趣与爱好、价值观、理想与信念、目标管理的概念。
2. 领会：行为的模型、人类行为的特点、动机的分类与动机系统。
3. 简单应用：联系实际分析说明目标设置与目标管理的方法。

（二）关于需要与激励
1. 识记：需要、激励的概念。
2. 领会：需要的产生、需要的种类、激励的过程与模式、需要激励与管理的策略。
3. 综合应用：联系实际分析知识员工的特点；如何运用激励机制、激励原则、激励方法的知识调动员工的积极性。

（三）关于激励理论与应用
1. 识记：自我实现、社交需要、成就需要、权力需要、双因素（激励因素与保健因素）、期望值（E_{ia}、E_{ej}）、效价（V_{it}、V_{ia}、V_{ej}）、工具性效价、条件反射、强化等概念。
2. 领会：马斯洛需要层次的内容与层次关系、奥德福需要层次论与马斯洛需要层次论的比较、赫茨伯格双因素论的基本观点、麦克莱兰的成就需要论的基本思想、期望理论的模型与基本观点、豪斯的综合激励模型与基本思想、公平理论的模型、强化的公式与强化原则。
3. 综合应用：联系实际综合运用或分别运用需要层次理论、双因素理论、豪斯的综合模型、期望理论、公平理论、强化理论等的基本原理与方法激励员工，调动他们的积极性。

第六章　工作态度、心理契约、心理压力与管理

一、课程内容

（一）工作态度与工作满意度
1. 态度与工作满意度的概念

2. 工作满意度的影响因素与调查

3. 工作满意度的提升策略

（二）心理契约、组织承诺与忠诚管理

1. 心理契约——概念与特性、内容构成、类型、破裂违背与管理

2. 组织承诺与忠诚管理——概念、维度与管理

（三）职业倦怠、心理压力、情商管理与 EAP

1. 职业倦怠与心理压力

2. 情商管理与情绪调控

3. EAP（员工帮助计划）

二、自学要求

1. 了解态度、工作态度、心理契约、职业倦怠、心理压力、情商等概念。

2. 理解心理契约与组织承诺的结构内容、职业倦怠与心理压力的原因。

3. 掌握如何通过有效管理手段来提高满意度、忠诚度与组织承诺水平，以及通过情商管理与 EAP 系统的建立来调控心理压力，降低职业倦怠水平。

4. 本章重点：心理契约、组织承诺、忠诚管理、情商管理、EAP 系统等降低心理压力与职业倦怠水平。

三、考核知识点及考核要求

（一）关于态度与工作态度

1. 识记：态度、工作满意度、工作参与等概念。

2. 领会：影响工作满意度的因素。

3. 应用：联系实际分析提升满意度的策略。

（二）心理契约、组织承诺与忠诚管理

1. 识记：心理契约、组织承诺、组织忠诚等概念。

2. 领会：心理契约内容构成与类型、组织承诺的维度。

3. 应用：联系实际分析心理契约的科学化管理、组织承诺在管理中的作用与忠诚管理。

（三）关于职业倦怠、心理压力、情商管理与 EAP

1. 识记：职业倦怠、心理压力、情商、EAP 等概念。

2. 领会：职业倦怠与心理压力的原因、情商管理要点。

3. 应用：联系实际分析说明职业倦怠与心理压力的缓解方法、情绪调控的方法、EAP 系统的建立及其在管理中的应用。

第七章　团体行为与管理

一、课程内容

（一）团体与团队概述

1．什么是团体、工作团体与工作团队
2．团体的种类
3．团体的功能——团体对组织与员工的作用及行为效应
（二）团体的凝聚力、士气、规范、压力和高效率
1．团体凝聚力——概念、特征、影响因素及其与生产效率的关系
2．团体士气——概念、特征、原因及其与生产效率的关系
3．团体规范和团体的压力
4．团体高绩效的调查与管理
（三）团体的意见沟通
1．意见沟通概述——概念、程序、功能与人类沟通的特点
2．沟通的种类——正式与非正式、水平与纵向、单向与双向、口头与书面、言语与非言语沟通等
3．沟通网络——概念、正式与非正式沟通网络
4．沟通的障碍及其解除
（四）团体的人际关系
1．人际关系概述——概念与作用、类型与行为模型（李雷的模型、"PAC"模型）
2．影响人际关系的因素——空间距离与交往频率、同质、互补、能力与仪表因素等
3．人际关系的测量方法——测量程序与指标、图表法、指数法
4．人际关系的障碍与改善人际关系的方法
（五）团体的决策
1．决策的概念及其过程
2．决策的类型和组织层次
3．决策效用理论与效用分析——效用曲线、效用分析、确定与非确定条件的决策准则
4．决策理论与团体决策的利弊分析
（六）团体的竞争、合作与冲突
1．竞争、合作的含义与特点
2．团体合作、竞争与效率
3．团体内的竞争、合作与团体之间的竞争
4．团体的冲突与冲突解决——概念与冲突性质、冲突过程、冲突原因与干预措施

二、自学要求

1．了解团体、工作团体与工作团队、士气、凝聚力、规范、意见交流与信息沟通、人际关系、团体决策、决策效用、效用曲线、极化与责任扩散、竞争、合作、冲突等概念。
2．理解团体的特征与条件、团体结构的内容、工作团体与工作团队的区别、团体与工作团队的种类、团体的功能、团体凝聚力与士气及效率高低的特征、凝聚力及士气与生产效率的关系、团体规范的种类及其与压力的关系、沟通的功能—程序—种类—网络、人际关系的心理成分及作用、人际关系的"刺激—反应"模型与"PAC"模型、人际关系的类型、人际关系的基本规律、影响因素、决策过程、决策种类、非确定条件下的决策准则、团体决策的利弊分析、竞争与合作的特征

及积极消极作用、冲突的过程与原因等。

3. 掌握建设高绩效团队、非正式团体的管理与引导、克服沟通障碍及进行有效沟通、人际关系测量与改善、有效进行团体决策的程序与科学决策、解决冲突等方法。

4. 本章重点：工作团体与工作团队的区别，团体凝聚力、士气高低特征及其与生产效率的关系，团体规范的种类及其与压力的关系，沟通网络类型、沟通障碍的原因与克服、人际关系的影响因素、人际关系障碍与改善，决策效用与团体决策利弊分析，团体冲突与干预措施。

三、考核知识点及考核要求

（一）关于团体与团队管理概述

1. 识记：团体、工作团体与工作团队的概念。

2. 领会：团体的特征与条件、团体结构的内容、工作团体与工作团队的区别、团体与工作团队的种类、团体的功能、团体的行为效应、正式与非正式团体的形成、团体的发展阶段。

3. 简单应用：联系实际分析说明怎样进行非正式团体的管理与引导。

（二）关于团体的凝聚力、士气、规范与效率

1. 识记：士气、凝聚力、规范的概念。

2. 领会：团体凝聚力、士气、效率高低的特征、凝聚力、士气与生产效率的关系、团体规范的种类、团体规范与压力的关系、团体规范的形成机制、团体高绩效的指标与特征、团体高绩效的影响因素。

3. 综合应用：联系实际分析说明如何进行高绩效团队管理、怎样进行团体规范的管理。

（三）关于团体的信息沟通与管理

1. 识记：意见交流、信息沟通、沟通网络等概念。

2. 领会：沟通的功能、沟通程序、沟通种类、正式沟通网络形式、非正式沟通网络形式、沟通障碍。

3. 综合应用：联系实际说明怎样改善与进行有效的沟通。

（四）关于团体人际关系与管理

1. 识记：人际关系的概念。

2. 领会：人际关系的心理成分、人际关系的重要作用、李雷的"刺激—反应"模型与柏恩的"P—A—C"模型、人际关系的类型、人际关系的基本规律和影响因素。

3. 综合应用：有效进行人际关系测量，联系实际分析说明改善人际的方法。

（五）关于团体的决策

1. 识记：团体决策、决策效用、效应曲线、团体思维、极化与责任扩散。

2. 领会：决策过程、决策种类、非确定条件下的决策准则、团体决策的利弊分析。

3. 简单应用：联系管理实际说明有效进行团体决策的程序与科学决策的方法。

（六）关于团体的竞争、合作与冲突

1. 识记：竞争、合作、冲突等概念。

2. 领会：竞争与合作的特征及积极消极作用、冲突的过程、冲突原因、冲突的变异心理。

3. 简单应用：联系实际分析说明解决冲突的原则与方法。

第八章 组织行为与管理

一、课程内容

（一）组织的概述
1. 组织的基本概念、类型与功能
2. 组织理论的形成和发展——古典组织理论、行为组织理论、现代组织理论

（二）组织设计与工作设计
1. 组织结构的设计
2. 工作设计

（三）组织变革与组织发展
1. 组织变革——含义与目的、动力、模式、阻力与阻力克服
2. 组织发展——概念、特点及其与变革的关系、组织发展的原则与活动内容、组织发展的干预措施

二、自学要求

1. 了解组织、传统组织、现代组织、组织设计、工作专门化、部门化、命令链、控制跨度、集权化与分权化、正规化、组织结构类型、团队结构、无边界组织、虚拟组织、工作设计、工作职务轮换、工作扩大化、工作丰富化等概念。

2. 理解现代与传统组织观的比较、现代组织理论的发展、组织结构设计的基本变量、组织结构层次与管理幅度的关系、常见的组织结构类型及其特点、组织结构发展的新趋势、工作设计的发展、工作设计的方法、组织变革的含义、组织变革的目的、组织变革的动力、组织变革的模式、组织发展的特点、组织发展与组织改革的关系、组织发展的内容与原则。

3. 掌握组织设计与工作设计的原则与方法；联系实际分析组织变革的阻力及克服和应对变革阻力的策略；掌握组织发展的干预措施，有效推动组织发展与变革，促进组织的健康发展。

4. 本章重点：组织设计与工作设计，组织变革与组织发展的关系，变革的阻力分析与克服，组织发展的原则、内容与干预措施。

三、考核知识点及考核要求

（一）关于组织的概述
1. 识记：组织概念、传统组织、现代组织的特点。
2. 领会：理解现代与传统组织观的比较、现代组织的分类、组织的功能、现代与传统组织理论的发展和比较。
3. 简单应用：掌握现代组织的管理原则，提高组织管理的效能。

（二）关于组织设计与工作设计
1. 识记：组织设计、工作专门化、部门化、命令链、控制跨度、集权化与分权化、正规化、组织结构类型、团队结构、无边界组织、虚拟组织、工作设计、工作职务轮换、工作扩大化、工作丰富化

等概念。

2. 领会：组织结构设计的基本变量、组织结构层次与管理幅度的关系、常见的组织结构类型及其特点、组织结构发展的新趋势、工作设计的发展、工作设计的方法。

3. 简单应用：掌握组织设计与工作设计的内容与方法。

（三）关于组织的变革与组织的发展

1. 识记：组织变革、组织发展、敏感性训练、调查反馈法等概念。

2. 领会：组织变革的含义、组织变革的目的、组织变革的动力、组织变革的模式、组织发展的特点、组织发展与组织改革的关系、组织发展的内容与原则。

3. 综合应用：联系实际分析说明组织变革的阻力以及如何克服和应对变革阻力的策略，掌握组织发展的干预措施以推动组织发展与变革。

第九章　组织文化与组织形象建设

一、课程内容

（一）组织文化建设
1. 组织文化的概述——概念、结构、特性与应用
2. 组织文化建设——内涵与外延、步骤、原则与心理机制
（二）组织形象评估与CI战略
1. 组织形象的评估——组织形象的概念、特性、功能与评估
2. CI战略与CIS设计——概念、结构、功能与设计导入步骤

二、自学要求

1. 了解组织文化、组织形象、CI战略、MI、BI、VI、CIS、组织文化等概念。

2. 理解组织文化的特性、组织文化的结构、组织文化的作用、组织形象的管理意义、组织形象的特性与功能、组织形象评估的内容、CIS的结构与功能、组织文化建设的作用、组织文化建设的内涵与外延。

3. 联系实际掌握组织文化建设的原则、步骤、心理机制，组织形象建设的原则、设计与导入步骤。

4. 本章重点：组织文化建设的原则、步骤与心理机制，组织形象评估的内容与方法，CI与CIS的结构与导入步骤。

三、考核知识点及考核要求

（一）关于组织文化建设

1. 识记：组织文化的概念。

2. 领会：理解组织文化的特性、组织文化的结构、组织文化的作用。

3. 综合应用：联系实际掌握组织文化建设的内涵与外延、组织文化建设的原则与步骤以及组织文化建设过程的心理机制。

（二）关于组织形象评估与 CI 战略

1. 识记：组织形象、CI 战略、MI、BI、VI、CIS 等概念。
2. 领会：理解组织形象的特性、组织形象的功能、组织形象评估的内容、CIS 的结构与 CIS 的功能。
3. 综合应用：联系实际掌握进行组织形象评估的方法以及说明 CIS 是组织文化建设的重要内容、CIS 在组织中设计与导入的步骤。

第十章　领导行为与管理

一、课程内容

（一）领导的概述
1. 领导与领导者的概念
2. 领导的功能——一般功能、角色功能与影响力
3. 领导的类型——工作类型、领导方式（作风）类型
4. 领导体制与结构

（二）领导理论研究
1. 领导性格理论——传统的特质理论、现代的特质理论、当代胜任特质理论
2. 领导作风理论——领导系统模型、领导"连续统一体"模型
3. 领导行为理论——密执安大学领导行为研究、领导行为四分图理论、管理方格理论、PM 分析模型
4. 领导情势（权变）理论——情势（权变）理论的概念与影响因素、领导生命周期理论、费德勒的权变模型、领导行为的目标导向理论
5. 领导理论的新进展

（三）领导者的选拔、考核与测评
1. 领导者的选拔——选拔原则与标准、流程与方法、需要克服的心理障碍
2. 领导者的考核与评价——考核目的与作用、原则、方法

二、自学要求

1. 了解领导、领导者、家长制领导、经理制、领导影响力、领导作风、领导素质、领导类型、领导结构、领导体制等概念。
2. 理解领导与管理的关系、领导的功能、领导影响力因素、合理的领导结构、西方及我国领导体制的发展阶段、领导性格理论、领导作风理论、领导行为理论、领导情势（权变）理论、领导理论的新进展、选拔领导人才的原则与素质标准、选拔领导人才有哪些心理障碍,考核与评价领导者的目的、作用与原则。
3. 掌握如何提高领导者的影响力、领导理论在领导与管理过程中的运用、选拔领导人才的流程与方法。
4. 本章重点:领导影响力因素及其提升、各种领导理论的要点与应用、选拔与考核领导者的

原则与方法。

三、考核知识点及考核要求

（一）关于领导的概述

1. 识记：领导、领导者、家长制领导、经理制、领导影响力、领导作风、领导类型、领导结构、领导体制等概念。

2. 领会：理解领导与管理的关系、领导的功能、领导影响力因素、合理的领导结构、西方及我国领导体制的发展阶段。

3. 综合应用：怎样提高领导者的影响力。

（二）关于领导理论的研究

1. 识记：员工导向、工作导向、系统与个人取向、情势理论、LPC问卷、PM分析等概念。

2. 领会：领导特质理论、领导作风理论、领导行为理论、领导情势（权变）理论、领导理论的新进展。

3. 简单应用：掌握领导理论在领导与管理过程中怎样有效地运用。

（三）关于领导者的选拔、考核与测评

1. 识记：目标考评、群众测验、专家评估、情境模拟考评等概念。

2. 领会：选拔领导人才的原则与素质标准，选拔领导人才有哪些心理障碍，考核与评价领导者的目的、作用与原则。

3. 综合应用：掌握有效选拔与考核领导人才的流程与方法。

Ⅳ 相关说明与实施要求

一、制定自学考试大纲的目的及其作用

课程自学考试大纲是根据专业考试计划的要求,结合自学考试的特点制定的。其目的是对个人自学、社会助学和课程考试命题进行指导和约定。

课程自学考试大纲明确了课程自学的内容和深度、广度,规定了课程自学考试的范围和标准,是编写自学考试教材的依据,也是进行自学考试命题的依据。

作为我国高等教育自学考试委员会统一制定的管理心理学自学考试大纲,也可供其他管理类专业的使用作参考。

二、课程自学考试大纲与教材的关系

课程自学考试大纲是进行学习与考核的依据,教材是学习掌握课程知识的基本内容与范围,教材的内容是大纲所规定的课程内容和知识的扩展与发挥。课程内容在教材中可以体现一定的深度或难度,但在大纲中考核的要求一定要适当。

本大纲在列出课程内容的基础上,对各章节规定了考核目标、考核知识点与考核要求。明确考核目标能够使自学者与应考者全面把握考核的内容、重点与难点,以及考核的要求,使其更有目的性、系统性与针对性地自学教材内容,做好应考准备;能够使社会助学者更全面而又有针对性进行有效的辅导与施教;能够使考试命题与阅卷评分过程有统一的内容范围、考核标准与操作规范。

在本大纲的考核目标中,按识记、领会和应用三个层次规定了自学与应考者应达到的掌握知识与培养能力的要求,以及社会辅导与助学、考试命题与阅卷应掌握的考核目标层次与考核规范标准。各个层次的含义是:

1. 识记:是对所学知识一般了解的最低层次要求。主要能够明白与表述基本概念的含义与基本原理的意识。

2. 领会:是对所学知识比较全面与有机联系地理解和一般掌握的层次要求。主要能够理解和掌握各概念之间的联系、心理行为分类与心理行为过程、基本原理与基本方法及其之间的关系、心理与行为的本质和主要心理特征等。

3. 应用:是对所学知识的全面综合的分析与运用基本原理和方法提高解决实际问题能力的高层次要求。主要包括掌握管理心理学的基本原理,解决实际问题,提高管理绩效;掌握有效解决问题的具体方法与进行有关课题研究的方法;掌握良好心理品质与心理特性形成与培养的规律,有效提升管理能力与促进健康人格(个性)的发展。

三、关于自学教材

指定教材:《管理心理学》全国高等教育自学考试委员会组编,程正方主编,高等教育出版社,2011年出版。

四、关于自学要求

自学要求指明了课程的基本内容以及对基本内容应掌握的程度。

属于自学要求中的知识点构成了课程内容的主体部分。因此,自学要求中的内容是自学考试考核的主要内容。自学考试将按自学要求中提出的掌握程度对基本内容进行考核。

自学要求对各部分内容掌握程度的要求,由低到高分为三个层次:了解、领会(理解)、掌握。

为了有效地指导个人自学和社会助学,各章要求明确了自学的重点。

本课程共5学分。

五、自学方法的指导

1. 本课程涉及面广,内容丰富,对自学考试者来说有一定的难度。自学应考者应认识到本门课程对提高自身素质,实现我国企业与行政管理科学化、现代化的必要性和重要性,充分认识管理心理学的内容与公共关系和行政管理的密切联系,在不断学习中逐步提高兴趣。同时要准备付出相当的努力,克服学习中遇到的各种困难,掌握管理心理学的系统知识。

2. 一般知识学习与重点内容深入学习相结合。自学应考者应在全面阅读教材的基础上,掌握管理心理学的一般理论和知识,识记应当掌握的基本概念、知识和观点,并深入理解其内涵。自学应考者在阅读教材时,可适当做读书笔记,标记关键词和主要内容。在全面系统学习的基础上,可深入学习,掌握重点、突破难点。切忌单纯孤立地去抓重点,甚至猜题押题。

3. 为了更好地理解管理心理学的基本概念和原理,自学应考者应注意紧密联系基本管理事实和典型心理行为现象来理解概念和掌握规律,重视知识形成的方法、背景和思路,在理解基础上进行记忆,切勿死记硬背。应根据总论、个体、团体、组织与领导五个层次,掌握管理心理学的系统知识结构,理解知识的重点与难点。

4. 重视理论联系实际,提高分析研究与解决实际问题的能力与水平。管理心理学是一门理论性、研究性与应用性很强的学科,因此,学员与应考者在学习这门学科时,应重视与贯彻理论学习与实际应用相结合的原则。一方面,要求学员通过联系实际的思考与研究,加深对管理心理学基本理论与原理理解与掌握;另一方面,要紧密联系实际,应用所学的知识与理论原理分析并解决管理过程中的心理问题,不断提升解决实际问题的能力,提高管理的绩效水平。

5. 制定好自学计划,愉快学习。建议自学应考者制定出周密详尽的计划,每天安排好适量的自学任务,定时定量自学,有意识的督促自己在所安排的时间范围内完成自学任务,这样每天都会感到很充实。

6. 适当做一些典型习题和真题,以加深对管理心理学内容的理解,熟练对管理心理学知识的运用,巩固学习成果;了解管理心理学自考命题的规律。

六、应考指导

1. 养成良好的生活习惯。要坚持运动,强身健心,保持积极乐观的心态;要保持良好的饮食习惯和膳食结构,不可偏食挑食,不可暴饮暴食,也不可饥肠辘辘;还要保证充足的睡眠,不要熬夜,以保持良好的精神状态。

2. 平和心态,积极准备、沉着应考。首先,要充分准备建立应考成功的自信心;其次,要劳逸结合,注意积极休息,用娱乐与运动形式使人放松心情,缓解疲劳。还有,提前到考场,熟悉考场环境。再有,自我激励,沉着应考,保持平和的心态,尽自己所能,在考试中发挥自己的最佳水平。总之,积极准备是能够沉着应考的前提条件,只有在考前做了充分准备,才能做到胸有成竹,处变不惊。

3. 合理安排时间,保持卷面整洁。合理安排答题时间,千万不能在某一道题上耗费过多时间,遇到不会做的题目不要心慌,认真看题,读懂题目要考的知识点,实在做不出来,就做下一题。卷面整洁非常重要,特别是对主观题的回答,字迹要工整、清楚,段落层次要明确,字距、行距要适当。还有不要随意变更答题位置。卷面清晰整洁有利于判卷人员正确评分。

4. 采用正确的答题方法和技巧。正确答题技巧是考试成功的重要环节。其中,做选择题有以下三种基本方法:一是回忆法,即直接从记忆库中提取要填空的内容;二是淘汰错误法,把选择题各选择项中错误的答案排出,余下的便是正确答案;三是猜测法,有时你会碰到一些拿不准或是超出你能力范围的题目,猜测可以为自学应考者创造更多的得分机会。对于非选择题,答案内容的组织首先要条理清晰、重点突出、主次鲜明;其次要分条、分点回答问题,应该有强烈的层次性与分条、分点回答问题的意识;再有,每一道非选择题都有相应的答题要点(采分点),要具有很强的采分点意识,必须突出这些要点的关键词。最后,简答题只要答到要点就行,不要展开论述。论述题、案例分析题既要答到要点,还要展开论述,论点与论据要明确。注意层次性,要把最重要的内容写在前面。

七、对社会助学的建议

1. 社会助学者要熟知考试大纲对本课程总的要求和各章的知识点,准确理解各知识点要求达到的认知层次和考核要求,并在辅导过程中切实有效地帮助考生掌握这些要求,引导他们防止自学中的各种偏向,切忌随意增删内容和提高或降低要求。

2. 社会助学者要引导考生着重理解和掌握管理心理学的基本知识原理及其应用,培养和提高自学应考者认识、分析和解决实际问题的能力,从总体上提高考生的思维能力和综合素质。不应把自学应考者引向猜题押宝,不应仅仅把通过考试作为辅导的唯一目的。

3. 社会助学可依据本大纲所列的自考教材在循序渐进全面辅导的基础上,再进行重点与难点的辅导。

八、关于命题考试的规定

1. 考试采用笔试,考试时间为150分钟,用蓝(黑)色圆珠笔或钢笔作答。

2. 本课程命题考试的范围为本大纲各章所列考核知识点规定的内容。命题要注意试题的覆盖面,并适当突出重点章节的内容,加大重点内容的覆盖密度。

3. 合理安排反映不同能力层次的试题。在一份试卷中对不同能力层次要求的分数比例约为：识记占 20%，领会占 30%，简单应用占 30%，综合应用占 20%。

4. 合理安排难度结构，做到难易适中。试题难易度分为易、较易、较难、难四个等级。每份试卷中四种难易度试题的分数比例一般为：易占 20%，较易占 30%，较难占 30%，难占 20%。

5. 本课程考试采用的题型主要有：单项选择题、多项选择题、简答题、论述题、案例分析题等。

6. 本课程考试满分为 100 分，达到 60 分者为合格，及格者得 5 学分，获得本课程的单科合格证书。

考试题型样例

一、单项选择题(在每小题列出的四个备选项中只有一个是符合题目要求的,请将其代码填写在题后的括号内。错选、多选或未选均无分)。

1. 被称为"工业心理学之父"的是( )。
   A. 泰勒　　　　　B. 闵斯特伯格　　　C. 罗特利斯伯格　　D. 斯科特
2. 霍桑实验的结论认为提高生产效率的主要原因是( )。
   A. 工作物理环境　　　　　　　B. 福利措施
   C. 人际关系等心理因素　　　　D. 工资报酬
3. 管理心理学研究对象突出的是以什么为中心的管理?( )
   A. 任务　　　　　B. 结构　　　　　C. 技术　　　　　D. 人
4. 在《企业中的人性方面》一书中,首先提出并倡导Y理论与反对X理论的是( )。
   A. 雪恩　　　　　B. 麦格雷戈　　　C. 梅奥　　　　　D. 马斯洛
5. 对某一个体、某一团体或组织在较长的时间里连续进行观察、调查、了解,是管理心理学研究方法中的( )。
   A. 观察法　　　　B. 个案法　　　　C. 调查法　　　　D. 实验法
6. 社会知觉中的"商托儿"、"医托儿"、"钓鱼"等现象属于下列( )。
   A. 线索偏差　　　B. 月晕效应　　　C. 定势现象　　　D. 投射作用
7. 他人行为涉及归因者而导致归因偏差的是( )。
   A. 观察者与行为者的归因偏差　　　B. 涉及个人利益的归因偏差
   C. 涉及社会地位的归因偏差　　　　D. 对自然现象拟人化的归因偏差
8. 对某职工工作效率低的原因分析中,得到的信息资料是(一致性低,一贯性高,区别性低),根据凯利的归因理论,你认为应该归因于( )。
   A. 他人(领导者)　B. 自己　　　　　C. 环境　　　　　D. 自己与环境
9. 美国心理学家赫茨伯格在他提出的双因素理论中,把良好的政策与管理、良好的上级监督、工资、人际关系、工作条件等因素归为( )。
   A. 情境因素　　　B. 保健因素　　　C. 激励因素　　　D. 工作因素
10. 弗鲁姆在他的期望理论中强调,要调动、保持人的工作积极性,管理者必须正确处理好三类关系:努力与成绩关系、成绩与奖励的关系、奖励与( )的关系。
    A. 他人需要　　　B. 社会需要　　　C. 组织需要　　　D. 个人需要
11. 根据社会心理学家沙赫特的研究,四种不同条件对生产效率影响不同,其中生产效率最低的是( )。

A. 高凝聚力积极诱导组 B. 高凝聚力消极诱导组
C. 低凝聚力积极诱导组 D. 低凝聚力消极诱导组

12. 意见沟通网络中,解决复杂问题以哪种沟通网络效果最好?( )
A. 轮式网络   B. 链式网络   C. 全渠道式网络   D. Y式网络

13. 在非确定条件下悲观的决策人做出决策时,将根据哪种准则?( )
A. 极大化最高准则 B. 极大化最低准则 C. 极小化最高准则 D. 机会均等准则

14. 关于冲突概念的现代观点认为( )。
A. 冲突有害无益 B. 冲突应当避免
C. 冲突有利 D. 冲突保持在适度水平是有益的

15. 容易出现从众行为的是( )。
A. 个性上属于独立型的人 B. 自尊心强的人
C. 情绪稳定的人 D. 对社会评价敏感的人

16. 在关于组织文化的各种学说中,精神文化说认为组织文化的核心是( )。
A. 制度   B. 行为规范   C. 价值观   D. 服务

17. 在组织形象识别系统(CIS)中,被简称为MI的是( )。
A. 理念识别系统 B. 行为识别系统 C. 视觉识别系统 D. 效能识别系统

18. 根据卡曼(Karman)提出的领导生命周期理论,当职工的成熟度高于平均水平(即很成熟)时,应采取( )。
A. 高工作低关系的专制领导 B. 高工作高关系的说服领导
C. 高关系低工作的参与式领导 D. 低工作低关系的授权领导

19. 费德勒的权变理论中,下列哪项是中度控制情境?( )
A. "好,明,强" B. "好,不明,强" C. "差,明,强" D. "差,不明,弱"

20. 目标导向理论中,下列哪种选项配合是正确的?( )
A. 常规任务,指令性领导 B. 多变化任务,支持性领导
C. 常规任务,支持性领导 D. 高难度任务,支持性领导

二、多项选择题(在每小题列出的五个备选项中有二至五个是符合题目要求的,请将其代码填写在题后的括号内。错选、多选、少选或未选均无分)。

21. 管理心理学研究对象的内容一般包括( )。
A. 个体心理   B. 团体心理   C. 家庭心理   D. 组织心理
E. 消费心理   F. 领导心理   G. 教育心理

22. 下列哪些选项是人的个性心理特征的范畴?( )
A. 认识   B. 情绪情感   C. 意志   D. 个性倾向
E. 能力   F. 气质   G. 性格

23. 法约尔提出的管理职能包括( )。
A. 信息   B. 计划   C. 组织   D. 指挥
E. 控制   F. 协调   G. 决策与创新

24. 知觉的基本特性主要有( )。
A. 暗示性   B. 选择性   C. 整体性   D. 理解性

E. 恒常性　　　　F. 经验性　　　　G. 主观性

25. 奥德弗的"E.R.G"理论包括的需要是（　　）。
A. 生理与安全　　B. 爱与归属　　C. 尊重　　　　D. 自我实现
E. 生存　　　　　F. 关系　　　　G. 成长

26. 正式沟通网络主要包括（　　）。
A. 单线式　　　　B. 聚焦式　　　C. 链式　　　　D. 轮式
E. Y式　　　　　　F. 环式　　　　G. 全渠道式

27. "P.A.C分析模型中"柏恩(T.A.Berne)将人心态分为（　　）。
A. 教师心态　　　B. 学生心态　　C. 同事心态　　D. 家人心态
E. 父母心态　　　F. 成人心态　　G. 儿童心态

28. 组织的部门化结构的类别标志或主要依据是（　　）。
A. 职能部门化　　B. 产品部门化　　C. 服务部门化
D. 地理位置部门化　E. 时间部门化　　F. 工具设备部门化
G. 组织现代化

29. 组织的CI战略设计中，CIS主要包括（　　）等系统。
A. 物质文化　　　B. 制度文化　　C. 精神文化　　D. 创新文化
E. 理念识别　　　F. 行为识别　　G. 视觉识别

30. 领导者的权力性影响力主要包括（　　）。
A. 传统因素　　　B. 资历因素　　C. 职位因素　　D. 品德因素
E. 才能因素　　　F. 知识因素　　G. 感情因素

三、简答题（本大题共4小题）

31. 有效管理的心理依据与原则主要有哪些？
32. 简要说明了解人的气质差异在管理活动中的应用。
33. 简述工作团体与工作团队的区别。
34. 简要说明组织文化建设的心理机制？

四、论述题（本大题共2小题）

35. 影响团体人际关系障碍的因素有哪些？怎样改善？
36. 联系实际论述如何提高领导者的影响力？

五、案例分析题（本大题1题）

37. 案例：某家公司的老板，每年中秋节，都会额外给每个员工发放一笔1 000元的奖金。但几年下来，这笔奖金已经丧失它应有的作用。因为员工在领取奖金的时候，反应相当平和，每个人都像领取自己的工资一样自然，没有任何激动表现，并且在随后的工作中也没有人会为这1 000元表现得特别努力。既然奖金起不到激励作用，老板决定停发这笔奖金,加上行业不景气，这样做也可以减少公司的一部分开支。但停发的结果却大大出乎意料，公司上上下下几乎每一个人都在抱怨老板的决定。有些员工明显情绪低落，工作效率也受到不同程度的影响。老板很困惑：为什么有奖金的时候没有人会为此而激动并在工作上表现得积极主动，现在取消奖金之后，大家都不约而同地指责抱怨甚至消极怠工呢？

请用双因素激励理论分析其原因是什么？老板采取什么措施才能调动员工的积极性？

对制定《管理心理学自学考试大纲》的几点说明

《管理心理学自学考试大纲》是全国高等教育自学考试委员会根据公共管理类专业考试计划组织制定的。

《管理心理学自学考试大纲》的初稿是在 2001 年大纲的基础上,由程正方(北师大心理学院教授、北师大珠海分校教育学院教授)执笔,侯芬(北师大珠海分校教育学院讲师)、熊科(北师大珠海分校特许经营学院讲师)、胡惠平(北师大珠海分校科研处讲师)参与具体章节修改编写,最后由程正方教授统一修改定稿。

2010 年 9 月,全国考委公共管理类专业委员会召开审稿会,对本大纲进行审定。参加本大纲审稿的专家有:凌文辁(暨南大学教授)、方俐洛(中国科学院心理研究所研究员)、何燕茹(华南师范大学教授)。凌文辁教授担任主审。

全国高等教育自学考试指导委员会
公共管理类专业委员会
2010 年 9 月

全国高等教育自学考试指定教材
行政管理专业（专科）

管理心理学

全国高等教育自学考试指导委员会　组编
主　编　程正方

组编前言

21世纪是一个变幻莫测的世纪,是一个催人奋进的时代。科学技术飞速发展,知识更替日新月异。希望、困惑、机遇、挑战,随时都有可能出现在每一个社会成员的生活之中。抓住机遇,寻求发展,迎接挑战,适应变化的制胜法宝就是学习——依靠自己学习、终身学习。

作为我国高等教育组成部分的自学考试,其职责就是在高等教育这个水平上倡导自学、鼓励自学、帮助自学、推动自学,为每一个自学者铺就成才之路。组织编写供读者学习的教材就是履行这个职责的重要环节。毫无疑问,这种教材应当适合自学,应当有利于学习者掌握、了解新知识和新信息,有利于学习者增强创新意识、培养实践能力、形成自学能力,也有利于学习者学以致用、解决实际工作中所遇到的问题。具有如此特点的书,我们虽然沿用了"教材"这个概念,但它与那种仅供教师讲、学生听,教师不讲、学生不懂,以"教"为中心的教科书相比,在内容安排、编写体例、行文风格等方面已经大不相同了。希望读者对此有所了解,以便从一开始就树立起依靠自己学习的坚定信念,不断探索适合自己的学习方法,充分利用已有的知识基础和实际工作经验,最大限度地发挥自己的潜能,达到学习的目标。

欢迎读者提出意见和建议。

祝每一位读者自学成功。

全国高等教育自学考试指导委员会
2010年9月

前　言

高等教育自学考试是个人自学、社会助学和国家考试相结合的一种高等教育形式。应考者通过规定的专业考试课程并经思想品德鉴定达到毕业要求的,可获得毕业证书;国家承认学历并按照规定享有与普通高等学校毕业生同等的有关待遇。经过近30年的发展,高等教育自学考试为国家培养造就了大批专门人才。

《管理心理学自学考试大纲》是国家规范自学者学习范围、课程要求和考试标准的文件。它是按照专业考试计划的要求,具体指导个人自学、社会助学、国家考试、编写教材、编写自学辅导书的依据。随着经济社会的快速发展,新的法律法规不断出台,科技成果不断涌现,原大纲中有些内容过时,知识陈旧。为更新教育观念,深化教学内容方式、考试制度、质量评价制度的改革,使自学考试更好地提高人才培养的质量,专业委员会按照专业考试计划的要求,对原课程自学考试大纲组织了修订。

根据修订后的大纲与学科发展特点,以及培养研究、应用、创新和复合型人才的需要,我们组织了管理心理学自学考试教材的编写。在层次水平上,参照一般普通高校专科或高职院校的水平;在内容上,力图反映学科的发展变化,吸收近年来研究的成果,对明显陈旧的内容进行了删减。

参加管理心理学自学考试大纲修订与自学考试教材编写的人员如下:主编是程正方(北京师范大学心理学院教授,北京师范大学珠海分校教育学院教授),参编人员有:侯芬(北师大珠海分校教育学院讲师)、熊科(北师大珠海分校特许经营学院讲师)、胡惠平(北师大珠海分校科研处讲师)等。各章分工如下:第1~4章、第6、7章程正方执笔;第5章侯芬执笔;第8、9章熊科执笔;第10章胡惠平执笔;最后由程正方负责统稿并定稿。

2010年9月,全国考委公共管理类专业委员会召开审稿会,对本大纲及教材进行审定。参加审稿会的专家有:凌文铨(暨南大学教授)、方俐洛(中国科学院心理研究所研究员)、何燕茹(华南师范大学教授)。凌文铨教授担任主审。

全国高等教育自学考试指导委员会
2010年9月

目 录

第一篇 总 论

第一章 管理心理学绪论 ... 39
    第一节 管理与心理 ... 39
    第二节 管理心理学的研究对象 ... 50
    第三节 管理心理学的研究任务 ... 55
    第四节 管理心理学的研究原则与方法 ... 58

第二章 管理和管理心理学的基本理论与人性观的发展 ... 62
    第一节 早期文明与工业革命时期的管理 ... 62
    第二节 古典管理理论的形成与工业心理学的兴起 ... 66
    第三节 管理心理学的产生、形成与发展 ... 70
    第四节 现代"管理科学"的理论 ... 73
    第五节 人性假设理论的演化与发展 ... 75

第二篇 个体心理与管理

第三章 认知的个体差异与管理 ... 80
    第一节 一般知觉 ... 80
    第二节 社会知觉 ... 86
    第三节 归因——知觉社会行为的原因 ... 89
    第四节 社会知觉的主要影响因素与效应 ... 93
    第五节 社会知觉的应用及印象整合与管理 ... 96

第四章 个性差异与管理 ... 98
    第一节 能力的差异与管理 ... 98
    第二节 气质的差异与管理 ... 107
    第三节 性格的差异与管理 ... 112

第五章 需要、动机、激励与员工积极性的调动 ... 119
    第一节 行为与动机 ... 119
    第二节 需要与激励 ... 123
    第三节 激励理论及其应用 ... 127

第六章 工作态度、心理契约、心理压力与管理 ... 139
    第一节 工作态度与工作满意度 ... 139
    第二节 心理契约、组织承诺与忠诚管理 ... 142
    第三节 职业倦怠、心理压力、情商管理与 EAP ... 146

第三篇 团体心理与管理

第七章 团体行为与管理 ... 153

第一节　团体与团队概述 ………………………………………………………… 153
第二节　团体的凝聚力、士气、规范、压力和高效率 ………………………… 158
第三节　团体的意见沟通 ………………………………………………………… 166
第四节　团体的人际关系 ………………………………………………………… 176
第五节　团体的决策 ……………………………………………………………… 188
第六节　团体的竞争、合作与冲突 ……………………………………………… 197

第四篇　组织心理与管理

第八章　组织行为与管理 …………………………………………………… 206
第一节　组织的概述 ……………………………………………………………… 206
第二节　组织设计与工作设计 …………………………………………………… 212
第三节　组织变革与组织发展 …………………………………………………… 220

第九章　组织文化与组织形象建设 ………………………………………… 228
第一节　组织文化建设 …………………………………………………………… 228
第二节　组织形象评估与 CI 战略 ……………………………………………… 236

第五篇　领导心理与管理

第十章　领导行为与管理 …………………………………………………… 243
第一节　领导的概述 ……………………………………………………………… 243
第二节　领导理论研究 …………………………………………………………… 253
第三节　领导者的选拔、考核与测评 …………………………………………… 265

参考文献 ……………………………………………………………………………… 270

第一篇 总 论

第一章 管理心理学绪论

第一节 管理与心理

管理心理学是管理学与心理学交叉而形成的一门新学科。想要了解这门学科,必须先熟悉孕育其产生的两门母体学科的简要知识。下面对管理与心理的关系作简要介绍:

一、管理的概述

(一)管理的概念

管理从起源来看,它与人类的劳动、群体活动、社会活动几乎是同步的,它是人类协作劳动的产物,它是人类社会的一种有目的、有计划、有组织、有领导的活动方式。

从字义来讲,管理具有领导、指挥、管辖、处理、管人、理事、理财等多种涵义,它是各种社会组织与团体活动不可缺少的组成部分。组织与团体乃至个体的生存和发展、社会与经济的发展和现代化水平、期望目标的实现等都离不开有效的管理。管理是生产力系统中的软件系统,是科技转化为直接生产力的桥梁。管理出质量、出效率、出效益,管理是提高企业生产力与促进社会生产力、经济活动以及社会其他活动健康、持续、稳定、有效发展的一个决定性因素。

管理一词英文为manage,管理活动虽然自古以来就存在,但是对管理活动进行科学研究是近代社会才开始的,工业革命之后,人们才将管理引伸到企业的生产与经营活动之中。管理的定义有多种:玛丽·帕克·福莱特(Mary Parker Follett)认为,管理是"通过其他人来完成工作的艺术",强调了管理的艺术特性与人的因素的重要性[①];斯蒂芬·P·罗宾斯(Stephen P. Robbins)在《组织行为学》一书中界定,管理是"和其他人一起并通过其他人来切实有效完成活动的过程",把管理视作过程,强调了人的因素和管理双重目标(完成活动与讲究效率)的实现[②];帕梅拉·S·路易斯、斯蒂芬·H·古德曼和帕特丽夏·M·范特(Lewis、Coodman and Fandt)将管理定义为"切实有效支配和协调资源,并努力达成组织目标的过程",强调并突出了原材料、人员、

---

①② 周三多主编:管理学,高等教育出版社,2004年版,第3~4页。

资本、土地、设备、顾客和信息等组织资源在管理过程中的作用①。管理有广狭之分:狭义的管理主要指生产与经营活动中的企业管理与经济管理,也包括教育、科技、军事、后勤等各种管理活动;广义的管理即一般管理,泛指一切单位或组织中的管理者通过实施各种管理职能,使他人同自己一起实现既定目标的活动过程。

综合各种观点,我们认为管理是组织中的管理者通过计划、组织、指挥、控制、激励等职能来协调他人的活动,有效使用人力、物力、财力、信息、工具、科技等各种资源,实现组织目标的过程。

现代人们对企业与经营管理概念及其实质的理解与掌握,除了解与领会以上管理的概念之外,还应包括:对管理的对象、职能、目标的理解、掌握、明确界定,以及对管理应该遵循的客观规律与主观心理规律的掌握与运用等方面的内容。

(二) 管理的对象

企业管理的对象主要指采购、生产、营销、人事、财务、研究与发展等关键职能部门在内的企业的生产活动与经营活动。其中采购可附属在生产部门,也可独立为一个关键部门,主要包括有效的采购目标、集中与招标采购、采购策略与库存控制等;生产包括计划、安排、现场操作、控制、质量管理、设备、维修等;营销包括广告、装潢、公关、销售、分销渠道、市场与市场营销调查、价格与定价以及经济分析、顾客导向与重塑营销等;财务会计包括资金来源与筹措、营运资金与资本运营、资金的使用与支付、资金管理与管理会计等;人事包括人员选择与招聘录用、职前培训与终身教育、职业岗位评定与报酬、考核晋升与激励、调动与解聘、健康与安全等人力资源管理与开发的机构构建与活动;研究与发展包括基础科学研究与企业生产经营的应用研究、战略竞争研究与开发、产品与技术的创新、组织与项目的开发和设计、重新设计组织与建立学习型组织等活动内容。

(三) 管理的职能

企业管理的职能(或机能)即管理者应该做些什么?根据法国管理学家亨利·法约尔(Henri Fayol)在1916年提出的五职能(计划、组织、指挥、协调和控制)观点和后来美国加州大学洛杉矶分校的哈罗德·孔茨(Harold Koontz)等人在1955年提出的计划、组织、人员分配、指导和控制的职能观点,我们认为管理的职能包括:

1. 管理的总职能

管理的总职能泛指一切单位或组织中的管理者通过实施计划、组织、指挥、控制、协调等传统职能以及信息、决策、激励、研究与发展、变革与创新等现代职能,使他人同自己一道实现既定目标的活动过程。

2. 管理的具体职能

管理的具体职能包括:

(1) 管理的传统职能:① 计划(即制定目标并确定达成这些目标所必需的行动手段、方法与策略);② 组织(即通过特定的组织机构与组织形式、组织管理原则与方法,完成组织活动任务的过程);③ 指挥(即上级对下级的指导、监督与激励);④ 控制(即对组织的实际工作与运行活动状态偏离预订计划与目标时的监督、纠正与调整);⑤ 协调(即对组织机构和组织成员之间的行为活动进行有效协作与调整)。

---

① 周三多主编:管理学,高等教育出版社,2004年版,第3~4页。

(2) 管理的现代职能有:① 信息(即对信息资源的收集、编码、储存、提取、应用、管理与开发,以及有效进行意见交流与信息沟通的职能);② 决策(即出主意、想办法,做出合理选择与决定的过程,包括领导决策与员工参与的团体决策,以及战略竞争决策等);③ 激励(是从指挥职能独立出来的动机激发与调动下属和员工积极性的职能);④ 研究、发展与开拓创新(即有效进行基础与应用科学的研究、现代化技术与高新科技产品的创新活动、营销战略创新、组织和项目的开拓发展与创新、组织的重新设计与学习型组织的创建创新)。

(四) 管理的目的

企业管理的目的是充分利用企业的一切资源(包括人力、机器设备、资金、产销、能源、材料、时间、信息情报与科学技术等),完成企业的各项目标与任务,取得最好的效率与效益(包括经济效益与社会效益),并维持企业、组织和成员持续、稳定的发展。

(五) 实现管理目标应遵循的客观与心理规律

要实现企业的目标,管理活动必须遵循社会主义市场经济和现代企业生产活动、经营活动和行政管理活动的客观规律,特别是要遵循开放性、经济全球化的现代化生产和市场化运行的客观规律以及在生产、经营、管理活动中人的心理活动,尤其是社会心理(团体与组织心理)活动的规律。

企业管理过程主要包括两个系统:一是社会技术系统,这是由物质资料结构和劳动力结构组成的,包括管理劳动工具和生产、营销过程,通过个人与部门的专业化与机械化的生产经营活动,使人适应机器与周围环境的特点,以及制造和使用机器时,要适应人的心理、生理特点,来提高员工的技术水平与劳动生产效率。二是社会心理系统(即指生产过程中个人与他人之间相互交往而形成的个体心理、团体心理与组织心理、领导心理等),其主要强调人的行为动机、需要与激励、认知与态度、人际关系、团体心理气氛、组织结构与健康组织的发展及评估、领导心理与艺术等在管理过程中的作用。通过协调人际关系,满足职工的需要,调动人的积极性、主动性与创造性来提高生产效率与效益。

二、心理的概述[①]

(一) 心理学与心理活动

心理学是一门既年轻又古老的科学。科学的心理学诞生于1879年,德国哲学家和心理学家冯特(W. Wundt)在莱比锡大学创建世界上第一个心理实验室是科学心理学产生的重要标志。

心理学研究的对象是极其复杂的心理现象与心理活动,包括人的心理,也包括动物心理;包括个体心理,也包括社会、团体心理;包括正常的心理,也包括病理与变态心理;包括有意识的清醒状态的心理,也包括无意识模糊不清的心理活动;包括内隐的心理现象,也包括外显的行为活动。基础(普通)心理学研究对象主要是人的心理现象或心理活动。因此,我们可以将心理学一般定义为是研究人的心理活动发生、发展及规律的科学。

心理学一般将人的心理活动或心理现象研究对象所包括的范围划分为心理过程和个性两个方面(也有的划分为认知过程、动机与情意活动、能力与人格等方面),简介如下:

---

① 程正方、高玉祥、郑日昌编著:心理学(第4版),北京师范大学出版社,2009年版,第1~8页。

心理学研究对象的范围
- 心理过程（动态的反映过程）
  - 认识过程（感知、记忆、想象、思维等）
  - 情绪与情感过程
  - 意志与意志行动过程
  统一在人的行为活动之中
- 个性（人的整个心理面貌与特征）
  - 个性倾向性（即人的个性的动力系统，指意识与行为的倾向性，包括需要、动机、兴趣、理想、信念、世界观等）
  - 个性心理特征（能力、气质、性格）

（二）心理过程与个性心理

1. 心理过程

心理过程即心理活动过程，是人脑对客观世界动态的反映过程。心理过程可分为：

（1）认识过程——也称认知过程。是人脑对客观世界的主观能动的反映，是客观事物的属性、特点与活动规律的反映。当代心理学的观点，认知过程也是信息加工的过程，是人们获得知识与应用知识的过程。

感觉是所有认识活动的基础、门户与开端，是最简单的认识过程。人们利用眼、耳、鼻、舌、身等各种不同的感官和大脑能够直接反映客观事物的个别属性的认识过程叫感觉。

在感觉反映事物个别属性的基础上，人们还能通过感官及经验的作用，进一步对反映属性进行加工，把某物体的多种属性联合（或整合）起来，形成对某个物体的整体认识。例如，人们通过各种感官对某个物体的形状、大小、颜色、气味、滋味等属性的反映，整体认识该物体是"苹果"、"菠萝"、"香蕉"等，就是知觉。

人们感知过的事物还能以经验的形式在头脑里留下痕迹，必要时能够回忆起它的形象、特征与名称，当它再作用人们的感官时，还有熟悉之感。这种将感知过的经验储存在头脑中，必要时能提取（再认与回忆）出来的过程，就是记忆。

人不仅能够直接感知事物，反映它的表面属性与特征，还能间接地、概括地反映事物内在的运动规律与本质特征。例如机械师听机器响声可间接判断机器运转是否正常；中医摸脉观舌苔，可断定病人患了什么病；教师观察学生的神态、表情和动作，可以了解其内心世界的活动状态以及人们进行高级的思考活动、解答问题、战略决策、创造发明等，这些都是思维活动。

人们不仅在头脑中能够再现经历过的事物形象，在此基础上还能利用这些经验与形象，创造并构成新事物的形象。例如改革开放以来，我国人民对实现四个现代化，对构建小康与和谐社会宏伟蓝图的构想与展望；青少年对未来的幻想和理想等，这些都叫想象。

感觉、知觉、记忆、思维、想象等都是人脑对客观事物的属性、特点与规律的反映，统称为认识过程或认识活动。其中，感知过程是感性认识，思维是理性认识，记忆兼有感性与理性认识的特点，想象尤其创造想象带有理性认识的特点。以上认知活动的过程也是构成人的智力的重要成分与要素，人们掌握以上各种具体的认识活动的特点和规律，并应用这些规律，即可大大提升自身的认知能力和水平，提高在学习、工作、生活以及在社会交往与公共关系管理活动中的效率。

（2）情绪与情感过程。人在认识世界的过程中，不是冷漠无情、无动于衷的，而是充满着情感色彩，有着鲜明的态度体验。例如，老师对学生的喜爱与学生对老师的信赖和崇敬；人们对祖国的热爱，对社会丑恶现象的憎恨；人们对事业成功的欢乐与喜悦，对工作受挫折的忧愁与沮丧等。所有这些喜、怒、哀、乐、爱、惧、恨，都是人们对现实对象的不同态度和独特色彩的体验形式，都是情绪和情感的不同表现形态。情绪、情感就是人们在认知活动的基础上,以需要为中介的,对客观事物所持的态度与体验。

情绪和情感是两个既有联系又有区别的概念。从脑的反射活动与心理反映活动而言,两者具有同等意义,即都是"人对客观事物的态度与体验",但又有一定的区别:

首先,从需要的角度来看,情绪是和人的肌体需要相联系的体验形式;而情感是和人的高级的社会性需要相联系的。如和人的社会交际、友谊需要相联系的同情心、同志感、友谊感,同自觉遵守社会行为准则要求相联系的道德感,对文化与精神需要的美感和理智感等,都属于情感范围。

其次,从发生的角度看,情绪发生较早,为人类和动物共同具有。从人的个体发展来看,婴儿身上最先产生的是情绪,有些情绪还带有本能的特点。随着年龄增长,生活环境变得复杂,人的情绪也越来越丰富。而情感发生较晚,是人类特有的心理现象,它是与人的社会需要相联系,在实践中逐渐发展起来的。

再次,从反映的角度来看,情绪带有情境性、不稳定性和易变性特点。而情感的性质是与稳定的社会事件的内容密切相关的,它是在千百次地从多方面感受事物的过程中,逐渐形成的某种持久的、稳定的、反映本质的需求关系的态度体验。

情绪与情感的类别有基本情绪、情绪状态与高级社会性情感之分。

基本情绪是指人与动物生来都具有的、最原始的情绪。对基本情绪我国古代有四情、五情、六情、七情等不同的划分。现在心理学界根据主体和客体之间需求关系的不同,一般把情绪划分为"快乐、悲哀、愤怒、恐惧"等四种基本形式(或原始情绪)。快乐指盼望的目标达到和需要得到满足之后,继之而来的紧张性解除时的情绪体验;悲哀指与所热爱对象的遗失、破裂以及盼望的幻灭相联系的情绪体验;愤怒是由于客观事物或对象的再三妨碍和干扰,使个人愿望不能达到或产生与愿望相违背的情景时,逐渐积累紧张而发生的情绪体验;恐惧往往是由于缺乏心理准备,不能处理、驾驭某种事情或不能摆脱某种可怕或危险情景时所表现的情绪体验,当险情危及生命时,有时还会产生绝望的体验。

从情绪活动发生的强弱程度和持续时间来看,可划分为心境、激情、应激等形态。

心境是一种使人的所有情绪体验都感染上某种色彩的、较持久而又微弱的情绪状态。心境是一种缓和而又微弱的、表现比较持久的、带弥散性(非定向)的情绪体验。例如"人逢喜事精神爽"、"心有余悸"等都是形容人的不同的心境状态。心境对人的生活、工作与学习有很大的影响作用。积极的心境,使人振奋乐观,朝气蓬勃;消极的心境,使人颓丧悲观,则会妨碍工作和学习,甚至有损人的身心健康。

激情是一种强烈而短促的情绪状态。如暴跳如雷、呆若木鸡、面如土色、欣喜若狂、绝望厌世等都属于这类体验。其具有强烈性、短暂性、指向性等特点。引起激情的原因很多。当人们在生活中发生重要与重大事件时,当人们自己的心理意向和愿望出现对立和冲突,以及过度的抑制和兴奋等,都可能导致激情发生。激情有消极的影响,也有积极的动力作用。

应激是由出乎意料的紧张而又危险的情景所引起的超强的情绪状态。人在遇到危险而又紧张的情景,如突发地震、火灾、车祸、空袭等,身体和精神上负担太重,必须迅速采取重大决策时,都可能导致应激状态。一般应激状态能使机体具有特殊防御、排险机能,能够使精力旺盛,激化活动,使人思想特别清楚、精确,动作机敏、准确,推动人们化险为夷,转危为安,及时摆脱困境。

但强烈而又长时间地应激,又会产生全身兴奋,使注意力与知觉范围狭窄,言语不规则,不连贯,行为动作有些紊乱。应激状态较长时间延续,能击溃一个人的生物化学保护(防卫)机制,使人抵抗力降低,易受疾病侵袭。还可能产生临床休克,给内脏带来物理特性损伤,进而出现胃溃疡、胸腺退化等症状,甚至适应储存被耗尽,导致严重疾病,甚至死亡。应激状态的这些消极表现是可以通过心理预警和防御机制的建立,有效的社会支持系统、心理咨询与辅导活动等来进行调节与缓解。

人所特有的高级社会情感有道德感、美感和理智感。

个人用社会公认的道德标准,感知、比较与评价自己和他人的行为举止时,所体验到的情感属于道德感。当自己及他们行为举止和道德标准一致,就产生满意的道德体验,像愉快感、幸福感、荣誉感、赞赏感、热爱感等;反之则产生否定鄙视的道德体验,像憎恨、厌恶、嫉妒等。道德感和道德认识、道德行为紧密联系,它们是人的品德结构的主要成分。人们对道德观念、道德行为、道德准则的认识是产生道德感的基础。在建设社会主义市场经济和构建和谐社会的条件下,我国社会尤其青少年应该具有的高尚情操和良好的道德感是:爱国主义与国际主义情感;集体主义感与荣誉感;对劳动的热爱和对公共事务负责的义务感和责任感;同志感、友谊感、同情感和人道主义情感;以及是非感、善恶感、正义感等。其中爱国主义情感是道德感的精髓,是对青少年进行思想教育与道德感培养的永恒主题和内容。

美感是人对客观事物和审美对象反映时所产生的情感体验,即具有一定审美观点的人对外界事物美的评价而产生的一种肯定、满意、愉悦、爱慕等的情感。美感是人有欣赏客观事物美的精神需要并在对审美对象感知的基础上产生的情感体验。美感有两个鲜明的特点:其一是对审美对象的面貌特点,如线条、颜色、形状的健美、协调、鲜艳、匀称的感知;其二是对美的感知和欣赏而引起人的情感共鸣,并给人以鼓舞和力量。因此,审美对象的美丑认知和体验是与道德的善恶紧密联系的。

理智感是人对认识活动的成就进行评价时产生的态度体验。理智感是同认识成就的获得、兴趣的满足、真理的追求、思维任务的解决相联系的。深厚的理智感是完成学习和工作任务的重要条件。人们的理智感大体有以下几种:① 好奇心和新异感,它是一种求新的情感,是发明创造的先导;② 喜悦感,它是由认识活动的成就所引起的欣慰、高兴的体验,是继续探索、认知的动力;③ 怀疑与惊讶情感,它是由认识过程中矛盾事物所引起的体验,这是认识深化的特征;④ 不安情感,它是在下判断时由于证据不足所引起的体验;⑤ 自信和确信不疑情感,它是问题确实得到解决而引起的体验。

情绪和情感与认识关系密切,但它们不是认识过程的消极产物,而是对人的身心的各个方面有着广泛而深刻影响的强大心理动力。情绪和情感对人们调节行为、适应环境、传递信息、影响认知活动、促进身心健康、提高工作与学习效率有重要作用。

(3) 意志过程。人不仅能够认识世界,还能够能动地改造世界。在改造现实的过程中,人总是具有自觉的目的和动机,有实现目标的坚定的信念和决心,有战胜困难与挫折、实现目标的顽强毅力与胆识。这种自觉地确立行动的动机与目的,并据此调节支配行动、努力克服困难以实现目标的心理过程就是意志。意志是人的心理(即意识)的能动性的具体体现,它是人所特有的一种心理活动形式。

意志行动的心理过程即指意识对行为积极能动的调节过程。一般划分制定计划(即采取决定)和执行计划(即执行决定)两个阶段。制定计划对意志行动起着导向作用,是意志行动的开始阶段,它决定意志行动的方向,是意志行动的动力基础与根本原因。制定计划具体包括动机与动机之间的斗争,行动目的的冲突、解决与确立,行动方法与策略的选择,以及制定行动计划与最后决定等环节。执行计划是意志行动的实施和完成阶段,它是在需要、动机、目的与期望的驱动下,促使计划付诸实施,以达到某种目标的过程。执行计划具体包括克服困难、落实行动、执行决定,适应环境变化、应对挫折心理、调整修正计划,实现目标并向新的目标迈进三个环节。

人的行为可以分为本能行为、无意识行为、盲目冲动行为与受意识调节支配的意志行为等多种类型。人的意志行动有以下四个特征:① 意志行动是人特有的自觉确定目的的行动;② 意志行动主要体现在人的意识对活动的调节支配过程,使人的行动能按自觉的目的去能动地认识世界与改造世界;③ 克服内部和外部的困难是意志行动最重要的特征;④ 意志行动是以随意动作为基础,它是和自动化的习惯动作既有联系又相区别的行动。

认识、情感、意志是人的统一心理过程的三个不同的方面,它们的活动规律既可以进行分析的研究,也可以在人的行为活动或实践活动中将它们统一起来,构成互相联系、互相制约、相互影响的整合关系。在统一的心理过程中,认识是基础,情感和意志是行为的动力过程。一方面,人的情绪和意志受认识活动的影响。另一方面,人的情绪和意志也影响着认识活动。在管理、教育、社会生活与社会实践活动中,人们常常将认识、情绪情感、意志与行为统一起来应用。如采取"动之以情、晓之以理、导之以行、持之以恒"等方式,就能大大提高学习、工作和生活的质量,以及管理的绩效。

2. 个性心理

心理过程总是要在进行实际活动的个人身上表现出来。它既有一般的共同的规律性,又带有与他人相区别的个性特点。我们不能脱离活生生的个人,不能脱离人的个性,孤立地研究心理过程。因此,人的个性(人格)心理是心理学研究的另一重要方面的内容。

"人心不同,各如其面"。由于每个人的遗传因素及其所处的社会环境、生活条件以及所受的教育不同,因此,人与人之间在心理特质、心理风格和面貌上存在着显著的个体差别,形成了人的个性差异。人的个性差异主要表现在两个方面:一是个性倾向性;二是个性心理特征。我们也可以在分析人的个性结构的基础上,将具有一定倾向性的、人的心理特性的总合定义为人的个性。

(1) 个性倾向性。人的个性倾向性主要指人的意识倾向、态度倾向与行为倾向特性。个性倾向性是推动人进行活动的动力性特征,是个性结构中最活跃的因素,是人的个性的动力结构系统。个性倾向决定着人对周围世界认识和态度的选择和趋向,决定着个人追求什么,什么对个人来说是最有价值的。个性倾向性包括需要与动机、兴趣与爱好、理想与信念、价值观、人生观与世界观等。需要是个性倾向性的基础,也是最活跃的心理要素。人与人之间在需要上有很大的差异,有的人在物质需要方面追求强烈,有的人则更注重精神方面的需要。"动机是由目标或对象引导、激发和维持个体活动的一种内在或内部动力。"(Pintrich & Schunk, 1996)需要与诱因结合是推动人的行为活动,并使活动朝着一定方向,形成具有一定目标的内部动力。人的动机有强弱、主次、纯杂、生理与社会、原始与习得等方面明显的差异。兴趣与爱好是人的需要的一种表现形式,每个人除有各自不同的兴趣爱好外,在兴趣的广度、稳定性、效能性和深厚程度上也存在着差异。理想是由目标确定的并影响行为方向的人们对未来生活愿望的一种想象。信念是由人的认知、情感、行为意向构成的主导性动机。价值观是一种调节支配人的行为,在个性中支配着人评价和衡量事物的好与坏、优与劣、对与错的心理倾向性。人生观与世界观是一个人对人生的意义、生命价值,以及整个世界的总的看法与观念,它决定着人的理想、信念与行为,处于个性倾向性的最高层次。它也制约和调节着人的需要、动机等个性倾向性成分。所有这些都从不同方面显示着人的个性倾向性的差异。

(2)个性心理特征。个性心理特征是人的多种心理特性的一种独特的组合。它集中反映了一个人的整个精神面貌及其稳定性方面的类型差异。人的个性心理特征是在人们进行知、情、意等心理活动过程的基础上,经常表现出来的典型的、稳定的与他人又有区别的心理特性。个性心理的差异还表现在能力、气质及性格等个性心理特征方面。

能力是直接影响人的活动效率并使人成功与顺利完成某种活动的个性心理特征。人的能力差异,在一般能力(即智力)方面,存在流体智力与晶体智力的个别差异,有的聪慧超常,有的平常,有的低下;在感知能力、观察力、记忆力、想象力以及逻辑思维能力方面都各不相同,存在智力结构类型的差异。在特殊能力方面,例如音乐、绘画、艺术表演、文学创作、机械操作、组织管理等能力,也都有更明显的差异。此外,还有表现早晚的差异,如有人智力早慧,有的则"大器晚成";能力的性别差异等。认知与理解人的能力水平和差异有利于选人、育人、任人、用人,并做到因材施教、因人而异、扬长避短、互补所长,提高人力资源管理与开发的水平。

气质就是人们平常所指的秉性、性情或脾气。有人活泼好动,有的则沉默寡言;有人性急,有的则是慢性子;有人暴躁,有的则性情温和;有人外向善交际,有的则内向孤僻等。这种表现在人的情绪与行为活动中的动力性方面的,带有先天遗传特性的个性特征,就是气质。了解人的气质类型的特点和差异有利于因材施教与因人而异的管理,有利于人才选用与职业选择,有利于协调人际关系与调适人的身心健康等功能。

性格是人稳定的态度体系与行为方式相结合而表现出来的个性心理特征。例如:心胸豪爽还是心地狭窄;谦虚还是骄傲;勤劳还是懒惰;诚实还是虚伪;勇敢献身还是怯懦怕死;热情友善还是冷漠无情;自尊、自傲、自负,还是自卑、自弃等。所有这些主要受社会环境与教育因素影响而形成的心理品质与特性方面的差异都是人的性格特征的差异。性格是人的个性结构中具有核心意义的个性心理特性。

自我即自我意识,是个人对自己自觉的认知系统。"人贵有自知之明",自我意识是个性结构的核心成分,也是制约人的个性形成与发展的关键。它是由自我认识、自我情绪体验、自我意向(自我对待)构成的统一整体,是人的一种高级心理形态。是一种多维度、多层次的心理系统。自我使一个人的个性倾向性和个性心理特征等整合成为统一的、稳定的、有差异的个性整体。

在人的心理生活与活动中,心理过程、个性心理倾向和个性心理特征是密切联系着的。心理过程和个性心理有机地组成人的完整的心理面貌,实现着人的心理生活。从人的心理现象的动态与稳定的维度来看,心理过程、心理倾向和心理特征是既有区别而又密切联系的。它们构成了心理学研究对象的最基本的内容。心理过程也好,个性心理也好,总是在个人的实践活动中形成和表现出来的。这一过程既包括客观对象向主观心理的转变,也包括主观心理通过行为活动导向客观事物及其结果的转变。对人的心理活动过程与个性心理特征的分析,有利于揭示人的心理活动的实质和规律,并在学习、生活、工作和管理实践中加以应用。

(三)人的心理特性与人的心理实质

人的心理特性即指人类所特有的与动物不同的心理,它是对人的心理过程与个性心理整合后的一种总的心理特点的分析与概括。人的心理特性有自然属性(遗传基因与生理特性),也有社会属性(后天环境、教育特性);有共性(年龄、性别、职业、民族特性),也有个别差异性(独特性与差别性);有稳定性(个性与个性心理特征),也有可塑性(心理活动的变化与发展);有内控性(独立于环境),也有外控性(依存于环境);有统合性(整合、整体、内在的一致性),也有分裂特性(心理适应困难、人格的分裂)。了解人的心理特性,有利于把握与应用人的心理规律来调动人的积极性、主动性和创造性,并对人的个体、团体、组织心理和社会活动进行有效的调控与管理。

人的心理特性与人的心理实质是关联的,都是强调以人为中心的管理的重要课题。人的心理实质(本质)可以用一句话概括:"即指客观现实在人脑中的主观映像。"它包括"人的心理是人脑的机能"、"人的心理是客观现实的反映"两层含义。离开大脑和神经系统的活动,人的心理不会发生;同样离开客观现实(自然与社会),人的心理活动也成为无源之水,无本之木。

人的心理反映还有如下几个特点:

(1) 人的心理(即意识)是物质世界长期演化与发展的产物,是心理发展的高级阶段;

(2) 人的心理活动有主观性和能动性的特点,人的心理反映除受客观现实与人脑的机能影响之外,还与个体的知识技能经验、智力能力水平、个性心理特征以及意识、情绪和意志状态等有关系,人在认识和变革现实中都会表现出主观能动性的特点;

(3) 人的心理活动还有在社会实践与活动中不断变化发展与受社会制约性的特点,它往往要受遗传基因、自然与社会环境、学习与教育、科技文化与经济活动、人际交往与社会生活、团体与组织等多种因素的影响。

(4) 人的心理活动的意识与自我意识特点,这是人的心理有别于动物心理发展的最高水平和阶段,这是有自觉目的性、清晰性、第二信号系统、能动性和社会制约性紧密联系的心理活动。

研究这些规律有利于调动人的行为的积极性、主动性、创造性,并提高管理效能。

三、心理与管理的关系

(一) 人本管理与人的心理

我国在2004年提出了"以人为本"的基本国策,2005年又提出"创建和谐社会"的发展目标与管理理念。以人为本的管理思想,尊重人的人格与价值,关心人的需要与生活,关爱人的生命,改善人的生活与生存发展环境,已经成为我国企业与社会发展的共识与追求。

人本管理的实质涉及以下内容:① 管理应以尊重人、关心人、关爱人与人的生命、改善与提高人的生活工作质量为出发点;② 管理应强调弘扬人性,给人以尊严,尊重人的人格,维护人的健康与和谐生存、发展的权力,发挥人的主体作用与主观能动性作用;③ 管理要提倡开发人的潜能、创造与体现人的价值、达到自我实现的目标;④ 管理要实现人员、企业、社会与环境的和谐发展,并实现提高生产效率与效益,改善与提升生活质量,促进社会发展的目标。

人本管理的理念及其执行是与人的各种心理现象关系密切的。它涉及管理者的心理,也涉及被管理者的心理,同时还涉及人际关系心理、团体心理、组织心理、社会心理与各种环境心理的内容和心理规律的应用。尤其是领导者和员工的工作态度与工作作风、团体规范、团队心理氛围和组织心理气氛等,对管理的绩效和效能有重要的影响。从本质上说,人本管理就是要根据人的个体与团体心理规律、思想规律,通过尊重人、关心人、激励人、改善人际关系等方法,充分发挥人的积极性、主动性和创造性,从而提高生产效率和管理效率,并促进企业和人员健康稳定的发展。

(二) 管理活动中的几个心理问题

(1) 管理的第一要素即是管人,而人才则是企业的根本,员工是组织的命脉。现代化的企业与行政管理要想获得成功与高效能的发展,必须强化以人为本的管理思想和理念,重视人力资源的管理与开发,根据个体与团体的心理规律来选拔人才、培训人才、任用人才、激励人才、关心爱护与保护人才、开发与促进人才的发展。

(2) 知心才能知人,知人才能善任。人事管理之最难在于知人与知心,在和别人打交道的过程中,应通过多接触、多观察、多了解、多理解、多沟通,真正做到知人、知面、知心,并充分调动起周围一切人的积极性,充分发挥人力资源的作用,让他们尽最大可能为你服务,努力实现企业目标,才是有效的管理。这里的知人知心包括认识你的员工、你的同事,乃至你的客户,处理好上下级关系与各种人际关系。

(3) 个体心理管理的一般模式包括:① 关心与重视人的心理是开启心灵的钥匙,也是和谐人际关系与强化人本管理的基础。② 了解与认知人的心理是知人善任,有效进行人力资源管理与开发的前提。③ 理解与信任人的心理,做到宽容待人,真诚待人,用人不疑,疑人不用是坚持人性化管理的重要原则。④ 交流与沟通人的心理是打开心灵的窗口,使其成为信息管理的有效通道。⑤ 关怀与帮助人的心理,做到助人助己,帮人帮心,雪中送炭,温暖人心是社会支持与关爱管理的重要环节。⑥ 协调与驾驭人的心理是人际管理的灵丹妙药。⑦ 鼓舞与激励人的心理是个体管理中,调动人的积极、主动和创造性的最重要与核心的动力等。

(4) 激发心理动力。人的行为活动是由思想支配的,思想与行为动机是由需要引起的。人的每个行为都直接或间接、自觉或不自觉地为了满足某种需要。当需要得到了满足,行为结束后,又会有新的需要产生新的动机,引起新的行为。因此,"需要"是人的行为动机的基础,是人的个性积极性源泉,是人的行为积极性、主动性、创造性的根本动力。做好人本管理工作,首先就要研究和满足人的心理需要。管理工作者要善于观察人,了解人的需要,这样才能针对不同对象的特点,采取不同方法,在条件许可的情况下,尽量满足他们的合理需要,调动不同类型员工的工作积极性,真正做到人尽其才,才尽其力。

(5) 发展健康人格,提升自我管理水平。思想决定行为,行为决定习惯,习惯决定性格,性格决定命运。因此,无论是管理者还是被管理者,都必须做好自我管理的心理准备。从思想(认知)、感情、行为与习惯入手,养成良好的人格与性格品质,提升自我管理的心理水平,并努力做到:① 出以公心,做个无私的管理者;② 把握化敌为友的技巧,善于团结一切可以团结的力量,善于同与自己观点不同甚至反对过自己的人共事;③ 敢于承担责任,不怕否定自己,永远保持一颗感恩的心;④ 坚持原则性与灵活性结合,做到随机应变,机敏圆通,把握方向,游刃有余;⑤ 提高情商水平,调控驾驭情绪,不做情绪的奴隶,而做脾气的主人;⑥ 保持积极与平和心态,重视心理平衡和提升心理健康的水平;⑦ 正确处理得失与成败的关系,权衡得失,做到"胜不骄败不馁",坚持不懈,努力行动,把握方向,不断追求卓越与成功。注意与重视以上几个方面的问题,就可能为有效的管理活动提供心理学的规律与依据。

(三) 有效管理的心理依据与原则[①]

1. 社会认知原则

---

① 程正方:幼儿园园长应学点心理学——提高管理效能的几个心理原则(中国首届幼儿园园长大会报告),2006年11月。

社会认知就是对人(含自己、他人、角色、团队和人际关系等)的认知。认识社会可以学会适应与生存;认识他人能够知人善任;认识团体可以学会竞争与合作;认识职业与角色可以学会创造;认识自我可以学会发展与成长。

社会认知的障碍与主要效应有:先入为主的首印效应与近因效应、以点概面和以偏概全的月晕效应、用固定眼光看人的定势效应、"近朱者赤近墨者黑"的条件反射效应、容易使人上当受骗的线索偏差、以己度人的投射心理、"情人眼里出西施"的情绪效应以及逆反心理与意义障碍等。

社会认知的有效管理原理和方法主要有:① 可以采用强化法与分化法。强化要掌握认知的重点与要点,抓住主要矛盾和问题,认知事物的本质和关键;分化与鉴别,了解事物之间差异和区别,避免各种认知偏差的干扰。② 印证与实证方法。通过思考和实践检验的方式,对初步的认知假设和结果,进行有效的检验、印证和证实。③ 情绪调节与控制的方法。情绪容易干扰人的认知,冷静思考,用理智来有效调节和控制人的情绪,能够正确地认知自己、他人和各种社会现象与活动。④ 印象管理方法。如为了保持一致形象,社会心理学常采用得寸进尺式的"登门槛"效应和先提大的要求后提小的要求、讨价还价式的"门面"效应;以及卡内基(D. Carnegie)提出的"真诚对别人感兴趣、微笑、记住名字、做好的聆听者、谈别人感兴趣的事、重视别人"和琼斯(E. E. Jones)的"恭维、诚实可信、自我表现、施惠"等讨好策略也是印象管理的好方法。有效印象管理还必须建立在信息有效整合法则的基础上:① 平均法则(即好的与差的印象相加后的平均值为总印象)。② 叠加法则(即好的与差的印象简单相加后为总印象)。③ 加权平均法则(即好的与差的印象经过权重相加后的平均值为总印象)。

2. 心向一致(目标管理)原则

目标是灯塔,目标是方向,南辕北辙的故事说明方向比努力更重要。目标细化的心理学实验也说明目标设置与管理的重要性。三组被试者走同样长距离的路程:第一组跟着向导盲走;第二组知道沿途的村名与路段名,但不知路程长短;第三组知道村名、路段和每公里还有里程碑。结果第三组非常愉快而又不疲劳的到达目的地。目标管理的实例与实践也说明目标管理具有聚合、定向、导向、激励等多种功能。目标管理的三个环节是:目标制定、目标实施、目标结果的科学评估。而好的目标具有如下属性:具体性、参与性、反馈性、竞争性、困难性、可接受性等;现代目标管理还包括目标的一致性、科学性、合理性与系统性等属性。

3. 心理动力性(激励)原则

激励就是激发与鼓励,调动人的积极性的过程。从"得人心者得天下"看心理激励有非常重要的意义。现代管理的许多实例也说明感情留人、事业(成就)留人、利益(待遇)留人、环境留人等,对调动员工的积极性有非常重要的作用。激励也是个体心理管理的核心课题。

激励的宏观原则有:① 依靠员工的主体意识与主人翁精神的原则;② 物质与精神同步激励的原则;③ 按劳分配为主多种分配方式并存的原则;④ 兼顾公平与效益优先的原则;⑤ 个人、集体、国家三者利益兼顾的原则;⑥ 分配与生产力发展水平相适应的原则等。激励的微观管理原则有:因人而异,奖惩适度,公正与公平,奖励正确事情,导向正确方向等。

4. 信息沟通原则

信息沟通即指信息在个体或团体之间的交流与传递。沟通有重要作用与功能,社会心理学家菲斯汀格概括沟通具有工具与满足需要两类作用。具体分析沟通能使企业和行政管理获得外部信息与内部信息、成员相互理解与组织协调的作用、转变工作态度与管理行为等功能。沟通是企业正常运行与管理的重要职能。有效沟通应做到：① 提高成员的心理水平；② 正确使用语言文字；③ 学会有效聆听；④ 讲究沟通艺术与方法（选择地点、时间、主题内容、注意气氛、礼仪和十戒）⑤ 通过闲聊、调查、检索、跟踪与过滤、购买与转化、捕捉存储与分析等来改善沟通。

5. 人际关系协调的原则

人际关系是人际交往中形成的心理与行为关系。人际关系是团体行为管理的核心课题，人际关系是团体团结和凝聚力的基础，是员工心理健康与组织气氛和谐的具体体现，也是提高管理效能和生产工作效率的重要条件。人际关系建立与改善的原则：

（1）从个人角度加强人际关系的建设与改善人际关系应坚持：① 正确认识有效的交往原则（交互、平等、功利、自我保护、情景控制）；② 合理运用人际友好策略（有效建立关系、正常沟通关系、注意坚持与维持关系）；③ 加强自我意识的修养；④ 重视角色互易，设身处地思考与处理人际关系；⑤ 正确学习与运用"PAC"分析方法，使用成人（A）成熟的方式处理好人际关系。

（2）从团体建设角度改善人际关系应强化：领导班子建设、组织气氛建设、员工参与、团体沟通、团队精神。

（3）重视人际冲突的及时与有效的解决。

6. 心理健康与平衡协调的原则

心理健康标准有：行为适度、自知之明、善于自控、善与人处、人格一致、情绪乐观、面对现实、热爱生活等。

心理平衡自我调节的方法有：合理宣泄、理智消解、悟性法、注意转移、艺术升华、自我防卫（酸葡萄心理、甜柠檬心理）等。

平衡与协调心理健康的原则有：

（1）认知改组（引导、疏导、学习）。

（2）理顺关系（理解、沟通、协调、谅解）。

（3）情绪调节。情绪调节的基本过程：①生理调节——生物反馈与生理活动；②情绪体验调节——不同策略（愤怒——解决问题；悲伤——求助；伤感——回避）；③行为调节（抑制和掩盖不适当情绪表达，呈现适当的交流信号）。

（4）认知调节（知觉或再唤醒需要调节的情绪、解释原因和认识改变的方式与途径、作出改变决定和设定目标、调节反应、评价、将调节付诸实践）。

（5）人际调节：社会与外部调节（动机、社会信号、自然环境、记忆等）都起重要作用。

第二节　管理心理学的研究对象[①]

一、管理心理学的研究对象及其特点

（一）什么是管理心理学

管理心理学是研究管理活动中人的社会心理活动及行为规律，用科学的方法改进管理工作，并通过改善环境条件，协调人际关系，满足职工需要，充分调动人的积极性、主动性、创造性，来提

[①] 程正方主编：现代管理心理学（第4版），北京师范大学出版社，2009年版，第2~16页。

高管理效率效益和促进组织发展的一门科学。

(二)管理心理学研究对象的特点

本教材主要从企业经济与行政管理方面论述,管理心理学研究的对象有以下几个特点:

(1)管理心理学研究的对象主要是企业与行政管理的内部结构系统。现代企业与行政管理在开放条件下的内部结构系统包括:① 生产(含采购)与技术系统;② 市场营销与公共关系系统;③ 财务、经济运营与经济管理系统;④ 人力资源管理与开发系统;⑤ 研究与发展系统等。从系统论的观点来看,现代企业的生产经营与行政管理过程包括输入、转换与输出三个环节。上述各内部因素与外部因素相结合,形成了企业与行政管理的内外环境系统(见图1-1)。

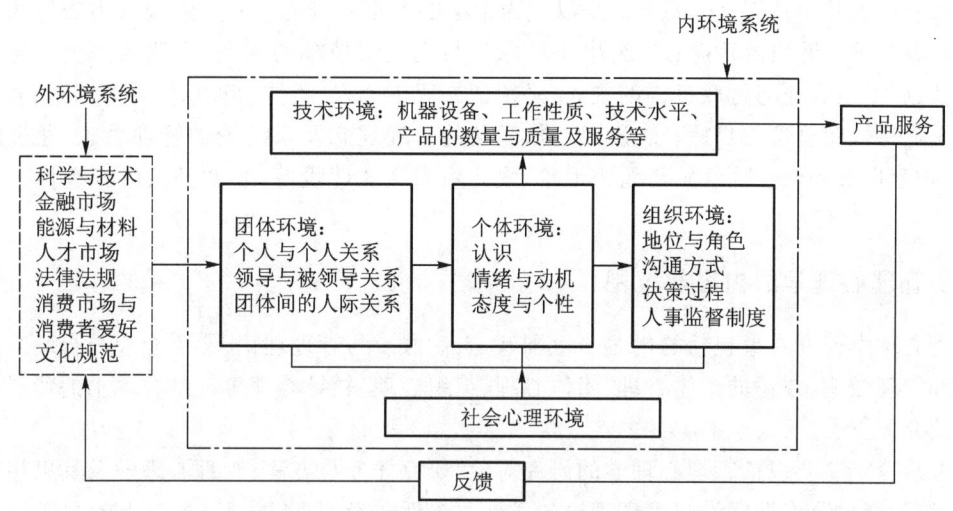

图1-1 企业管理的内外环境系统模式图

企业与行政管理的外环境系统包括:科学与技术、金融市场、能源与材料、人才市场、法律法规、消费市场与消费者爱好、文化规范等。企业与行政管理的内环境系统包括:微观技术环境(即企业劳动生产效率的主要指标),表现为机器设备、技术水平、工作性质、产品的数量与质量及服务等;社会心理环境(即企业与行政机构中的个人、团体与组织环境)。微观技术环境是由劳动(工作)者作为一个个体环境来执行并受其制约的,即受个人的劳动(工作)态度、动机、认识、情绪、个性等心理条件影响。企业与行政的劳动(工作)不是某一个人的劳动(工作),而是在团体环境中进行的,因此团体环境(个人与个人、领导与被领导以及团体间的人际关系等)是一个重要的影响因素。企业与行政管理劳动(工作)是一个有组织的活动,因此组织环境也是一个重要的内环境因素。

(2)管理心理学的研究对象着重是企业与行政管理的内部社会心理系统(即人际关系系统,主要指企业内环境因素中的个体、团体、组织与领导系统)。在这个系统中主要强调人的个性特征、人的需要动机激励、人际关系、领导行为与艺术、团体风气及组织结构与气氛等心理因素在管理中的作用。任何企业与行政机构都是由资产设备和具有多种知识、技能、能力以及具有不同个性特征的人组成的。企业与行政管理劳动生产效率和工作效率的提高,不仅依赖生产中的技术装备及组织水平,而且更大程度上依赖职工对目标的认同、劳动态度、团体规范与行为准则、社会心理气氛、领导人的个人威信、领导力量和领导方式等社会心理因素。可见,管理心理学要研究的课题是影响效率与效益的人的社会心理方面的问题。从心理学角度看管理,实质上是由一个人或多人来协调其他人的心理与行为活动,从而调动人的积极性、主动性和创造性,以便收到个人单独活动所不能收到的效果。

(3) 管理心理学的研究对象与工业心理学中的工程心理学相比较,是研究更纯粹的人的因素方面的问题。工程心理学是研究"人—机"关系问题,其重点是探讨人与机器、人与技术、人与物理环境相互关系中的人的心理因素的作用。而管理心理学研究的重点是组织、企业中人际关系方面的人的心理因素的作用,是管理中更纯粹人的因素问题。从这一特征来看,管理心理学研究的对象有以下几个特点:① 突出的是以人为中心的人本管理思想;② 强调人力资源的重要性及人力资源管理与开发的理念;③ 突出主体意识与主人翁精神的观点,强调人是企业与行政机构的主体,职工是企业与行政机构的主人,必须依靠职工个人、团体、组织、领导等因素,齐心协力来实现企业与行政管理的目标;④ 强调人际互动的管理理念及系统论的管理思想,通过协调人际关系,构建良好团队心理气氛与组织形象,强化组织文化建设等,来调动人的积极性、主动性、创造性。

二、管理心理学的内容与范围

管理心理学研究对象包括的内容与范围有:人性假设与管理理论,影响企业与行政组织的劳动生产和管理效率、效益的个体心理、团体心理、组织心理、领导心理等。结合本书的特点及其内容体系简介如下:

(1) 总论。主要包括管理心理学的研究对象、研究任务与方法;管理心理学及其思想理论的产生与发展,特别是人性假设与管理理论的发展。人性假设(即人性观)是对人的本质与本性的基本观点和看法,它是管理理论的哲学基础。在行政组织与企业管理中,领导者确立什么样的管理思想,制定什么样的管理原则与制度,采用什么样的管理措施与方法,建立与建设什么样的组织结构和组织气氛等,都与如何理解和看待人的本质及人的价值有关。"经济人"假设对应的管理理论是 X 理论;"社会人"假设对应的管理理论是人际关系理论;"自动人"假设对应的管理理论是 Y 理论;"复杂人"假设对应的管理理论是超 Y 理论或权变理论。运用马克思主义的人性观,联系我国的改革实践,评述与借鉴西方管理心理学中的人性假设及其管理理论,有利于提高我国现代企业的管理水平和促进社会与企业的发展。

(2) 个体心理。主要包括认知差异与管理、个性差异与组织人格的管理、激励与员工积极的调动等内容。人力资源是企业中最重要的资源之一。个人积极性、主动性、创造性的激发,直接影响个人在企业与行政管理中的行为效率,以及团体和整个组织的效率。因此,个体心理与行为规律是管理心理学中的重要研究课题之一。其中激励与创造力是个体行为管理的核心课题,它涉及人的需要、动机、激励、工作态度、心理契约、组织承诺、职业倦怠、心理压力、情商管理等内容;同时还涉及人的认知、能力及个性差异等心理活动及其规律的制约与影响。

(3) 团体心理与行为。包括团体概述、团队气氛、团体信息管理、团体人际关系、团体决策、团体的竞争与合作以及冲突等内容。其中,人际关系是团体行为管理的核心课题。此外,工作团队与团队精神、团体凝聚力和士气、团体信息沟通与意见交流、人际关系改善、冲突协调等是提高企业团队管理的重要内容与条件。

(4) 组织心理与行为。包括企业组织概述、组织管理的基础(组织设计与工作设计)、组织的改革、组织的发展等内容。主要涉及组织理论及其发展,现代企业组织结构的内容、特点及管理原则,组织改革的心理分析,组织发展、企业组织效能及健康组织的评估,组织气氛、组织形象与组织文化建设等重要课题。

(5) 领导心理与行为。包括领导心理概述,领导的素质、结构、功能及影响力,领导理论研究及其发展,领导者的选择、考核及测评,领导方法与艺术等内容。

总之,管理心理学是一门研究、解释、预测和控制人的心理与行为(含个体、团体、组织及领导心理与行为)规律,充分调动与发挥企业全体职工的积极性、主动性、创造性,使人力资源和物质技术设备的潜力能最大限度地得到发挥。管理心理学是现代管理科学的基础学科,它是管理效能化、政策研究与决策科学化、科学预测与生产力现代化发展的基础。

三、管理心理学的学科性质及其与相关学科的关系

(一) 管理心理学的学科性质

管理心理学是心理学的一个分支。是自然性和社会性交叉以社会性为主的一门带理论性的应用心理学科,属于多学科交叉的、多层次性的边缘性学科。

管理心理学的理论性与科学性特点。管理心理学既不是基础学科,也不是一般性的应用心理学科,其有很强的理论性与科学性特点。它运用了科学的、系统的实验方法进行研究,排除了常识中的各种偏见和误解,保证了其研究结论的可靠性和可信性,并形成了许多有科学价值的理论。在总论部分有人性假设与相应的管理理论;在个体管理部分有认知理论、个性理论、态度理论、价值理论、压力与激励理论等;在团体管理部分有人际关系理论、信息沟通理论、团体竞争合作与冲突理论、团体决策论等;在组织管理部分有古典理论、新古典理论(行为科学理论)与现代组织理论;领导行为部分有领导特质理论、行为理论、作风理论与情势(权变)理论等。这些理论研究及其成果,使管理心理学有很强的科学性,而不会陷入"实用主义"的误区。

管理心理学的多学科交叉性与综合性特点。管理心理学是把管理学、心理学(工业心理、社会心理等)、社会学、人类学、人类文化学等学科知识综合应用于管理实践的一门学科。

管理心理学的多层次性与系统性特点。管理心理学的层次性与系统性特点体现在它有明确界定的范围和层次(个体、群体和组织行为),它总是与一些较基本的理论和观点相联系而形成自身的体系:① 体现在个体行为、团体行为、组织行为规律与管理特点上;② 体现在高层、中层与基层管理特点上;③ 体现在系统管理观念与特点上。现代企业与行政管理向国内外更加开放的范围发展,是一个更加开放的社会心理系统。现代企业的外部环境(物理、技术、文化、社会心理等)输入因素、内部转换因素(正式与非正式团体或组织的规范、互动、作用、感情等)、输出结果(产品与服务、效率与效益、满意与发展等)评估因素对提高管理效能,实现企业目标产生不同的作用。上述因素的综合才能促使企业与行政管理目标实现。

(二) 管理心理学与主要相关学科的关系(见表1-1)

1. 管理心理学与工业心理学的关系

工业心理学对管理心理学的产生与形成有重要影响。最早进行心理技术学研究的是冯特(W. Wundt)的学生,从德国侨居美国的心理学家雨果·闵斯特伯格(H. Munstrberg)。他1912年出版了《心理学与工业效率》一书,为工业心理学的诞生与发展开辟了广阔的领域,由于他对工

业心理学创立所起的作用,被后人称为"工业心理学之父"。工业心理学的研究早期主要集中在工业个体心理上,着重研究对职工的挑选和工作分配,解决人与事的合理配合课题,这方面的研究与发展,便形成后来的人事心理学。后来,工业心理学的研究又扩大为探讨如何根据人的特点设计并制造机器,以及人如何学习操作机器与人机配合的问题,即研究人与机器的关系问题。这方面的内容便形成后来的工程心理学(也称人类工程学或工效学)。工业心理学的继续发展,除研究解决"人与事"、"人与机器"的配合问题之外,还研究解决"人与人"的配合关系问题,这就是后来的工业社会心理的课题。美国哈佛大学心理学教授梅奥(G. E. Mayo)于1933年提出了"人际关系学说",从而导致管理心理学和组织行为学的萌芽。从工业心理学的演化来看,工业个体心理研究发展为工业社会心理方向;工业社会心理研究的发展,就形成后来的组织管理心理学或组织行为学。可见,工业心理学对管理心理学的形成与发展起了重要的作用。

表1–1 与管理心理学密切相关的学科

学科	具体学科	主要影响和涉及研究领域
管理学	人力资源管理学	培训与开发、绩效管理、员工培训与选拔、薪酬管理、劳资关系
	组织管理学	组织理论、组织技术、组织变革、组织文化
行为科学	心理学	动机与激励、领导、认知、情绪、个性、个体决策、工作满意度态度、测验与评估、工作压力、工作设计等
	社会学与社会心理学	群体动力、工作团体、问题、权力、冲突、群体行为、正式组织理论、组织技术、组织变革、组织文化、行为与行为变化、态度与态度改变、沟通、群体过程、群体决策
	人类学	价值观比较、态度比较、跨文化研究、组织文化、组织环境
社会科学	政治学	冲突、组织内权力与政治
	经济学	领导有效性、工作绩效
	伦理学	激励、领导、沟通的伦理问题

2. 管理心理学与行为科学的关系

对行为科学广义的理解,即把它看成为一个科学群。《美国管理百科全书》对行为科学下的定义是:"行为科学是运用研究自然科学的实验和观察的方法,来研究在一定物质和社会环境中的人的行为和动物(除高级动物人以外的其他动物)的行为的科学。已经确认研究行为所运用的学科包括心理学、社会学、社会人类学和与研究行为有关的其他学科。"从狭义来说,行为科学是对工人在生产中的行为及其产生原因进行分析研究,以便调节企业中的人际关系,从而提高劳动生产效率的一门科学。从这个意义理解行为科学即指管理心理学(或称组织管理心理学或组织行为学)。目前,组织行为学已被看做是管理心理学发展的新动向,组织行为学与管理心理学在研究对象、研究内容、理论指导与目标方面基本是一致的,组织行为学越来越重视人的个体心理与社会(团体与组织)心理规律,在提高企业管理效能方面的作用。"行为科学学派"是管理心理学初创时期的一个重要理论派别。20世纪30年代梅奥通过霍桑实验建立起来的"人群关系学说"也被称为"行为科学学派"。此后,这一学说得以迅速发展,从而为行为科学、管理心理学及组织行为学的诞生奠定了基础。

3. 管理心理学与社会心理学、管理学的关系

管理心理学与社会心理学、管理学的关系也是密切的。管理心理学要研究企业内部职工的心理活动特点及行为规律,企业内部的社会心理现象及其规律的掌握,当然离不开心理学、社会心理学知识及其理论的指导。另外,管理心理学的研究成果,也可以促进心理学、社会心理学理论的发展。管理学重点研究管理活动及其规律,也应包括研究人的心理活动的规律;管理心理学的研究成果与其规律的发现,也为管理科学提供了掌握与运用人的心理规律的依据。

管理心理学研究的内容范围比社会心理学、管理学较狭窄。管理心理学只限于研究企业内部员工的个体与社会心理现象,社会心理学研究的是更大范围的人与人相互交往中个体与群体的社会心理现象及行为活动的规律性课题。管理心理学只限于研究组织和团体内部的领导者(含管理者)与被领导者(含被管理者)交互过程中的社会心理现象与行为规律,强调以人为中心的管理,以及人的社会心理与行为规律在管理中的作用。管理学除研究以人为中心的管理规律之外,还包括其他如采购、生产、营销、财务、科研、行政、公关、危机干预及支持保障系统等管理活动的规律。

第三节 管理心理学的研究任务

管理心理学研究具有重要理论与实践意义。其有理论研究与应用服务研究两方面的任务。

一、管理心理学应用服务的两个重要目的

管理心理学应用服务的首要目的是提高劳动生产效率,为社会主义的物质文明建设服务。

提高劳动生产效率必须依靠多种因素与条件,如人力、物力、财力、技术水平、信息情报、时间与管理等。而人力资源永远是企业管理中一个最重要的、最活跃的因素。传统与古典管理偏重于物质、机械技术与工作任务,把人看成是机器的附属品,对工人进行严格控制与监督管理,不利于调动人的积极性。现代企业管理既注意到科学技术的高度发展,又越来越重视人的因素在企业管理中的作用,强调以人为中心的"人本"与"能本"管理,强调人的积极性、主动性、知识性和创造性在提高劳动生产效率中的作用。现代企业管理心理学就是要重点强化以人为中心的管理课题,强调运用人的心理与行为规律来改进管理方法,改善管理条件,协调人际关系,满足职工需要,激发人的积极性与创造性,以完成生产任务,实现企业的目标,提高劳动生产效率。特别是我国加入WTO之后,在迎接经济全球化、国际化的发展机遇与挑战,面临全球性的经济危机形势以及全面发展与建设小康社会、进行现代化企业生产与经营过程中,管理心理学的首要目的就是要遵循国际化经营、现代化生产、市场化管理的客观规律,以及根据人的心理特点与社会心理活动规律,采用科学管理方法,调动人的积极性,提高劳动生产效率与竞争、生存、创新、发展的能力,从而不断满足和提高人民的生活水平与生活质量。

管理心理学应用服务的另一个重要目的是对职工进行管理教育与素质教育,强化企业的组织文化建设、企业形象建设、社会心理气氛建设,为社会主义的精神文明建设服务,并推动社会政治文明与生态环境文明的建设与发展。

经过30年改革开放与发展的历程,今天,我国政府、企业、市场的职能与关系发生了巨大变化,但现代化企业及每一个事业单位作为一个团体或组织所负有的对职工进行政治思想教育、政

策法律教育、职业技术教育以及文化教育和管理教育的任务越来越重要。因此，我国的管理心理学除为社会主义的物质文明建设服务外，还要研究社会主义企业的组织与团队气氛、CI 战略形象设计与形象评估以及企业文化建设的课题；探索企业的民主与法制建设，以及如何强化全心全意依靠工人阶级，培养员工的主体意识、主人翁的精神；如何培养员工良好的家庭道德、职业道德、诚信意识、生态文明意识和社会公德意识，提高员工的职业素质水平，为社会主义的精神文明、政治文明、生态文明建设服务。

管理心理学为社会主义精神文明、政治文明、生态文明建设服务有许多重要的研究课题。管理心理学研究企业内部职工的心理活动特点和行为规律，可以预测、控制和调适人的行为，使政治思想工作富有预见性、针对性和科学性；研究职工的需要与激励可以培养职工的主人翁精神、责任感和事业心，振奋他们为继续深化改革，建设和谐社会做奉献的革命精神；研究职工的个性特点、个性差异与管理的关系，既有助于提高因地制宜、因人而异的权变管理水平，又有助于培养职工良好的个性品质和高尚的道德情操与修养；研究职工的心理压力、心理卫生与保健状况，有助于企业的 EAP(Employee Assistance Program)开展与心理健康管理，提升与促进职工的心理卫生与身心健康的发展；研究团体心理与企业内部的人际关系，有助于形成良好的团队精神，提高团体士气，增强团体的凝聚力和团结，培养团体意识和协作精神，建立与发展企业良好的人际关系；研究领导心理可以提高领导水平和领导艺术，协调干群关系、增强干群团结，发挥干部的模范带头作用；组织行为与心理的研究，可以深化人们的改革意识，促进健康组织的评估与发展，以及加强良好组织气氛、组织形象、组织文化的建设。

二、管理心理学的研究任务

管理心理学为了实现上述两个目的，其基本任务是研究现代化企业管理过程中的社会心理规律，为科学管理的理论与方法提供心理学的依据。因此，必须重视研究企业中的以下社会心理现象。

(一) 重视研究个体心理与管理的关系

重视研究个体心理与管理的关系，即研究职工的社会知觉、个性差异、态度形成与转变、价值观念、需要动机与压力等课题。其核心内容是需要、动机与激励，即调动职工积极性的问题。这方面西方管理心理学家已提出了"需要层次论"、"双因素论"、"期望论"、"公平论"等激励理论，这些理论对于我们社会主义的企业虽不能照搬，但也是很好的借鉴。我们研究社会主义企业职工需要的内容、特点，满足需要的原则，激励的方法，有助于调动职工的积极性、提高管理水平。例如我国有些企业和单位采用的"待遇留人、感情留人、环境留人、事业留人"，"目标管理与激励"，结构工资制，物质与精神同步等多元化的激励方式，就是增强凝聚力、鼓舞士气、调动员工积极性、提高效能方面较好的激励与管理方法。

(二) 重视研究团体心理与管理的关系

重视研究团体心理与管理的关系，即研究团体的规模、结构、规范、信息沟通、人际关系、竞争与合作、决策、冲突与协调等问题。其中最核心的内容是团体人际关系问题。梅奥(E. Mayo)主持的"霍桑实验"首次把企业中的人际关系(职工与管理人员、职工与职工的关系)是否融洽摆在重要位置，而把物理环境、物质刺激放在次要方面。我国的企业在协调人际关系、调动职工的积极性、提高管理效率方面，也有许多成功的经验。例如，重视研究正式团体与非正式团体的活动，引导非正式团体为达到正式团体的目标服务,就是协调企业内部人际关系,提高管理水平的一个重要课题。还有工作群体与工作团队的比较研究,信息沟通,竞争、合作与解决冲突问题的研究等。

(三)重视研究组织心理与管理的关系

重视研究组织心理与管理的关系,即重视组织结构、组织设计、组织变革、组织发展和组织气氛、组织文化的研究。合理的组织结构、有效的组织设计和组织管理体制改革与试点(如适应社会主义市场经济的企业化体制、目标责任制、股份制、岗位责任制、企业承包制等)在提高管理绩效方面有重大作用。合理的组织往往是在变革与发展中逐渐完善的,而组织的变革与发展有动力,也有许多阻力,职工的心理承受力是企业组织变革成功的一个重要条件。组织与企业文化是一个组织与企业在长期发展过程中,通过吸收社会文化的精髓,协调人与自然、人与人、人与组织的关系,满足人的需要,实现组织目标而产生的生活与行为方式、价值观念和道德规范、产品风格与特色、组织气氛等的总称。组织与企业文化的形成、企业文化与组织行为的合理性、组织气氛与领导类型、组织形象的评估与形象设计、组织文化(组织气氛)与组织绩效等都是重要的研究课题。

(四)重视研究领导心理与管理的关系

重视研究领导心理与管理的关系,即研究领导的功能、结构、类型、体制、素质和影响力等在管理中的作用。领导是指引和影响个人、团体、组织,在一定条件下实现某种目标的行为过程。办好企业,关键在于领导。在影响人的积极性,协调人际关系,提高管理水平,实现企业目标的因素中,领导行为是一个关键的因素。目前,领导性格、行为、作风、情境等理论与效能的研究,已成为管理心理学的重要课题。

三、管理心理学的学科发展任务

管理心理学在我国还有逐渐完善管理理论,建立有特色的管理心理学体系,促进管理学与心理学理论发展的任务。

管理心理学在我国处在建设与发展阶段,我国心理学界和企业管理界做了许多宣传普及和理论与实际研究工作,管理心理学在我国已有了很大的进步与发展。当前迫切的任务是要建立适合我国现代化企业管理、开发性与国际化的市场经济体制的管理心理学理论体系。

要建立我们自己的管理心理学理论体系,学习和介绍国外的管理心理学研究成果和科学管理的经验是必要的,但这种学习不能生搬硬套,应该采取借鉴的态度,吸收适合我国国情的有益的内容,以促进我国管理心理学的发展。

要研究和总结我国古代优秀的管理思想及典型经验;要研究和总结中华人民共和国建立以来,尤其是改革开放30多年来在建立和逐渐完善社会主义市场经济的实践过程中以及加入WTO以后产生的现代企业制的生产与经营管理的经验,并把这些经验上升到理论高度加以概括,有助于加快我国管理心理学体系的形成。

我国的心理学工作者应与组织行为科学工作者、企业的管理者结合起来,深入到企业的改革和管理实践中,研究我国现代化企业职工的心理活动特点和行为规律,并根据现代化企业的特点和职工的心理活动规律,提出相应的管理措施。这样有助于早日建成具有我国特色的适合国际化、全球化、市场化生产与经营的管理心理学理论体系。

第四节 管理心理学的研究原则与方法

任何一门科学都有与之相适应科学性的研究方法。科学的研究方法具有程序的公开性、变量的控制与确定性、收集数据资料的客观性、方法设计与结果发现的再现性、方法的系统性，以及能达到解释说明、预见预测、控制调节行为的目的。管理心理学是心理学的一个分支，它主要是研究企业管理过程中的社会心理现象。因此，心理学与社会心理学的一些研究原则与研究方法，对管理心理学规律的研究都是适用的。下面介绍几种主要研究原则与研究方法：

一、管理心理学的研究原则

管理心理学的研究除应遵循辩证唯物主义和历史唯物主义的哲学指导思想之外，还必须重视如下具体的原则：

（1）客观性原则——即不要主观臆测和单凭内省的方法来研究人的心理，而应当尊重事实，按照事物本来的面目认识事物，实事求是的透过现象看本质，认识环境并找出人行为结果的真正心理原因。

（2）发展性原则——即不要用死板僵化与一成不变眼光来看人的行为与心理活动，而应当从历史、现状和发展前景变化的角度来研究企业管理活动中人的个体、团体与组织心理与行为的规律。

（3）系统性原则——即不要割裂与孤立地进行研究，而应当遵循系统论观点，对管理活动中人的心理与行为活动规律进行综合性考察研究，从系统结构、系统分析、系统设计、系统管理的观点来研究个体、团体与组织心理规律在提高企业管理效能中的作用。

（4）理论联系实际的原则——即研究课题要紧密联系企业的管理实践，具体研究成果要上升到理论高度并接受实践的检验；理论要联系实际，紧密为企业的管理和社会实践服务；同时在不断深化研究与社会实践过程中，还要使管理理论不断提高、不断发展和不断完善。

（5）定量与定性研究相结合的原则——即对人的心理现象的研究与测验要进行统计处理和数据量化分析，又要对人的心理特性和规律进行综合与定性的分析。

二、管理心理学的具体研究方法

（一）实验法

科学心理学的产生与发展得益于实验方法的采用。实验法是研究者人为设定条件，控制某些心理现象的发生并加以研究的方法称为实验法。实验法的实施必须满足三个条件：① 要有一种理论作为指导背景。② 要有一个"规则系统"。实验研究是对企业和行政管理活动中一定变量的改变造成影响的分析与记录，如果没有一个规则系统，就不能去操作实验变量，研究的结果也就没有意义。③ 在理论和操作具备的情况下，应该能引起一系列"行为"。只有出现预期的行为或行为的变化，实验才能真正揭示出心理活动的规律。

实验方法的操作就是改变情境中的一些变量（自变量）来引发另一些变量（因变量）的改变。在设计方面，人们将实验分为两种：现场实验和实验室实验。现场实验指的是研究者在特定管理行为环境中寻求激发主体行为反应的方法，这是一种环境控制比较困难，但是场景非常真实的研究方法。实验室实验法则是在实验室控制的条件下激发研究人的行为特点的研究方法。

管理心理学涉及企业管理活动中人的个体与社会心理现象,因此,实验方法的采用大多是在自然环境(非实验室条件)中进行的。这种方法的特点是在自然条件下(即在正常的生产、营销、交往与社会生活中),严格控制影响心理活动的因素(即控制自变量),使无关变量(因素)尽量排除掉,从而说明在什么条件下影响因素(自变量)能激发企业员工的劳动生产积极性与提高劳动生产效率(因变量)。例如,研究领导方式与调动人的积极性、提高劳动生产效率的关系,可以选择三种领导方式(即民主、放任、专制三种不同作风)进行比较研究。结果表明:民主型领导的生产效率最好;放任型领导的生产效率最差;专制型领导治乱时能收到较好的效果。

(二)观察法

实验方法也不能离开人对客观事物与现象进行观察。在自然和社会环境中,不进行人为的干预,研究者客观化地对企业与行政活动中发生的管理心理现象和行为活动进行考察、记录与研究的方法称为观察法。例如,在管理行为的研究中,在一定时间里,研究者亲身介入或采用现代化手段对企业和行政管理中成员的工作态度与行为进行考察、记录,并按照一定要求对所采集到的原始行为素材进行编码和整理,从中寻找规律(工作态度与绩效的关系、激励对工作态度的影响),就是比较常见的观察研究方法。在一项观察学校管理者与被管理者(即教师与学生)之间相互影响的心理行为研究中,一只摄像机被安置在教室中不易被人发现的地方,整个课堂教学全部被摄像机记录下来。随后,研究人员逐幅画面地分析教师的行为,找到其中对学生具有管理影响力的那些独特语言或行动进行分类编码,从中发现其规律性。

观察法的优点是,使用方便,能够得到第一手真实资料。其缺点是,自然环境难以复原,难以重复观察,难以检验和证实,只能被动等待;自然条件下影响员工某种心理活动的因素很多,难以进行精确的定量与定性方面的分析;还有,"仁者见仁智者见智"的研究者效应的干扰,难以确定某种行为现象的真正原因。

(三)问卷法和测验法

使用一定测量工具(问卷调查表、心理测验量表),通过书面形式,进行企业和行政管理的个体心理或团体心理研究的方法称为问卷法或测验法。

问卷和测验的区别在于所使用的工具的科学化和标准化程度有差异。一般来讲,问卷法比测验法的科学化、标准化程度要低一些。问卷法可以采用非标准化的问卷(即一般性的调查提纲)进行调查与研究。心理测验法必须采用标准化的问卷(即心理测验量表)来进行测评与研究。

问卷法和测验法的第一步是通过一些科学化的程序,创造出适合于调查特定心理现象的有效的工具。第二步则是将工具使用于特定的研究目的。

通常,问卷的编制比较简单,不需要对题目进行较多的试测和反复修改,但心理测验的编制则需要相当长的时间与较复杂的过程。其编制程序包括:清晰地界定所要研究的心理现象的内涵和外延;选择合适的测验构造方式;选择与编制题目;反复试用题目并根据数据进行修改和确定合适的问题。编制一套标准化与科学性的心理测验工具(心理测验量表)还必须具有如下的条件:

(1)要有较高信度。信度是制测验工具可靠性或可信性程度。如果使用同一个心理测验量表,对同一个人进行测量,其两次测验分数与结果的一制性程度高(或相关系数高),则该测验工具是可靠的,否则,不可信。

（2）要有较高的效度。效度是指整个测验的有效性与真确性,即该测验工具能够真正与有效地测出某种心理品质与特性。

（3）为了在一定范围中使用这个测验,常模的获得也是必要的步骤。所谓常模指的是一种标尺,它是一定范围的人群在某种心理测验上得分的均值,这个常模可以用于确定某个个案行为与平均程度的偏离情况。通常,用平均数和标准差来表示。

（4）最后,还要有统一的指导语、施测程序和评分标准,做到施测与评分的标准化。

心理测量法可以对人的能力（智力与才能）、个性、品德、态度、需要与动机以及心理健康水平等做出评价判断。例如,"人才调查表"可以采用5级评定方法进行：1分（差）、2分（较差）、3分（一般）、4分（良好）、5分（优秀）。

具体评定项目有：① 体格（身体健康状况）；② 个人的个性特征（仪容、行为习惯、自信心、态度、可靠性与诚信、虚荣心、判断力、进取心、责任心、组织能力、待人接物、经营能力、创造能力等）；③ 工作的兴趣、爱好与抱负水准；④ 学历；⑤ 经历；⑥ 专业知识与技术（一般技术、专门技术、诊断与维修技术、采购与营销知识、原材料知识、物流与运输知识）；⑦ 其他。在调查基础上评定其是否称职,有没有晋级的可能性,是否调任其他职务。

（四）个案研究法

个案研究法也称案例研究法或案例分析法。这是一种从个别到一般的研究方法,是对某一个典型个人、团体或组织在较长时间里进行连续、深入、具体的调查,从而研究其心理活动发展变化整个过程的一般规律的研究方法。例如,对某一个企业（组织）或团队在调查研究基础上,掌握了他们的人员状况、智能结构、领导特征、社会心理气氛、生产与工作绩效状况、重要事件等关键因素,在此基础上进行深入分析,从而整理出能够反映典型企业与团队特点的有规律性案例材料。这种研究方法要注意：案例要选择准确、有代表性、有普遍意义；要实事求是,具体分析；还应采用多种方法配合进行。

（五）宏观和微观环境结合分析法

宏观环境指整个社会的制度与经济制度、道德准则与规范、科技与教育文化水平、社会意识与价值取向特点、社会习俗与风气等。微观环境指人们直接生活在其中的物理环境与心理环境（含个体、团体与组织心理环境）。每个人都是生活在微观和宏观结合的环境之中的。管理心理学研究企业中的社会心理活动规律,由于这一研究对象的特点所决定,必须采用微观和宏观环境相结合的分析方法。例如,青年职工思想工作与积极性的调动,虽然是企业内部的因素起主要作用,但是也要受社会宏观环境的影响。不了解时代特点,不了解社会宏观环境对其心理的影响,就不可能真正认识青年职工的心理特点,也不可能很好地发挥与调动他们的积极性。只有二者结合,才能收到良好的教育与管理效果。

（六）经验总结法

在我国经济体制改革和现代企业体制建立,以及我国加入WTO,迎接经济全球化、国际化、市场化的竞争、挑战与发展机遇的过程中,已经涌现出许多现代化企业管理的先进经验与科学方法。我国现代化企业的发展势头、团队建设与组织气氛良好,应对危机的能力较强,员工积极性大大提高,生产效率与经济效益持续增长。总结这些经验,用管理心理学的理论加以概括,有利于揭示管理过程的社会心理规律。例如,邯郸钢铁集团等的改革及现代化科学管理经验；联想集团从创业到走向辉煌的发展战略决策、创新、人本管理、品牌营销以及联想文化建设的经验;总部设在珠海的格力集团国际化经营的经验;从乡镇企业生产羽绒服装起家,到中国微波炉第一品牌,再到全球多项冠军产品的格兰仕集团的成长战略与核心竞争能力的发展经验;海尔集团从严格质量管理创冰箱品牌立足,到开发多元家电产品,及国际化的经营战略经验等。总结这些典型的经验与成就,有助于促进我国科学管理理论的发展。与此同时,结合成员个体、团体与组织的心理规律来总结他们的经验,有助于促进我国企业管理心理学理论与应用的发展。

思考题

1. 试分析管理与人的心理的关系。
2. 管理心理学研究的对象是什么？其包括哪些内容与范围？
3. 管理心理学研究任务与意义是什么？
4. 管理心理学的学科性质是什么？试分析管理心理学与行为科学之间的关系。
5. 管理心理学的研究原则与具体方法有哪些？

第二章 管理和管理心理学的基本理论与人性观的发展[①]

第一节 早期文明与工业革命时期的管理

管理是人类社会自古以来就存在的活动,但是,对管理进行科学研究则是在工业革命之后,管理学直到 20 世纪初才发展成为一门真正的科学。管理心理学更是诞生于管理科学之后。这里先介绍早期文明与工业革命时期的管理。

一、早期文明的管理

在工业化之前,人类社会已经存在几十万年之久,那时的社会组织主要是部落、家庭、教会、军队和国家。有些人虽然从事小规模的经济活动,但是其规模无法同工业化之后相比。不过,那时的社会在指挥军事战役、处理家庭事务、治理国家、指导教会活动中仍有进行管理的必要。正是在这些组织与活动中,经过长期实践经验的总结与概括,我们看到了早期文明的管理思想。如古巴比伦的汉穆拉比王朝距今约 4 千年前,建立了神王合一的双重统治机构,已有世界上第一部法典来治理国家、处理经济贸易及人际关系问题;古埃及的金字塔组织结构(法老、宰相、大臣、书吏、监工各有专织)与强化法老权力的金字塔和庙宇、船只运输与灌溉系统(尼罗河)、政府、商业及战争体系的管理等。古希腊的苏格拉底提出了管理的普遍性原理;亚里士多德指出了管理家庭与管理国家的相似之处;柏拉图还提出了以奴隶制为基础的"理想城邦"。古罗马在征服了希腊后成为一个庞大的帝国,罗马人伟大的秘诀是他们的军事组织天才:纪律与铁腕式管理,其衰亡也是忽略了这一原则。另外,是法律(立法与司法权)和治国施政,公元 450 年就有《十二铜表法》涉及私有财产保护、债务、继承刑法与诉讼等;284 年对罗马帝国的重组(按 4 道、13 省、100 郡,建立了专制的组织结构)以及发展了类似工厂的管理体制。还有,天主教的教会统治与管理等。

我国是世界文明的发源地之一,"中国已有了将近四千年的有文字可查的历史"。我国古代有大禹治水、四大发明,举世闻名的万里长城、都江堰工程和贯通南北的大运河,统一的文字和度、量、衡,留下了像《孙子兵法》《孙膑兵法》《红楼梦》《三国演义》等宝贵的文化遗产。在这些光辉灿烂的文化遗产中,有许多"早期文明管理"的丰富资料供人们择优吸取。

人性问题是管理理论的哲学基础。我国古代的思想家对"人性"问题有不同的论述:春秋时

[①] 程正方主编:现代管理心理学(第 4 版),北京师范大学出版社,2009 年级,第 26~57 页。

期,孔子在《论语·阳货》中提出了人性的"性相近也,习相远也"的观点。战国时期,孟子主张"人之初,性本善"。孟子关于人本性的"性善说"是他管理思想中"仁政说"的理论基础,这类似现代西方的Y理论观点。荀子主张"人之初,性本恶",他在《荀子·性恶》篇中指出:"人之性恶,其善者伪也",讲善是人为的。又说:"今人之性,饥而欲饱,寒而欲暖,劳而欲休,此人之性情也。"这种理论与现代管理的X理论是相似的。韩非在《八经》篇提出:"凡治天下,必因人情。人情者,有好恶,故赏罚可用。"这是自然人性论。

荀子在《王制》篇说:"人力不若牛,走不若马,而牛马为用,何也?曰:人能群,彼不能群也。"他认为人能合群(即构成社会组织)这是与动物根本不同之处。人为什么能合群呢?因为人能"分"(即指不同的社会地位、职务);"分"的标准是"义"(即伦理道德)。他指出:"义之分则和,和则一,一则多力,多力则强,强则胜物。"这就是说,人有了社会组织,能利用群体的力量,胜过自然界其他动物。

管子在《牧民篇》说:"政之所兴,在顺民心。政之所废,在逆民心。"在《心术篇》又说:"心安是国安也,心治是国治也,治也者心也,安也者心也。治心在于中,治言出于口,治事加于民。故功作而民从,则百姓治矣。"这段话的大意是,要治理国家,使国家安定,必须先治民心,安定民心;要想治好民心、安定民心,则必须把国家的事、人民的事办好。这是一条很重要的管理思想。孟子在《梁惠王上》说:"乐民之乐者,民亦乐其乐,忧民之忧者,民亦忧其忧。乐以天下,忧以天下,然而不王者,未之有也。"其意思即指君主能叫百姓快乐、排忧,百姓也盼君主快乐为其分忧,这样国家没有不富强的道理。韩非是先秦法家思想的集大成者,他提出了以法治为中心,"法、术、势"相结合的法治思想。他认为"法"和"术"必须以掌握政权为前提,而且必须为政权服务。所谓"势"就是政权,"乘势"就是掌握政权。他认为"抱法处势则治,背法去势则乱"这是中央集权管理的理论论证。汉代董仲舒的"德主刑辅、礼法并用"的思想,和后来有人提出的"赏罚分明"、"恩威并施"的观点,对今天的国家行政和企业管理仍有借鉴意义。

有关领袖或将帅必须具备的心理品质在我国古代四部兵书及其他典籍中有充分的反映。荀子认为,领袖人物应该具有全面的、深刻的、精确的知识。他在《劝学篇》中说:"君子知夫不全不粹之不足为美也……全之尽之,然后学者也。"荀子的所谓"全"指人的知识、才智和品质要完全、全面;"尽"指人的知识、才智和品质要彻底、极度发展;"粹"指人的知识、才智和品质纯而不杂,精而不乱。孙武在《孙子兵法·计篇》指出"将者,智、信、仁、勇、严也",提出统帅三军的将帅必须具备才智、诚信、仁慈、勇敢、严威等五个条件。孙膑在《孙膑兵法》中写道:"恒胜有五:得主专制,胜。知道,胜。得众,胜。左右和,胜。量敌计险,胜。"强调有职权、懂规律、得民心、讲团结、晓情报的重要性。吴起在《吴子兵法·论将之四》指出:"夫总文武者,军之将也。兼刚柔者,兵之事也。"又指出:"威、德、仁、勇""将者必备此四要,才可御部属,安民心,威敌军,果敢决断,部属不违,敌人不攻。"尉缭子在《兵谈第二》篇认为,将领应具有因势利导,争取主动,不易动怒,廉洁守法,立场坚定,知己知彼,谦虚谨慎,不狂妄暴躁等心理品质。

关于"士气激励"问题。尉缭子在《战威第四》中指出:"夫将之所以战者,民也。民之所以战者,气也。气实则斗,气夺则走。"说明人心、士气是决定战争胜负的决定因素。

孙膑很重视激励问题,在《孙膑兵法》中明确指出:"不信于赏,百姓弗德。不敢去不善,百姓弗畏。"他还提出"赏不逾日"、"罚不还面"的及时强化的观点。他把"激气"(激发士气)、"利气"(使士兵有锐气)、"断气"(使士兵果断、有决心)、"延气"(有持续作战精神)、"厉气"(鼓励斗志)等列为"合军聚众"、克敌制胜的要务。

孟子在《公孙丑下》中提出"天时不如地利,地利不如人和"的观点;《吴子兵法》认为,兵不在多,"以治为胜"。他认为:"若法令不明,赏罚不信,金之不止,鼓之不进,虽有百万,何益于用?"孙武在《孙子兵法》一书中也写道:"道者,令民与上同意也,故可与之死,可以与之生,而不畏危。"强调领导与下属之间意愿协调一致的重要性。

我国古代还有许多识才用人的经典。春秋时期,齐桓公接受师父鲍叔牙的引荐,重用曾经射伤过自己的管仲为齐相,结果出现"一箭折服齐管仲终成霸业"的局面;战国时期,赵国的平原君赵胜门客"毛遂自荐定合纵"完成了联楚破秦的使命;还有"萧何月下追韩信",汉高祖刘邦破格拜韩信为大将,重用张良、萧何等人,其用人之道是其得天下之根本;三国时期刘备三顾茅庐请诸葛亮出山,重用庞统、关羽、张飞、赵云等,他广揽人才,开创蜀汉政权,形成了与魏、吴鼎足而立的局面。

二、工业革命时期的管理

(一) 工业革命的意义与管理特点

工业革命标志着社会文明新纪元的来临。工业革命创造了一种新的文化环境和一批与以前不同的管理问题。这时的工厂企业有了新特点:① 作业场所集中与劳动分工,组织本身也在发生较大的变化;② 市场经济要求企业组织有创新、发展、竞争意识;③ 机械化和作业专业化使工厂的规模不断扩大。由于上述特点,促使各企业要有专门的管理人员,要有一支能干的、守纪律的、受过训练的劳动大军,需要有合理的计划、组织和控制等早期企业职能来管理生产活动等。

(二) 工业革命时期管理先驱的思想

在汹涌澎湃的工业革命时代,英国、法国、德国以及美国等出现了一批维护工厂制度的管理先驱。在他们中间,我们发现了科学管理思想的渊源。

英国经济学家亚当·斯密(The Wealth)在1776年发表了著名著作《国民财富的性质和原因的研究》(简称《国富论》),论述了组织和社会将从劳动分工(亦称工作专门化)中获得经济优势。他认为:① 劳动分工提高了工人的技能和技术熟练程度;② 节省了通常由于变换工作而损失的时间;③ 有利于创造出种种节省劳动耗费的办法和机器,从而提高了劳动生产率。毫无疑问,劳动分工产生经济优势的学说促进了后来的工业经济与管理的广泛应用和发展。

英国空想社会主义者罗伯特·欧文(Robert Owen,1771—1858)被称为"人事管理之父"。他于1789年在曼彻斯特创办了第一个工厂,不久他卖掉工厂,成为领薪的管理人员。1794年他离开该厂,又与人合伙办了新拉纳克工厂。他主张寻找新的协调社会。他重新建设拉纳克村,为工人提供好的街道、住房、卫生与教育条件。他在1825年主张制定工作时间法、童工保护法和提倡公共教育、工作餐、企业参与社区规划的制度,1828年他就发表了主张研究生产中人群关系的著作。他认为工人劳动是有别于"无生机器"的"有生机器"。一台机器维护得好,能提高效率,延长使用寿命,创造更多的价值;同样,如果注意改善工人的劳动和生活条件,重视发挥他们的积极性、创造性,使每一台"有生机器"也得到很好的"保养",那么获利至少可以超过"投资"的50%。他设想了救济穷人的法律和解决失业的办法,提出了"理想"的制度。虽然,这种空想主张失败了,但却播下了关心工业中人的因素的种子。

英国人查尔斯·巴贝奇(Charles Babbage,1792—1871)主要偏重于技术方面的研究。他于1822年制造了世界上第一台实用机械计算器(差分机)。1832年他发表了《机器与制造业的经济学》,强调科学方法、专业化与劳动分工、动作与工时研究、颜色对工作效率的影响。指出劳动分工可以缩短学会操作的时间;可以节约变换工序所费的时间;可以促进专业工具和设备的发展等。他认为:脑力劳动分工与体力劳动分工所带来的节约是类似的。他指出,专门化经济对于脑力劳动和体力劳动应该是同样相关的。他以运筹学者的探索精神,对作业操作有关的各种技术以及每一道工序的成本等进行了分析,从而使他在管理发展的历史上以运筹学和管理科学的典范而闻名。

安德鲁·尤尔(Andrew Ure,1778—1857)是英国早期管理教育的先驱。他的工作任务和成就是对早期工厂中羽翼未丰的管理人员进行教育培训,他的学生作为工厂的厂主和管理人员遍及联合王国各地。他写了论述制造原则的著作,他认为每一个工厂都有"三个行动原则"或称"三个有机的系统",即机械系统(生产的技术和过程)、道德系统(人员状况)、商业系统(销售和筹集资金)。他劝告工人不要反对机械化,而应接受机械化的发展。他是当时工厂制度的忠实捍卫者。

夏尔·迪潘(Charles Dupin,1784—1873)是法国工业教育的先行者。他于1816—1818年曾在英国研究了尤尔培养管理人才的成就。1819年回国任教,他的贡献在于对工业教育事业的影响,以及对亨利·法约尔后来的成就有一定影响。

早期的美国也涌现了一些有名的管理先行者并揭开了科学管理的序幕。丹尼尔·麦卡拉姆(Daniel Craig Mecallum,1815—1878)是其中之一。他出生于苏格兰,1822年到美国,上过几年小学,后学木工,自学成材,成为有名的木匠和建筑师。1848年到纽约伊利铁路公司工作,在那里他任公司总监,显示了他的管理才能。当时人们认为铁路过于分散,无法严密监督,大型铁路企业无法进行有利经营。他认为良好的管理要有严格的纪律性;有具体的详细的职务说明,明确岗位责任;要经常准确地报告完成任务情况;根据成绩确定职工工资和提升职务;明确规定上下级权力层次以及在整个组织机构中贯彻个人责任和下级对上级报告的责任等,是可以有效地从事经营的。为达此目标,他采取的是一种系统的、常识的报告和控制的管理方法。

麦卡拉姆还制定了一套十分详细的组织细则来贯彻这些原则。这些细则是:① 根据任务把工人划分为各种等级;② 制定具体规章条例;③ 建立正式组织图,根部主干是董事会、董事长,树枝是5个业务部门(机车修理,车厢、桥梁、电报、印刷、司库,秘书办公室等),树叶是地方货运部、售票处、下级监工、乘务员、领班及其他人员。此外还使用电报提高了信息管理的水平。他的管理办法虽然是适用的,后来由于工人罢工找不到顶替的司机而行不通。1857年他不得不辞去总监职务。美国发生内战(南北战争)后,1862年他应国防部长斯坦顿的邀请,成为整个美国铁路的指导和监督者,管理美国铁路卓有成效。战争结束,他已晋升为少将,后因健康原因他不得不提早退休。亨利·瓦·普尔(H. Pull,1812—1905)曾任《美国铁路杂志》的主编。麦卡拉姆的改革与管理思想,得到普尔的大力支持,总结并推广了麦卡拉姆成果中发现的三条原则:组织原则、沟通原则和信息原则。可以说麦卡拉姆比泰勒要早得多就提出并确立了一种科学管理的制度,他是早期对管理思想作过杰出贡献的人物之一。

第二节 古典管理理论的形成与工业心理学的兴起

一、古典管理理论的形成

19世纪末到20世纪初期是"古典管理理论"形成的时期。提倡"古典管理理论"的管理学家有美国的泰勒(F. W. Taylor,1856—1915)、法国的法约尔(H. Fayol,1841—1925)、德国的韦伯(M. Weber,1864—1920)以及管理哲学家美国的古利克(L. Gulick)和英国的厄威克(L. Urwic)等。

(一)泰勒等人的"科学管理理论"

泰勒早年就喜欢观察与研究,1872年就读于埃克塞特学校,1875年进工厂当学徒,1878年进费米德维尔铁工厂当了一名普通工人。在随后的6年,他先后晋升为车间管理员、技师、工长、主任、总技师、总工程师。1881年在新泽西州的史蒂文斯技术学院业余班学习,两年半时间,他边工作边学习获得了机械工程学位。

泰勒处在美国南北战争结束不久,资本主义蓬勃发展的时期。当时,资本家沉溺于利用低工资,延长劳动时间,增强劳动强度,采用女工和童工等手段剥削工人,追求利润。这种经营观念只能形成放任自流的管理体制(无计划、无程序等)。仍然是家长式的行政管理,单凭传统经验办事,效率低、浪费大,企业的潜力得不到发挥。工人通过消极怠工和有组织的罢工来对付资本家,劳资矛盾越来越激烈化。于是,提高企业的劳动生产效率,改善经营管理,寻求科学管理的方法,是当时急需探索的课题。

1880年美国机械工程师协会成立,这是美国第一个高层次人员参加的,开展效率运动、寻求系统科学管理的学会。1886年泰勒参加了该协会。

1893年泰勒从事管理咨询工作,1895年他的《计件工资制》一书出版,该书重点强调实行"工资定额与工资制差别计件",以替代普通的计件工资制。使他感到遗憾的是,当时人们只注意了这篇论文的标题,而忽略了他有关的管理思想。

1898年泰勒被伯利恒钢铁公司聘来提高该公司一个大型机工车间的产量。泰勒的显著成就是进行了如下实验:① 搬运生铁块内的实验;② 使用铁锹的实验;③ 金属切削的实验。这些实验为科学管理理论的形成奠定了实践基础。

1903年以后,泰勒用大部分时间进行科学管理的演讲与写作,1906年任美国机械工程师学会主席,并获宾夕法尼亚大学和霍巴特学院的荣誉博士学位。1911年发表了《科学管理原理》一书,形成了科学管理理论体系,这一理论体系由以下三部分组成:

(1)时间和动作的研究。这一研究包括以下内容:① 把劳动和工作的作业分解为基本动作,然后测出完成这些动作的时间;② 规定一种动作的标准时间:$T=(a+b+c+d)\times(1+p)$。a、b、c、d为各个基本动作的标准时间,p为疲劳与机器故障造成的迟缓时间。时间和动作研究在现代管理中,对工具设备的改良、测定人员的定额效率、制定奖励工资标准、确定标准劳务费和制定工程计划等仍然有重要意义。

(2)任务管理。任务管理是构成科学管理法的一个重要因素。泰勒在1903年出版的《车间管理》一书中就明确指出:为了实现高工资和低劳务费的科学管理法,需要贯彻以下四条原则:

① 高标准地规定一天的任务定额,即以第一流工人的高效率为基准规定作业标准;② 标准化的条件,为使每个人公平地达到作业标准,从作业方法到原材料、工具与机器等必须实现标准化;③ 实行奖励工资制,工资随效率而变化;④ 失败了要承担损失。总之,任务管理是由科学的规定作业定额标准;实行标准化的工作条件与方法;实行奖励工资制及惩罚等原理构成的。

(3) 职能化的组织原理。科学管理理论强调由经营管理人员与工作人员分担工作责任。经营人员承担计划职能,工作人员行使执行职能。由于管理职能(或称计划职能)和作业职能的分离,才奠定了"经营管理科学化"的基础。

计划部组织的职能包括:时间研究标准化工作、资产和产品的库存登记和管理、成本的记录和分析、组织的维持和改善、雇佣和监督等管理以及购销的分析等。这些计划职能不能下放给负责执行职能的工人或领班,而应集中在计划部。为有效地行使管理职能,泰勒还提出了职能组织的原理。职能组织的显著特征是使管理职能专门化,同时,还有如下权限关系:在厂长或计划部下设若干职能工长,这些工长根据各自的职能对工人下达命令,进行指挥,并给予帮助。

例外原理也是泰勒组织原理的一个部分,即指厂长把权限委让给下级经营者或助理管理人员,厂长只保留例外事项的决定权或控制权。

为了便于大家了解,泰勒把自己的科学管理思想又简化为四条可以操作的管理原则:① 搜集、分析、整理企业所有的经验数据,总结经验经验,编制规则,完善科学的工作方法,来替代传统的单凭经验的方法;② 科学地选择并教育、训练和培养工人;③ 培养工人与管理人员的合作精神,上下协作,按章办事,保证各项工作都按照已制定的科学管理原则来做;④ 在管理人员和工人之间进行明确的、适当的分工,以保证管理任务的完成。

上述三项内容与四大管理原则的结合就构成泰勒的科学管理理论。泰勒认为科学管理的目的是确保每一个雇主获得最大限度的财富,也确保每一个雇员获得最大限度的利益。没有双方的这种全面的"心理革命",科学管理理论就不存在。由于泰勒在管理方面的开拓性工作,他的"科学管理理论"对产业社会的管理有划时代的影响,成了当时资本主义社会生产的科学管理基础,因而他被后人称为"科学管理法之父",并刻在他的墓碑上。

泰勒的理论虽然被称为是一种"心理革命"与科学管理,但是仍有很大的局限性:① 其理论基础是经济人假设的人性观;② 其采用的是机械的管理模式,忽视了人的因素在管理中的作用;③ 劳资关系的协调缺乏社会基础与规律;④ 其工人观是错误的,他认为工人不能也不必参与管理。列宁对泰勒的管理理论的两重性作过精辟分析:一方面指出泰勒制是资产阶级巧妙的、残酷的剥削工人的手段;另一方面也指出它具有管理方法的科学性。

在美国发展科学管理方法有突出贡献的还有:① 亨利·甘特(H. L. Gantt)的计件奖励工资制;对控制掌握生产进度有重要影响的"甘特图";培训与教育工人,以及企业目标是服务的管理思想。② 吉尔布雷斯夫妇(F. Gilbreth & L. Gilbreth)在建筑行业中全面的改善人及环境,建立了整套计划与控制技术,吉尔布雷斯夫人还出版了最早的《管理心理学》,扩大了疲劳因素的研究范围,当时对科学管理中的心理学应用作了必要的强调。③ 库克(M. L. Cooke)对市政与大学行政进行了科学管理研究,他认为使科学管理行之有效的方法不是制度本身,而是人们对制度的信任。④ 哈林顿·埃默森(H. Emerson)提出来的 12 项效率原则:明确规定目标、常识、请有能力的人当顾问、纪律、待人公平、可靠及时充分持久的情报资料、工作派遣与调度、目标和日程表、标准化的条件、标准化的作业、书面作业指示、效率的奖酬等。他们都是科学管理和传播效率主义的先锋。

（二）法约尔的管理理论

法国亨利·法约尔是与泰勒并驾齐驱科学管理理论的创始人之一。他于1841年出生在法国的一个资产阶级家庭中，1860年从圣艾蒂安国立矿业学院毕业之后，被任命为康门塔里—福尚博采矿冶金公司一个矿场的工程师，后任矿长，1888年被提升为公司总经理。由于他的才能和他提出的管理制度，使一个处在破产边缘的公司财务状况变得极为良好。1893年他获得工业促进会的金质奖章和法国荣誉勋章。1916年出版了《工业管理和一般管理》一书，1918年他成立了一个研究中心从事专门的管理研究，直到1925去世。1929年他的著作被翻译成英文，1949年在美国受到广泛的重视。他的管理组织与职责划分的思想是科学管理的一个重要部分。他的"一般管理理论"已成为管理学中过程学派的理论基础。他也被后人尊称为"现代经营管理之父"。

法约尔首先确定在所有工业企业中包括六大类企业经营活动：① 技术（含生产、制造、加工）；② 商业（含收购、卖出、交换）；③ 财务（含资本筹措与使用）；④ 保养与安全（含设备的维修、财产与人的保养）；⑤ 会计（含盘存与财产目录、贷款表、成本与统计）；⑥ 管理（即行政管理职能）。

法约尔认为企业经营中的管理活动是最重要的职能之一。他认为所有的行政管理活动职能都是由五种因素组成的：① 计划。研究现有条件、预测将来发展，拟定行动计划。② 组织。包括建立一个从事各种活动的人的机构和管物的机构。③ 指挥。维持组织中人员的活动（即上级对下级的指导、监督与激励）。④ 协调。使企业的活动和工作和谐一致以取得好的效益。⑤ 控制。使所有的事情都按预定的计划和指挥来完成。

为了有效地进行管理，法约尔还提出了14条管理原则：① 专业化分工；② 权力与责任；③ 纪律性；④ 命令的统一；⑤ 指挥的统一；⑥ 个人利益服从整体利益；⑦ 公正合理的报酬；⑧ 集权制；⑨ 阶层或等级系列（权力路线、"联系板"原则）；⑩ 秩序（每人有一个位置，每个人都在各自的位置上）；⑪ 公平（公正与仁慈结合）；⑫ 保持职工的稳定；⑬ 创造性；⑭ 团结与集体精神。上述管理原则对现代管理来说，其中除①应改为个人专业化与部门专业化，⑧应改为集权与分权相结合，⑨应改为层次减少向扁平方向发展，⑫应改为适度稳定与合理分流相结合之外，其他管理原则现今仍然有适用价值。

法约尔还认为管理人员要有下列品质：① 身体条件：健康、精力充沛、谈吐清楚；② 智力条件：有较强的理解、学习、判断、适应能力；③ 精神方面：有干劲、坚定性、责任心、主动心、忠诚、刚毅和尊严等品质；④ 受过全面教育；⑤ 知识方面：懂技术、商业、财政、管理；⑥ 有经验等。

法约尔的管理理论有以下特点：① 认为管理是企业的六种职能之一，技术生产、商业、财务、保养与安全、会计等五种职能是"对物起作用的职能"，管理是"对人起作用的职能"，管理的含义是对企业进行计划、组织、指挥、协调、控制等活动。这是第一个全面管理理论。其提出的管理要素与原则，许多内容至今仍有实际意义。② 组织与管理的概念是密切相关的。法约尔提出的是一种组织有效形成和维持的理论。③ 特别强调管理教育的重要性，他认为可以通过教育使人们学会管理并提高管理水平。强调在院校中讲授与学习管理的必要性。

法约尔只考察了组织的内在因素，没有考察组织与周围环境的关系，其组织与管理的思想是封闭的、抽象的、不具体的，仍然有很大的局限性。

(三)韦伯的组织理论——官僚模型

韦伯与泰勒和法约尔生活在同一个时期,是古典组织管理理论的三巨头之一。他于1864年出生在德国爱尔福特的一个富裕家庭,后不久迁居柏林。1882年他进入海德堡大学工读经济学和法律,后又就读于柏林大学和哥廷根大学。他曾在军队服过役,使他对德国军队的管理制度有很多了解,有益于他后来从事组织理论的研究。1891年,他获得博士学位。从1892年起,他先后在柏林大学、弗莱宝大学、海德堡大学、维也纳大学和慕尼黑大学任教。他是一个一流水平的学者,他的研究不仅集中在组织理论方面,而且热衷于分析广泛的社会与政治结构。他的组织理论只是他全部社会理论的一个部分。他在管理方面的主要贡献是提出了"理想的行政组织体系的理论",这集中表现在《社会组织与经济组织理论》一书中。他的主要著作还有:《新教理论和资本主义精神》、《一般经济史》、《社会学论文集》。他提出行政组织体系结构主要分为三层(即高层、中层与基层管理)。他认为官僚集权组织是通过"公职"或职位,而不是通过个人或世袭来进行管理的。这是理想的建立在法理基础上的管理大型企业、政府、军队等组织中最有效的科层(或层峰)结构的组织形式,而并非用来表明现在流行的、人们反对的文牍主义与低效率的官僚主义的含义。由于他在这一领域的突出贡献,他被人们称为"组织理论之父"。

韦伯认为任何一个组织都是以某种形式的权力为基础的。合理合法的权力是以"法律"或者"升上掌权地位的……发布命令的权力为基础的"。这种权力是官僚组织的基础。神授的权力或精神权威(包括领袖人物超凡魅力性权力)是宗教组织的基础,不能作为官僚组织的支柱。传统形式的权力是以不可侵犯的古老传统和权力者的正统地位为依据的,族长制和世袭制(即家族工业式)是其重要表现形式,是以服从个人为基础的。

构成韦伯的"理想组织机构模式"即官僚模型(见图2-1)的主要管理理念有:① 明确的职能分工;② 明确的等级制度、职位阶层;③ 明确的法律与规章条例;④ 不讲人情,排除感情干扰;⑤ 组织职务按标准(专业训练与技术能力)选拔聘任,支薪用人;⑥ 规范书面文件,处理业务;⑦ 资源控制,提高效率。

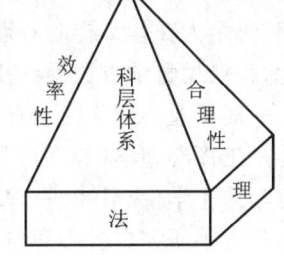

图2-1 官僚模型

韦伯认为这种理想的行政组织体系能提高工作效率,在精确性、纪律性、可靠性方面优越与其他组织。许多批评者则认为这种组织体系虽然适合于从事以生产效率为主要目标的常规的组织活动,但不利于从事以创造和革新为重点的非常规的、非常灵活的组织活动。其可能助长专制独裁的领导与管理行为,因而干扰与妨碍组织目标的实现。

(四)厄威克和古利克的管理原则

英国的管理哲学家厄威克1891年出生在吉尔福德,牛津大学毕业获得学士学位后,曾在军队服役。早年曾任公司组织与行业联合委员会秘书,后任国际科学管理委员会总书记,英国皇家财政顾问、管理教育委员会主席、不列颠管理学会副主席、欧洲管理顾问协会联合会主席。他的著作有《管理要素》、《组织的科学原则》、《管理备要》、《20世纪的管理》、《管理的模式》等。他曾获得国际科学管理委员会金质奖章、泰勒奖以及不列颠帝国勋章。他在概括泰勒、法约尔、韦伯等的管理原则基础上,提出了他认为实用于一切组织的八项原则:① 目标原则(所有组织都应有一个目标);② 相符原则(权力与组织应该相符);③ 职责原则(上级对下级各种职责是绝对的);④ 组织阶层原则;⑤ 控制广度原则(上级管下级人数不超过5~6人);⑥ 专业化原则;

⑦ 协调原则;⑧ 明确性原则(每项工作有明确规定)。

1937年美国学者古利克与厄威克合编了《行政管理科学论文集》一书,他们把古典管理学派有关规律职能的理论加以系统化,提出了有名的七职能论(POSDCRB)。这7种职能是:① 计划(planing);② 组织(Organising);③ 人事(Staffing);④ 指挥(Directing);⑤ 协调(coordinating);⑥ 报告(Re-porting);⑦ 预算(Badgeting)。

他们的著作使那些独立发展起来的类似的各种管理概念更加明朗化,使古典管理理论更加系统化,归纳出一些共同的管理原则和管理职能,因而使他们更为可信,并把他们组成为一个管理思想的体系。

二、早期工业心理学的诞生

管理心理学的早期发展,除了和科学管理理论相关外,同工业心理学的兴起也是分不开的。1879年心理学的诞生,为后来的应用心理学与工业心理学开辟了道路。科学管理理论与工业心理学的结合为管理心理学的产生奠定了基础。

雨果·闵斯特伯格(H. Munsterberg,1863—1916)是工业心理学的创始人,被称为"工业心理学之父"。他1885年在德国莱比锡大学获得心理学博士学位。1892年受聘于美国哈佛大学创建心理实验所,后来该所成为工业心理学运动的奠基石。1912年他出版了《心理学与经济生活》一书,此书在1913年被翻译成《心理学与工业效率》。该书包括三部分内容:① 最适合的人(识别最适合从事某种工作的人);② 最适合的工作(指导人们选择与安排工作);③ 最理想的效果。他强调心理学家在工业中的作用应该是:① 帮助发现最适合从事某项工作的工人;② 强调效率,每个人在什么样的心理状态下达到最高产量;③ 在人们的思想中形成依赖于管理效率的观念,强调用科学方法得到社会效益。

对工业心理学诞生有影响的心理学家还有沃尔·迪尔·斯科特(W. D. Scott,1869—1955)。他是工商心理学(包括广告和人事管理)的开创者,早年在德国就学于威廉·冯特,1900年获得哲学博士学位。1901—1920年在美国西北大学任教,以后又任该校校长达19年。从1902年起他就着手研究广告心理与工商心理学。1910年3月—1911年10月,他在《系统》杂志的"工商心理学"栏目上发表了一系列关于激励和效率的文章;1921年发表了《广告心理学的理论和实际》;1923年出版了《影响工业中的人:论证和暗示的心理学》。他把心理学知识应用于工商业中,特别是在人事管理领域做出了重要贡献。

工业心理学的早期阶段,仅限于对工业个体心理学的研究,学者们考虑的面还较狭窄。后来,从梅奥的霍桑实验起,才开始了工业社会心理学的研究,加强了研究的广度与深度,从而为管理心理学的诞生奠定了实验和理论基础。

第三节 管理心理学的产生、形成与发展

一、管理心理学的产生

从20世纪30年代开始,人际关系理论(也称行为科学学派)出现,标志了管理心理学的萌芽。人际关系理论是随着资本主义社会矛盾的加剧应运而生的。泰勒制产生之前的放任自流的

管理思想把工人看成会说话的工具,是家长式的专制管理;泰勒的科学管理理论是用定额奖励法来刺激工人提高劳动生产效率。第一次世界大战后,工人觉悟提高,工人学会用罢工、怠工的方式来对付资本家。因此,泰勒的科学管理法也开始失灵了,受到来自工人和投资者的双重反对。这时,西方的企业家和管理学者为了挽救资本主义的危机,开始重视把社会学和心理学的理论知识引进到企业管理的研究领域,提出了新的管理思想,采用满足职工需要、协调人际关系、改善劳动条件、改进管理方法来调动劳动者的生产积极性与提高生产效率。

人际关系理论的创始人是埃尔顿·梅奥(G. E. Mayo,1880—1949)和他的助手费里茨·罗特里斯伯格(F. J. Roethlisberger,1898—1974)。梅奥出生在澳大利亚,1922年到美国,1926年担任哈佛大学企业管理学院产业研究室主任。1927年梅奥与罗特利斯伯格等人到西方电器公司的霍桑工厂,进行了长达5年之久的"霍桑实验"。其实验步骤分为四个阶段:

第一个阶段是1924—1927年进行的工作物理环境实验,这是霍桑实验的先导。先是全国科学研究委员会决定在霍桑工厂进行照明与工作效率的研究。他们选择交换器缠绕线圈的班组作为实验组,实验组由6个工人组成,将照明做条件各种变化,而对照组的照明与环境条件无变化。后来请梅奥加盟研究发现:照明条件改善,生产产量逐渐提高;后来把照明亮度降低,工人要求换灯泡以增加亮度,就立即给换灯泡(实际亮度不变),生产产量仍然上升。这一结果表明,照明亮度在一定条件下虽然影响工作效率,但二者之间并没有直接的因果关系。于是他们放弃把照明作为一个重要可变因素,继续做了如下实验。

第二阶段是1927—1932年进行的职工福利措施实验。他们选择了几个女工进行研究。先对她们减少工作时间,增加休息时间,免费供应午餐、茶点等,结果生产效率不断上升,即使取消实验"特权"中的某些福利项目,生产效率也不会下降。因为,职工的情绪、人际关系、小组中的精神状态等因素仍然在起决定作用。实验说明这些福利对生产效率没有多大影响。这一阶段还进行了工资与生产效率的实验,也发现导致产量改变的不是工资制度,而是士气、监督和人际关系。

第三阶段是1928—1930年进行的态度和意见调查。两年间总共面谈了21 126人次,先采用指示型面谈(先准备提纲,以回答问题形式面谈),后采用非指示型面谈(让职工自说出心里的意见和不满)。通过自由面谈发现,倾听职工的意见,职工表现出更大的热忱,形成新的个人友谊联系,从而达到提高职工情绪、士气和生产效率的目的。

第四阶段是1930—1932年进行的团体行为(绕线室)的观察研究。其目的是试验计件工资的作用。过去以为工人会多干活,用最高效率来换取高工资;然而他们往往按集体的工作定额来干活。总共选择了14名男性职工进行了非正式组织行为和面谈计划同时地观察,被观察组实行的是集体奖励工资制,结果下列非正式感情逻辑支配团体行为:① 对工作不会太使劲,因为担心高产量会降低工资或提高定额标准;② 工作不会太落后,否则会引起监工不满而受惩罚;③ 对同事不利的事情不得向监工报告;④ 不得疏远同事,不要盛气凌人。

上述实验表明,工作物理环境、福利、工资等不是提高生产效率的主要因素,职工的情绪、动机、人际关系等心理因素则是提高生产效率的主要原因。照明、福利改善是因为工人受到了尊重、信任,因为"改善工人的工作态度和激发他们发自内心对本职工作的热爱",所以他们努力工作,提高生产效率。这种现象被称为"霍桑效应"。

实验过后,他们进行总结得出了有价值的管理新观念,主要反映在梅奥的《工业文明的人类问题》(1933年)、《工业文明的社会问题》(1945年)及罗特利斯伯格与人合著的《管理和工人》(1933年)等著作中。这样,一种新的管理理论(人际关系学说)因此而诞生。这种理论和传统理论相比较,有如下特点:① 用社会人假设来取代经济人假设,强调人的社会和心理因素对职工积极性的影响作用;② 用协调人际关系的管理职能来取代传统的管理职能,强调生产效率提高取决于职工的积极性,职工积极性又取决于他们的态度以及企业内部的人际关系;③ 第一次提出了"非正式团体"的作用,它有特殊的感情、规模和倾向,并影响其成员的行为;④ 发现新型的领导与民主管理体制对提高生产效率的作用,主张"工人参与管理"、"倾听职工的意见"、"沟通人际关系"等来提高管理的效果。

总之,梅奥等开创了在企业中研究职工行为、动机、激励和领导方法的新动向,创立了人际关系学说,为行为科学诞生奠定了理论和实验基础。这也是管理心理学萌芽的重要标志。

二、管理心理学的形成

梅奥等人提出的"人际关系理论"闻名于世后,成为行为科学研究的先导。从此,更多的管理学者、专家关注并致力于对人的行为的研究,自然科学和社会科学方面不断取得的成果又促进了对该问题的研究进程,从而导致行为科学这一新兴学科在20世纪40年代末50年代初正式形成。其形成标志如下:① 1949年在芝加哥大学的一次跨学科讨论会上,有人提议把这种综合各学科知识系统来研究人类行为的科学叫做"行为科学"(Behavioral Sciences)。② 1952年在美国成立了"行为科学高级研究中心"。③ 1953年美国福特基金会邀请了一批著名学者经过慎重讨论后,才正式采用"行为科学"这个名称。④ 1956年正式创办并发行《行为科学》月刊。可见,行为科学是凭借心理学、社会学、人类学及其他一切与人的行为有关的学科(如政治学、历史学、教育学、生物学、医学、宗教学等)的理论来研究人的各种行为的规律。因而,行为科学是一门综合性很强的科学,是由相关学科组成的学科群,心理学是其形成的一块重要基石。⑤ 美国斯坦福大学的莱维特(H. J. Levitt)1958年出版了《现代管理心理学》一书,正式用"管理心理学"这个名称来取代原来沿用的工业心理学,因而"管理心理学"便形成一门独立的学科。

三、管理心理学的发展

20世纪60年代初莱维特为《心理学年鉴》撰文强调团体心理学在企业管理方面的作用时,使用了"组织心理学名称"。20世纪60年代中叶到70年代,行为科学学派受到极大重视,行为科学的研究进入到组织行为阶段,开始形成为"组织行为学"。到80年代组织行为学又分为来源于心理学的,研究个体行为、态度、动机与组织系统之间的相互影响的"微观的组织行为学"和来源于社会学、政治学、经济学,探讨在一定社会经济背景下的组织结构、组织设计和组织心理与行为规律的"宏观组织行为学"。80年代末期以来,又发展到"组织科学"阶段,这是包括了管理心理学、组织心理学、组织行为学在内的大组织行为学阶段。

继梅奥之后,从事企业与行政管理内部的人际关系和职工心理行为方面研究的学者大量涌现,使人际关系理论的研究更加充实和深入,使管理心理学与组织行为学在下面各个领域有了新的发展:

(1) 需要、动机和激励问题的研究:有马斯洛(A. H. Maslow)的"需要层次理论"、赫茨伯格(F. Herzberg)的"双因素理论"、弗鲁姆(V. H. Vroom)的"期望理论"等。

（2）同企业有关的"人性"问题的研究：有麦格雷戈（D. Mc Gregor）的"X理论与Y理论"、雪恩（E. H. Schein）的四种人性假设与对应的管理理论、阿吉里斯的"不成熟—成熟理论"等。

（3）企业中的"非正式团体"与"人际关系"问题的研究：有勒温（K. Lewin）的"团体动力学理论"、布雷德福（L. Bradford）的"敏感训练法"等。

（4）组织理论与组织行为的研究：有组织气氛、企业形象评估、CI战略设计与企业文化建设的研究。随着经济全球化的潮流和经济结构调整，对企业重组、战略管理、跨国公司或国际合资企业管理的研究呈现强劲势头，由复杂性增加而导致研究的注意力全面转向整个组织层面。这个方面的研究主要探索组织变革的分析框架、理想的组织模式、干预理论以及变革代理人的角色等。

（5）领导方式的研究：这方面的主要研究成果有坦南鲍姆和施密特（R. Tannenbaum & W. H. Schmidt）的"领导方式连续统一体"理论、利克特（R. Likert）的"支持关系理论"、斯托格第尔和沙特尔（R. M. Stogdill & C. L. Shartle.）的"双因素模式理论"、布莱克和莫顿（R. R. Blake & J. S. Mouton）的"管理方格理论"等。领导科学逐渐形成。并先后出现了领导性格、领导作风、领导行为与领导权变（或情境）理论等。这些理论的详细内容将在后面各章介绍，这里就不一一赘述了。

第四节　现代"管理科学"理论

一、现代"管理科学"学派

第二次世界大战后的管理形势逐渐向经营国际化、科学技术现代化、生产社会化、组织系统规模化方向发展。同"行为科学"平行发展起来另一个西方管理理论是现代"管理科学"学派。这一学派的特点是把自然科学与技术科学的新成果广泛地应用到企业管理上来，形成了一系列新的组织管理技术与方法，把管理工作纳入科学化轨道，提高到一个新的水平。"管理科学"名称是由许多现代管理理论构成的理论派别的统称。这些具体管理理论主要有："社会系统学派"、"系统管理学派"、"决策理论学派"、"经验主义学派"、"权变理论学派"以及"系统工程学派"等。现代"管理科学"可以概括为如下几个特点：

二、现代"管理科学"的基础——运筹学

运筹学是第二次世界斗争大战中由英国物理学家布莱克特（Blackett）提出来的。美国学者莫尔斯和金布尔（P. M. Morse & G. E. Kjmball）1951年在总结经验的基础上出版了《运筹学方法》一书，指出运筹学方法可以运用到一切管理领域中去。美国1952年成立了运筹学协会，并开始发行《运筹学》杂志。今天运筹学理论主要有"线性规划论"、"对策论"、"排队论"、"搜索论"、"库存论"及"网络模式"等。运筹学是一门分析的、实验的和定量的科学方法学，它是现代管理科学的基础。

三、现代"管理科学"的特点——系统分析

"系统分析"这个概念是1949年由美国兰德公司首先提出来的。把系统观念引进到管理过

程中,已成为现代"管理科学"的一个重要特点。系统分析包括社会系统学派和系统管理学派等派别:社会系统学派是以美国自学成才并得过7个荣誉博士学位的学者巴纳德(C. L. Barnader, 1886—1961)为首建立的。其代表作是《经理的职能》、《组织与管理》。他认为:① 社会的各级组织是一个协作的系统;② 非正式组织也有重要作用;③ 组织中的管理人员是协作系统的核心,对协作起调节作用;④ 权威的来源不在于"权威者",而在于下级接受不接受这个权威。

系统管理学派的代表人物有卡斯特(F. E. Kast)、罗森茨韦克(J. E. Rosenzweig)等人。他们的代表作有《系统理论和管理》、《组织与管理:系统与权变的方法》等。他们认为用系统的观点考察和管理企业,有助于提高生产效率。企业的子系统包括传感系统、信息处理系统、决策系统、加工系统、控制系统、信息存储系统等。

四、现代"管理科学"的灵魂——决策论

决策论是从社会系统学派发展来的,其代表人物有美国卡内基—梅隆大学的西蒙和马奇等人(H. A. Simon & J. G. March)。西蒙1960年出版《行政管理行为》、《管理决策新科学》,1965年出版《自动化的形态》等著作。其由于决策论的贡献,1978年获得诺贝尔奖。他们认为:① 决策贯穿管理的全过程,管理就是决策;② 组织是由作为决策者的个人所组成的系统;③ 他们对决策过程、决策准则、程序化与非程序化决策、组织机构建立同决策过程的联系等进行了详细分析;④ 他们主张把数学方法应用到管理上来,导致现代控制论、信息论的方法应用到管理中,企业组织是一个信息处理系统。

五、系统工程理论及最新管理理论阶段

当代一些学者在继承系统思想的基础上,把心理科学、行为科学和管理科学结合起来,创立了系统工程这一新的理论。他们强调从心理学和社会学的角度研究管理,重视社会环境与人际关系等多种因素对提高管理效率的影响。系统工程理论建立在超Y理论(又称权变理论)基础上。摩尔斯与洛希奇(J. J. Malse & J. W. Lorsch)合作,1970年在《哈佛商务评论》杂志上发表了"超Y理论",认为:Y理论并不完美,所以产生"超Y理论"。他们认为在企业经营管理中,没有万能不变的方法,要根据企业所处的环境随机应变,才能提高管理效能。

20世纪70年代之后,又出现了以维克、马奇(J. G. March)等为代表的综合性的现代管理学派。这种理论强调系统的组织和规划,将多学科的技术与理论综合在一起应用以实现预定的目标。强调从自然科学、社会科学和心理科学的角度研究管理,重视多学科技术、社会环境、人际关系对管理活动产生的影响。

管理心理学与组织行为学不仅在西方各国受到重视,在苏联、日本以及中国也有了较快的发展。20世纪90年代以来,面临世界经济全球化的机遇与挑战,管理理论的发展促进企业管理也出现了新的趋势:① 组织方面出现了职务扩大与丰富、矩阵与权变式组织的采用、计算机影响及组织形态的变化、国际性企业组织与全球混合组织的出现、学习型企业与组织的发展等;② 人力资源的管理与开发,知识型、科技型与创造型人才越来越被重视;③ 领导类型中的权变式、文化型、魅力型、变革型、学习型已成为新的发展动向;④ 策划方面的长中期计划、整体策划、规划预算制度、决策权的加强与分授,管理内外信息系统的建立已是企业管理的重要组成部分;⑤ 从强化销售环节向各种营销策略采用的转化,"营销导向"、"社会营销"、"政

治营销",资源短缺、平稳发展与低行销策略的采用,向资源发展与全球化营销竞争战略的采用,已成为营销管理发展的新趋势;⑥ 经济与行政管理也越来越向适应开放式的全球经济与综合系统的方向发展。

第五节　人性假设理论的演化与发展①

对人的本质与本性的看法是管理理论、管理原则与方法的基础。把人看成"性本恶"的"经济人"、"性本善"的"自动人",还是人是社会关系总和的观点,对现代企业管理会产生不同的影响。

一、马克思主义的人性观

(一) 人的本质与本性

人的本质和人性是紧密联系而有区别的概念。人性是人的共同属性,是人区别于其他动物的标志,而人的本质是人性的核心、根据和基础。马克思始终是在劳动和社会关系的统一中来揭示人的本质。他明确指出:"人的本质并不是单个人所固有的抽象物。在其现实性上,它是一切社会关系的总和。"②对这一思想我们应从以下方面理解:① 人的社会属性不能离开自然属性而单独存在,人必须遵循与服从自然的规律与法则;② 人从自然界分化出来组成社会,每个人都必须以社会成员的身份(角色)参加社会活动,有活动性与实践性特点;③ 人从自然界分化出来,成为名副其实的社会动物,人能劳动与制造使用工具,因而产生了语言与意识,使人具有意识与自我意识的特点;④ 人从自然界分化出来,在其历史发展过程中,也逐渐形成了各自的个性,人的个性是以社会性为主的自然性与社会性的统一,其实质与主要方面仍是社会性特点;⑤ 社会劳动是人的一种能动的、创造的和自主性的活动,只有在真正主体性劳动和社会关系中,才能体现人的本质。

(二) 人的价值与价值观

人的价值是指人生的意义与作用。人的价值和人的本性分不开的,不同社会与不同的阶级都要运用这个概念,谈论做人的价值与尊严。价值观是评论人生意义与人的价值的基本观念,这是与人生观、世界观紧密联系的带有鲜明社会性、阶级性、系统性、主导性、层次性、共性与差异性的观念。自中世纪以来,人的价值观的发展经历了如下几个阶段:① 欧洲中世纪是神权至上的价值观念占统治地位,而人权、人的价值和人的尊严都是缺损的受到严重压抑的;② 17—18世纪资产阶级革命时期,提倡用人性反对神性,用人权反对神权,主张自由、平等、博爱,这对反封建来说有进步意义,但是,后来资产阶级所追求的以个人为中心的个人主义价值观又有很大的负面作用;③ 无产阶级的价值观是集体主义的。"只有在集体中,个人才能获得全面发展其才能的手段,也就是说,只要在集体中 才可能有个人自由。"③

人的价值包括两个方面:其一,即人作为价值客体的价值,这是指人生的价值、意义与作用,

---

① 程正方主编:现代管理心理学(第4版),北京师范大学出版社,2009年版,第60~74页。
② 马克思恩格斯选集(第一卷),第18页。
③ 马克思恩格斯全集(第三卷),第84页。

是个人对他人与社会的价值,也是个人怎样表现自己的价值;其二,即人作为价值主体的价值,这是指"人格价值"、人自身的价值,人作为创造性活动的主体所具有的价值。二者是统一的,不可分割的。人作为价值主体,创造了价值;也成为价值客体,对社会有价值。

（三）人的需要

评价人的价值是同人的理想、信念与追求等高层次需要分不开的,马克思主义的价值观是同其论人的需要紧密联系的。马克思肯定了人们首先必须吃、住、穿这样一个"简单事实",才使"历史破天荒的第一次被安置在它的真正基础上"。并指出:"人民为了能够'创造历史'必须能够生活。但是为了生活,首先就需要衣、食、住以及其他东西。因此第一个历史活动就是生产满足这些需要的资料,即生产物质生活本身。"这是"一切历史的基本条件"。①

马克思主义对人的需要层次作过精辟的论述。马克思认为"在现实世界中,个人有许多需要"可分成自然的、精神的、社会的三种。② 1891年恩格斯从物质资料的角度第一次提出了社会主义人的需要层次。他指出在一个新的社会制度下"通过有计划地利用和进一步发展现有的巨大生产力,在人人都必须劳动的条件下,生活资料、享受资料、发展和表现一切体力和智力所需的资料,都将同等地、愈益充分地交归社会全体成员支配。"③马克思还指出,在共产主义社会高级阶段,人的需要有两个方面的内容:即劳动本身已成为生活的第一需要和个性全面发展的需要。列宁关于共产主义劳动需要的论述,以及我们党和国家关于物质文明与精神文明建设需要的决定,都是对马克思主义关于社会主义社会人的需要理论的发展。

马克思主义还认为,满足人的需要是有条件的。只有废除生产资料私有制,建立社会主义制度;人人都参加劳动,处在集体和社会之中;具有高度文明和享受能力;创造全新(即全面发展)的人等,才能使人的需要得到合理的解决。

马克思主义关于人的本质、人的价值和人的需要的论述,对我们研究管理心理学与正确评价国外管理心理学中的人性理论有重要指导意义。它也是我们推行社会主义市场经济科学管理制度与管理方法的重要理论根据。

二、西方管理心理学人性假设的提出及其内容要点

曾先后任教于哈佛大学、安第奥克学院、麻省理工学院的麦格雷戈(D. M. McGregor,1906—1964)曾说过:"真正的问题在于管理者的宇宙观和价值观的改变,这个问题解决了,其他如何执行的问题便成为细枝末节了。"他在1960年出版的《管理理论X或Y的抉择——企业中的人性方面》一书中指出:每项管理的决策与措施,都是依据有关人性与其行为的假设。他认为X理论是指领导与管理中的传统的管理哲学观点,是以强制和惩罚为特征的管理;Y理论是一项挑战,是对传统的、根深蒂固的管理思想与行为习惯的一种挑战。

麻省理工学院的管理与组织心理学家雪恩(E. H. Schein)在1965年出版了《组织心理学》一书,提出了如下四种人性假设及其对应的管理理论,其内容简介见表2-1。

---

① 马克思恩格斯全集(第一卷),第32页。
② 马克思恩格斯全集(第三卷),第326页。
③ 马克思恩格斯全集(第一卷),第349页。

表 2-1 西方管理心理学中的人性假设与管理理论的发展

年代	人性观	管理理论	代表人物	管理措施			
				管理重点	管理职能	管理措施	管理体制
20世纪20年代	经济人假设	X理论	泰勒、韦伯、法约尔	以工作任务为中心	传统管理职能	外部奖惩（胡萝卜加大棒）	专制集权领导体制
20世纪30年代	社会人假设	人际关系理论	梅奥等	以人为中心	人际关系协调职能	集体奖励方式	新型民主参与、沟通的领导体制
20世纪40—50年代	自我实现人假设	Y理论	马斯洛	以环境与人实质是以人为中心	设计环境与采访的职能	强调内部奖励与成就动机	新型民主参与决策的领导体制
20世纪60—70年代	复杂人假设	超Y理论	摩尔斯与洛斯奇	奖励措施的权变、管理方法的权变、组织结构的权变、领导体制的权变			

三、对西方管理心理学人性假设与管理理论的评价

1. 对经济人假设的评价

（1）经济人假设是以享乐主义哲学为基础的，它把人看成是非理性的，天生懒惰而不喜欢工作的自然人。这是20世纪初期个人主义价值观占统治思想的反映，泰勒从企业家与工人都有的营利心来寻求提高效率的根源，从而把人看成与机器一样。这是同马克思主义关于人的本质是社会关系总和的观点相对立的。

（2）经济人假设的管理是以金钱为主的机械管理模式，否认了职工的主人翁精神，否认了职工的主体性、自觉能动性、创造性和责任心。

（3）经济人假设的工人观，认为大多数人缺乏雄心壮志，只有少数人能起统治作用，因而，反对工人参与管理。

（4）与经济人假设相对应X管理理论含有科学管理的成分，是科学管理理论思想的体现。据美国1971年出版的《工业工程手册》介绍，当时仍有83%的公司采用这种管理方法。现在我国仍有不少企业也借鉴这种管理方法，收到了较好的效果。例如，"满负荷工作法"就是创造性地借鉴了X理论的某些管理思想，并结合本企业实际形成的有效的管理方法。

2. 对社会人假设的评价

（1）从"经济人"到"社会人"假设只是管理思想与管理方法的一个进步，并不能改变资本主义社会的雇佣关系、剥削实质。假设中的人际关系，并未改变社会的生产关系，也不能解决资本主义社会的阶级矛盾与冲突。

（2）在我国许多企业采用了群众路线的民主管理方法，这同社会人假设的"参与管理"相比较，虽然有相似之处，但也有很多不同。因为，我们国家强调职工是企业的主人，倡导职工要有主

人翁精神,企业实行民主管理的目的是发展生力。

（3）社会人假设过于否定了经济人假设的管理作用。忽视了职工对经济利益的需要,忽视了企业的经济目标,无疑也会挫伤职工的积极性。

（4）社会人假设过于偏重非正式团体与组织的作用,对正式组织有放松研究的趋势。这仍然是一种带有消极性、依赖性、被动性的人性假设。

（5）社会人假设的管理措施对我们今天推行现代企业管理体制和以人为中心的管理观念,倡导员工参与管理、参与决策及制定奖金激励制度有参考与启示作用。

3. 对自动人假设的评价

（1）自动人假设是资本主义高度发展的产物。机械化条件下的工人劳动,专业化分工越来越细,重复简单、单调的动作,士气低落、效率下降,使得传统管理方法失效。于是,西方的管理学家们提出了振奋工人精神,重视人的价值和创造能力的发展,采用了自我实现人假设及Y理论的"工作扩大化与丰富化"等管理措施。美国安那劳格公司是20世纪70—80年代应用Y理论的一个实例。五年中其销售额比同行业平均值高2倍,每个股份的利润增长31%。它的成功经验就是建立了创新战略基础,让有知识的员工、高成就和高能力者参与决策,并奖励创新和有贡献者,充分调动了员工的积极性、主动性和创造性。

（2）自我实现人假设的基础缺乏科学依据。因为,人即不是天生懒惰,也不是天生勤奋的。人格与人性的发展是先天遗传素质与后天环境、教育以及个人主观努力的结果。

（3）尽管如此,自我实现人假设及其相应的管理措施,仍然有许多值得我们借鉴的方法。例如,创造良好的环境与条件,推行以人为中心的管理原则;相信职工的自主力量与独立性、主体性、创造性,让职工迎接挑战性、战略性、关键性的工作;尽量为职工的学习与深造创造条件,以发挥其聪明才干,促进企业人力资源开发等对实现企业目标与推动企业发展都有积极作用。

4. 对复杂人假设的评价

（1）复杂人假设及其相应的超Y理论强调因人而异与灵活多变的管理,包含有辩证法的思想,这对我们改善企业管理有很大的启示作用。例如,某企业在管理体制改革中应用行为科学的思想创造的"分层次管理法",就是对一线工人和后勤人员在加强思想工作的同时,采用类似"X理论"的管理方式;对科技和管理人员采取了"Y理论"为主的管理方式,让其承担更多的责任以满足他们的胜任感,收到了较好的绩效。

（2）超Y理论也有其局限性。它离开共性强调个性,在一定程度上忽视了团队精神与组织气氛在管理中的作用;过分强调应变性、灵活性,不利于企业组织与规章制度的建设和稳定。

总之,西方管理心理学中人性假设的变化,反映了对人性认识深化发展的特点。虽然有其局限性,但也揭示了某些客观规律及科学实质,提出了组织结构、管理方式对人性发展的影响与依赖的理论假设。借鉴这些理论,根据马克思主义的人性观,发展适合我国特点的管理心理学的也是十分重要的。

思考题

1. 西方管理思想与管理心理学的发展经历了哪几个阶段？每个阶段各有何特点？

2. 如何正确理解马克思主义的人性观？其包括哪些主要内容,对现代企业管理有何指导意义？
3. 西方管理心理学中有哪些人性假设？其对应的管理理论与管理措施是什么？
4. 试评述一种人性假设与管理理论。

第二篇 个体心理与管理

第三章 认知的个体差异与管理[①]

第一节 一般知觉

一、知觉的概念

知觉是人脑对当前直接作用于感觉器官的客观事物的整体反映。知觉是在感觉的基础上,在知识经验的作用下,经过人脑的加工而产生的。感觉是事物的个别属性在人脑中的反映,它是最简单的心理现象,但它保证了机体与环境的信息平衡,是一切较高级、较复杂的心理现象的基础。产生感觉是单一分析器(由感受器、传入神经、神经中枢构成)的活动,而产生知觉往往需要多种分析器的协同活动。由于知识经验的作用,人们有时依靠单一分析器也能产生完整的知觉,例如经验丰富的中医大夫,仅仅依靠嗅觉或者视觉,就能分辨各种药材。

人的知觉活动是一个比感觉较复杂的心理活动过程。该过程一般有以下几个环节:① 从感觉资料(即背景和线索)中选择知觉的对象;② 应用知识经验对局部资料、不完整的线索与信息进行回忆补充;③ 应用知识经验对信息与线索进行加工和组织,构成完整的对象;④ 对知觉对象做出适当解释并用名称标志它。这个完整的知觉过程也是人们对客观事物进行觉察、分辨、整合与确认的过程。

二、知觉的分类

根据知觉所反映的客观对象不同,可将知觉分为对人的知觉和对物的知觉。对人的知觉属于社会知觉的范畴;对物的知觉包括空间知觉、时间知觉和运动知觉等,属于一般知觉。

(一)空间知觉

空间知觉是人对客观世界物体的空间特性与空间关系的认识。包括:

(1)对物体大小的知觉。主要由视知觉物体在视网膜上投像的大小、物体距离人的远近以及人触摸物体时动作的大小等来决定。

---

① 程正方主编:现代管理心理学(第4版),北京师范大学出版社,2009年版,第80~106页。

（2）物体的方向位置与空间定向关系的知觉。根据人的主体为参照标准的方向定位有上下左右之分；根据太阳系为参照标准的方向定位有东南西北之分。视知觉的空间定位既可以根据主体，也可以根据太阳系为参照标准；听知觉的方向定位主要以人的主体为参照标准。根据声音到达人两耳的距离不同，会产生时间差、强度差和位相差，一般来自左右的声音容易分辨。来自前后与上下的声音容易混淆。

（3）物体平面形状特性的知觉。对形的识别开始于对原始特征（如点、线条、角度、朝向等）的分析与检测；在此基础上，完成"特征捆绑"，实现着对各种刺激特性的整合；进而形成物体的轮廓与图形（见图3-1）。

图形是视野中的一个面积，轮廓代表了图形及其背景的一个分界面。有时刺激本身无轮廓，而在知觉经验中显示出"无中生有"非常鲜明的轮廓，这称为主观轮廓（见图3-2）。

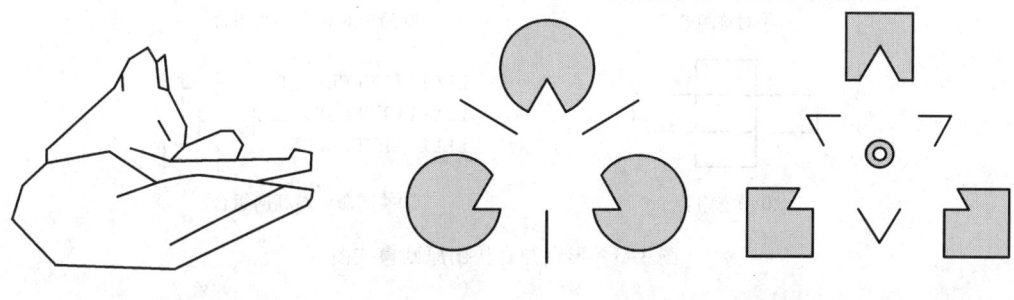

图3-1　睡猫图轮廓　　　　　　　　图3-2　主观轮廓图

根据格式塔心理学的研究，形状知觉的整合构图原则有（见图3-3）：① 接近性原则，即图形接近的部分，容易形成整体的知觉映象（如图3-3①）；② 相似性原则，即指图形相同或相似的部分容易构成知觉整体形状，如图3-3①；③ 封闭性原则，凡是开口并具有封闭的或封闭倾向的刺激容易构成整体的知觉图形，例如图3-3②是由一个"["形加2个"]["形构成的，但大家很容易看成是2个方形"[ ]"加一个"["的整体知觉图形；④ 良好图形原则，即按与日常生活方式接近的原则去知觉图形，如图3-3③，易视其为一条横线上的正弦波曲线；⑤ 对称性原则，即对称部分易构成整体知觉图形，例如图3-3④易被看成是十字图形；⑥ 简单、对称、共线的图形，易看成平面，否则容易被看成立体图形，例如图3-3⑤的A、B、C 3个图易被看成是平面图形，D图易被看成是立体图形；⑦ 简单性（节省性）原则，具有简单结构的部分或按信息量最少的原则来构图，例如图3-3⑥容易看成是2个长方形组成的图形；⑧ 共同命运或线条共同朝向的原则，有共同特性或线条朝向一致的图形，例如图3-3⑦，容易看成3个部分构成相对整体的图形。

（4）三维空间物体的深度与距离知觉（也称立体知觉）。深度知觉是以视知觉为主，与运动知觉协同活动的结果。单眼深度线索只能提供有限距离的信息；双眼深度线索，既可提供距离、又可提供物体厚度（立体）的信息。

影响深度知觉判断的因素很多。单眼线索有：① 物体的重叠。即相互重叠的物体中，显露物体觉得近，被遮挡物体觉得远。② 线条透视。即同样大小和宽窄的物体，大的、宽的显得近，小的、窄的显得远。③ 空气透视。即距离不同，空气的厚薄也不同，远物显得纹理模糊，近物显得纹理清晰。④ 明暗阴影。即指物体距离光源的远近和感光角度不同，明亮部分感觉近，灰暗阴影部分感到远。因此，人们在绘画时，常用明暗阴影来表现物体的立体感。⑤ 运动视差。即

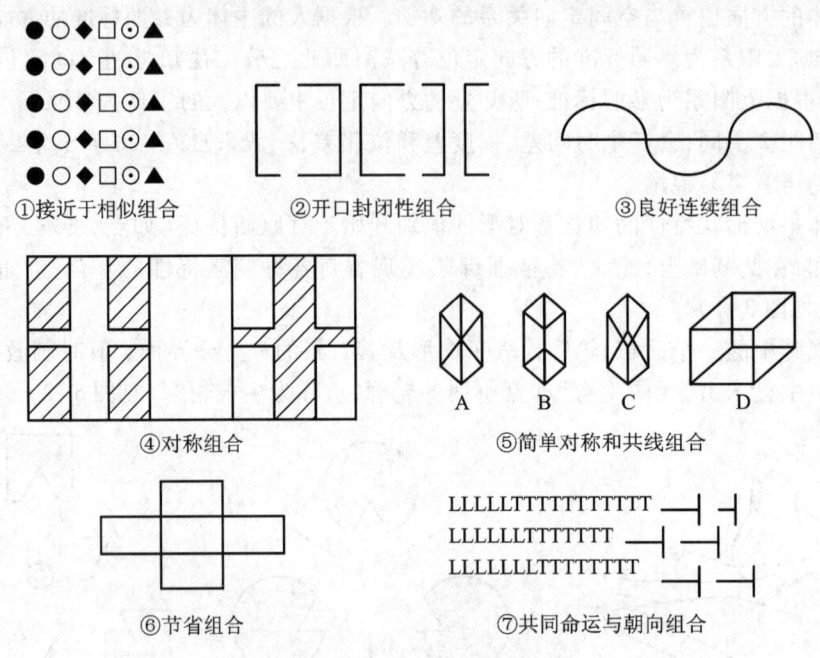

图 3-3 形状知觉构图原则模式图

指人在运动时(坐车、坐船等)观察远近不同的物体,因视角大小及角速度不同,显得近物移动快,远物移动慢。运动视差是判别距离的重要指标之一。⑥ 眼睛的调节。即指睫状肌对水晶体的调节,水晶体曲率经常变化,从而保证视网膜获得清晰的物像。这种睫状肌的调节动觉信息,也在有限范围(10米左右)内,可以作为判断物体远近的一个信号。⑦ 纹理梯度(结构级差)。根据物体在视网膜上纹理梯度的变化,把小而密的事物看成是比较远的,大而疏的物体看成是比较近的。

双眼线索有:① 双眼视轴的辐合。辐合即指两眼视轴向注视对象合拢的现象。视轴辐合形成的角度对立体知觉有重要影响。人们在注视远近不同的物体时,辐合角度不同。一般,看近物时视轴内转,辐合角度大,看远物时视轴外转,辐合角度变小,物体很远时(可视范围内),视轴逐渐趋向平行。控制视轴辐合的眼球运动的动觉刺激,也向大脑提供了判断物体远近的信息。② 双眼视差。即立体图形或物体的左、右不同部位,在左、右眼的视网膜成像有差异,这种差异叫双眼视差。双眼视差提供了物体深度的信息,对产生立体知觉有重要的影响。双眼视差只对500米以内的物体知觉起作用。

(二) 运动知觉

运动知觉是人脑对物体空间位移的知觉。运动知觉依赖的条件有:① 物体运动的速度。一般,运动知觉的阈限为眼睛扫描的角速度在下阈 1～2 度/秒、上阈为 35 度/秒之间,人们才能知觉到物体运动。② 观察者与运动物体之间的距离。当物体以同样的速度运动时,观察者距离近的物体,运动速度显得快,距离远的物体运动速度显得慢。③ 观察者自身处在静止、还是运动状态,也往往是运动知觉的参考系数。

运动知觉的种类有:① 真动。即指实际运动的物体,连续刺激视网膜各点所产生的物体运动的知觉。真动时物体运动的速度必须在阈限范围内,太快(如太阳光速)或太慢(如手表的时针)就觉察不到它们在运动。② 似动。即指两个静止之物,很快地(即间隔0.06秒)交替刺激视网膜上邻近部位所产生的物体在运动的知觉。人们所见到的霓虹灯,就是一种似动现象。③ 诱动。即指静止之物因周围其他物体的运动,而看上去好像在运动的知觉。如浮云中的太阳或月亮好像在云中穿行一样。④ 自动。即指人在暗室中注视一个静止的光点(如点着的香),过一段时间感到它像钟摆一样不停地游动。⑤ 运动后效应。先看瀑布,后看田野,则觉得田野飞起来。

(三) 时间知觉

时间知觉是人对客观事物时间关系(即事物运动的速度、节奏、延续和顺序特性,以及对时间的分辨、确认、估量、预测)的反映,是一种以内脏机体感觉、听觉、视觉等为主的复杂的知觉过程。在时间知觉中,听、视、触等分析器都参加,并起不同的作用。听觉能精确区别的时间间隔为1/100秒,触觉能精确区别的时间间隔为1/40秒,而视觉只能判别1/10秒~1/20秒的颜色间隔。

时间知觉必须依据客观事物为参照。作为时间知觉的参考标志主要有:① 自然界的周期性现象。如:日出与日落、月亮的盈亏、海水潮汐的变化、星座的规律性移动、春夏秋冬的四季变化、植物和动物的生长周期等。② 人的活动及活动对象的变化。如:人周期性的活动、作息和生活规律,人操纵驾驶车、船、机器的运转频率,人体自身的脉搏、呼吸、肌肉的节奏性运动等,都能作为时间的参考标志。③ 人造计时工具。较长的时间,用日历计算,较短的时间,用钟、表计量;还有的是用"立竿看影",点香、水或沙的滴漏等方式计时;此外,数数也是计量时间长短的有效办法。④ 生物钟现象。这是有机体节律性行为和生理过程起自动计时器作用的生物与生理现象。根据神经过程的兴奋与疲劳,机体新陈代谢,内脏器官的周期性活动等节律性生理过程都提供了计时的依据。人和动物都有自动计时的生物钟现象。如公鸡打鸣报晓,以及许多动物四季毛质的变化,都说明动物有自动"计时"的本领。人根据睡眠与觉醒,吃饱与饥饿,精力充沛与疲劳,新陈与代谢的规律等能准确判断时间。这种生物与生理节律性的变化,有的近似昼夜规律,叫日生物钟;有的近似月或周年规律,叫月或年生物钟。

时间知觉除上述客观参照物影响外,还受个人知识经验、主观态度和情绪等心理因素的影响。其主要规律有:① 一般人对1秒钟左右的时间估计得最准确,短于1秒钟的间隔常被高估,长于1秒钟的间隔又常被低估,均趋向1秒钟左右。② 同样时间间隔,有高频高速高估、低频低速低估现象。③ 情绪、兴趣和态度对时间估计的影响。对正经历的事件或活动,如果内容生动有趣、心情愉快,会感到时间过得很快;相反,如果内容枯燥乏味、心情焦虑烦躁,则感到时间过得很慢。对将要发生的事件或活动,如果是盼望、期待或喜爱的事件,希望早点到来,就总感到时间过得很慢;相反,对负性事件,又感到时间过得太快。④ 此外,由于个人的知识经验不同,在时间的估计和知觉上,有明显的个体差异。成人在时间估计的准确和精确性方面,大大优于儿童。产业工人、铁道职工、军事人员、教师等,都有较强的时间观念和时间知觉。有经验的教师不用手表,也能准确估计一节课的时间间隔。

时间是金钱、时间是效率、时间是生命,认知与管理时间有极重要的意义。一个人应学会认知与诊断自己对时间的利用是否准时、守时、合理、有效、无效与浪费;学会节省与管理时间,善于采用"挤与钻"的方式,利用零散时间;注意整批时间的利用及五种战略时间(日、月、周、季、年)的计划与安排等,达到事(或"时")半功倍的效果。

三、知觉的基本特性

（一）知觉的整体性

知觉过程中，人们不是孤立地反映客观事物的个别属性，而是反映事物的整体特性，这就是知觉的整体性（见图3-4）。知觉的整体性的主要表现是当客观事物的个别部分或个别属性作用于人的感官时，人能根据知识经验把它知觉为一个整体。例如只闻到气味，就能分辨酒和醋；只看见某人的眼睛，就知道此人是谁等。

在知觉活动中，人们对整体的知觉先于对个别成分的知觉。例如，我们对一辆疾驶而来的汽车，最先看到的是汽车的整体，然后才是它的各种细节。可见，人们在提取事物的细节信息之前，对事物的整体已经有了粗略的了解。知觉的整体性提高了人们知觉事物的能力，但是它有时也会使人们忽略部分或细节的特征。

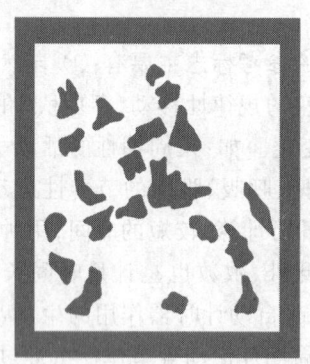   

图3-4 "骑士"——斑点知觉图形　　　图3-5 "少妇与老妇"双关图

（二）知觉的选择性

客观事物纷繁复杂，人不可能在瞬间全部清楚地知觉到，只能根据需要选择少数事物作为知觉对象，这就是知觉的选择性（见图3-5）。其中被选择出来予以反映的事物即是知觉对象，而未被选择出来，仅被模糊感知的事物，就成为背景。选择性就是优先将对象从背景中挑选出来的特性。知觉的选择性在商业广告、媒体宣传、军事伪装、直观教学、看书学习等方面有着广泛的操作与应用价值。

（三）知觉的理解性

人在知觉过程中，不是被动地把知觉对象的特点登记下来，而是以过去的知识经验为依据，力求对它做出某种解释，使其具有一定的意义，并用词标志出来（命名），这就是知觉的理解性。知觉的理解性与知觉的整体性、选择性有密切的关系。

（四）知觉的恒常性

当知觉条件在一定范围内发生变化时，人对该对象的知觉保持相对不变，这就是知觉的恒常性。例如，白纸在阳光和月色下看，都是白的；而煤块在阳光和月色下看都是黑的，这是亮度恒常性。另外，人的知觉还有大小恒常性、形状恒常性、颜色恒常性等不同种类。知觉的恒常性在我们日常生活、学习和工作中有很重要的意义，它使人们在环境条件发生变化时，仍然能够正确认识和适应环境。知觉恒常性消失与破坏，人对事物的认识就会产生偏差，失去确定性。

四、影响知觉(种类与特性)的因素

(一)主观因素

主观因素有:

(1)兴趣差异对知觉的影响。兴趣的个别差异往往决定着知觉的选择性。人们通常会把感兴趣的事物选择出来作为知觉对象,而把不感兴趣的事物排挤到知觉的背景中去。例如,儿童在随父母逛商场时总是更留意玩具货架,对各种玩具印象深刻,而对其他商品,则印象模糊,甚至毫无印象。

(2)态度不同,知觉理解不同。面对一幅英俊男子的肖像,女权主义者和传统女性因态度不同,看法可能很不一致:前者可能认为肖像上的人物太大男子主义,对其全无好感,后者则可能把他看做青春偶像。

(3)需要和动机对知觉的影响。凡是能够满足人的需要或符合动机的事物,往往会成为知觉的对象。反之,与人的需要和动机无关的事物往往不被注意。例如,刚进过餐的人和已忍受长时间饥饿的人对食物的需要程度不同,则动机水平不同,饥饿的人可能集中注意于面前的食物,而对周围的其他事物视而不见,即使让他们看同一幅模棱两可的图片,饥饿的人也比刚进过餐的人更容易把图片内容知觉为某种食物。

(4)过去的经验对知觉的影响。巴格贝曾经让不同经验的被试者(美国人和西班牙人),同时用左右眼分别看两张图:左眼看棒球,右眼看斗牛,结果美国人大多数看见的是棒球,而西班牙人则多数看见的是斗牛。

(5)心理定势效应对知觉的影响。心理定势是受先前经验的影响而产生的心理活动的准备状态,它对知觉也有重要的影响。有人曾做过如下实验:材料是三张图,分别为少妇、老妇和少妇老妇双关图。将被试者分为三组,第一组直接看双关图,结果65%视为老妇,35%视为少妇;第二组先看少妇图15秒,后看双关图,结果100%视为少妇;第三组先看老妇图,后看双关图,结果95%视为老妇。结果表明,心理定势对知觉的影响非常显著。

(二)客观因素

知觉是人脑对客观事物的反映与信息加工过程,因此知觉对象本身的特点以及知觉情境等客观因素也会对知觉有重要影响。

(1)刺激物强度的影响。适当刺激强度是知觉的一个重要条件。刺激太弱或太强都不利于人的知觉。太弱的刺激在阈限值以下,不能产生知觉;太强的刺激,如声音过大,光线太强,虽能引起人的注意,但不易持久,知觉不易清晰,还容易使人感到疲劳,甚至受到伤害。

(2)活动性刺激物的影响。一般活动的事物比静止的事物更容易成为知觉对象。如人们看夜空中的流星、霓虹灯广告、活动的教具与图表时,它们都容易被人们选择为知觉对象。

(3)重复性刺激物的影响。同样的刺激多次重复出现会使知觉印象深刻而清晰,但也可能出现知觉的心理定势效应,妨碍知觉的选择。如对重复出现的司空见惯的事物,人们反而习以为常,不容易被知觉与注意。

(4)对象和背景的对比差异影响。对象与背景之间对比差异越明显,人们就越容易从背景中把对象区分出来。例如,在车床上加工零件,零件是知觉对象,车床就是背景,因此,为了提高加工效率,应考虑扩大零件与车床的颜色对比。

（5）知觉情境的影响。客观事物出现或发生的特定情境，会影响人们对该事物的知觉，进而影响人们的行为。例如，食品店里各种食物琳琅满目，以致任何一种食品都未必能引起我们的知觉。但若把某种食品放在工作间里，则会很引人注目。

第二节 社会知觉

一、社会知觉的概念

社会知觉的概念是美国心理学家武德沃斯（R.S. Woodworth）于1934年提出来的。后来美国心理学家布鲁纳（J.S. Bruner）在1947年又提出知觉的"新观点"，认为知觉不仅取决于客体本身，也取决于知觉者的目的、需要、态度与价值观。早期，他们把社会知觉理解为知觉过程受社会因素制约，后来社会心理学家们把人对"社会客体"的知觉过程称为社会知觉。所谓"社会客体"包括社会生活中的个人、社会团体及组织。因此，社会知觉可以定义为主体对社会环境中有关个人、团体和组织特性的知觉。这是管理心理学研究的一个重要课题。

社会知觉与一般意义上的知觉不同。一般意义上的知觉仅仅是对事物形成感性的印象，属于认识的初级阶段。社会知觉不仅包括对人或群体的外部特征的知觉，而且要涉及对有关信息的思维加工，包括记忆、推理、判断、理解和解释等复杂环节。这种知觉实际上属于认知，所以，不少人主张用"认会认知"一词来代替"社会知觉"。

社会知觉是人们社会行为的基础，人总是生活在一定的社会环境之中的，要了解人们的社会行为，要建立良好的人际关系，首先必须了解人们的社会认知活动，形成正确的社会知觉。而社会知觉的产生、形成和发展，又必须是在正常的社会生活和建立良好人际关系的过程之中，二者是相辅相成的。现代管理，主要是人际关系的管理。社会知觉是协调人际关系，调动人的主动性、积极性、创造性的重要心理成分。管理水平的提高，组织效率的发挥，团体内部凝聚力的增强，都受社会知觉的影响。

二、社会知觉的种类

（一）对他人的知觉

对他人的知觉主要是指通过他人的外部特征，进而取得对他人的动机、情感、意图等内心世界的认识。俗话说"听其言，观其行，而知其人。"这就是说，我们认识一个人要根据他的言论和行为。这里所说的行为从心理学上来看，不仅是行为举止，也包括人的面部表情、身体姿态以及眼神等。

对他人的知觉依赖于许多因素，一般包括两个方面：第一是知觉对象的外部特征，包括一个人的仪表、风度、言行等。一个相貌端正、举止文明的人总会给人留下良好的印象；反之，一个相貌丑陋、举止失当的人，也总会给人留下不良的印象。第二是知觉者的认知结构、认知标准和个性心理特征的影响。即知觉者的态度、认识水平和判断标准必然会影响他对别人的知觉。例如，有人看别人时首先注意他的道德品质，以此将其看作"好人"或"坏人"；有人则首先注意别人的智力特征，以此判断其聪明或者愚笨。总之，对他人的知觉既受知觉对象的外部特征的影响，也受知觉者本人的心理结构的影响。

对于他人的认知还可以采用多种方法,如观察法、作品分析法、自由写作法、个案调查法、工作评估法、比较鉴别法、借贤知贤法、激励鉴贤法、标准对照法、见微知巨法、心理测验法、动态环境知人法(即时间考验、危难考验、利益考验、诚信考验、世态炎凉考验)等多种形式,尤其是应与被认知者直接多方接触,察其言观其行,从而全面、真实地了解他人,做到知人、知面、知心并知人善任。例如《吕氏春秋·论人》中提出的外用"八观六验"(即通则观其所礼,贵则观其所进,富则观其所养,听则观其所行,止则观其所好,习则观其所言,穷则观其所不交,贱则观其所不为;喜之以验其守,乐之以验其僻,怒之以验其节,惧之以验其持,哀之以验其人,苦之以验其志),内用"六戚四隐"(即通过父、母、兄、弟、妻、子,朋友、故旧、邻里和左右)等全面知人途径,人的"情伪贪鄙美恶"就没有看不清楚的了。

(二) 自我知觉

美国心理学家威廉·詹姆斯(W. James)在1890年就提出:"自我是一个人之所以成为他的所有本质属性的总和。"自我知觉是指一个人对自己身心各方面的认识。人不仅在知觉他人时要通过其外部特征来认识其内心世界,同样也要通过对自己行为的观察认识自己。当然,一个人观察他人与观察自己是有区别的:第一,人们在观察自己时所掌握的信息要比观察他人更多;第二,观察自己与观察他人有熟悉和陌生的区别;第三,观察者与被观察者的区别,在知觉他人时自己是观察者,别人是被观察者,而在自我知觉时,自己既是观察者,又是被观察者。

尽管自我知觉与对他人的知觉有诸多区别,但并不是说自我知觉一定比对他人的知觉更准确。曾经有人做过实验,设计了四种情境,让工人解释在每种情境下积极工作或者能坚持工作的动机。第一种情境是给予很高的报酬,但工作单调乏味;第二种情境是报酬不高,但工作有趣;第三种情境是报酬不高,工作也很乏味;第四种情境是报酬很高,工作也很有趣。结果,在第一和第二种情境中,绝大多数工人都能解释自己积极工作的原因:在第一种情境中是因为报酬高,在第二种情境中是因为工作有趣。但在第三和第四种情境下,工人对于自己仍能坚持或积极工作的原因往往不能做出正确的解释。这一研究表明,自我知觉有时是不准确、不清晰的。通常说"人贵有自知之明",其中也就包含有自我知觉的成分,同时也表明,真正做到"有自知之明"并不是一件容易的事情。

威廉·詹姆斯在《心理学原理》一书中认为自我概念(即自我知觉)包括物质与生理自我、社会自我和精神(心理)自我三种要素水平。这三种要素水平都伴有自我认知和自我评价的感情体验(满意与否)以及自我追求的心理行为控制与调节。因此,有人又将自我及自我知觉的心理结构分为:自我认知、自我评价、自我情感体验及自我行为控制与调节等。

自我概念(自我知觉)并非与生俱有。它是在社会化进程和社会交往、社会实践活动中逐渐形成的,并经历了生理与物质的自我、社会的自我、心理的自我这三个发展阶段。在社会生活与实践中,人们往往通过以下途径来形成与认识自我:① 根据社会心理学家库利(C. H. Cooley,1956)的"镜像自我"以人为镜来促进自我知觉的形成;② 根据角色理论,采取角色换位的方式认识自我;③ 通过社会比较方式,将自己与他人或社会规范、标准进行比较来认识自我;④ 通过自我心理反思与反省的方式来认识自我。

自我管理的主要方法有:① 改变与改造环境,促进自我的发展;② 通过再社会化(即社会教育、改造)途径,改变与完善自我,促进自我发展与自我实现;③ 脱离不良环境,以利自我发展;④ 回归社会,适应环境,以利自我免疫与发展;⑤ 从他人、社会、团队、大局、全局、未来的角度看问题,超越自我;⑥通过培养自信心与自尊心理来认识自我、形成自我、发展自我等。

(三) 角色知觉

社会角色在管理过程中有规范人的角色意识与行为,协调人际关系,指导人的行为互动,以及有利于领导者与员工的自我约束、自我表现、自我发展与自我实现等多种重要功能。角色知觉是对某人的社会地位、身份及行为规范的知觉。其种类包括自我角色知觉、他人角色知觉和角色规范的知觉。例如,"我是学生",这是自我角色知觉;"他是教师",这是他人角色知觉;"教师"这一角色应该仪表端庄、学识渊博、谈吐文雅、细致耐心等,这是角色规范的知觉。完整的角色知觉过程包括:① 角色认知与角色期望结合,发现寻找自己的角色;② 角色行为与角色评价结合,据此调整并坚信角色行为成功;③ 角色意识与角色确立,并能成功扮演各种角色。

人们对角色行为的辨认往往以一定的标准为依据。而角色行为规范标准的选择一般包括:① 情绪和情感标准。如认为外交官应当情绪稳定,喜怒哀乐"不形于色";演员则应感情丰富,"喜形于色"。② 动机标准。如商人追求利润;医生救死扶伤。③ 社会地位标准。如把校长、厂长视为学校和工厂的首长;把父亲视为一家之主等。④ 社会服务与社会贡献标准。如政治家应为民谋利;服务人员应热情、耐心、周到。⑤ 个性心理特征标准。如美国企业界认为,领导人物应该具有合作精神、决策才能、组织能力、善于应变、勇于负责、尊重他人等。对角色行为标准的不同认知会影响一个人在社会上采取不同的角色行为。例如,人们对"经理"角色行为标准的看法不同,会影响其采取不同的行为和管理方式。假若认为经理的主要任务是组织、指导、控制生产并保证生产任务的完成,那么,其行为方式就应把指导企业(经济活动与生产)管理看成最主要的任务;如果认为经理的主要任务是对人的管理,那么关心职工疾苦,满足职工需要,了解职工情绪,调动职工的积极性则是企业经理的主要管理方式。

角色知觉以及角色行为的形成还要受"角色期望效应"、"角色定势与刻板效应"、"角色冲突处理"、"角色负担与压力"等因素的影响。

(四) 人际知觉

人际知觉是对人与人之间关系的知觉。人际知觉的主要特点在于有明显的情感因素参与知觉过程。人们不仅相互感知,而且会彼此形成一定的态度。在这种态度的基础上会产生各种各样的情感。例如,人们有时会对某些人反感,对另一些人同情,而对第三种人喜爱等等。

人际知觉是社会知觉中核心的成分。在人际知觉过程中,情感的产生取决于多种因素。一般来说,人们越是接近,交往频繁、有较多的相似之处,彼此就越是会产生友谊、同情和好感。

人际知觉与其他几种社会知觉之间也会发生相互的影响。人们只有正确地认识自己,正确认识角色,才能够正确地认识别人与处理好人际关系。人际知觉和判断也是受多种因素影响的:其一是人际关系本身的特点如何?是简单还是复杂,是真实还是虚伪,是长久、稳定,还是短暂、变化,是正式还是非正式等都会影响人们对人际关系的认知和判断;其二是主体本身的特点:知识经验、情绪状态、态度倾向、个性特征等会影响人际知觉的效果;其三是认知主体对组织及组织观念的认识,是否有全局观念、纪律观念、发展观念、革新观念;以及对职位的认识,如正确的职务、职权、职责、职能、职规、职德、晋升等观念也影响人际知觉。人际管理将在团体行为中详细介绍。

第三节 归因——知觉社会行为的原因

一、归因的概念与模式

(一) 归因的概念

社会知觉常常是通过对人的表情和行为举止来分析、解释、预测和判断的。因此,社会知觉过程不满足于仅仅知觉他人的行为与行为的成败表现,往往伴随着对人的社会行为与行为成败的原因进行分析与推测,这就涉及归因分析过程。归因是指观察者对他人和自己的行为进行分析、解释、预测和判断,并理解自己和他人行为成败原因的方式与过程。简而言之,归因是分析说明和推测人的行为活动的因果关系的过程,归因就是根据人的外部行为特征分析、解释和推测人的内部心理特性及其行为成败的原因。最初,归因研究只是自我与个人动机归因;后来扩展到人际归因、环境与社会动机领域的研究。

归因的目的是预测和评价人们的心理与行为特点,以便对环境和行为进行有效的调节与控制。不同的归因,会直接影响人的行为和工作绩效,对现在与过去成败原因的分析和归因也会影响人的将来期望和坚持努力的行为。尤其,对人的知觉过程中归因起着重要作用。如员工与管理者对行为原因的归因,对理解团体和组织行为有重要的作用。一般来说,如果管理者把低绩效或工作失败的原因直接归因于员工和下属,比把它归因于超越员工与下属所能控制的环境的原因更容易产生惩罚行为。如果管理者对员工和下属没有完成任务的原因分析不同,是归因于缺少技能培训,还是不努力,则管理的态度与措施就不同。前者重视技能培训,后者应激励员工更加努力工作。

(二) 归因的内容

归因的内容(即归因理论所研究的基本问题)包括如下几方面:① 社会行为成败归因研究——即关于人的心理与行为的因果关系的分析,找出人社会行为成功与失败的内部与外部原因、稳定与不稳定原因、可控与不可控的原因等;② 社会推论问题研究——即根据人的行为及其结果对行为者稳定的心理特性、心理素质、个性差异做出正确的推论;③ 期望和预测行为的研究——即根据过去已发生的行为及其结果,预测在某种情况下将会产生什么行为。

(三) 归因的理论模式

归因理论最早是由美国心理学家海德(F. Heider)在1958年提出的,它是从关于社会知觉的人际关系认知理论发展而来的。他把行为原因归为个人因素(内因)和环境因素(外因)两种。个人因素主要包括人格品质、个性特征、情绪、能力和智力、努力动机等;环境因素主要包括他人、奖惩、工作任务的难易程度和运气(机会)等。他还提出了共变、排除这两条解释归因的原则。共变原则即指把原因与结果的一致性或共同性作为归因的依据。如果在许多情况下,一个原因总是与一个结果相联,而且,没有这个原因时,这个结果也不会发生,那么,就把这个结果的产生归因于这个原因。排除原则即指行为活动与活动的结果,如果是外部环境原因足以引起的,那就排除个人的内部归因,反之亦然。后来,美国斯坦福大学的罗斯(L. Rose)和澳大利亚的心理学家安德鲁斯(Ardrews)等人应用归因理论来改变人的认知,从而进行行为强化,最后达到改变行为的目的。

美国心理学家维纳(B. Weiner,1974)的研究认为,在现实中,根据内因与外因、稳定与不稳定原因、可控与不可控原因,一般人对行为的成功或者失败常作如下4种归因:① 归因努力或不努力的程度;② 归因能力的大小;③ 归因工作(学习)任务难易程度;④ 归因个人运气与机会的好坏程度(见表3-1)。

表3-1 维纳的自我归因表

	不稳定	稳定
内因	努力、情绪、疲劳	能力、聪明、身体特征
外因	运气、机遇	任务难度、环境障碍

归因原理对激发人的成就动机,促进人们继续努力的行为,有重要作用。内因成功可能导致行为主体满意自豪,内因失败则导致内疚、无助感;外因成功可能导致行为主体意外惊喜,外因失败则导致不满、埋怨、气愤等。不同的归因对人的成就行为与持续努力行为有不同的影响:

(1) 如果行为者把失败归于自己脑子笨、能力低等自己无法直接控制的、稳定的内因,则不会增强今后的努力与坚持性行为。因为他认为自己能力太低,再努力也起不了作用。

(2) 倘若行为者把失败归因于自己不够努力等相对不稳定的、但又可以控制的内因,则可能增强今后的努力与坚持性行为,改变失败状况。

(3) 假若把失败归因于不稳定的外因,如偶然生病或其他事故等,也不一定会降低人们今后行为的积极性,可能出现努力或坚持性行为,并获得成功。

(4) 假若行为者把失败归因于工作(学习)任务重、工作难度大等稳定性的外因,很可能会降低自信心、成就动机、行为的努力和坚持性。

总之,他认为:假若把失败归因于能力低、任务太重(或难)等稳定因素,则会降低成功的期望,失去成功的信心,出现不再坚持、不再努力的行为;反之,把失败归因于自己不努力或粗心大意等不稳定的因素,就会增强自信心,增强继续努力与坚持性行为,争取今后成功的机会。该理论有一定价值,但较单一,适用方面有局限性。

美国社会心理学家凯利(H. Kelley)认为人们行为的原因十分复杂,仅凭一次观察,有时难以推断他人行为成败的原因,往往需在类似的情境中作多次观察,并根据多种线索,才能正确地做出社会行为的个人归因、他人归因或是情境的归因。于是,凯利在1967年提出将作为归因依据的外界信息资料分为3种:① 区别性(特异性)资料,即指当前某人的某种行为是否具有特殊性,与他自己当前的其他行为是否不相同(差异);② 一致性资料,即指某人的某种行为与周围其他人的这种行为是否一致;③ 一贯性资料,即指某人的某种行为发生是一贯的,还是偶然的,前后行为是否具有一贯性。根据这三方面的线索,可以对人们的社会行为做出正确的归因(见表3-2)。例如,某职工所有工作的效率都低,而不是某项工作的效率低,即区别性低;而同班组其他职工的工作效率都高,只有他的效率低,即一致性也低;该职工的工作效率现在这样低,以前也如此,即一贯性高。综合这些信息资料,这位职工工作效率低的归因是由于自身的原因。如果区别性高,一致性低,一贯性也低,则可以归因于当时的情境或条件。

表 3-2 凯利的三维归因表

一致性	一贯性	特异性	归因于
低	高	低	自己
高	低	高	他人
低	低	高	环境

管理人员可以采取上述方法,正确分析职工成功或者失败的原因,找到有效管理与激励员工的依据。也可以通过宣传教育、细致的政治思想工作,帮助职工端正态度,让他们正确认识和分析自身行为成功与失败的原因,达到改变与调整自己行为的目的。指导员工尽量找出行为失败的不稳定因素,可以促使其行为的转变与调整,并增强信心与促使行为取得成功。

二、归因偏差与归因偏差的克服

（一）常见的归因偏差

在社会知觉过程中,由于受到许多主观和客观因素的影响,人们所做的归因并不总是正确的,有时会出现错误与偏差。常见的归因偏差有以下几种:

1. 基本归因错误

人们在考察某些行为或后果的原因时,"是做情境归因还是倾向性归因?"社会心理学家罗斯（Lee Ross）认为,人们倾向于低估情境性因素,而高估倾向性因素（即高估个人或内因的作用),并将其称为"基本归因错误"（Fundamental Attribution Error,FAE）[1]。其原因可能是:一方面相信人们对自己的行为与活动结果负责,有责任心,所以多从内因来评价行为的结果,而忽略外因与环境对行为结果的影响;另一方面行动者（人的因素）比情境中的其他因素（环境与物的因素）更加重要,而忽略背景与社会因素的影响。

2. 认知性归因偏差

旁观者与行为者的认知归因偏差对归因的影响。一般来说,行为者倾向于把自己行为的失败归因于情境因素,而旁观者倾向于强调行为者特质的作用,做出内部归因;相反,行为者对自己成功行为的归因倾向于个人内部因素,而旁观者则倾向于强调行为者的情境因素,做出外部归因。例如,员工的工作行为失败,员工自己常归因于工作任务太重、环境条件太差,而管理者则倾向于归因员工不够努力或员工能力差;反之,员工常常将工作行为的成功归因于自己的努力或能力强,管理者往往强调企业行为的成功是管理水平与环境条件好促成的。这即是认知性归因偏差。产生这种归因偏差的原因,琼斯和尼斯贝特（E. Jones&R. Nisbett）认为是由于行为者与旁观者的着眼点不同,行为者偏重注意环境,旁观者注意行为者及其内因。有的研究认为是两者的信息来源,以及信息的显著性和获得性不同造成的。"对于行动者来说,情境是显著性信息;而对于旁观者来说,行动者是显著信息,什么东西显著,什么东西就被认为是主要原因。""获得性启发是利用容易进入头脑的信息来推理实现事件的可能性。""也可以解释行动者和旁观者的归因偏差。"[2]

---

[1] [美]理查德·格里格等著,王垒等译,心理学与生活,人民邮电出版社,2003年版,第490页。
[2] 章志光主编.社会心理学,人民教育出版社,1996年版,第161~162页。

3. 动机性归因偏差

（1）自利性偏差——也称自我服务倾向、自我标榜与利己性归因倾向。即人们常常把成功的、积极的行为结果归因于自己的原因，而把消极与失败的结果归因于情境因素。美国社会心理学家吉洛维奇（Gilovich）研究表明"在很多情境中，人们倾向于对成功做倾向性归因，对失败作情境性归因。"[1]自我卷入愈深自利性偏差倾向也严重。有的人常常把成绩和功劳归因于自己，把过失和错误归因于他人就属于这类归因。利己性归因倾向可能引发其他问题：阻碍人们准确地评价自己的行为和能力，并给个体行为失败原因的确定带来很大困难，人们会找借口来推诿自己的责任。

（2）涉及个人利益的归因偏差。琼斯认为，他人的行为是否涉及自己个人的利益，也会导致不同的归因。如果某人的行为失败，会影响大家的个人利益，则大家会归因于行为者的能力差，对其做个人倾向归因；如果某人的行为失败，不会影响大家的个人利益，则大家对其做个人倾向归因的人数大大减少。

4. 其他归因偏差

（1）性别的归因偏差。美国社会心理学家戈登伯格（Philip Goldberg）在1968年最先指出评估的性别偏见，他发现女性对自身评价有偏见。罗森等人（Rosen et al）1978年研究发现性别刻板印象，即男性管理者一般都认为女性无论在技术动机或工作习惯上都比男性差。其他研究也认为，人们在归因时存在性别偏差：对一个男子的成功，人们通常归因为是其能力强的原因，而失败则被归因为是其运气不好或不够努力的原因；而对一个女子的成功，则被归因为是其运气好或过度努力的原因，如果失败，则被认为是其能力差的原因。甚至，男女被试者自己对自身成败结果进行归因时也存在着这种差异，女性通常认为自己的能力不如男性，成功往往靠努力和运气。

（2）文化差异的归因偏差。如北美表现为有低估外因、高估内因的倾向；而印度则表现为有高估情境或外因的倾向。

（3）人格差异的归因偏差。一般来说，自尊心强与高内控制性的人更可能积极地评价自己的行为并把好的行为归因于内因，把行为失败归因于外因。而自尊心弱与高外控制性的人，更强调依赖环境的作用，低估自己的能力，把行为的成功归因于外因，把行为失败归因于内因。人格差异归因也称为乐观或悲观归因。这种归因往往会增强或降低人的动机水平。

（二）归因偏差的克服[2]

（1）通过归因训练，掌握某种归因技能，形成积极的归因风格（即长期归因过程中形成的比较稳定的、积极有效的归因倾向）。通过归因训练，可以获得各种形式的归因反馈信息，可以有针对性地消除归因偏差。如通过小组或团体讨论式归因训练，由小组成员一起讨论和分析行为成败的原因，并由专家对个人与小组的归因情况做比较全面的统计分析，指出归因偏差，引导他们做出符合实际的、积极有效的归因。在归因训练时，对成员所做出的符合实际的、积极有效的归因应及时地给予强化，鼓励他们形成正确的归因风格。

（2）要引导成员多进行个人倾向归因，克服总是外部归因的偏差，以提高他们的成就动机和对工作绩效产生积极影响的作用。研究表明，成就动机高的人倾向于强调个人内部原因的

---

[1] [美]理查德·格里格等著，王垒等译.心理学与生活.人民邮电出版社，2003年版，第490页。
[2] 孔祥勇主编：管理心理学，高等教育出版社，2001年版，第93~94页。

归因,而成就动机的高低又与工作绩效有较高的相关。所以管理者要提高组织和团体的工作绩效,应该引导成员多进行个人倾向的归因,并促使他们将其工作的成败归因于自己努力、能力等方面的原因,克服与矫正遇事总是抱怨客观条件不好,归因于运气太差、任务太难等不良的归因倾向。

(3) 要引导成员多从内在的、不稳定与可以控制的因素(努力)来归因,少从内部的、稳定的、不可控制的因素(能力)来归因,克服成员总是认为自己能力太低、自信心不足的偏差,提高他们的成就动机与自我效能感,增强他们的自信心和继续努力的行为,来改进工作与提高工作绩效。

(4) 通过观察学习的方法,即学习与观察其他成员正确归因、改进行为并取得成功的典型实例(包括文字、图片与影视材料等),使大家效仿与学习正确有效的归因方式与行为,也会收到好的效果。

第四节 社会知觉的主要影响因素与效应

社会知觉是个体运用已有的知识经验,对有关社会客体的信息进行加工的过程,这个加工过程既要受到认知对象的特征及其所处情境等客观因素的影响,也要受到认知者本身的知识经验、动机需要、个性特征、心理状态等主观因素的影响。而且由主客观因素交织成的各种心理效应也对社会知觉具有重要影响。影响社会知觉的因素与效应主要有:

一、首因效应与近因效应

首因效应是社会知觉中的一种主观倾向,也称"先入为主"效应或第一印象。实验研究表明,人们首次交往时所形成的对对方的看法,不管正确与否,总是最鲜明、最牢固的,并且影响着以后交往的深度。这是因为人对事物的整个印象,一般是以第一印象为中心而形成的。例如,如果一个人第一次面见经理时衣着不整,经理就会认为他是一个不拘礼节、过于随便、目无上司的人,因而对他产生不良印象,并一直左右以后对他的判断。

近因效应即指最近或最后获得的信息,对人的社会知觉的影响作用更鲜明、更大。这主要表现在对熟悉的人或对象上面。例如一个后进学生或职工,最近做了一件见义勇为的好事,大家会改变对他的负面看法而另眼相看。

首因效应与近因效应在组织管理中有重要意义。在企业管理中,对人的管理是最重要的也是最困难的。领导者应善于利用首因效应(如"新官上任三把火",在职工中的第一次亮相,为职工办的第一件事)给职工留下良好的第一印象,以利于今后工作的开展;另外,领导者对职工的看法应避免第一印象带来的消极影响,不用固定不变的眼光看职工(尤其是后进职工),应当善于发现他们的闪光点,不断鼓励他们克服缺点、奋发向上;再有,在人才招聘与选择时也应注意首因效应的积极作用与排除消极干扰。

二、晕轮效应(或光环效应、印象扩散效应、哈罗效应)

晕轮效应是一种自然现象,指在刮风的前一天夜里,在月亮周围出现的大光环(也称月晕效应)。晕轮效应也是一种社会认知偏差现象,指在人际知觉中形成的以点概面或以偏概全的主观印象。如消极的有"扫帚星效应";积极的有"爱屋及乌"、"追星族"效应等。俗话说:"一俊遮百丑"、"一好百好"、"一坏百坏"就是这个意思。例如看到一个人风度翩翩,口若悬河,就认为这个人各方面都很能干;反之,某人很内向,有点窝囊,就认为这人一无是处。

美国社会心理学家凯利(H. Kelley)曾做过如下实验:请一位研究生给麻省理工学院经济系的大学生代课。课前将两份书面介绍材料分别发给两组学生(被试)。一份材料上写着:"×××是本校经济学研究所研究生,今年26岁,有一年半教学经验,服过兵役,已婚。熟悉他的人都说他是一个热情、勤奋、讲求实际而又果断的人。"另一份材料除了用"冷漠"一词代替"热情"外,其余完全一样。该研究生上完课后,实验主持者要求学生填写问卷表,说出对该代课教师的印象。结果是,看到印有"热情"字样材料组的学生较之看到"冷漠"字样材料组的学生对代课教师有更好的印象,许多学生认为他"是一个能体谅、同情他人,不拘小节、有能力、幽默、脾气好的人"。实验表明"热情"与"冷漠"两种品质起了晕轮作用,影响了对一个人的总体印象。阿希(S. E. Asch)的研究也曾说明"热情"、"冷漠"等中心特征,有上述印象扩散效应,而用"文雅"、"粗鲁"等边缘特征来取代,却未发生上述效应。

管理者了解和研究晕轮效应,有助于克服以偏概全的思想方法,也有助于了解其他人产生这种偏向的原因,这对知人善任,防止以貌取人有积极意义。另外,有意识地培养并发扬自己的优良品质,如"热情"、"正直"、"勤奋"等,可以给人以好感,从而弥补自己个性品质中的不足,这对于建立良好的人际关系是有利的。

三、心理定势现象

在社会知觉中,人们常常受以往经验模式的影响,产生一种不知不觉的心理活动的准备状态,并在其头脑中形成关于某类人的固定印象。这种对某一个人或某一类人的固定的刻板印象是社会知觉的心理定势现象,也称社会刻板印象。

在社会知觉与社会生活中,心理定势现象是多种多样的。如认为老年人必定保守,年轻人办事一定不牢靠,这是按年龄特征形成的年龄定势;再如认为教授必然博学,家庭妇女肯定无知,商人必定唯利是图,会计多半斤斤计较,这是依据职业特征形成的心理定势;又如山东人"身材魁梧、豪爽正直、吃苦耐劳",而江浙人"身材瘦小、精明能干",这是按地区特征形成的刻板印象。此外,还有依据民族、性别等特征形成的组织管理中的刻板印象。如有人就常常认为"女性不会为了晋升而轻易调动工作","男性对照顾孩子不会感兴趣","老年人无法学会新技能","美国人总是天真开朗,不拘小节,而英国人总是一副绅士派头",等等。

心理定势现象对社会知觉有积极作用,也有消极影响。它有助于人们迅速地认识自己所不熟悉的人,可以依据该人的年龄、性别、职业、民族、文化水平等表面特征和线索,进行类型化的推理,对其作概括了解。当然,如果这种归类和概括不符合人类群体的实际特点,或者不符合这个人的个性特征,就会产生偏见,并对他人做出错误的认识和判断,这种消极影响需要克服。

四、制约现象

制约现象就是人们平常所说的"近墨者黑,近朱者赤"的条件反射效应。人们常会根据某个人的品质和个性心理特征去推论与之相接近的其他人也存在这种品质和个性特征。如和品德恶劣的人混迹在一起的人,不会给人留下好印象,而与作风正派者来往的人,容易得到别人的好感。这种制约现象是根据巴甫洛夫(Ivan Pavlov,1849—1936)的条件反射(也称制约反射)学说提出的社会认知现象。见图3-6:

图3-6 条件反射模式图

该图表明,与反应R2无关的刺激(S1),伴随无条件反射的刺激(S2)多次重复出现之后,无关刺激也会与无条件反射的刺激起同样的作用,这时无关刺激变成了信号刺激(即条件刺激),其反应由原R1变成R2(即S2的反应)。制约现象容易夸大环境的作用,造成社会知觉的假象,使人的认识产生偏差。如把爱发脾气的人视为顽固者,把脾气温和的人视为耳朵根子软,把青少年与异性接近就误认为"早恋"等。制约现象也能真实反映环境对人的心理行为特性的影响作用。

五、其他影响因素

对社会知觉起重要影响的因素还有线索偏差、迷信心理、情绪效应、投射作用、积极性偏差、后视偏差、自我中心偏差、名人效应与自己人效应等。

线索偏差主要是指人们由于他人的言行不一、表里不一,其真实意图被假象掩盖而受迷惑,对其产生错误认知的现象。如某人为了某种私利对别人大献殷勤,从而骗取了别人的信任,以及社会上出现的"商托"、"医托"、"碰瓷"、"钓鱼"等骗人现象。因此,在企业管理中,应注意消除线索偏差的干扰,善辨真伪,发现并使用有真才实学的人。

迷信心理也会干扰人们正确的社会认知。如有人把长相看成是人格的特征,所谓:"天庭饱满、双耳垂肩、长臂过膝是当官的长相"等。其实,人不可貌相。破除迷信心理是对人正确认知的一个条件。

情绪对人的社会知觉也有很大的影响。通常人处于激情状态下,容易感情用事,对别人也容易产生偏见。只有在平静的状态下,冷静地待人接物才容易处理好人际关系。另外,人的情绪与情感会产生互动影响,如"情人眼里出西施"。两人之间相互接纳或相互排斥的感情会产生不同的社会认知效果。

投射心理是一种以己度人的偏见。其对社会知觉也有影响。它的特点是个体把自己不喜欢或不能接受的原来属于自己的东西转移、投射到别人身上。如自己好忌妒人,就认为别人也如此,自己好"吃醋",就以为别人都是"醋坛子"。这样做,虽使个体可能获得暂时的内心平衡,但往往会使其丧失对他人的正确观察与判断。

其他效应还有:积极性偏差,即一个人过分乐观,以主观善良的愿望看待一切而产生的偏差;自我中心偏差,即一个人过分夸大自己的作用与过分相信自己的判断而产生的偏差;后视偏差(马后炮或者事后诸葛亮现象而产生的偏差)、名人效应(依赖于名人的权威和知名度,更能引起人们的好感、关注、议论而产生的偏差);自己人效应(把对方与自己视为一体而产生的偏差)等。

第五节　社会知觉的应用及印象整合与管理

一、社会知觉的应用

对人的知觉实际上就是对人的看法与评价,这种评价对管理工作会产生明显的影响:

(一)影响人事任用与面试

要决定是否聘用某人,或把某人安置到何种岗位上,面试是一个很重要的环节。研究表明,面试的主持者对应试者的知觉判断往往不准确。不同的面试主持人对同一应试者做出的判断、得出的结论也各不相同。在面试中,给人的第一印象很重要,在最初几分钟里给人的良好印象尤为重要。如果不良印象出现在头几分钟里,结果会很糟糕,但如果出现在较后的时间里,结果就不会那么糟。总的来说,面试中更为关键的不是如何留下好印象,而是不要留下坏印象。如果说这一点可以成为应试者的技巧,那么另一方面,主试者就应当注意由此产生的歪曲,以便正确判断人的价值。面对同一应试者,不同的主试者强调的特质内容不同,做出的判断也就不同。例如,有的人事主管在考评男性应试者时较注重学历,考评女性应试者时较留意相貌、风度,这就导致考评尺度不一,忽视关键内容,影响人才甄选。

(二)影响绩效评估

主管人员的知觉对下级的绩效评估具有很大影响。工作绩效包括任务绩效和周边绩效两方面。任务绩效是指人们是否完成任务,及达到组织规定的绩效目标;周边绩效是指人们在工作中是否能与别人合作共事,是否具有团队精神、组织归属感等。由此可见,任务绩效多数可通过企业制定的客观评估指标如产量、营业额等加以评估,但周边绩效则往往要依靠主管人员的主观判断。由于绩效评估关系到职工的晋级、调薪,与职工有着直接的利害关系,因此,主管人员在进行评估时,应尽可能采用客观标准,在必须进行主观判断时,应警惕知觉中的各种弊端,防止可能的知觉歪曲。

(三)影响对职工努力程度的评估

对员工的评价,既要重视他的工作绩效,也要重视他的努力程度。对于一个组织来说,员工的努力精神要比绩效更为重要。例如,一个员工技能熟练,生产效率很高,但工作态度消极,牢骚满腹,纪律涣散,他对组织便有极大的不良影响,其破坏作用可能远非他所创造的价值所能抵消。一般来说,评估职工的努力程度往往根据管理者的主观判断,其中会存在一定的知觉偏见和歪曲。更为重要的是,"工作表现差"的评价比"工作绩效差"的评价,更影响一个员工的前途,前者为品德问题,后者为能力问题。调查表明,企业中受惩处或被解雇的职工中,态度不好或违反纪律者大大多于能力不够者。

(四)影响职工的忠诚度

任何组织都希望其成员忠于自己的组织。虽然对本组织的忠诚并未列入绝大多数组织的考核范围,但是主管人员如果怀疑组织中某个成员的忠诚,则会不利于此人以后的晋升。评估职工的忠诚度也依赖主观判断。例如,企业中的一个职工,经常向主管人员提意见。对于这种现象,不同的主管人员可能会做出不同的判断。某一个主管人员可能认为这是出于对组织的关心,另一个主管人员则可能认为该人对组织离心离德,第三个主管人员则可能认为这是该人的个性。这表明,评估忠诚度时,人们会受到个人知觉的影响。

二、社会知觉的印象整合与管理

为防止社会认知偏差效应的干扰以及克服社会知觉的障碍,还应采取以下的措施:

首先,要注意通过社会化与再社会化途径,在人际交往与人际互动中,正确认识自我、认识他人、认识与处理好人际关系、认识与处理好自己的角色,以促进自我健康成长与发展。

其次,应通过强化方式捕捉与寻找有意义的信息(例如,"聪明品质"对"热情助人者"有积极意义,而对"冷酷无情的盗贼"或"虚假热情的骗子"是消极意义);注意显著信息(如"身残心不残"、"人穷志不短")的作用,以及克服"负面信息效应"(印象形成中消极信息作用大于积极信息)的影响。

再次,应通过对信息的正确类化(以一定的信息标准将人的特征归类)、运用图式(即经验中形成的关于个人、群体、角色、事件的认知系统)、信息分化、信息对比,以及实证等方式,来印证与鉴别信息的真伪。从而,做到由表及里、去伪存真,形成正确的社会认知。

还有,应通过"登门槛"效应(即提出"先小后大"要求的得寸进尺策略)、"门面"效应(即提出"先大后小"要求的讨价还价策略)和琼斯提出的恭维、诚实可信、自我表现、施惠等印象管理策略,来保持社会认知印象的有效性与一致性。

最后,还要克服负面情绪的干扰,注意情绪的调节与控制,用理智与理性化的认知方式及信息整合法则,如平均整合法则(即将好印象和坏印象加起来,再取平均数形成总体的印象)、叠加整合法则(即将好印象和坏印象叠加在一起形成总体印象)、加权平均整合法则(即对极重要或次要的品质印象予以不同的加权比例,再取平均数,形成总体印象)等,来纠正信息的非理性化与负面情绪的干扰,以及社会认知和信念的偏差。

思考题

1. 什么是知觉?简述知觉有哪些基本特性?
2. 什么是社会知觉?社会知觉有哪些种类?简述影响社会知觉的因素有哪些?
3. 什么是社会认知归因?有哪些主要归因理论?
4. 社会认知有哪些归因偏差?如何克服?
5. 分析社会知觉有哪些主要的效应?
6. 如何进行社会知觉的印象管理?

第四章 个性差异与管理[①]

现代管理是以人为中心的管理。管理工作如果失去了人这个基本要素,就失去了根本。因此,管理心理学首先涉及的课题是人力资源的管理,即个体心理与行为的管理问题。人的个性、个性心理特征(即能力、气质、性格)是个体心理与行为中的重要内容。管理工作只有了解人的个性特点与个性差异,做到人尽其才,才能收到好的绩效。

第一节 能力的差异与管理

一、能力概述

(一)能力与智力的概念

通常把能力定义为能直接影响人的活动效率,使活动顺利完成的个性心理特征。近年来有心理学家把智力和能力放到一起研究,这是因为智力和能力在内涵上是两个既相互包容又交织在一起很难划分的概念。智力是大脑的一种心理潜能,是以抽象思维能力为核心的,包括感知能力、观察力、记忆力、想象力、注意力等诸因素的有机结合。能力则是智力在一定条件下被开发和发展的一种心理特征,是指人顺利地完成一定活动所具备的稳定的个性心理特征。智力和能力二者既相互区别,又相互联系,它们之间维系着一种内隐和外显的辩证关系。日常我们在论及人们的能力时常常用智力水平去表达。如有人思维敏捷,有很强的数学运算能力;有人过目成诵,有惊人的记忆力;有人富于想象,有很高的创造能力;有人善于组织管理,有较强的组织管理能力;有人能歌善舞,有较高的艺术才能;有人擅长规划设计;有人则擅长具体操作与执行。因而有心理学家把能力称之为智能。

能力与知识、技能也是紧密联系而又相互区别的。从区别来看,能力不同于知识经验。知识是人类社会历史经验的总结和概括,是人脑对客观事物的主观表征,而能力则是人对掌握知识的心理活动的概括,是完成某种活动所必需而且直接影响活动效率的个性心理特征。能力也不同于技能。能力属于个性心理的范畴;技能是一种有目的的,通过练习而巩固了的合乎法则(或自动化)的活动方式。技能是人对动作方式的具体概括,基本上也属于心理活动过程的范畴。从联系来看,人对知识的理解和掌握,有助于技能的形成,而知识的掌握与技能的形成又能推动和促进能力的发展。如信息技术与沟通技能、创新技能、人际关系技能、管理技能、各种手工技能、数学统计技能、营销技能、咨询与服务技能等,就是人的各种工作能力与组织管理能力形成和发展的重要基础。当人的认识活动和动作方式的水平达到可迁移的程度,并在个体身上巩固和稳

[①] 改引自程正方主编:现代管理心理学(第4版),北京师范大学出版社,2009年版,第108~144页。

定下来,能对某种知识和技能做到举一反三、触类旁通,就会促进能力的发展。而能力又制约和影响着人对知识的掌握及某种技能的形成。

（二）能力的结构

能力不是某种单一的心理特性,而是具有复杂结构的多种心理特性的总和。探讨能力的结构,分析能力构成的因素,对于深入认识和理解能力的实质有非常重要的意义。能力结构有多种不同的学说：

1. 能力的二因素学说

英国心理学家斯皮尔曼(G. Spearman)用自己创始的"因素分析法"研究能力时,在1904年提出了能力的二因素学说(见图4-1)。该学说认为,能力是由一般因素G和特别因素S构成的。完成任何一个作业都需要由G和S两种因素来决定。例如,一个算术推理作业是由$G+S_1$决定的;而一个言语测验作业是由$G+S_2$决定的。两套测验结果出现正相关,是由于它们之间有共同因素G造成的;两套测验结果又不完全相关,是由于它们之间分别含有特殊因素S造成的。

2. 能力的群因素学说

美国心理学家塞斯登(L. L. Thurstone)采用他自己设计和发展的因素分析法在1938年提出了能力的群因素理论。他认为,智力是由一群彼此无关的原始心理能力所构成的,一般有7种原始因素：① 计算,② 词的流畅,③ 言语的意义,④ 记忆,⑤ 推理,⑥ 空间知觉能力,⑦ 知觉速度。

3. 智力的三维结构学说

美国心理学家基尔福特(J. P. Guilford)在1959年提出了新的能力结构的设想,即"智力的三维结构"(见图4-2)理论,这是对群因素学说的发展。该学说认为,每一种智力因素都包括操作、内容和产品三个方面,它的构成正像一个有长、宽、高三个维度的立方体。每一个方面又是由一系列有关因素组成的。智力操作(即智力活动方式)方面包括认知、记忆、分散思维、聚合思维和评价。智力活动的内容(或材料)方面包括图形(后来又分为视觉材料、听觉材料)、符号、语意和行为。智力活动的产品(或结果)方面包括单元(即基本概念)、分类、关系、系统、转换(即从一个事物的认识转换到另一个事物上去)、蕴含(即了解隐喻意义等)。将每一个方面中的一个小因素同另外两个方面中的任意两个小因素结合,一共可得"4×5×6 = 120"种组合(按其后来的观点将图形内容分为视觉与听觉两种,应包括"5×5×6 = 150"种组合)。每一种组合代表一种智力因素。例如：对图形进行分类的认知操作,构成一个单元,就是一个智力因素。截止到1975年,基尔福特已发现约80种智力因素,他预示最终可能找到120种智力因素。

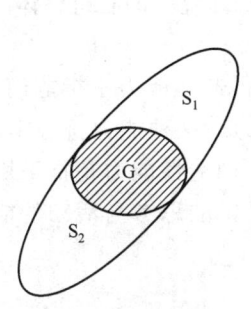

图4-1 斯皮尔曼的能力二因素模型

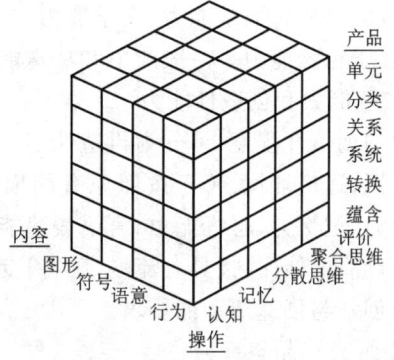

图4-2 吉尔福特的智力三维结构模型

4. 智力层次结构学说

英国心理学家阜南(P. E. Vernon)在1960年提出了智力按层次排列的结构。这是斯皮尔曼二因素说的深化,在G与S因素之间增加了大因素群、小因素群两个层次。他认为智力的最高层次是一般因素(G);下一层次是两个大因素群(即言语和教育方面的因素、操作和机械方面的因素);第三是小因素群,其中言语和教育下面的小因素是言语和数量等,操作和机械下面的小因素是机械操作信息、空间信息、用手操作等;第四层次是各种各样的特殊能力。

5. 智力多元论

美国心理学家加德纳(H. Gardner)在1983年提出了智力多元论。他认为智力的内涵是多元的,由7种相对独立的智力成分构成。每个智力成分是一个单独的功能系统,这些系统可以相互作用,产生外显的智力行为。7种智力成分是:言语智力(也称语文能力)、逻辑推理与数学能力、空间智力(导航、辨方向、认识环境的能力)、音乐智力、身体运动智力、人际智力(人际互动、和睦相处的能力)、内省智力(反省、认同、接纳自我,选择自己生活方向的能力)。后来,我国学者又补充了第八种成分,即认识自然的能力。这些智力结构的划分,对人进行多种综合素质以及不同类型素质教育与培养,促进人们综合素质的有效形成与发展有重要的理论与实践意义。

6. 三元智力论

美国心理学家斯登伯格(R. J. Sternberg)在1985年提出了三元智能结构理论,将智力结构分为成分智力(含元认知成分,即决定智力问题的性质,选择解决问题的策略以及分配智力资源的成分;执行元认知成分的决策,做出判断和反应;获得新知识的智力成分)、经验性智力(运用已有经验处理新问题;自动化地应付熟悉的事情的能力)、实用性或情境性智力(适应、塑造与选择新环境的能力)等。这些智力结构的构成与划分也有利于形成员工的创新与成功的智力,即用来解决问题并判定思想成果的质量的分析性智力、从一开始就提出好的问题和形成解决问题的想法的创造性智力、并将思想及其分析结果以一种行之有效的方法来加以实施的实践性智力。

(三)能力的种类

1. 一般能力和特殊能力

按能力的倾向划分,有一般能力和特殊能力。智力属一般能力的综合。它是人的认识活动中的一种具有多维结构的综合性能力。个人认识过程中的各种能力(包括感知、记忆、思维、想象、言语等)都属于智力的范围。其中抽象概括能力是智力的核心成分,创造能力是智力的高级表现。特殊能力是指在某些专业和特殊职业活动中表现出来的一般能力(智力)的某些特殊方面的独特发展。例如,数学能力、文学能力、艺术表演能力、组织管理能力、各种业务与技术操作能力等,都属于特殊能力。一般能力和特殊能力相互联系构成辩证统一的有机整体。

2. 再造性能力和创造性能力

按能力的创造性程度,可分为再造性能力和创造性能力。再造性能力是指能使人迅速地学习与掌握知识,适应环境,善于按照原有的模式进行活动的能力。这种能力符合学习活动的要求。如观察力、记忆力、思维能力、言语表达能力、模仿能力等。创造性能力是指采用新思维、新方法创造新产品的能力,指具有流畅、独特、变通、创新及超越平常的思考与活动的能力,这种能力符合科技创新与创造活动的要求。

3. 液态智力与晶态智力

按心智能力功能差异,卡特尔(R. B. Gattell)在1965年提出液态智力与晶态智力。前者是一种以生理为基础的认知能力,指在信息加工和问题解决过程中所表现出来的能力,如对关系的认识、类比、演绎推理和形成抽象概念的能力等。液态智力在个别差异上,决定于个人的禀赋,受教育文化影响较少;这类智力早期有明显的发展,青年期达到顶峰,成年以后开始下降。后者是以学得的经验为基础的认知能力,它是运用已有的知识与技能去学习吸收新知识和解决新问题的能力,如语言、数学知识的能力等。晶态能力依赖于社会文化与知识的内容,与教育文化有关;它不因年龄增长而降低,反而有人会因知识经验的累积有升高趋势,不同的晶态智力有不同的发展速度。

4. 实际能力与潜在能力

从能力测验的观点看,有实际能力与潜在能力之分。实际能力是指实际作业已能熟练到某种程度而言。通常采用成就测验来评量个人(或团体)经由某种训练(或教育)之后,在知识或技能方面达到的成就,就是考查人的实际能力的高低。潜在能力是指人在将来有机会学习或接受训练时,可能达到的程度。通常采用性向(特征倾向)测验来预测或估计个人在接受训练后可能在知识或技能方面达到的程度。

5. 桑代克对能力的划分

桑代克(E. I. Thorndike,1874—1949)把人的智慧活动能力分为社会的智慧、具体的智慧和抽象的智慧三种:社会的智慧是了解人与人相处的能力;具体的智慧是人对事物的了解以及对技术和科学的应用能力;抽象的智慧是人应用文字和数学符号的能力。

二、能力差异的分析

能力的差异在心理学中有两层意义。其一指人与人之间的差异,即一般与特殊能力在水平与类型上的差异;其二指团体之间的差异,如不同年龄、不同性别、不同社会文化、不同职业之间的差异。

(一)一般能力(智力)的个别差异

人的智力方面的个别差异是十分显著的。心理学家经过大量测验研究基本上得到一个共同的结论:即人的智力水平的个别差异在一般人口中测量是两头小中间大,呈常态曲线分布:智力水平中等(包括中上与中下)、IQ 在 80~120 之间者,约占全部人口的 80% 左右;智力水平极优秀、IQ 在 140 以上者,约占全部人口的 1% 左右;心智不足、IQ 在 70 以下者,约占全部人口的 3% 左右(见表 4-1)。

表 4-1 智商分类百分比

IQ	类别	百分比/%		
		WAIS智商	推理统计	理论分布
140 以上	极优秀	130 以上:2.2	1.3	0.38
120~139	优秀	120~129:6.7	11.3	8.80
110~119	中上	16.1	18.1	15.96
90~109	中等	50.0	46.5	49.72
80~89	中下	16.1	14.5	15.96
70~79	临界	6.7	5.6	6.90
70 以下	心智不足	2.2	2.7	2.28

人的智力差异还表现在知觉、表象、记忆、想象、思维的类型和品质等方面。在知觉方面有综合型、分析型、分析综合型之分；在表象方面有视觉型、听觉型、运动型和混合型之分；在记忆方面有记性好坏之分和形象记忆、动作记忆、情绪记忆、抽象逻辑记忆之分；在想象方面有强弱之分和再造、创造之分；在思维方面有深刻与肤浅、敏捷与迟钝、灵活与死板、再造与创造、聚合与发散、抽象与具体之分等。

（二）特殊能力的个别差异

科学实验和日常生活表明，人的特殊能力的差异是十分明显的。有的人较多地显露出音乐、美术、舞蹈、雕刻等艺术型的才能；有的则表露出数学、物理、化学、天文等思维型的天资；有的则善于技术操作；有的则表现出社交、组织管理、教育等社会活动型才能。以不同层次的管理人员为例，业务技术能力、人际关系与协调能力、管理决策能力的要求与差异也非常明显。一般高层次管理者的决策能力、中层次管理者的人际协调能力、低层次管理者的业务技术能力特别重要与突出。（见表4-2）如史丰收的口算能力，谢军的对弈（国际象棋）能力，香港女作家梁凤仪的写作和经商能力，都是非一般人可比的。世界上还有一种具有特殊才能的低智商者，他们虽然严重弱智，但在某方面却有奇才。如英国人泰莱，智商低于70，甚至连系鞋带、扣衣纽、刮胡子等最简单的事情也做不了。但在另一方面他却是个天才，可以在极短时间内学会一种语言，现在他已经通晓18种外语。

表4-2 管理层次与能力要求的差异

层次＼能力	技术能力	人际能力	管理能力
上层管理者	18%	35%	47%
中层管理者	27%	42%	31%
下层管理者	47%	35%	18%

（三）能力表现的年龄差异

每个人的能力不仅在质与量的方面有差异，而且在表现早晚上也存在着明显的差异。

有的人在儿童时期就显露出非凡的智力或特殊才能，这叫"人才早熟"或能力早期表现。古今中外能力"早慧"的事例不胜枚举。如初唐四杰中的王勃6岁善文辞，10岁能作赋，骆宾王7岁就写出了著名的《咏鹅》；李白"五岁诵六甲，十岁观百家，轩辕以来，颇得闻矣"；宋朝寇准7岁就写了《咏华山诗》。在国外，"早慧"的例子也很多。如普希金8岁就能用德文写诗；莫扎特3岁发现三度音程，5岁开始作曲，6岁登台演奏，8岁试作交响乐曲，11岁创作歌剧；高斯9岁就能解级数求和的问题；维诺7岁开始阅读但丁和达尔文的著作，9岁入高级中学，14岁大学毕业，18岁获哈佛大学哲学博士学位。前苏联17岁的女孩尤金妮·亚历山仁科有令人叫绝的阅读能力，她能在10分钟里看完《战争与和平》，且过目不忘，理解全书内容。测试结果表明，她能在1/5秒即一眨眼间，看完有1 390字的文章，并能一一准确回答研究人员的提问。她比常人的阅读速度（一般人用5秒钟只能阅读一个句子）高8 000~10 000倍。

人的能力也有表现较晚的，俗称"大器晚成"。如齐白石40岁时才表现出绘画才能；达尔文到50岁才写出名著《物种起源》；李时珍61岁时才写成《本草纲目》；前苏联耶·伊·古谢娃73

岁才完成博士论文答辩。

能力虽有早晚的差异,但就大多数人来说,成才的最佳年龄或出成就的最佳年龄应是青壮年时期。美国学者莱曼(Lehman)曾研究科学家、艺术家和文学家的年龄与成就的关系。他认为25~40岁是成才的最佳年龄(见表4-3)。

表4-3 成才的最佳年龄

学科	化学	数学	物理	实用发明	医学	植物	心理	生理	声乐	歌剧	诗歌	小说	哲学	绘画	雕刻
成才最佳年龄	20~36	30~34	30~34	30~34	30~39	30~34	30~39	35~39	30~34	35~39	25~29	30~34	35~39	32~36	35~39

我国张笛梅曾统计从公元600—1960年共1 243位科学家的1911项重大成就,也与莱曼的观点一致(见表4-4)。

表4-4 成才人数与成才项目的年龄阶段

年龄阶段	16~20	21~25	26~30	31~35	36~40	41~45	46~50	51~55	56~60	61~65
成才人数	21	110	233	255	218	166	106	63	36	20
成才项目	21	110	294	328	333	278	201	117	83	44

在同一个人身上,不同的能力其成熟与衰退的年龄也有很大差异,见表4-5。

表4-5 不同能力成熟与衰退年龄

年龄	10~17	18~29	30~49	50~69	70~80
知觉	100	95	93	76	46
记忆	95	100	92	83	55
比较判断	72	100	100	87	69
动作反应速度	88	100	97	92	71

(四)能力的性别差异

综合各方面的研究有以下方面的性别差异结论:

首先,就男女两性整体而言,在智力上没有差异。麦克米肯(M. Acmeeken)在1939年曾用团体智力测验施测同年出生的整个苏格兰儿童共87 000人,结果两性无差异;后用斯比测验个别施测同一天出生的儿童,结果也同上。但如果只依据某种测验的结论可能有差异,有的男性优于女性,也有的女性优于男性。麦克比和杰克林(E. Maccoby&G. Jacklin)在1974年出版的《性别差异心理学》一书中表明:女性在语言方面,男性在宇航、空间知觉、数学能力等方面各有优势。

其次,男女两性即使在智力上有差异,但差异的方向不能肯定。据吉尔福特(J. P. Guilford)研究发现:儿童期的智商有女优于男的趋势,但到青春期的智商,常呈现男优于女的趋势。还有,智力测验本身的结构和内容,对男女两性未必是公平的。韦克斯勒(D. Wechsler)认为:韦氏量表中有5个分量表(常识、理解、算术、图形补充、图形设计)有利于男性;而有利于女性的只有3

个分量表（类同、词汇、物形配置），因此测验结果有男性优于女性的趋势。

再次，男女两性在特殊能力及职业选择上有明显差异。有些职业适合于男性，有的适合于女性。主要原因是男女在身体结构、生理特性上的殊异，另外也受传统观念与习俗的影响，还有男女在家庭中承受的家务负担不同，因而导致特殊能力及其成就有差异。其实有许多职业对男性和女性都适合，并没有明显的区别。在我国企业家的行列里，不乏精明强干的女强人。她们在管理上有细致、善解人意的长处，尤其是在公关、社交方面的能力绝不亚于男性，其具有男性化与女性化特质都很高的双性化特质。

（五）能力的职业差异

社会分工日益精细，不同职业需要不同的能力。表4-6反映的是詹森测得的美国各类从业人员的智商水平。虽然不同职业人员在智商上有差异，但是智商并不能全面反映人的各种能力，不能根据智商把人分成三六九等。实际上无论在哪种职业中，智商的变动范围都是很大的。此外，人们选择什么职业，或被什么职业所选，与智力虽有一定关系，但也受其他主客观因素的影响。

表4-6 职业类别与智力差异

职业类别	专业人员	半专业人员	工商业者	半技术人员	技术人员	体力工人	农民
智商	126	113	108	104	96	95	94

三、能力的差异与管理

研究人的能力差异在管理中有重要意义，有利于做到量才录用，合理分工，人尽其才，才尽其用，提高管理绩效。尤其是对知识经理与科技人才的能力管理上要做到：出以公心，选贤用能；客观评价，科学考核；明确要求，因事择人；以人为本，重视培养；用其所长，重在创新。

（一）创造力的管理

创造力（创新能力）是由创造思维能力、创造想象能力与创造性活动能力构成的，指人们应用新颖的观念与方式解决问题，并能产生新的、有社会价值的产品的能力。创造力在企业管理过程中有非常重要的作用，其有利于出人才、出思路、出方法、出产品和出优秀成果，是现代社会与企业的核心竞争力。因此，必须重视创造力的管理，发挥创造力在企业与行政管理中的核心竞争力作用。

富有创造力的员工与管理者具有如下的特点：丰富的想象力，特别是创造想象能力；思维品质的流畅性、独特性、变通性、发散性与创新性；学习的实应性、知识的渊博性与技能的组合性；敏锐的观察力与深刻的洞察力；强烈的好奇心与探索心理；创造性人格特点：如入痴入迷、独立与原创、他人认可、幽默、自信、耐寂寞、寻求刺激、承担风险、恒心与毅力、不怕挫折等。

不利与有利于创造力发挥的环境与心理条件：① 不利的环境：如大锅饭与绝对平均主义，过分竞争与压抑的状态，过分依赖与缺乏自主性，讥讽，嘲笑，不支持改革创新，一言堂与专制独裁，负担与压力过重，千篇一律的环境等，对创新能力与活动都有明显的负面影响；② 有利创造力发挥的环境：如改革开放与需要创新变革的环境，有利于信息交流与沟通的环境，能激励员工团结合作与具有适度压力竞争的氛围，创造性设计与执行操作适当分开，营造创新、弹性与宽松的环境,鼓励与激励创新,并对创新过程中的问题与差错能宽容谅解,并且勿过早的下结论与批评的环境等;③ 创造性的三大障碍心理是:畏惧心理(害怕困难、艰苦与失败);过分自卑与自谦心理(产生创造麻痹症);懒惰、投机与侥幸心理(阻碍人的创新与发展);④ 创新还需要专业知识与技术、创新的思维想象与技能、正确有效的激励方法与措施等三方面因素的协同作用。

培养与开发管理层与员工的创造力可采用如下的方法:① 保持自尊、好奇与探索心理,激发创造力;② 营造宽松的环境与氛围,延缓评论;③ 坚定理想信念与信心,培养创造性人格倾向;④ 鼓励与培养首创、独创、创新精神和品质;⑤ 开放潜意识(灵感),巧用酝酿技术与效应;⑥ 使用头脑风暴,开发想象力与创造的方法,掌握创造的技法;⑦ 左右脑的协同及理性与直觉结合,经常采用理性与发散、直觉与形象思维训练的方法;⑧ 经常采用各种强迫关联技巧,使两个不同事物的属性进行强迫性联想;⑨ 培养良好的学习、探索、创新的个性或人格品质:随时记录自己的想法、探索每一天、在专业领域跟上时代步伐、广泛涉猎与专业无关的知识、避免僵化的思维与行事方式、思维开阔接受他人的想法、善于观察、培养需要创新来完成的爱好、学会幽默、敢于承担风险、勇敢自信、学会了解自己、学习扮演不同的角色。

(二) 掌握招聘的能力标准,合理招聘选择人才

一个好的管理者并不是谋求把能力最优者聚集在自己的周围,而是正确确定本企业所需要的能力标准,谋求适合该组织能力标准的人才,做到择人为贤、量才录用、包容并蓄、不拘一格、不求完人。如广州宝洁有限公司招聘人员的条件是:"品貌端庄、皮肤姣好,美容专业及有促销经验者优先。"这里的经验包含实际操作的能力。企业只有合理招聘人才,才能提高工作效率。

美国心理学家布兰卡特(Blanchard)曾举例说明:美国建立第一个农业大工厂时,需雇用一批保安人员。因当时劳力过剩,工厂规定被雇用保安人员的最低标准为高中生,而且还要具备3年警察或工厂警卫的经验。按这个标准雇用的保安人员,因文化水准较高,故感到整天只检查进门的证件,太单调、乏味,表示无法忍受,因此对工作不负责任,离职率很高。后来工厂适当降低受雇用人的学历要求并选择合适的人来担任这项工作,他们热爱本职工作,责任心强,缺勤率、离职率很低,保卫工作做得很出色。这个例子说明人的能力只有与其职业相适应,才能做到既提高效率,又不浪费人才。

有了好的择人标准与准则,还应注意择人方法。应通过招贤、访贤、荐贤、竞争择优及招聘选贤等多种途径选择人才;择人艺术还要不限于资历、地位、亲疏、年龄、性别、智能等条件,要不拘一格选拔人才,如海尔的"赛马不相马"用人原则,让群马奔腾,良驹脱颖而出的竞争与择人机制就是有效的方法。

(三) 根据人的能力差异,对员工实施有效的职业技术教育和能力的训练

现代科学技术发展很快,新知识、新技术、新产品、新工艺不断涌现。一个企业要想在竞争中求得生存与发展,必须不断对新员工进行职业技术教育和对老员工进行知识技术更新。要想提高职业技术教育和知识更新教育的效果,就必须注意人的能力差异,贯彻因材施教的原则。

首先,应根据员工智能水平的现状施以不同的职业技术教育。对于智能优异的科技型或知识型人才或管理人员可以让他们通过脱产、半脱产学习或去高等院校接受教育,甚至走出国门进修学习,培养他们的创造能力、设计能力和加入WTO之后的经济全球化的管理和决策能力。例如2000年5月5日在纽约以北60多公里的克劳顿村(GE管理发展学院),中国派出了23名企业精英与企业总裁(即中国大型企业的总经理)学习充电,向世界一流企业GE(通用电气公司)

学习管理之道,这是一种非常有意义、有效率的高层次人才培养方式。目前,他们中的大多数都被提拔重用,他们领导的企业,有的已成为我国大型企业改革成功的典范,还有一些精英已被提拔为国家经济管理部门的领导人。属于中等才能者,可以采用轮流半脱产或在职形式进行中等教育的补课或进修,施以一般职业训练课程,以培养他们从事普通管理工作或技术性工作的能力。属于智能中下或文化水平较低者,应施以一般基础文化课程教育,以便提高他们从事非技术工作的能力。许多中小型企业采取委托社会机构培训、鼓励员工自我开发培训等都会收到好的效果。

其次,根据员工的年龄差异,在职业技术教育的内容和方法上应有所不同。青年人精力旺盛、锐意进取、理解和接受新事物的能力强,企业领导应特别重视他们的文化修养和职业技术水平的提高。中年人肩挑工作与家庭两副重担,学习进修有许多困难,但他们经验丰富,各种心理品质较成熟,已具备发明、创造、出成果的有利条件。只要领导关心他们的进修和提高,帮助他们克服困难,联系实际定向深造,就能进一步提高他们的业务和技术水平,发挥他们的聪明才智,为企业的发展做出更大的贡献。老年人的流体智力虽有所下降,但晶体智力并不会衰减,他们经验丰富,办事老练,可以承担顾问角色。企业重视老年人的学习,不仅使他们老有所学,老有所用,发挥余热,而且还能丰富他们的晚年生活,使老年人身心健康。

再有,职业技术教育内容的深度与广度要适合职工的文化水平及职业要求。难易程度要适当,内容应适合各自的职业特点。文化水平较低者可参加各种类型的文化补习班;技术不熟练者可参加各种操作能力训练班;各类管理人员可参加管理学习班;工程技术人员可参加各种科技协会和创作设计培训班等。在员工培训中,既要重视一般能力,也要重视特殊能力;既要抓与他们当前所从事的工作或将来可能从事的工作直接有关的专业知识或专业技能的教育;也要根据员工的文化水平、兴趣爱好,鼓励他们参加自学考试或函授教育,使员工增加科学文化知识,提高观察力、思维能力、想象能力等一般能力。这些能力的提高,虽然不能像特殊能力那样立即反映到生产效率上,但能够为进一步发展特殊能力做好准备,为职工队伍的智力开发奠定雄厚的基础。被视为世界无线通信巨人的美国摩托罗拉公司,对雇员的培训需要投入大量的财力和物力,一年要花费6亿美元(相当于一个大型芯片工厂的费用),后来上升到工资额的4%。公司还成立了培训中心——摩托罗拉大学,而且对聘用雇员的要求也更严格了。摩托罗拉的管理者认为,百年大计,教育为本,唯有舍得在对员工的培训教育方面投资,选拔并培训有卓越才能的人才,才能真正掌握企业经营成功的金钥匙。我国的海尔集团也始终贯穿"以人为本",提高员工素质的培训思路,建立了一个能够充分激发员工活力的人才培训机制,最大限度地激发每个人的活力,充分开发和利用人力资源,从而使企业保持了高速稳定的发展。

(四)人尽其才,量才任用

人才是企业的灵魂。以人才为核心,首先要识才,明了每位员工长于别人之处;并创造条件尽量发挥其长处。为此,企业领导应注意以下几个方面:

(1)企业领导应考查每个员工的实际工作能力,并据此安排适当的工作,特别是对不同层次管理者的技术能力、人际关系能力和管理能力应了如指掌。据心理学家的研究,不同层次的管理者对这三种能力配置的比例有所不同。那些技术水平虽然弱些,但管理能力很强,人际关系适中者可为上层管理者;相反技术水平高,管理能力较弱,人际关系适中者可为下层管理者;三种能力都适中,可为中层管理者。只有综合考虑每个人的能力、知识经验、技术水平等条件安排适当的工作,才能使其扬长避短,工作得心应手。

（2）摆正文凭与才能的关系。在安排员工的工作时,既要看文化水平,又要看真才实学与实际工作能力,只有不拘一格选拔人才,委重任于真才实学者,企业才能有生气。

（3）应注意智力与特殊能力的关系。特殊能力是建立在智力基础上的,是特定活动所要求的多种基本能力的有机结合,如技术操作能力、使用计算机的能力、编制软件的能力、技术革新的能力及社会交往能力、管理能力等。智力相当的人并不一定适合于干同一类型的工作。操作能力强的人最好从事具体的技术性强的工作,而社交能力出色的人可以去公关部门一显身手。总之,企业管理应根据员工能力上的特长分配工作,使各类人才能各显神通。

（4）应注意性别与年龄的差异。有些工作有性别和年龄的选择性。这一方面是考虑到工作的效率,另一方面也有利于职工的身心健康,适合安全生产的需要。有些工作没有这方面的特殊要求,就应一视同仁,不要轻视女职工或青年人。

（5）应给予员工一定的自主性、选择性,以利其创造能力和创新能力的发展。尤其对知识经理与知识性员工更应如此。

（五）贯彻正确的用人原则与方法

清代诗人顾嗣协曾用一首诗"骏马能历险,犁田不如牛。坚车能载重,渡河不如舟。舍长就其短,智高难为谋。生材贵适用,慎勿多苛求"来表述用人所长,因事择人的用人原则。全面了解人的能力特点,正确理解"人无完人,金无足赤"的道理,看准了人的特长,大胆启用,让他在工作中克服不足之处,这样可以增强人的归属感、荣誉感、成就感。企业管理贯彻用人之长的原则,有利于调动各类员工的积极性。个人选择工作可以因人择事,但企业招聘和使用人才应当因事择人。贯彻因事择人的原则可以避免机构臃肿,人浮于事。每个人任务明确,能增强责任心。企业重视真才、重视绩效,能激励职工努力工作,奖罚分明能增强人的公平感。如著名的企业麦肯锡强调用人要用有思考与解决问题的能力、有良好沟通与交往的能力、有超前意识与创新能力、有远大志向和坚韧毅力的人,严格奉行"不进则退"的用人原则等,都有非常好的效果。

全面贯彻人才使用的原则还应做到：不拘一格与破格使用原则、能当其位原则(职能相符,避免"功能过剩")、协调原则、动态平衡与结构合理原则、宽松原则(宽严适度,压力适度)、经济与效能原则、竞争与优化原则(扬长避短,用人所长,择优互补)、信任原则(用人不疑,疑人不用)等。

具体的用人方法有：授权法(做到合理性、量力性、荣责性、可控性、信任性、宽容性)；长短法(做到扬长避短、取长补短、用短为长)；用当其佳法(不要贻误时机、要把握人生最佳的发展阶段)；杂交优补法(采取引进式、调整式、互学互补式的选拔与应用人才的方法)等。

第二节　气质的差异与管理

一、气质概述

气质是一个古老的概念。在公元前五六世纪,我国古代的思想家和教育家孔子曾把人的气质分为"狂、狷、中行"三类。狂者言行激烈外露；狷者行为拘谨孤僻；中行者介乎二者之间,依中庸而行。

在日常生活中,人们把气质称为"性情、脾气"。人的性情与脾气是有很大差别的:有的活泼好动,反应敏捷;有的安静稳重,反应缓慢;有的性情急躁,有的性情温和;有的善于交往,精力旺盛,情绪外露;有的沉默寡言,性情孤僻,体验深刻等。气质就仿佛给每个人的行为染上了一层独特的色彩。

那么,现代心理学中,什么是科学的气质定义呢?气质是受人的高级神经活动类型的制约与影响,典型地表现在人们心理过程的强度、速度、灵活性与倾向性等动力性方面的个性心理特征。分析上述定义:① 人的气质是受个体先天生物组织制约,是人出生时就具有的个性特性;② 气质的动力性特点主要表现在人的认识、情绪、意志、行为活动中的非动机性方面(即强度、速度、灵活性与倾向性等);③ 气质是人的一种典型的、稳定的个性心理特征。由于人的气质具有天赋的秉性,故稳定性很强,当然它也不是固定不变的,在剧烈的社会变革或强大的教育影响下,人的气质特点也可能发生某些变化。

二、气质的学说

(一)气质的体质、体型学说

德国精神病学家克瑞奇米尔(E. Kretschmer)根据他的临床观察,提出了按体型划分气质类型的理论。他认为:瘦长型为分裂气质,具有非社交性、怪癖、神经质的行为倾向;肥胖型为躁郁气质,具有社交、温情、情绪不稳定的行为倾向;筋骨型为粘着气质,具有固执、严格、理解迟钝、爆发和冲动的行为倾向。他还发现体型与精神病有关系:精神分裂的病例中瘦长型的占 50.3%;躁郁病例中肥胖型的占 64.6%;癫痫病例中筋骨型的占 28.6%,发育异常型的占 29.5%。克瑞奇米尔的类型论虽对理解气质有一定的参考价值,但过于强调生物因素,忽视社会因素。他对精神病与体型关系的论述缺乏科学根据。后来,美国心理学家谢尔顿(L. E. Sheldon)、史蒂文斯(E. I. Stevens)批判了克瑞奇米尔的观点,提出了按胚叶划分类型的学说。他们认为:肥胖乐观为内胚叶(脏腑)型;瘦小、敏感、反应快是外胚叶(皮肤神经)型;体健、好动、竞争是中胚叶(骨骼肌肉)型。这种观点基本上与克瑞奇米尔的观点一致,也缺乏科学根据。

(二)气质的激素学说和体液学说

现代激素理论认为内分泌腺体活动与气质类型有关。研究者根据人的某种腺体特别发达,而对人的行为有一定影响,于是把人分为甲状腺型、脑垂体型、肾上腺分泌活动型、甲状旁腺型和性腺过分分泌型等。

古代最著名的气质学说是由古希腊的著名医学家希波克拉特(Hippocrates)在公元前 5 世纪提出的体液学说。他认为在体内含有 4 种体液即血液、黏液、黄胆汁、黑胆汁。它们分别多生于心脏、脑、肝、胃。希波克拉特认为,机体的状态决定于四种体液的有机配合。公元 2 世纪,罗马医生盖伦(Galenus)采用了"气质"这一用语,并把人的气质分为 13 种。后由古代医学家们以某种体液占优势的情况将这些分类简化为 4 种:多血质(血液占优势)、胆汁质(黄胆汁占优势)、黏液质(黏液占优势)、抑制质(黑胆汁占优势)。

还有人做了血型与气质类型的研究。认为易激动者呈酸性反应,性情沉着者呈碱性反应。于是认为 A 型血者内倾保守,属粘液质;B 型血者外倾进取属多血质;AB 型血者是混合型;O 型血者对人对己都积极进取,属胆汁质。

虽然用体液学说来解释气质并不科学,但由于该学说较之其他学说在解释人的情感和行为多样性方面更容易被人们接受,所以体液学说至今仍然沿用。

（三）气质的神经机制与高级神经活动类型学说

巴甫洛夫用条件反射的方法对动物和人进行研究，发现神经活动有三种特性，即兴奋和抑制的强弱特征；兴奋和抑制的均衡与不均衡性特征；兴奋和抑制转换的灵活性特征。神经活动的这三种特性，可能形成许多特殊的结合，其中可以分出某些最主要的结合方式，从而构成高级神经活动的基本类型。比较科学地揭示了神经类型与气质类型的对应关系：

$$
\text{高级神经活动类型}\begin{cases}\text{强型}\begin{cases}\text{不平衡型（不可遏制型）}\cdots\cdots\text{胆汁质}\\\text{平衡型}\begin{cases}\text{灵活性高（活泼型）}\cdots\cdots\text{多血质}\\\text{灵活性低（安静型）}\cdots\cdots\text{粘液质}\end{cases}\end{cases}\\\text{弱型（抑制型）}\cdots\cdots\text{抑郁质}\end{cases}
$$

三、气质类型的差异分析

依据感受性、耐受性、不随意反应性、可塑与稳定性、速度与敏捷性、倾向性、情绪兴奋性等心理特征有规律的结合可构成表4-7中的各种类型。

表4-7 气质类型的一般特征表

气质类型	感受性	耐受性	敏捷性	可塑与稳定性	倾向性	速度	情绪兴奋性	不随意反应性
胆汁质	低	较高	灵活	小	外向	快	高	强占优势
多血质	低	较高	灵活	大	外向	快	高	强
粘液质	低	高	不灵活	稳定	内向	慢	低	弱
抑郁质	高	低	不灵活	刻板	内向	慢	体验深刻	弱

德国心理学家冯特以情感的强度与速度、深度与广度、态度和活动等特性分类，并确定气质的类型。认为情绪强而快或深而广或紧张、不快是胆汁质；情绪弱而快或浅而广或紧张、愉快是多血质；情绪弱而慢或浅而狭或安静、愉快是粘液质；情绪强而慢或深而狭或安静、不快是抑郁质。

艾宾浩斯（H. Ebbinghaus）也曾把情绪作为区分气质类型的依据。他认为：激愤而乐观是多血质；激愤而悲观是胆汁质；容忍而乐观是粘液质；容忍而悲观是抑郁质。研究表明：管理者气质类型主要分布在略偏多血质（占27.1%）、多血质—粘液质混合（占23.1%）、胆汁质—多血质混合（占10.2%）、略偏粘液质（占9.3%），上述这几种气质类型的管理者占了总人数的69.7%。可见，在现实生活与管理过程中，一般为中间类型居多，典型类型较少。

四、气质差异在管理中的应用

气质对人的实践活动有一定的影响。了解人的气质类型及其特征，对于组织管理、思想教育等都有重要意义。

（一）扬长避短，发挥特长，合理匹配，提高工作效率

气质类型无好坏之分。气质类型不能决定人的社会价值大小与社会成就的高低。研究发现，在同一社会实践领域里的杰出人物中均可找出不同气质类型的代表。如俄国最伟大的诗人

普希金是胆汁质,著名作家果戈里是抑郁质,"寓言之父"克雷洛夫是粘液质,俄国杰出的哲学家、思想家赫尔岑是多血质。任何气质类型既有其积极作用也有消极影响。像多血质者活泼热情、善交际,反应灵活,工作效率高,但稳定性差;胆汁质者外向开朗、反应快、效率高,但暴躁任性,自我控制力差;粘液质者镇静踏实,但反应较迟钝;抑郁质者耐受力差,易疲劳,性情孤僻,但观察细微,感情细腻,办事谨慎。

影响员工工作效率的因素虽然主要是责任意识、工作态度与工作热情、技术水平、工作能力、实际工作经验等,但有的工种对气质有特殊的要求。气质特点可以作为职业招聘与选择的依据之一。例如大型动力系统的调度员、抢险人员、救护人员所从事的工作责任重大、应急性强、冒险性强,需经受高度的身心紧张,这些人员必须反应非常迅速,胆大且处变不惊,善于化险为夷。承担该类职业以胆汁质者为佳。企业的公关人员、营销人员与采购人员与人打交道的机会很多,多从事社交性、变化性的工作,故以多血质者为好。而广告设计者、财会人员、仓库保管员等以物为主要活动对象,则应选粘液质者或抑郁质者为好,因为这种人内向、踏实、细致,注意的稳定性强。

西方管理心理学家将管理人员的气质分为:躁郁质型、分裂质型、粘着质型。躁郁质型管理者的特点:适应环境力强,事前没有设想和计划,很会交际,有热情,有竞争力和干劲,没有持久力,容易发怒骂人,但很快就忘记了。这类人善于开创新局面。分裂质型管理者的特点:先思考、后行动,思考多、行动少,会利用微妙感情,能经常提出新规则、新设想。这类人不太符合现代社会要求,崇尚高谈阔论,不注重实际,不适宜当管理者。粘着质型管理者的特点:现实而稳定,正确,诚实,无懈可击,能尽义务,有道德观,坚持一定规则,脑筋很死,行动缓慢,但有耐心。这类人适宜做具体事务的管理者。

重视人的气质类型与其所从事的工作特点相适应的好处是:心理负担轻,能量消耗少,工作起来上手快,理解要领,掌握技术快,得心应手,精神愉快,工作效率较高。反之,人的气质类型与所从事的工作特点相距甚远,虽然他们不一定做不好自己的工作,但是需要用很大的毅力控制、压抑、调节自己的气质特点,努力去适应工作的要求,心理负担很重,心理能量被浪费。面对这类问题,管理者一方面应对职工进行干一行爱一行的思想教育,同时还应在可能的条件下,对他们的工作进行合理匹配(见表4-8),为他们选择与调换适合的工作,这有利于发掘他们的心理能量,充分调动他们的工作积极性。

表4-8 气质类型的行为特征与适宜的工作

气质类型	行为特征	适宜的工作
多血质	活泼好动,敏捷,喜交往,注意力易转移,兴趣易变换,具有外倾性	从事社交工作、外交工作、管理人员、律师、记者、演员、侦探等需要有表达、活动与组织力的工作
粘液质	安静稳重,沉默寡言,情绪不易外露,注意力稳定难转移,善于忍耐,具有内倾性	适宜从事自然科学研究、教育、医生、财务会计等需要安静、独处、有条不紊,以及思辨力较强的工作
胆汁质	直率,热情,精力旺盛,易冲动,心境变化剧烈,具有外倾性	适宜从事社交、政治、经济、军事、地质勘探、推销、节目主持人、演说家等工作
抑郁质	孤僻,迟缓,情绪体验深刻,善于觉察事物的细节,具有内倾性	适宜从事研究工作、机要秘书、检查员、打字员等无需过多与人交往但必须有较强分析力与观察力以及耐心细致的工作

（二）注意互补，协调关系

人际关系是组织管理中的一个重要课题，而人际关系的协调是受多种因素制约的，气质类型就是其中之一。研究与实践表明，外向型气质的人活泼开朗，善于社交，适应环境的能力较强；内向型气质的人胆怯、羞涩、好独处，适应性较弱。气质类型相同的人容易有共同语言，交往可能协调，但也可能出现针尖对麦芒，矛盾摩擦无休止的现象。不同气质类型的人在组成团体，如班组、车间等时，应综合考虑成员各方面的条件，如思想素质、业务水平，同时也应考虑各自的气质类型。一般来讲作为企业的各级领导，最好还是由不同气质类型的人组成。这种团体可以产生互补作用。如外向型领导可以多抓宣传，内向型领导可以多抓生产；脾气温和者唱红脸，脾气暴躁者唱白脸；各自扬长避短，彼此互相补台。从单个人看虽各有短长，但从整体上看却不失为一个团结协作的领导班子。

（三）认识差异，关注健康

很早就有许多医生和心理学家注意到气质和人的身心健康的关系。克瑞奇米尔试图从气质类型中找出精神病的根源，虽然缺乏科学依据，但他针对患者的气质特点采取了不同的施治方法，对治愈病人起了一定的作用。

美国全国心肺和血液研究所召开的一次会议上许多科学家认为：A型心理类型（即节奏快、短时间干多种事、不耐烦等待，对阻碍自己的人与事持攻击态度，相当于胆汁质气质）是引起心脏病的重要原因。具有A型心理特征的人患心脏病的比例高达98%以上。美国两位医生曾进行过30年的跟踪研究发现：易动怒的气质类型的人中有77.3%的人患高血压、心血管病、良性肿瘤、癌症等，而安静型、开朗型的人中只有25%～26.7%的人患上述疾病。生活实践也表明，胆汁质与抑郁质的人，在不良环境与外界压力下，容易患精神分裂、躁狂症与抑郁症。因此，了解气质类型及其对身心的危害，无疑会促使人下决心改变气质中的消极因素，调适人的生理水平和心理健康。

（四）因人而异，管理教育

针对人的气质类型特征，采取不同的方法和措施做职工的思想和管理工作，才能收到良好的效果。例如，胆汁质的人容易冲动，吃软不吃硬，做思想和管理工作时应避免顶牛，出现问题时要冷处理；对多血质的人，可采取多种方法加强其自制力、注意力的稳定性及细致耐心品质方面的训练；对粘液质的人要有耐心，不要过急，应多给他们锻炼与适应的机会；对抑郁质的人要多体贴关心，避免公开指责和太强烈的刺激，对他们微小的进步应给予充分的肯定以鼓起他们前进的勇气和信心（见表4-9）。

表4-9　气质与管理

类型	心理特征	管理要点
胆汁质	精力充沛、情绪发生快强，言语、动作急速而难以控制、外向、率直、热情、易怒、急速、果敢	• 着重培养自制力和坚持到底的精神 • 注意方式方法，不要顶牛与激怒 • 可以进行有说服力的批评与教育
多血质	活泼好动、外向、有朝气、情绪方式快而多变、表情丰富、思维动作敏捷、乐观、直率、浮躁	• 着重培养踏实专一和克服困难的精神，克服分心与见异思迁的缺点 • 创造条件，多给活动机会 • 对其缺点可以严厉批评

续表

类型	心理特征	管理要点
粘液质	沉着冷静,情绪发生慢而弱,思维、言语与动作迟缓,外向、坚韧、冷漠、执拗	• 着重培养热情爽朗和朝气蓬勃的精神 • 对其批评教育要有耐心,允许其有足够的时间考虑与作出反应
抑郁质	柔弱、易倦、情绪发生慢而强,敏感而富于自我体验、动作弱小无力、胆怯、内孤僻	• 着重培养友好、合作、刚毅、开朗、自信的精神 • 对其多关心、爱护、鼓励、疏导 • 不宜公开批评

第三节 性格的差异与管理

一、性格概述

性格(character)的意思是指"特征"、"标志"、"属性"或"特性"。它可以标志事物的特性,也可标志人的特性。人的性格即指一个人对现实的态度和习惯化了的行为方式中表现出来的较稳定的有核心意义的个性心理特征。性格不是天生的,是现实社会关系在人头脑中的反映,是贯穿在一个人的态度和整个行为中的具有稳定倾向的心理特征。它具有态度倾向性、社会制约性、稳定性及可塑性等特点。

性格与气质都属于个性心理特征的范畴,但两者有明显的区别:性格是个性的态度与行为特征,气质是动力性特征;性格是"先天与后天合金"主要受后天社会因素的影响,气质主要受先天神经类型影响;性格有褒贬评价意义,气质没有;性格可塑性大,气质可塑性小一点;性格是个性结构的核心成分,人成熟后性格起主要作用,而气质在人年幼时才起较大作用。

二、性格(结构)特征的分析

性格的"特质论"认为:人具有多种多样的性格特征,每个人的性格就是由这些性格特征构成的完整的心理结构。构成性格的特征可以依据态度体系、情绪、意志、理智等来划分。

(一)性格的态度特征

根据不同的态度体系,可把性格特征分为以下四类:① 表现一个人对社会、集体和他人的态度的性格特征(如善良、诚信、热情、残酷、虚伪、冷淡等);② 表现一个人对待劳动、生活、学习的性格特征(如勤劳、懒惰、认真、负责、粗心、马虎等);③ 表现一个人对待劳动产品的性格特征(如勤俭、挥霍、爱惜公物等);④ 表现一个人对待自己的性格特征(如自尊、自信、自重、自卑、自高自大、谦虚谨慎等)。

(二)性格的情绪特征、意志特征、理智特征

性格的情绪特征表现在:情绪的高涨与低落,稳定与不稳定(指忽高忽低、忽冷忽热),持久与短暂(如几分钟热情),情感的深厚与淡薄;主导心境有愉快乐观,精神饱满,抑郁低沉,消极悲观等特征方面。

性格的意志特征有自觉性与盲目性,自制力与冲动性,纪律性与散漫性;独立性与易受暗示

性,主动性与被动性;镇定与惊慌,果断性与优柔寡断性;勇敢与怯懦,坚韧性与动摇性等方面。

性格的理智特征主要是表现在人的认知活动风格方面的特征。主要有刻板与灵活性;分析性与综合性;场独立性与场依存性;再造性与创造性等。

三、性格的类型

性格类型说主要是根据人的某一种或两种性格特质来划分或区别人的性格类型的理论。

(一) 性格机能类型

英国心理学家培因(A. Bain,1818—1903)和法国心理学家 T. 李波提出了按理智、情绪、意志三种心理机能中,哪一种占优势来确定性格类型的分类方法。理智型者通常以理智来衡量一切,并以理智来支配自己的行动,与人交往时明事理,讲道理;情绪型者情绪体验深刻,言行举止易受情绪左右;意志型者具有较明确的活动目标,行为活动具有目的性、主动性、持久性、坚定性;中间型是混合型或非优势型。

(二) 性格内外倾向型

瑞士精神病学家和心理学家荣格(C. G. Jung,1875—1961)特别重视类型学说,他根据力比多(Libido)倾向于内部或外部,把人的性格分为内向型或外向型。外向型者心理活动倾向于外部:活泼、开朗、感情易外露;待人接物决断快;独立性强,但比较轻率;缺乏自我分析与自我批评精神;不拘泥于小事;善社交,反应快等。内向型者心理活动倾向于内部:感情较深沉;待人接物较谨慎小心;处理事务缺乏决断力,但一旦下定决心办某件事总能锲而不舍;能够进行自我分析和自我批评;不善社交,反应慢等。

后来,艾森克(E. H. Eysenck)发现这两类行为模式乃是一个连续体的两个极端。根据对行为特征的测试,所测得的分值接近于常态分配。即指内向一端或外向一端者是少数,而介乎内向和外向之间的人是多数。

荣格1921年发表《心理类型说》称内向与外向为两大态度类型;思维、情感、感觉、直觉等为机能类型。他又将两者结合起来,组合成八种性格机能类型(见表4-10)。

表4-10 八种性格机能类型

性格类型	性格特征	性格类型	性格特征
思维外倾	按固定规则行事,客观而冷静,积极思考,武断,情感压抑	思维内倾	缺乏判断力,社会适应性差,智商高,忽视日常实际生活,情感压抑
情感外倾	易动感情,尊重权威与传统,寻求与外界和谐,善交际,思想压抑	情感内倾	安静,有思想,感觉敏锐,对别人意见和感情不关心,无情绪流露,思想压抑
感觉外倾	寻求享乐,无忧无虑,适应性强,追求新异感经验,对艺术感兴趣,逐渐压抑	感觉内倾	被动,安静,艺术性强,不关心人类事业、只顾身边刚发生的事,直接压抑
直觉外倾	做决定凭预感,好改变主意,富有创造性,感觉压抑	直觉内倾	偏执,做白日梦,观点新颖,但稀奇古怪,好冥思苦想,靠内部经验指导生活

心理学研究表明,成功企业家的特征之一往往是直觉思维型的个性。如对著名的苹果电脑公司、联邦快递公司、本田汽车公司、微软公司和索尼公司等13位企业家(创始人)的调查表明,

他们全部为直觉思维型,即为"外向—直觉—思考—认知"类型和"外向—感知—思考—认知"类型的管理者。

（三）优越型与自卑型

奥地利心理学家阿德勒(A. Adler,1870—1937)创立"个人心理学",用精神分析的观点来划分性格类型。他认为"个人的生命,个人的精神活动都是具有一定的目标性的";"所有一切精神的动力都是处于一种指导性观念的控制之下的";"人人都有一种根本的求权意志,一种求统治和优越的冲动力";"人对优越性的渴望起源于人的自卑感,而人的自卑感则是肇端于人在幼年时的无能";"儿童对自卑感的对抗叫补偿作用","补偿作用就是推动一个人去追求优越目标的基本动力"。他根据个人竞争性的不同把性格划分为优越型与自卑型两种,前者恃强好胜,不甘落后,总想胜过别人；后者甘愿退让,不与人争,缺乏进取心。

与此类似的还有福瑞德曼和罗森曼(Friedman & Rosenman)研究性格与工作压力时提出的A型和B型性格。A型性格:性格急躁,缺乏耐性；成就欲高,上进心强,有苦干精神；有时间紧迫感,竞争意识强；动作敏捷,说话快,生活处于紧张状态,社会适应性差,属于一种不安定性的人格。A型性格的人容易得冠心病,概率是B型性格人的两倍多。B型性格:性情温和,举止稳当；对工作和生活的满足感强；喜欢慢节奏的生活；可以胜任需要耐心和谨慎思考的工作。

还有由美国心理学家弗兰克·法利(Franck Farley)提出来的单一类型理论(根据一群人是否具有某一特殊性格来确定的)T型性格——是一种好冒险、爱寻求刺激的特征。T型性格根据性质不同分为积极型与消极型:① T+型是积极冒险型(创造性、创新性、建设性),② T-型是消极冒险性(破坏性、黑社会性)；在T+人格类型中又划分为T+体力型(拳击、攀岩、登山)与T+智力型(科学家、思想家、发明家)等。

（四）场独立型与场依存型

美国心理学家威特金(H. A. Witkin)透过认知方式来研究人的性格,根据人对外界环境(场)认知与依赖程度的不同,把人分为场独立型和场依存型两种类型。

场独立型倾向于更多地利用内在参照(主体感觉)作为信息加工的依据,能主动地适应环境,善于采用相当克制的方式表达冲动,有组织活动和控制外来阻力的能力。其特点是:心理分化(自我与环境的分离)水平较高,依据内在的标准处理问题,与人交往时不够细心、不能体察入微。

场依存型倾向于以外在参照(客观事物)作为信息加工的依据,被动接受环境,缺乏自我领悟,自我控制力差,易产生自卑感与依赖行为。其特点是:对外在参照有较大的依赖,心理分化水平低,处理问题时往往依赖于"场",与别人交往时能考虑到对方的感受。

卡根等人(Gagan et al.,1964)把不同的认知风格分成冲动、沉思两种类型:① 冲动(impulsivity)型是反应迅速,但精确性差,采取整体性学习策略；② 沉思(reflection)型是反应慢,但精确性高。两者在元认知知识、认知策略和学习能力上有显著的差别。

奥尔特等人(Anlt et al)对认知风格又加以改进,增加了认知反应时的快与慢,认知错误率的高与低两个维度,将认知风格分成:快——正确型、冲动型和慢——错误型、沉思型等四种认知类型。

（五）"五因素性格类型"

塔佩斯等人(Tupes et al)用词汇学方法,发现5个相对稳定的性格因素。后来研究者对几十万个描写性格的词汇进行分类统计,采用因素分析的方法得出 5 个基本的性格特质类型:① 开放性(openness):反映出想象、审美、情感丰富、创造、智能等特质;② 责任心(conscientiousness):显示了胜任、公正、条理、尽职、自律、谨慎、克制等特质;③ 外倾性(extraversion):表现为热情、社交、果断、活跃、冒险、乐观等特质;④ 宜人性或随和性(agreeableness):反映出信任、直率、利他、依从、谦虚、移情等特质;⑤ 神经质或情绪稳定性(neuroticism):包括焦虑、敌对、压抑、自我意识、冲动等。

(六)社会文化类型

德国教育家、哲学家斯普兰格(E. Spranger,1914)在《生活方式》一书中,从人类社会文化生活与价值取向的角度,把性格分为 6 种类型:① 理论型。这类人追求真理,善于思考与决断,如理论家、思想家等。② 经济型。这类人追逐利润,重视经济观和价值观,如商人。③ 审美型。这类人不大关心实际生活,追求艺术美的体验,如艺术家等。④ 宗教型。这类人相信上帝,相信绝对永恒的生命,如宗教徒等。⑤ 权力型。这类人总想指挥别人,如权力欲者。⑥ 社会型。这类人愿为社会为他人谋利益,如社会活动家等。

美国心理学家霍兰德(J. L. Holland)根据人的性格与职业选择的关系,提出了性格与职业匹配理论,把性格类型划分为 6 种:① 实际型。害羞、不善社交,重物质与实际利益,重具体事情,缺乏洞察力。适合从事各类工程(机械、电工技术、司机)及农牧渔业等工作。② 调查、研究型。分析、谨慎、批评、好奇、独立、聪明、内向、内省、精确、有理解力,缺乏领导才能。适合从事数学、物理、化学、生物、天文、地理、心理学、经济人等各类学科的研究及计算机操作工作。③ 艺术型。缺乏条理,想象力丰富,理想主义、冲动、易动情,独立,有创造力等。适合从事艺术、音乐、戏剧工作,语言学研究和写作。④ 社会型。仁慈、友谊、慷慨、助人、活跃、协作、善社交,理想主义、负责任等。适合从事教育、医疗、服务、社会工作及社会科学工作。⑤ 企业型。支配与领导,冒险、雄心与竞争,自信而精力旺盛,好表现自己,注重政治与经济成就。适合从事经理、管理、营销、政府官员、律师等工作。⑥ 传统或常规型。随和与顺从,自我约束、拘谨、坚持不懈、实事求是、想象力差,喜欢有条理、稳定、有序的环境。适合从事会计、出纳、统计、审计、文秘、行政、外贸等工作。

人们的性格类型在职业选择上有明显的差异。性格与职业之间存在协调、亚协调、不协调三种状况。匹配、协调与合适,有利于工作效率的提升。

四、性格差异与管理

性格是人的个性特征的核心成分,它直接或间接地影响着人际关系、人的能力与创造性、领导素质与作风、工作效率与成就。

性格与人际关系。人际关系是管理心理学中的一个重要课题,是影响管理绩效的重要因素。科学研究与管理实践表明:人的良好的性格特征,如谅解、支持、友谊、团结、诚实、谦虚、热情等是使企业和单位人际关系和谐,有凝聚力的重要心理品质;相反,对人冷淡、刻薄、嫉妒、高傲,容易导致人际关系紧张,出现扯皮、拆台、凝聚力差与士气低落的局面。

性格与创造力、竞争力。职工的创造力和竞争力是属于能力的范畴,这是关系到一个企业能否生存、发展,是否有生命力的一个重要心理品质。而人的创造力和竞争力又同人的某些性格特征有密切关系。一般来说,独立性强的人抱负高,适应能力强,有革新开拓精神,但有时难免武断;而依赖性强的人自信心弱,易受传统束缚,创造力和竞争性也差。一般来说,与创造型人才相关的性格特征有:主动与好奇,敏锐与洞察,变通,疑问与思考,首创与独创,主动与独立,自信心,坚持性,想象力,严密,幽默,勇气与决心,流畅表达等。

性格与效率。俗话说"勤能补拙","笨鸟先飞"。有的人智力水平不高,能力也不强,但非智力因素优异,有良好的性格品质,如有事业心、责任心、恒心,为人好,勤奋好学,则可以弥补能力的不足,同样能够在学习、工作方面取得成就。相反,如果单凭小聪明,没有好的性格品质,为人懒惰,浮躁,对知识不求甚解、浅尝辄止,那么学习和工作的效率不会很高。

性格与领导类型。勒温(K. Lewin,1890—1947)等人通过对团体的实验研究提出了专制、民主、放任三种类型的领导。不同类型的领导在管理中起的作用不一样。通常,专制型治乱效果好,民主型是成熟的领导,放任型最差。领导类型属于哪种,受多种因素制约,其中领导者的作风和性格品质是最主要的因素。不仅性格特征会影响领导类型,而且领导类型对被领导者的性格形成也有重要影响。专制型领导与教养方式会使人产生冷淡、攻击、依赖、服从、情绪不稳等性格特征;民主型会使人产生积极、友好、合作、独立、直爽、社交、情绪稳定等性格;放任型领导会产生无组织、无纪律、无目标、放任自流的性格。

性格是构成人的个性(或人格)的核心成分。针对性格的个体差异进行思想教育与管理是管理心理学的一个重要内容。思想管理的方法无一定之规,要具体问题具体分析。综合性格、气质及行为表现的常见类型,这里提出如下思想教育与管理方法供参考(见表4-11)。

表4-11 个体差异与思想教育及管理方法

性格特征	气质类型	行为表现	思考教育与管理方法
开朗直率	多血质	坦白,直率,兴趣广泛,爱发牢骚,不拘小节,其言行易被人误解	表扬为主 防微杜渐
倔强刚毅	胆汁质	能吃苦,办事有始有终,但缺乏灵活性,与领导意见不一致时不够冷静,容易产生对抗心理与行为,求胜心切	经常鼓励 多教方法
粗暴急躁	胆汁质	好冲动,心中容不得不公平之事,好提意见,不太注意方式方法,事后常后悔	肯定成绩 避开锋芒
傲慢自负	多血与胆汁质	反应快,聪明能干,过分自信,好出风头,好发议论,听不进不同的意见,虚荣心强	严格要求 谨慎表扬
沉默寡言	粘液质	少言寡语,优柔寡断,任劳任怨,踏实细致,有时工作效率不高	少用指责 多加鼓励
心胸狭窄	抑郁质	小心眼儿,遇到不顺心或涉及个人利益的事,往往患得患失、难以摆脱	多加疏导 开阔胸怀
自尊心强	各种气质均有	上进心强,严于律己,争强好胜,听不进批评,情绪忽高忽低	开阔视野 正确认识
疲沓	各种气质均有	大错不犯,小错不断,工作拈轻怕重,漠视规章制度,生活懒散	找闪光点 及时鼓励 严格要求

分析员工性格特点,酌情对待与进行有差别的管理是提升领导艺术与管理效能的重要措施。

(1)主动型的人一般具有较高的追求和奉献精神,具有较为丰富的思想内涵,他们的主动意识强,往往表现出开拓精神。对他们中能力强的人,应该以授权方式为主,尽量放权给他,可以交给他复杂的、有难度的,特别是富有挑战性、风险性和开拓性的工作;对他们中能力弱的人,应该尽可能地为他们提供学习、提高水平的条件,为他们创造好的环境,帮助他们进步,尽量交给他们有把握完成的工作,逐渐提高他们的能力。

(2)被动型的人比较注重物质利益、工作条件和人际环境,他们表现出来的往往是责任心,而不是进取心,思想内涵也比较简单。对他们中能力强的人,要明确其具体责任,赋予确定的激励机制;对他们中能力弱的人,一定要辅以较为完美的管理制度和激励办法,分配给他们较为单一、专一的工作会比较合适。

(3)个性突出,缺点、弱点明显的能人,也就是常说的两头冒尖的人,一是要使其扬长避短,长处显示出来了,弱点便容易被克制,也容易得到矫正;二是要做好思想和情感沟通的工作,多肯定成绩,指出问题,沟通感情,使他们能感受到主管的关心和理解,也会兢兢业业做好工作;三是要放开一点,采取忍耐和期待的办法。不要老是盯住问题,要留有一定的余地,帮助也只是在大事上、在关键性的问题上;否则,他们被束缚住手脚就很难有所作为。

(4)对有特殊才能的人,一定要尽可能给他们最好的条件和待遇。他们之中的不安分者,可能很不好管理,所以管理者不只是要容忍,而且应该做好周围人的工作,以使他们能够集中精力发挥长处和优势。在特殊的情况下,还应该放宽对他们的纪律约束和制度管理,采取灵活有效与支持的管理方法。对能力很强的人,还可采取多调几个岗位的办法,既能够让他们发挥多方面的、更大的作用,又可以调动他们乐于贡献、多出成绩的积极性;对年轻又很有能力的人,则应该给几个轻便的台阶,让他们尽快地负起更大的责任,如果有可能,可以为他们创造条件,让他们去开拓新的事业。对被压住了的能人,一个办法是先把他们调出去,给予他们显示自己能力的机会,也给他们有从另外角度审视自己的空间,等做出了成绩,被公众认可后,在必要时就可以调回来加以任用;另一个办法是把压住他们的人调离,让能人上来。这些都要根据具体情况来决定。

组织的发展性人格与适应性人格是与人的个体人格不同的组织人格的重要特性。任何组织或团队都是由具有人格特质的人和人的行为构成的。组织人格一方面是由组织的特性、结构、目标、准则和价值观等决定的,由组织的权力与运行方式以及组织环境影响和塑造的,是适应组织管理的变革与组织发展的需要而形成的;另一方面也受个人人格的影响。个人人格是个人的以需要、动机、价值观等个性倾向性特质,以及性格、气质、认知风格和自我意识等特质凝聚而形成的、整合的、稳定的,个性化与感情化的人格特性。组织发展性人格特质具有组织整体的开放性、包容性、创新性、团队和谐性、变革与发展性、锐意进取性等特征;组织适应性特质具有组织的自主性、开发与开放性、竞争性与合作性、诚信与自律性等特征。组织人格与个人人格是对立统一的。正确处理好组织人格与个人人格的关系,重视组织发展性人格与组织适应性人格的有效应用与发展,通过组织的创新与学习型策略,有效克服与矫正组织的障碍性人格特征(盲目性、浮夸性、贪婪性、独断与独裁性)等,是保证组织有效、有序运行,增强组织竞争活力,促进组织与成员健康成长与发展的重要手段。

思考题

1. 什么是能力、智力、知识、技能？它们之间的关系如何？
2. 能力有哪些种类？
3. 试分析人的能力差异表现在哪些方面？了解能力差异在管理中有何作用？
4. 气质、性格的含义是什么？它们各有哪些主要类型？
5. 气质与性格相互间有怎样的关系？
6. 简述斯普兰格与 J. 霍兰德的性格类型。
7. 了解人的气质类型差异有何作用？如何实施有效的管理？
8. 怎样根据人的性格差异实施有效的管理？

第五章 需要、动机、激励与员工积极性的调动[①]

在组织管理活动中如何调动员工的积极性、主动性和创造性,激励他们为实现个人目标和组织目标而努力?这就涉及激励问题。激励一直是管理心理学探讨的核心问题之一,学者们曾展开了广泛而深入的研究,形成了各具特色的、有应用价值的激励理论。本章就激励理论及其在管理活动中如何应用进行介绍。

第一节 行为与动机

一、人的行为及其特点

1. 行为的概念

人类行为从广义来说是由客观刺激通过人内部的心理活动而引起的反应(含心理反应与外部动作反应)。从狭义来看仅指外显性的行为活动、动作或操作方式。

2. 行为的模型

不同学派对行为有不同看法与观念模型。如华生的极端行为主义模型:S→R(S 即刺激,R 是反应);托尔曼的新行为主义在刺激反应之间增加中介变量,认为行为模型是:$B=f(A \cdot S)$(B 即行为,S 代表刺激,f 是函数符号,A 代表遗传、年龄特征和经验)等。有代表性的是德国的心理学家勒温(K. Lewin, 1890—1947)将人的行为定义为个体与环境相互作用的结果。他的行为公式是:$B=f(P \cdot E)$。其中 B 代表行为,P 代表个体的个性(包括性格、气质、需要、动机、价值观等),E 代表个体所处的组织环境(包括担任的角色,所处的组织或团体的气氛、规章制度、文化等)。

各派理论相互补充,使人的行为逐渐演变为大家熟悉的一个基本模式:(S→O→R)。这里刺激(S)、个体(O)、反应(R)之间的相互关系可用下图 5-1 表示。

这个模式是循环性、连续性的,满足需要,实现目标,行为暂时完成;目标完成又作为反馈信息提出新目标,使行为向更高水平发展。

3. 人类行为的特点

人类的社会性行为有以下特点,了解这些特点有利于调动人的行为活动积极性。

(1)自觉性与主动性。人类行为具有自动、自发的特点,外力可能影响人的行为,但无法发

[①] 程正方主编:现代管理心理学(第 4 版),北京师范大学出版社,2009 年版,第 145~194 页。

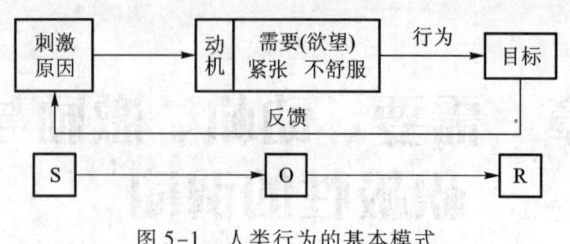

图 5-1 人类行为的基本模式

动其产生真正的效忠行为。外因必须通过内因起作用,只有提高人的自觉性,才会有积极主动的行为。

(2)因果性。任何行为都有一定的外部原因和内部起因。人的动机、需要、能力与个性等是行为的内部原因,外界环境、人际关系与管理是外部原因。归因方式对行为有重要影响。

(3)目的性。人的行为有直接目标,也有间接目标;有总目标,也有子目标;有长远目标,也有短近目标。目标既有动力作用,又有导向与定向功能,目标管理是重要的激励方法。

(4)稳定性与可塑性。人类行为可以经过学习、训练、重复、实践形成较稳定的、习惯的个性化的行为方式;环境的变化也会造成行为的可塑性特点。

(5)个别差异性与共同性。人的需要、能力与个性差异会影响行为的差异,人的社会性与团队行为又有共同准则、规范与特征。人类行为的共性与差异性还表现在竞争与合作行为、创业与守业行为、工作与关系行为等方面。

二、动机与目的

1. 动机的概述

动机是指引起和维持个体的活动,并使活动朝向某一目标的内部心理过程和内部动力。从这个定义看,动机具有以下四个特点:① 动机是人们从事某种活动的内部原因,是推动人们进行某种活动的内部动力。比如,饥则食,渴则饮。② 在动机的支配下,个体的行为将指向一定的目标或对象。比如,在学习动机的支配下,人们可能去图书馆借书,或者去商店买书。③ 动机引发某种活动出现后,并不能也不会立即停止,而是继续发挥其作用,即维持已引起的活动,并使该活动朝向某一目标进行。④ 动机是一种内部心理过程,是一个中间变量,我们无法直接观察到它,有时个体甚至不一定能意识到它的存在,只有通过一个人"当时所处的情境及其行为表现"才能觉察或测量到这个人的动机,并给予解释。

动机的动力作用主要依赖两个条件:其一是内部需要,即个体缺乏某种东西而引起的需要(欲望),由身体失去平衡而产生的紧张状态或感到不舒服。这是使人产生某种欲望与驱动力的源泉;其二是外部刺激诱因,即个体之外的刺激诱因,如食物的色、形、香、味、广告、奖金及各种激励等。这是吸引人的行为朝特定方向行动的外在条件。二者结合,才产生既有驱动力又有特定方向的动机。因此,管理者通过提供与控制特定的刺激诱因,并满足员工的需要,就能唤醒他们从事某种活动的心理状态,激发他们的动机,充分调动其积极性。

2. 动机与行为的关系

动机与行为有着复杂的关系。类似的动机可能产生不同的行为。例如恐惧性动机可引起逃避行为,也可能导致攻击性行为。类似行为也可能由不同动机引起。例如,员工工作积极性高涨可能受不同动机的影响,有的是对工作感兴趣和热爱,由成就感等内激励引起的;有的是为晋级、提升、奖金等外激励引起的。通常人的行为总是由动机结构中最强有力的动机所决定的,这种动机被称为优势动机。如果人的优势动机或主导动机受到阻碍,可能出现两种情形:一是在受阻行为方面出现动机力量减弱的情况;二是动机力量增强。这样,可能使个人通过尝试行为来克服这个障碍。如果尝试成功,行为可以继续下去;否则就会再改变行为的方向以满足主体的需要。

人的任何行为背后都可能有不同的动机。不同性质的动机,可能对人具有不同的意义,强度不同,其对行为的推动力量也不同。在社会活动中,人们的主导与优势动机是受社会性因素影响,由社会性需要激发的。这种主导的社会性动机所产生的力量,往往可以控制和超越人的生物学本能。如人们废寝忘食,忘我工作,献身科学,献身事业的精神与行为便可以证明。曾经有学者做过一个实验,要求三组被试在不同指导语(即① 无特定任务;② 尽量表现自己最高能力;③ 完成重要的社会性任务)指示下,用右手食指拉起久布氏测量计上悬挂的重达3.4千克的砝码,结果三组被试的效率不一样。无特定任务动机组完成工作量为100;表现自己最高能力动机组完成的工作量为150;为了完成社会重大任务动机组的工作量为200。

动机的性质和强度决定了人们行为的方向和进程,并进一步影响到行为的效果。但是,在现实生活中,常常能看到动机与效果不太一致的情况。例如,一个十分努力工作的员工,却在工作业绩上并不出色。这表明,动机与工作行为效果的关系还受到其他因素的影响,其中一项主要因素是个体的能力水平。能力对动机与绩效的影响如图5-2所示。

心理学研究表明:动机强弱程度与工作效率之间是倒U字形关系(见图5-3)。耶克斯-多得森(Yerkes & Doson,1908)定律表明:动机强弱程度导致最佳绩效水平与任务性质(难易)有关。一般容易的工作任务,高强度动机有利于达到最佳绩效水平,而高难度的工作任务,较低强度的动机有利于达到最佳绩效水平。

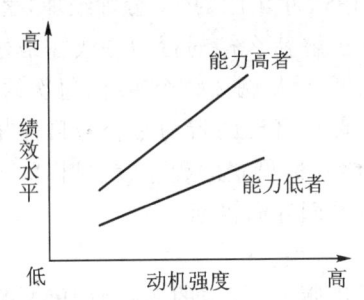
图5-2 动机与绩效的关系受到能力的影响

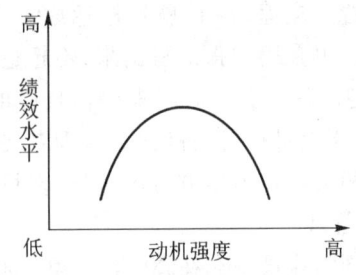
图5-3 动机强度与绩效水平的关系

近来,有研究者认为在这种关系中还应加入机会这一变量,即:绩效=f(能力·动机·机会)。在现实生活中,很容易找到这样的例子,即使一个能干而且想把工作干好的人,却因为一些主、客观因素制约了绩效水平。可见,动机是影响行为效果的一个重要因素,但却不是唯一的条件。当你在评价一名员工为什么没有取得他应该取得的绩效水平时,不要忘了看一看员工是否拥有足够的工具、设备、材料等。是否拥有对己有利的工作条件、热情帮助的同事,以及管理方面支持性的规章制度?是否拥有做出工作决定所需的充分的信息、是否有充分的时间完成工作任务等等。如果没有,那么他的绩效水平就会受到干扰。

3．活动的目的——目标

活动的目的即指人的行为所要达到的方向目标和预期结果。

目的也属于动机体系的范畴。它也具有启动行为、导向与定向行为、调节行为、聚合行为、激励行为、鼓舞士气等多方面的功能。

目标的分类有:① 目标导向行为(预备或准备行为)、目标行为(直接满足需要的行为)、间接目标行为、替代目标行为等;② 个人目标与团体目标;③ 短期目标与长远目标;④ 产值、产量等物质性目标与技术、能力、文化、思想等观念性(心理性)目标。

在组织中,人的行为活动都是为了达到一定的目标。目标具有诱发动机的作用。心理学中把目标也称为诱因,把诱发动机实现目标的过程也称为一种激励过程。目标的激励作用主要体现在目标选择的标准方面。

目标的主要选择标准有:① 目标价值或效价(即个体对目标意义或价值的主观估价,一般估价高,激励水平就高);② 实现的可能性或概率(即个人实现目标的期望值或把握大小,一般成功概率高,激励作用就越大,但太容易成功,推动作用反而不明显,中等成功概率的动力更好);③ 低消耗(指主观预估消耗精力、时间、财力、物力的多少,通常低耗高效目标动力好);④ 丰富性(即一种目标能满足主体多种需要)。

三、目标设置与目标管理

1．目标设置

20世纪60年代,爱德温·洛克(Edwin Locke)提出了目标设置理论(goal-setting theory)。他认为指向一个目标的工作意向是工作激励的主要源泉,目标能够告诉员工需要做什么以及需要做出多大的努力,明确的目标能够提高管理绩效。

布兰查德和约翰逊(K. Blanchard & S. Johson)在1982年出版的《一分钟经理》著作中提出了有效目标设置的流程是:① 就目标达成一致意见;② 了解什么样的行为方式才是好的做法;③ 将每个目标都单独用一张纸写出来,不超过250个字;④ 反复阅读每个目标,每次约花一分钟时间;⑤ 每天定时用一分钟时间来评估自己的表现;⑥ 审查自己的行为是否与目标相一致,如果有差距,寻找原因进行行为修正。管理者要和员工围绕目标设置的程序,就目标的可取性、对目标的描述和相关的行为达成协议,以实现目标设置,并共同导向目标。

2．目标管理

美国管理学家德鲁克在20世纪50—60年代先后出版了《管理的实践》(1954年)、《管理效果》(1964年)、《有效的管理者》(1966年)等著作,提出"目标管理"概念。沃迪恩(G. Ordorne)1965年把参与目标管理的观念扩大到整个企业。今天,目标管理已成为一种十分流行的激励技术与管理方法。目标管理(Management By Objectives,MBO)是在目标设置理论的基础上发展起来的,它强调员工参与目标设置,通过上下级共同制定企业目标,使个人从中受到激励,愿意为实现目标而努力,并检验目标实施与评估目标结果的过程。

波特与斯蒂尔斯还就目标管理中目标应具备的属性,提出了六条标准:即目标的具体性、员工对目标设置的参与性、目标实施过程的及时反馈性、目标的竞争性、目标的困难性、目标的可接受性等。除上述属性标准之外,现代目标管理还提出了目标的清晰性与战略性、整体性与系统性

(子、母目标系统)、层次性与协调一致性、科学性与创造性等属性。

在有关目标管理的一些研究中,有时可能看到它未能达到管理者的期望(Hunter,1991)。在制定目标时,如果对结果存在不切实际的期望、缺乏高层管理者的承诺、管理层无力或不愿根据目标的完成情况分配报酬时,目标管理的效果会大打折扣。在目标管理中,要注意三个重要因素会影响目标和绩效的关系:① 目标承诺,目标设置理论的前提假设是每个人都忠于自己认可的目标。因此,员工参与确定的、个人内部控制的、个人自己设置而不是指定的目标,其效果更佳;② 适当的自我效能感(即一个人对他能胜任一项工作的信心),自我效能感越高,对自己在一项目标任务中获得成功的能力就越有信心;③ 受民族文化的限制,他假定下属有相当的独立性,管理者和下属都寻求有挑战性的目标,以及双方都认为绩效是很重要的。有一定难度的具体目标和工作意图结合起来才是有效的激励力量。

总之,目标管理不同于传统的任务管理,它既重视人的因素,发挥人的主观能动性,又重视科学管理,讲究科学的分工、协作及工作效率,它是介乎于 X 与 Y 理论之间,集中了两者的长处和优势的管理与激励方式。

第二节 需要与激励

一、需要的实质与分类

(一)需要的概念与特性

需要是"有机体内部的一种不平衡状态",是满足和维持个体与社会生存、发展的必要事物在人脑中的反映,它通常以缺乏感和丰富感被人们体验。需要是引发动机和行为的源泉与动力基础。

人的需要是多种多样的,会随着时代的发展而不断变化,它具体有以下特征:

(1) 需要内容与对象的多样性与复杂性。人类需要的对象既有物质性的东西,也有精神性的内容,既有社会生活与社会活动,也有活动的结果;既表现为想要追求某一事物或开始某一活动的意念,也表现为想要避开某一事物或停止某一活动的意念。人的需要与动物相比要丰富得多,复杂得多。

(2) 需要与个体生存发展的相关性。需要是个体生存发展的必要条件,个体生存发展的不同阶段,有不同的优势需要。儿童期以游戏活动为主,青少年以学习为主,成人以劳动工作为主,婴幼儿是以生理需要为最优时期,儿童是以安全需要为最优,随着人的成熟与发展逐渐以社交、尊敬、自我实现需要为最优。从人的心理发展的动力(即心理发展的内部矛盾)来看,是新需要与原有心理水平矛盾的解决过程,因此,需要是人生存发展的重要原因。

(3) 人类需要的共性与个别差异性。最基本的生理需要、精神需要和社会活动需要是人类不可缺少的,这是共同性的需要。另外,每个人由于内部生理心理状态以及外部环境条件不同,其需要也有明显个别差异性和不同优势现象。

(4) 人类需要的社会历史制约性。不同社会形态以及同一社会形态的不同时期,人们的需要是不同的。以我国从计划经济向市场经济发展不同阶段人们的"三大件"需求为例,20 世纪50—60 年代是自行车、手表、缝纫机,70—80 年代是电视机、洗衣机、电冰箱,80—90 年代是摄像机、空调、组合音响或 DVD,90 年代至世纪之交是房子、车子(汽车)、电脑等。现代流行的五大消费是房子、孩子(教育)、票子(贷、投)、车子、身子(保健)。

（二）需要的种类

人类的需要是多种多样的,心理学界对需要进行了多种形式的分类。

管理心理学家莱维特(H. J. Leavitt)把人类需要分为生理的和心理的两类。生理需要是与生俱来的。如果一个社会对维持生存的物质需要满足不了,社会就难以安定。心理需要是后天习得的,是人特有的对精神生活的需要,缺少这种需要,将失去做人的价值和尊严。

前苏联心理学家把人类需要分为自然和社会两大类。认为社会需要是占优势的。社会需要有自己的层次结构:社会政治活动是最高层次;低一级层次是统治地位、交往、成功、认识、艺术美感等需要。

我国把员工的需要分为物质文明、精神文明、政治文明和生态文明四个方面。

西方心理学对需要结构进行划分的主要代表有:① 美国人本主义心理学家马斯洛(A. H. Maslow,1908—1970)提出了需要层次结构论,把人的需要从低向高分为生理、安全、社交、尊重、自我实现五个层次(后来又增加求知与审美,为七个层次)。② 美国耶鲁大学教授奥德弗(C. Alderfer,1969)在马斯洛层次机构的基础上,又把人类需要归为三类:即生存的需要(生理+安全)、关系需要(社交+尊敬的需要)、个人成长的需要(自尊+自我实现的需要)。③ 哈佛大学的麦克莱兰(D. C. Meclelland,1953)把人类基本需要满足之后的需要又分为:成就、权力、友谊(或归属)三种社会需要。

（三）知识型员工的需要特点

随着知识经济的不断发展和深化,知识型工作将为新经济时代主要的价值创造形式,知识管理也将成为企业管理中的一个新的重要课题。企业之间的竞争,知识的创造、利用与增值,资源的合理配置,经济效益的提高,最终都要依靠企业中知识核心载体——知识型员工来实现。

最早提出知识型员工这一概念的是管理大师彼得·德鲁克(1999 年)。他认为,所谓知识型员工,就是掌握和运用符号和概念,利用知识或信息工作的人。加拿大著名学者、加拿大优秀基金评选主审官弗朗西斯·赫瑞比(1999)指出,知识型员工就是那些创造财富时用脑多于用手的人。他们通过自己的创意、分析、判断、综合、设计给产品带来附加价值。在我国较早界定知识型员工的学者是王兴成,卢继传和徐耀宗(1998),他们在《知识经济》一书中写到,从知识资本理论和人力资本理论来看,知识型员工是指从事生产、创造、扩展和应用知识的活动,为组织带来知识资本增值,并以此为职业的人员。

知识型员工通常具有较高的需求层次,他们比一般员工更注重追求自主性、个性化、多样化和创新精神,更注重自己的尊严和自我实现的价值。他们很难满足于一般事务性工作,而更热衷于具有挑战性、创造性的任务,并尽力追求完美的结果,渴望通过这一过程充分展现个人才智,实现自我价值。

二、激励的概念与过程

（一）激励的概念

激励是激发鼓励,调动人的积极性、主动性和创造性。激励是一种动力手段,也是一种管理方法,对人的行为起加强、激发和推动作用,并且引导人的行为导向目标。

具体而言,激励可以从以下三个角度理解:① 从诱因和外部强化的观点看,激励(incentive)就是将外部适当的刺激(诱因)转化为内部心理动力,从而强化(增强或减弱)人的行为。② 从内部状态来看,激励(motivation)即指人的动机系统被激发起来,处在一种激活状态,对行为有强大的推动力量。B·贝雷尔森和G·A·斯坦纳给激励下定义为:"一切内心要争取的条件:希望、愿望、动力等都构成人的激励……它是人类活动的一种内心状态。"①③ 从心理和行为过程来看,激励主要指由一定的刺激激发人的动机,诱导人的行为,使人发挥内在潜力,从而为实现新追求的目标而努力的心理和行为过程。未满足的需要是激励过程的起点,由此而引起个人内心(生理上或心理上)的激奋,产生目标导向与目标行动,导致个人从事满足需要的某种目标行动,达到了目标,需要得到满足,激励过程也就宣告完成。然后新的需要发生,又引起新的行为和新的激励过程。

(二) 激励的过程与模式

激励的过程即指由未满足的需要开始,通过实际的行为活动实现目标,进而需要得到满足而告终的全过程。激励过程的基本组成部分是:

未满足的需要与欲望—心理紧张与外部刺激—动机—目标导向行为、目标行为—需要满足与紧张性解除—产生新的需要、反馈等。

根据上面对激励的三种理解,激励有三种不同的模式。激励模式之一(见图5-4)的基本组成部分是:刺激(内外诱因)、个体需要、动机、行为、目标、反馈等。激励模式之二(见图5-5)的基本组成部分是:需要、愿望或希望、动力、行为、目标、反馈等。激励模式之三(见图5-6)的基本组成部分是:未满足的需要与欲望、心理紧张性、动机、目标导向、目标行为、需要满足紧张解除、产生新的需要、反馈等。

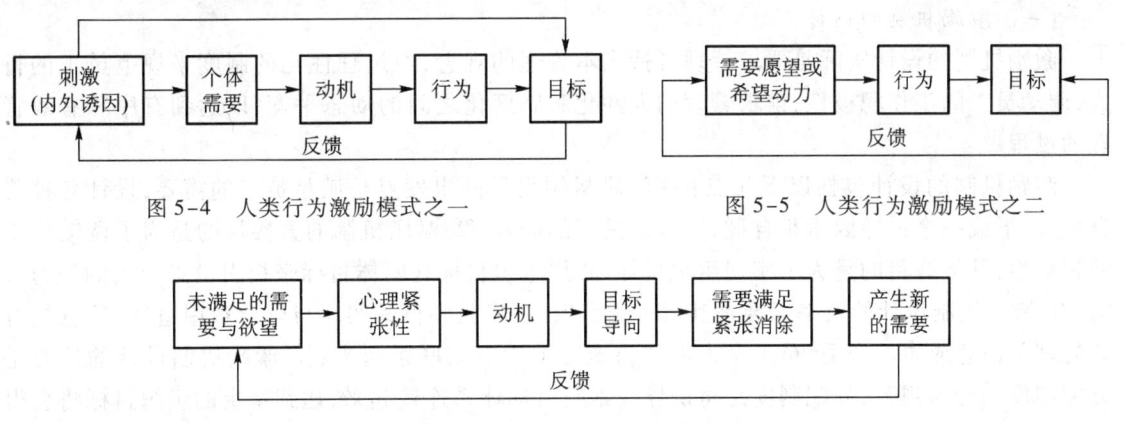

图5-4 人类行为激励模式之一

图5-5 人类行为激励模式之二

图5-6 人类行为激励模式之三

上述激励模式虽不相同,但基本组成部分仍是相同的,激励作为过程都是由需要未满足开始的,目标实现需要满足而告终。激励过程均包含三种基本变量之间的相互关系(即刺激变量;需要、动机、个性等机体变量;行为反应变量)。因此人的行为的激励过程,就其本质来说,就是由

---

① 小詹姆斯,H.唐纳利著,李柱流译:管理学基础——职能、行为、模型,中国人民大学出版社,1982年版,第195页。

刺激变量(目标、诱因等)引起机体变量(个体需要与动机等)产生激活与兴奋状态,从而引起积极的行为反应,当目标达到以后,经反馈又强化了刺激,如此周而复始,延绵不断。

如果说管理是一种艺术的话,那么激励就是这门艺术的核心了。一个有效的激励必然是符合人的心理和行为的客观规律的;反之,不符合人类心理活动规律模式的激励措施就不会达到调动人们积极性的目的。企业最终的竞争力来自员工,在"以人为本"的经营时代,只有不断地开发出新的激励模式,才能保证企业在经营中不断创新,并把这种创新转化成新的竞争力,在残酷的竞争中后来居上,从优秀走向卓越。

(三) 需要、激励与管理策略

从对激励过程的分析我们可以看出,未满足的需要是激励的开端,而需要的满足则是激励过程的完成。可见,需要是人类行为的出发点、基础和动力源泉;激励与动机是同义词,它是行为的动力系统;管理乃是控制和驾驭人的动力系统及人的行为的手段、方法和策略。这三者在人类的行为活动中统一起来,相互制约、相互影响。一定的需要往往有其特定的激励来满足,一定的激励又往往需要一定的管理方法与策略才能唤醒、激活。人的需要是多种多样的,有明显的个别差异性。只有了解个体的需要之后,有针对性的实施管理方法与激励策略,满足人们不同层次的需要,才能调动职工的积极性。如,健全工资与奖金制度、工时与福利制度,满足员工的生理需要;完善保险、保障体系,消除后顾之忧,满足员工的安全需要;培养团队精神,扩大人际交往,满足员工的社交需要;强化考核制度,正确评估与晋升,满足员工的尊重需要;破格提拔,从重奖励优秀与拔尖人才,满足成员的成就与自我实现的需要等,都是较好的方法。

三、激励机制的设计与激励原则、方法

(一) 激励机制的设计

激励机制的设计实际是要求管理者持人本管理的观念,通过理性化的制度来规范员工的行为,调动员工的工作积极性,谋求管理的人性化和制度化之间的动态平衡,以达到有序和有效管理的过程。

激励机制的设计包括以下几点:① 激励机制设计的出发点是满足员工的需要,设计各种奖酬形式,形成一个诱导因素集合群,以满足员工的需要;② 激励机制的直接目的是为了调动员工的积极性,其最终目的是为了实现组织目标,要用组织目标和团体目标来指引员工个人的努力方向;③ 激励机制设计的效率标准是其运行的有效性,将激励目标实现与运行费用适度、信息的有效处理与信息成本的合适、员工个人需要与诱导因素有效联系起来;④ 激励机制设计的核心是分配制度和行为规范,分配制度是将诱导因素与目标体系连接起来,达到特定的组织目标将会得到相应的奖酬,行为规范是将员工的性格、能力、素质等个性因素与组织目标体系连接起来,行为规范规定了个人以一定的行为方式来达到特定的目标;⑤ 激励机制运行的最佳效果是在较低成本的条件下实现员工个人目标和组织目标、员工个人利益与组织利益的一致性。

(二) 激励的原则

从宏观和微观管理来看,激励应遵循以下原则:

(1) 把物质激励与精神激励结合起来。

(2) 因人而异的原则。要调查清楚每个员工真正需要的是什么。将这些需要整理、归类,然后再制定相应的激励措施。

（3）奖惩幅度大小适宜的原则。
（4）公平性与效益结合的原则，激励要做到公开、公平、公正，并与效益结合起来。
（5）奖励的导向性原则，要奖励正确的事情，奖励智慧、创造、忠诚、敢担风险、有效率与效益的行为等。

（三）激励的具体方法

（1）内在激励方式。此方式包括：参与性、自主性与工作自由抉择、发明与创新、承担责任、工作的趣味性、成长与发展机会、工作扩大化与多样性、工作丰富化与挑战性等。

（2）外在激励方式。此方式包括：① 直接的薪酬，包括基本工资、岗位津贴、绩效奖金、分红、超时与假日酬金、认股权等；② 间接的薪酬，包括医疗、保险、退休金等保护措施、带薪休假、带薪进修学习、福利与津贴等；③ 非财务的酬赏，包括自选办公室及陈设、自选午餐时间与场所、特定停车泊位与专车、自选工作派任、教育成员资格、职务职称头衔名片、配秘书与助手等。

第三节　激励理论及其应用

一、内容型激励理论

内容型激励理论把需要作为研究的基础，着重研究激发动机的因素——人的需要的内容、类型、结构、特征及其动力作用的理论。主要有马斯洛的"需要层次理论"、奥德弗的"生存、关系、成长（E.R.G）理论"、麦克莱兰的"成就需要理论"、赫茨伯格的"双因素理论"等。

（一）马斯洛的需要层次论

美国著名心理学家马斯洛是人本主义心理学的开创者，1943年在《调动人的积极性的理论》一书中，首次提出了需要的层次理论。20世纪50年代以后又陆续出版了《激励与个性》、《存在心理学探索》等著作，他又对需要层次理论做了重要的补充、引申和应用，他的这一思想对心理学、经济学、管理学、教育学等领域产生了重大的影响。

1. 马斯洛从低向高的五个层次需要

马斯洛认为人的基本需要可以分为5个层次，即生存需要、安全需要、社交需要、尊重需要、自我实现需要等。具体内容如下：① 生理需要，即衣、食、住、行、活动、睡眠、婚姻等人类最原始、最基本的维持个体生存的需要。② 安全需要，即寻求依赖与保护、避免危险与灾害，维持自我生存的需要。③ 社交需要，即爱与归属的需要，希望得到爱和爱他人，希望交友融洽、保持友谊、相互忠诚信任、有和谐的人际关系，依附一定的团体，被团体接纳，成为团体的一个成员，有归属感。④ 尊重的需要，即被人尊重与自我尊重的需要。自我尊重方面，如独立、自由、自信、成就等；被人尊重方面，如名誉、社会地位、被他人尊敬等。⑤ 自我实现的需要，即创造自由或自我充分发展与成就实现的需要，希望能充分发挥自己的聪明才干，做一些自己觉得有意义、有价值、有贡献的事，实现自己的理想和抱负。

2. 需要各层次之间的相互关系

马斯洛认为，各需要层次之间的关系是逐层递升的，最基本的生理和安全需要得到满足后，高层次的需要才能依次出现和满足。但这种顺序不是完全固定的，可以变化，也有种种例外情况。马斯洛认为以下7种人例外：心理变态的人；抱负水平极低的人；狂妄自大的人；身居高位，对低级需要估计不足者;放弃某种需要的人;有创造天赋者;有理想,有某种坚定信仰的人等。

他还认为,同一时期内,可以同时存在几种需要,因为人的行为是受多种需要支配的。但是,人的5种需要在不同年龄阶段和不同的社会生活条件下,总有某一种需要处在优势地位。这种占优势地位的需要是主导需要,其需要强度也最大。一般来说,人在婴幼时期或经济落后的国家、地区是生理、安全需要占优势;少年成长与发展时期或发展中的国家、地区是以社交需要、尊重需要占优势;人在成熟时期或发达国家、地区以自我实现需要占优势。当某一层次的需要得到相对满足时,其激发动机的作用随之减弱或消失。对已满足的需要,不会对人再起大的激励作用。组织应善于发现每个员工的优势需要,并随员工的需要结构的变化而采取相应的管理措施。例如:近年来,随着中国经济的快速发展,员工正在由生存型需要向享受及发展型需要转化,与老一代员工(20世纪80年代和90年代进入劳动力市场)相比,新一代员工(如2000年以后进入劳动力市场)更强调成长、享受和发展的需要。需要变化在城市表现得更加明显,现在的中国人的生活需要已逐渐注意向吃的要营养、住的要宽敞、穿的要漂亮、用的要高档方向发展。

3. 需要层次理论在企业管理中的应用

一些西方管理心理学家宣称,马斯洛的需要层次论能够帮助企业家管理好各项业务。表5-1是一张需要层次论同管理措施密切结合的参考表。

表5-1 需要层次论与管理措施相关

需要的层次	基本因素	管理制度与措施
1. 生理的需要	衣、食、住、行、活动、睡眠、婚姻等	身体保健(医疗设备)、工作时间(休息)、住宅设施、福利设备
2. 安全的需要	安全、保障、胜任、稳定	安全的工作条件、福利、社会保险制度、工作保障
3. 社交的需要	伙伴、感情、友谊	领导质量、和谐的工作团体、同事间的友谊
4. 尊重的需要	承认、地位、名分、权力、责任、公平	人事考核制度、晋升制度、表彰制度、奖金制度、选拔进修制度、委员会参与制度
5. 自我实现需要	成长、成就、晋升	有挑战性的工作、决策参与制度、提案制度、组织内晋升工作中的成就

4. 马斯洛的需要层次理论的启示与不足

需要层次理论的启示作用如下:① 需要层次的划分,有利于我们对人类行为动机的研究,以便揭示人的行为被激励的规律。② 他把人的生理需要作为正常需要基础,符合马克思主义关于人的基本需要的观点。③ 他强调需要与动机在人类行为中的作用,有别于"本能论"与行为主义的"机械论"观点。④ 马斯洛是从个体发展的角度考察人的本质,提出自我实现的积极人性观点与人格特征,以及自我实现的途径,这对于现代企业员工尤其知识性员工的成长与发展有重要借鉴意义。⑤ 其社交、尊重、求知、审美等需要对白领阶层与知识型员工来说是极其重要的动力和激励要素。

马斯洛需要层次理论的不足之处是:① 他把自我实现看成是一个自然成熟的过程,完全否认人的社会存在对人的成长有决定性影响,否定社会化进程在人的自我实现中的作用,这正是他的人本主义思想的局限性。② 需要层次理论带有一定的机械主义色彩,马斯洛把需要层次看成是一种机械上升的固定程序,忽视了人的主观能动性,忽视了高级需要对低层次需要的影响。他的梯形分层结构,并不能概括多种需要的螺旋交错关系,也不能反映各种需要之间的对立统一关系。

(二) 奥德弗的"生存、关系、成长"(ERG)需要理论

美国耶鲁大学的教授奥德弗(Claton P. Alderfet)在大量研究基础上提出了"生存、关系、成长"理论。他把人的需要归纳为生存需要(Existence)、关系需要(Relation)和成长需要(Growth)。由于这三种需要的英文词第一个字母分别是 E、R、G,因此被称为 ERG 理论。其中,生存需要是指维持人的生命存在的需要,相当于马斯洛的需要层次论中的生理需要和安全需要。关系需要是指个体对社交、人际关系和谐及相互尊重的需要,相当于马斯洛需要层次论中的社交需要和尊重需要。成长需要是指个人要求得到提高和发展,取得尊重、自信、自主及充分发挥自己能力的需要,相当于马斯洛需要层次论中的尊重需要和自我实现需要。

ERG 理论对马斯洛的需要理论作了修正。我国学者余凯成(2001 年)总结了 ERG 理论的三大规律:① 愿望加强律。各个层次的需要得到的满足越少,则满足这种需要的渴望就越大。例如,满足生存需要的工资越低,人们越渴望得到更多的工资。地位卑微、处境差、常受人歧视的人,得到他人尊重的需要最强烈,因而对他人的态度越敏感。② 满足前进律。较低层次的需要得到越多的满足,则该需要的重要性就越差,满足高层次需要的渴望就越大。比如,人们生存需要的满足程度越高,渴望满足关系需要和成长需要的程度就越大。③ 受挫回归律。当较高层次的需要受到挫折,得不到满足时,人们就会退而求其次,对较低层次的需要的渴求就越大。例如,某人想通过承担挑战性的工作来满足其成长需要,但由于领导不信任等外部原因而不能如愿,那么他就会转而寻求更好地满足其关系需要或生存需要,以达到心理平衡。(见图5-7)

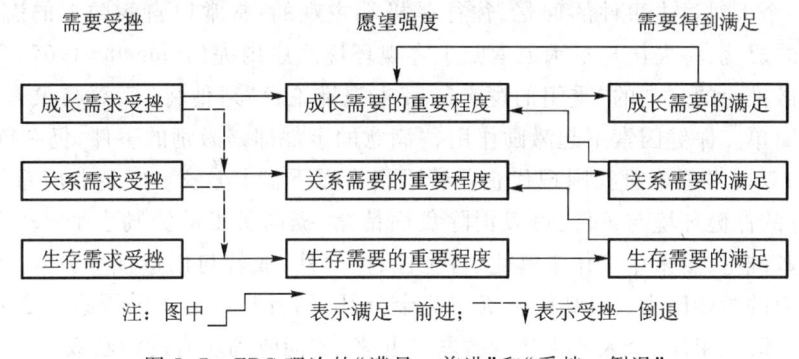

图 5-7 ERG 理论的"满足—前进"和"受挫—倒退"

(三) 赫茨伯格的双因素理论

1. 双因素理论的提出与基本观点

美国心理学家赫茨伯格在论著《工作中的激励》(1959 年)、《工作与人的本质》(1966 年)及论文《再一次:你怎样激励雇员》(1968 年)、《丰富工作内容大有好处》(1969 年)中全面论述了双因素理论的基本观点。

20 世纪 50 年代后期,赫氏在匹兹堡对 200 名工程人员和会计师进行调查。请他们回答下列问题,即"什么时候对工作特别满意? 满意的原因是什么?"、"什么时候对工作特别不满意?

不满意的原因是什么?"。调查结果如下:

(1) 通过对 1 844 人次的调查,发现有 69% 的人回答不满意的原因,主要有以下 9 个方面:① 公司的政策与行政管理;② 技术监督系统;③ 人际关系(与上级、下级等);④ 工资;⑤ 工作安全性;⑥ 个人的生活;⑦ 工作环境;⑧ 地位;⑨ 生活条件。他认为这些工作条件和工作环境不具备时,会引起员工的不满意,即使具备这些条件,也只会使员工没有不满意,而不会使员工 。他把这些工作本身之外的环境和条件称为"保健性因素"。

(2) 在 1 753 人次的调查中发现,81% 的人回答非常满意的原因主要有以下 6 项:① 工作富有成就感;② 工作成绩能得到承认;③ 工作本身富有挑战性;④ 职务上的责任感;⑤ 个人成长发展的可能性;⑥ 职位升迁等(19% 的人回答例外)。他认为这些工作本身因素的改善,能激励员工的积极性和热情,从而会经常提高一个人的工作效率;如果处理不好,也能引起员工的不满,但是影响并不很大。他把这些工作本身的因素称为"激励因素"。

赫茨伯格的基本观点:他认为传统的"满意"与"不满意"互为对立的观点是不确切的。激励因素"满意"的对立面是"没有满意";而保健因素"不满意"的对立面是"没有不满意"。激励因素与保健因素均有正负两种价值或作用。当保健因素是正价时只能达成没有不满意(即中等状态),是负价时导致不满意;而激励因素是正价时才能使人非常满意,是负价时导致没有满意(即中等状态)。因此,从不满意到非常满意的转化,要经过保健因素从负向正价转化,以及激励因素从负向正价的转化。

2. 对"双因素理论"的评价与应用

他的观点引起许多人的兴趣,也受到批评与挑战。其调查对象是会计师、工程师等中级以上专业人员,不能代表广大蓝领员工,其结论缺乏普遍性、缺乏再测信度。弗鲁姆(V. H. Vroom, 1964)等认为一个人对过去事件的回忆,往往是极端主观的:常常以自我防卫的态度来解释,将满意归于自己的成就,将失误与不满因素归于客观环境。唐内提(Dunnette, 1967)等批评这是一种先做结论再做推论的主观的"重组的逻辑",带主观推论色彩;他将"满意与没有满意"作为效率指标也过于简单。保健因素不起激励作用,"满意的事件即是激励的事件,仍有待实证"。

尽管如此,双因素理论对我国现代企业管理仍有以下借鉴意义:① 企业应重视保健因素的作用,创造良好的保健环境与条件,可以消除负面情绪,提高员工的激励水平;② 有效的管理应在保健因素的基础上,多采用工作丰富化、自主性、挑战性、成就与创造性等方式,能使工作本身成为一种强有力的激励因素;③ 要使工资与奖金分开,两者都成为激励因素。必须把它们与企业经营好坏,与部门、组织、个人的工作成效联系起来,才能收到应有的激励效果。如果不顾经济效益好坏,不论工作成绩大小,一律吃大锅饭,搞平均主义,把奖金变成"附加工资",人人有份,则奖金就会变成"保健因素",花钱再多,也起不了多大的激励作用。反而使员工认为这奖金是理所应得的,如果奖金取消了,或者个人没有得到,反而会造成员工的不满情绪。因此,只有管理者和员工都树立"有良好的工作成就会有合理的报酬"、"工作成效越大,所得工资越高"的观念后,工资、奖金才会成为增强员工工作成效的激励力量。

(四) 麦克莱兰的成就需要理论

小测验:

(1) 假设你的面前有 5 个靶子。你的任务是要用豆子击中靶子。

(2) 靶子条件是一个比一个远:靶子 A,只有一步之遥,很易击中,报酬是 10 元;靶子 B 稍远一些,约有 80% 的人能击中,报酬是 20 元;靶子 C 约有一半的人可以击中,报酬是 40 元;靶子 D 很少人可以击中,报酬是 80 元;靶子 E 几乎没人能够做到,报酬是 160 元。

（3）如果你只有一次机会,你会选择哪一个目标试一试?

结果:假设你选择靶子 C,你很可能是一个有较高成就需要的人。

麦克莱兰(McClelland)将人的高级需要分为权力需要(need Power)、归属需要(need Affiliation)、成就需要(need Achievement),并认为个体在工作情境中有三种重要的动机或需要。

1. 权力需要

权力需要是影响和控制他人且不受他人控制的欲望。具有较高权力需要的人对影响和控制别人表现出很大的兴趣,这种人总是追求领导者的地位。组织中管理者可分为两种:① 个人权力。追求个人权力的人表现出来的特征是围绕个人需要行使权力,在工作中需要及时的反馈和倾向于自己亲自操作;② 职位权力:职位权力要求管理者与组织共同发展,自觉地接受约束,从体验行使权力的过程中得到一种满足。

2. 归属需要

归属需要是指建立友好和亲密的人际关系的欲望。具有高归属需要的人努力寻求友爱,喜欢合作性的而非竞争性的环境,渴望有高度相互理解的关系。高归属需要者具有如下 7 个特征:① 喜欢被夸奖;② 需要得到上级和下级两方面的肯定;③ 对他人非常敏感;④ 对可能的拒绝产生焦虑;⑤ 努力维护关系;⑥ 以牺牲工作为代价;⑦ 控制成员,而非提拔和促进他们的发展。

3. 成就需要

成就需要是追求卓越以实现目标的内驱力。具有高成就需要的人通常具有下列四个特点:① 事业心强,比较实际,敢冒一定程度的风险;② 有较高的实际工作绩效,要求及时得到工作的信息反馈;③ 一旦选定目标,就会全力以赴投入工作,直至成功地完成任务;④ 把个人成就看得比金钱更重要,从工作成就中得到的鼓励往往超过物质鼓励的作用,并把报酬看作是对个人成就的一种承认。

大量研究发现:① 具有高成就需要的人更喜欢具有个人责任、能够获得工作反馈和适度的冒险性的环境。当具备了这些特征,高成就者的激励水平会很高。② 高成就需要的人不一定就是一个优秀的管理者,尤其是在一个大组织中。高成就需要者感兴趣的是他们个人如何做好,而不是如何影响其他人做好。③ 合群和权力需要与管理者的成功有密切关系。研究表明,成功的领导者具有较高权力的需要以及较低的归属需要。他们属于人际影响能力强,而不是支配能力强的人。一般人认为,地位高的领导对他的下级具有支配性,但麦克利兰的研究证明,事实并非如此,他分析了领导者的讲话录音,例如丘吉尔和肯尼迪对学生的讲话。他发现,这些人并不是去支配他人,而是在提高他们的听众对权力的感受。他们让别人也感到自己很有权力。在一家大规模的美国公司里,在对一些人持续 8~16 年的追踪研究后发现,具有这种领导激励模式的管理者,比其他管理者晋升的速度更快。

为了发现高成就需要的人才,麦克莱兰还设计了一套心理投射测验:他让被试者看一张画着一个青年坐在教室内的图片,看 10 秒钟后,要回答下列几个问题:① 图片内容指的是什么事? ② 画中是什么人?他们在想什么?正在做什么? ③ 将会发生什么事?会产生什么结果?由于看图与回答的时间很短,被试者只能按直觉反应来回答问题。从答案中往往可以看到被试者投射出来自己(固有的、真实的)思想意图。从不同答案(高抱负水准或者低抱负水准)中,可以看出被试的成就需要的差异。

麦克莱兰还认为:高成就需要的人才可以通过教育加以培养。他专门组织了训练班,每期 7~10 天,分四个部分进行:① 根据 17 年积累的资料,宣传高成就需要人才的形象;② 要求学员制定具体的、可衡量的两年规划,训练班结业后每半年检查一次进展情况;③ 进行人生、价值等基本概念的教育,提高学员的自我意识;④ 让学员交流成功或失败、希望与恐惧的经验体会,形成团结互助的气氛。这种方法在美国、墨西哥、印度都取得明显的效果。

麦克莱兰认为,对有不同主导需要的员工,管理与激励措施也应该有所不同:① 对权力需要主导型的员工,可以采取的激励措施有:让他们做完整的工作;避免让他们做协调性的工作;尽量让他们参加工作讨论,并参与决策的制定;使他们有权控制其自身的工作。② 对归属需要主导型员工,可以采取的激励措施有:让他们在团队中进行工作;尽量对他们的工作进行表扬与认可;让他们做协调型的工作。③ 对成就需要主导型员工,可以采取的激励措施有:为他们布置具有挑战性,但通过努力可以完成的工作;及时准确地对他们的工作业绩进行评价和反馈。

二、过程型激励理论

过程型激励理论着重对行为目标的选择(即动机的形成过程)进行研究,主要包括弗鲁姆的期望理论、亚当斯的公平理论、洛克的目标设置理论等。强化理论属于调整型激励理论,着重对达到激励的目的,即调整和转化人的行为进行研究。

(一) 弗鲁姆的期望理论

期望理论的基本观点:

弗鲁姆(V. H. Vroom)于 1964 年在他的《工作与激励》一书中提出了期望激励理论。弗鲁姆认为人们采取某项行动的动力或激励力取决于其对行动结果的价值评价和预期达成该结果可能性的估计。他认为,激励就是掌握人的行为的选择过程。如果一个人有了特殊的目标,则目标的意义与价值,以及实现目标的期望概率,会影响人的行为的积极性。在此基础上,弗鲁姆提出如下激励公式:

$$M = f(E \cdot V)$$

式中 M 代表激励力量,即动力大小;V 代表目标效价,个人对目标的重要性评价;E 代表期望值,个人主观判断达成目标的可能性的大小。按上述公式,若 E 值高,即期望值高;V 值也高,即效价高,则激励的力量(动机力量)就大。反之则小。例如,老师以考大学为目标激励学生努力学习,显然效果是因人而异的:成绩好,而且认为考上大学对自己十分重要的学生(E 和 V 均高),显然会努力;成绩好,但认为考大学无用的学生得不到激励($E_\text{高}$、$V_\text{低}$);成绩十分差,不管他认为上大学是否有用,他认为自己无论如何也考不上,激励作用不大($E_\text{低}$、$V_\text{高}$)。

E 与 V 结合有以下激励形式:

(1) $E_\text{高} \cdot V_\text{高} = M_\text{高}$;

(2) $E_\text{中} \cdot V_\text{中} = M_\text{中}$;

(3) $E_\text{低} \cdot V_\text{低} = M_\text{低}$;

(4) $E_\text{高} \cdot V_\text{低} = M_\text{中}$;

(5) $E_\text{低} \cdot V_\text{高} = M_\text{中}$;

(6) $E_\text{零} \cdot V = M_0$;

(7) $E \times V_0 = M_0$。

利用期望理论,各变量之间的关系可以简化为:"个人努力——个人成绩(绩效)——组织奖励(报酬)——个人需要"根据期望理论的简化模型,为了激励员工的动机,对人员管理要处理好下面几种关系:① 提高职工的期望水平,解决职工个人努力与工作成绩的关系。应指导和帮助职工经过努力完成工作任务,达到目标的信心和决心。如果认为目标高不可攀,可望而不可即,会使职工失去信心;② 提高关联性(或工具价值)的认识,解决职工的工作成绩与奖励的关系。奖励必须随个人的工作绩效而定,只贡献不奖励会降低人的积极性;奖赏不当,无工作绩效而受奖会使人产生不公平感;③ 提高效价水平,解决对职工的奖励与满足个人需要的关系。人的需要有个别差异,奖励达到的效价也不一样。应根据人的需要不同,采取多种不同的奖励方式,才能收到较大的激励效果。④ 不应脱离实际拔高期望值、效价与关联性的作用,否则会适得其反。有时期望值太高,很容易达到的目标或期望值太低,非常难达到的目标,其激励力量会很小;而中等强度的期望值反而激励力量会很大。

(二) 豪斯的综合激励理论

1. 综合激励理论的基本观点

加拿大学者罗伯特·豪斯(R. House)提出了综合激励模式,具体表示如下:

激励力量 = 工作任务的内在激励 + 工作任务完成的激励 + 任务完成成果的奖酬激励

上式说明,员工受激励的大小取决于三个因素:一是工作任务适于本人干,本人也爱干;二是完成任务既有重要意义,也有把握;三是完成任务后,他感到报酬不错。

如以精确的数字公式可表述如下:

$$M = V_{it} + E_{ia}\left(V_{ia} + \sum_{i=1}^{n} E_{ej} \cdot V_{ej}\right)$$

公式中,M代表某项工作任务的激励水平的高低,即动力的大小;V_{it}代表工作本身所提供的效价,它所引起的内激励不计任务完成与否及其结果如何,故不包括期望值大小的因素,即期望值为1;E_{ia}代表完成任务内在的期望值,也就是主观上对完成任务可能性的估计;V_{ia}代表完成任务的效价;E_{ej}代表完成工作任务能否导致获得某项外在奖酬的期望值;V_{ej}代表某项外在奖酬的效价。

上述展开的公式中包括了三项内容:① V_{it}表示工作任务本身的效价,即这项工作本身的内激励力的大小;② $E_{ia} \cdot V_{ia}$表示工作任务完成的(期望值与效价乘积)所引起的内激励作用;③ $E_{ia} \sum E_{ej} \cdot V_{ej}$表示各种外在奖酬所起的激励效果之和。

2. 综合激励模式与管理

豪斯的公式强调了任务本身效价的内激励作用;突出了完成工作任务内在的期望值与效价;兼顾了因任务完成而获取外在奖酬所引起的激励,对分析激发工作动机的复杂性和提高激励水平,具有参考价值,对管理者也具有很大的启发意义,即要提高人们的积极性,必须从内、外激励两个方面入手,并将两者结合起来。

(1) 提高内激励水平。内激励因素有工作任务本身的效价(V_{it})、完成工作任务的效价(V_{ia})和完成工作任务的期望值(E_{ia})三个变量。

提高工作任务本身的效价(V_{it})的方法主要是使员工对工作本身感到有意义、有乐趣并热爱它。具体方法有:① 使工作多样化、丰富化、扩大化,避免单调乏味;② 工作过程能为员工提供学习和成长发展的机会,变得有吸引力;③ 使工作能为交往提供机会,能满足人的社交需要;④ 尽量是工作专业对口或适合自己的特长,能使自己对它有兴趣。

提高对完成任务的效价(V_{ia})的方法有:① 任务的整体性。分工过细,常使员工感到只做了工作的一部分,而没有将全部工作完成。所以应将工作任务放宽,使其感到是在做一件完整的工作。也应提高每个人对其工作成果的全面性和统一性的认识。② 提高员工对自己所完成的工作任务的重要性和意义的认识。③ 给予员工在其职责和工作范围内有某些控制权和自主权,增强员工的责任感。

提高完成任务期望值(E_{ia})的有效办法:① 加强员工的专门知识和职业技术培训,提高员工的期望值,提高员工的技术水平和完成工作任务的能力;② 创造条件,合理分工,使员工能胜任本职工作;③ 加强指导,帮助有困难的员工,增强其完成任务的信心;④ 重视工作效果的反馈,使员工的行为得到及时修正或强化。

(2) 提高外在激励。提高 E_{ia} 的有效办法同上。

提高的 E_{ej} 的途径:① 取信于民,政策兑现,按工作绩效付酬;② 有奖有罚,赏罚分明;③ 应奖励工作绩效,不应仅停留在奖励职位上;④ 对常规性工作可采取计时或计件付酬的方法;⑤ 对高科技与创造性的工作,要支持鼓励并根据客观效果及重大意义付酬奖励;⑥ 要及时知晓工作绩效结果,调整与改善奖酬方式,不断提高激励水平。

提高 V_{ej} 的途径:应采用多种不同的外部奖励制度,应根据员工的个性差异、认知差异、需要差异,采取因人而异的外部奖酬方式。否则外部奖酬如果脱离个人的需要,个人认为没有意义,就会降低其外酬效价,影响激励的效果。

(三) 波特尔和劳勒的激励理论

波特尔和劳勒(L. W. Porter & E. E. Lawler)1967 年在期望理论基础上,提出了新的激励过程模式。这个模式中含有努力、绩效、能力、环境、认识、奖酬和满足等多种变量,这些变量的关系如图 5-8。

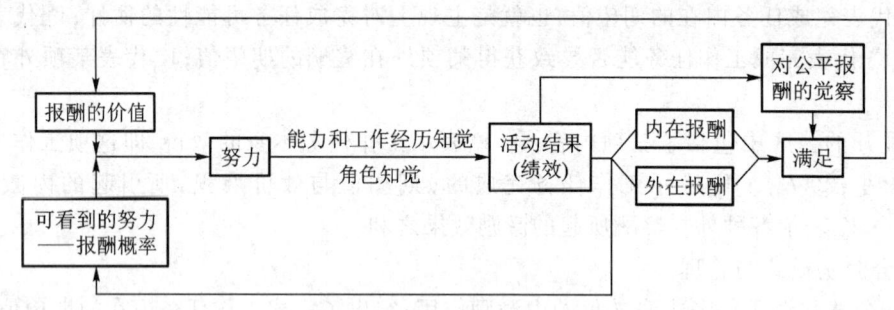

图 5-8 波特尔和劳勒的激励模式

波特和劳勒认为,人们通过一定的努力来达到一定的工作绩效,不同的绩效决定不同的报酬和奖励,并且给员工带来不同的满意程度。他们所建立的波特—劳勒模型就是对激励、满意和绩效三者的一种综合理解。

实现激励目标,取决于以下多种因素:① 努力;② 奖酬的价值;③ 感知的努力与获得奖酬(外在奖酬)的关系;④ 绩效;⑤ 完成任务所需要的能力和品质;⑥ 对任务的认识程度;⑦ 奖酬;

⑧ 感知到的公平奖酬;⑨ 满意。

波特—劳勒模型的实际应用对管理激励有如下启示:① 为员工设置明确的目标,员工明确领导的意图、期望和要求;② 为帮助下级达到绩效标准,注意指导并提供培训;③ 帮助克服实现目标过程中的困难创设有利的工作环境;④ 对活动绩效的外在性报酬和内在性报酬要相结合;⑤ 奖酬要能投员工所好并能满足员工的需要;⑥ 奖酬分配要公开、公平、公正。

(四) 亚当斯的公平理论

公平理论(Equity Theory)是由美国学者亚当斯(J. Stacy Adams)在综合有关分配的公平概念与认知失调理论的基础上,于20世纪60年代提出的。

他认为员工的工作动机,不仅受自己所得绝对报酬的影响,而且受相对报酬(即与他人相比较或与自己过去相比较的报酬)影响。对自己报酬的知觉和比较所引起的认知失调,导致当事人的心理失衡,即不公平感和心理紧张。为减轻或消除这种心理紧张,当事人会采取某种行动,以恢复心理平衡。如果对报酬感到公平,当事人就会获得满足感,从而激励当事人的行为。

员工的投入包括教育、技能、工作经验、努力程度和花费的时间,用 I 表示;报酬包括薪酬、福利、成就感、认同感、工作的挑战性、职业前程等外在和内在的报偿,用 O 表示。

当事人用来比较的对象主要有自己和他人两种。

当事人将目前自己的报酬/投入与自己过去的报酬/投入相比较,称为自我比较,包括将目前自己的报酬/投入与过去在其他组织工作时的报酬/投入相比较,以及将目前自己的报酬/投入与过去在相同组织内不同职务、工作时的报酬/投入相比较。

当事人将目前自己的报酬/投入与他人(包括组织内或组织外的其他人)的报酬/投入相比较,称为社会比较。公平理论认为人与人之间存在社会比较且有就近比较的倾向。通过自我比较或社会比较,会出现两种结果,即,要么公平,要么不公平。不公平包括"吃亏"和"占便宜"两种情况。

亚当斯提出了公平理论模式,见图 5-9。

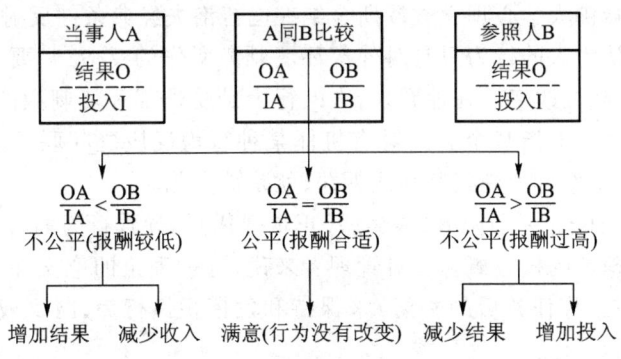

图 5-9 亚当斯公平理论模式

人们在感到不公平时,可能对如下 6 种行为加以选择并付之行动:① 改变自己的投入(如不再那么努力);② 改变自己的产出(如实行计件工资制的员工通过增加产量降低质量来增加自己的工资);③ 改变自我认知(如夸大自己的贡献,自我开解,自我安慰);④ 改变对他人的看法;⑤ 选择另一个不同的比较对象(比上不足,比下有余);⑥ 施加压力,谋求增加自己的报酬或降低他人的报酬;⑦ 抱怨、情绪衰竭甚至离职。

公平理论在企业薪酬管理中的有效运用,应注意如下几点:① 建立绩效考核与按劳分配相联系的报酬体系;② 确保薪酬政策的内部一致性;③ 做到男女同工同酬,它也是薪酬政策内部一致性的表现;④ 保持本组织薪酬水平与其他组织薪酬水平相比较时的竞争力;⑤ 保证员工的薪酬逐年得到增长,特别是扣除物价指数增长之外,还略有增长。经济萧条时,如削减薪酬,一定要作好充分的论证和其他准备工作;⑥ 在坚持公平原则的基础上,要坚持效率优先的原则,具体体现在分配上,主要以绩效为基础。

公平理论的应用除了考虑分配公平之外,也应考虑程序公平。程序公平更强调分配资源时使用的程序、过程的公正性。他们发现,当人们得到了不理想的结果时,如果认为过程是公正的,也能接受这个结果。换句话说,如果人们认为自己能控制做决策的过程(如可以提出自己的证据、有机会表述自己的意见),那么他们的公平感就会提高。这种现象被称为"公平过程效应"或"发言权效应"。个体在过程上的不公平知觉,则会导致个体对过程的怨言,久而久之就出现个体不再关心过程甚至玩世不恭的现象。

对于任何组织而言,制定分配程序时应注重吸收员工的参与。如奖励和惩罚标准的制定,应有员工参与的意见,使员工知道奖励和惩罚的标准和原因,有利于政策的落实,达到激励效果。组织制定报酬、晋升和绩效评估等政策时应充分了解员工的意见并建立正式的申诉渠道。

此外,比斯和莫克(Bies&Moag)在1986年提出了互动公平。他们主要关注的是当执行程序时,人际处理方式的重要性。格林伯格(Greenberg)认为互动公平有两种。一种是人际公平,即在执行程序或决定结果时,权威或上司对待下属是否有礼貌,是否考虑到对方的尊严,是否尊重对方等;另一种是信息公平,主要指是否给当事人传达了应有的信息,即给当事人提供一些解释,如为什么要用某种形式的程序,或者要用特定的方式分配结果。

三、行为矫正理论—条件反射的强化理论

强化理论是美国哈佛大学心理学教授斯金纳在巴普洛夫经典条件反射理论基础上提出的一种新行为主义论。他认为人的行为只是对外部环境刺激所作的反应,只要创造和改变外部的操作条件,人的行为就会随之改变。在他看来,人的行为是受外部环境刺激的结果,因而改变外部刺激就能改变行为。强化即指某个刺激对有机体某种行为反应之间联系的增强作用或减弱作用。例如,一个员工的工作行为受到奖励或惩罚,就是被强化。

其公式如下:"刺激(S)→反应(R)→奖惩(正负强化)→导致行为的增强或减弱"。

强化是条件反射理论的核心概念。对管理者来说,这一理论的意义在于可以通过改造环境(包括改变目标和完成工作任务后的奖惩)来保持和发挥积极行为,减少或消除消极行为,把消极行为转化为积极行为。

强化的基本方式与种类有:① 正强化是指某种行为之后伴有某种有利结果,如努力工作后得到一次晋升。假设晋升正是个人所期望的,行为即被强化。正强化包括:赞赏、认同、奖励。② 负强化是指某一行为之后不再伴有某种不利结果,即努力工作后不再伴有某种不利结果,即努力工作后不再追究以前的过错。③ 惩罚是指某一行为之后伴有某种不利结果,如偷窃他人财物后被拘留。④ 消退是指某一行为之后不再伴有某种有利结果,即取消奖励而消退某种行为。如做好事没有再被表扬。

强化管理的原则主要有：① 要依照强化对象的不同采用因人而异的原则。人们的年龄、性别、职业、学历、经历不同，需要就不同，强化方式也应不一样，应区分情况，采用不同的强化措施。② 小步子前进，分阶段设立目标与强化的原则。首先要设立一个明确的、鼓舞人心而又切实可行的目标。同时，还要将目标进行分解，分成许多小目标，完成每个小目标都及时给予强化。如果目标一次定得太高，会使人感到不易达到或者说能够达到的希望很小，这就很难充分调动人们为达到目标而做出努力的积极性。③ 及时反馈的原则。通过某种形式和途径，及时将工作结果告诉行动者。要取得最好的激励效果，就应该在行为发生以后尽快采取适当的强化方法与措施，及时予以反馈和强化。④ 不固定时间、频率、间隔的强化原则。因为有机体在强化到来之前的反应率有所提高。在不固定的强化程序下，个体不知道什么时候会出现强化，也不知道强化的频率与间隔，于是会产生总有一种强化即将出现的期待效应。长此以往自然会形成良好的习惯与强化效应。⑤ 正强化比负强化更有效的原则。负强化及惩罚可以引起一定副作用。日本一家公司对员工强化激励方法与效果曾做过分析，如表 5-2 所示。可以看出，对员工的表扬奖励，采取公开的方式效果较好，变好的要占 87%，变差的只占 1%。对员工的指责批评和体罚采取个别单独的方式要比公开的效果较好。

表 5-2　不同激励方法行动变化比较

激励方法 \ 效果	行动变化的比重		
	变好%	没有变%	变差%
公开表扬	87	12	1
个别指责	66	23	11
公开指责	35	27	38
个别体罚	28	28	44
公开体罚	12	23	65

强化管理的实际应用，关键在于如何使强化机制有效协调运转并产生整体效应。为此，应注意以下五个方面：

（1）应以正强化方式为主。在企业中设置鼓舞人心的安全生产目标，是一种正强化方法，但要注意将企业的整体目标和职工个人目标、最终目标和阶段目标等相结合，并对在完成个人目标或阶段目标中做出明显绩效或贡献者，给予及时的物质和精神奖励（强化物），以求充分发挥强化作用。

（2）采用负强化（尤其是惩罚）手段要慎重。负强化应用得当会促进安全生产，应用不当则会带来一些消极影响，可能使人由于不愉快的感受而出现悲观、恐惧等心理反应，甚至发生对抗性消极行为。因此，在运用负强化时，应尊重事实，讲究方式方法，处罚依据准确公正，这样可尽量消除其副作用。将负强化与正强化结合应用一般能取得更好的效果。

（3）注意强化的时效性。采用强化的时间对于强化的效果有较大的影响。一般而论，强化应及时，及时强化可提高安全行为的强化反应程度，但须注意及时强化并不意味着随时都要进行强化。不定期的非预料的间断性强化，往往可取得更好的效果。

（4）因人制宜，采用不同的强化方式。由于人的个性特征及其需要层次不尽相同，不同的强化机制和强化物所产生的效应会因人而异。因此,在运用强化手段时,应采用有效的。强化方式,并随对象和环境的变化而相应调整。

(5)利用信息反馈增强强化的效果。信息反馈是强化人的行为的一种重要手段,尤其是在应用安全目标进行强化时,定期反馈可使员工了解自己参加安全生产活动的绩效及其结果,既可使员工得到鼓励,增强信心,又有利于及时发现问题,分析原因,修正行为。

思考题

1. 什么是动机?试分析影响人类行为动机的因素有哪些?
2. 什么是需要?试分析员工需要的特点,以及满足员工需要的原则和方法有哪些?
3. 什么是目标管理?如何设置目标及目标管理有哪些步骤?
4. 什么是激励与激励的过程?激励的作用表现在哪些方面?
5. 内容型的激励理论主要有哪些?其基本内容与要点是什么?如何在管理中应用之?
6. 过程型的激励理论主要有哪些?其基本内容与要点是什么?如何在管理中应用之?
7. 行为强化理论的基本内容与要点是什么?如何在管理中应用之?

第六章　工作态度、心理契约、心理压力与管理

第一节　工作态度与工作满意度

一、工作态度、工作满意度与工作参与的概念和研究

态度是个体对特定对象以一定方式做出反应时所持的评价性的、较稳定的内部心理倾向。态度的对象极其广泛,既有自然现象,如对某种昆虫、某种气味的喜欢或厌恶,也包括社会现象,如对某人的亲近或疏远、对某项制度的赞成或反对、对某种观念的接纳或排斥以及人们对工作的态度:积极与消极,或认真负责,或敷衍塞责,等等。这些不同的态度对人们的行为具有不同的影响。

工作满意度(job satisfaction)是一个人对工作肯定、愉悦和满意的一般性态度。工作满意度与人的价值观、认知、需要满足、工作的感受有关。工作满意度与其他态度倾向一样,其心理结构包括对工作的认知、情感、行为意向三种成分:① 认知是指对某种工作的评价;② 情感是指对工作所产生的喜欢、热爱、厌恶等情绪体验;③ 意向是指对工作的反应倾向,即个体准备做出何种行为反应。人们的工作态度构成有时是单一成分如认知或情感,有时是情感和认知两种成分,有时是情感、认知和意向三种成分。在一般情况下,态度的三种成分是协调一致的;但有时,这三个成分之间也会出现不一致的情况。

工作态度有正负之分,员工的负面态度有如下表现方式(见图6-1):① 退出:即辞职与调离企业组织与团队;② 建议:提出积极的、建设性的改进建议;③ 忠诚:相信与信任组织的措施;④ 忽视:敷衍了事的消极态度。①

工作参与(job involvement)是人们对工作的认同与投入的程度。参与感对工作满意度有积极影响。工作满意度早期的研究成果是美国心理学家赫波克(R. Hoppock)

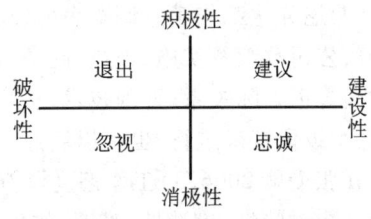

图6-1　员工对工作不满的反应

于1935年出版的《工作满意》专著。满意水平通常是动态变化的,在不同时期、不同人或不同的单位中,职工的满意度会发生巨大的变化。如1935年美国工人有近1/3的人对工作不满意。1986年不满率只有10%~20%的水平。70%~80%的美国工人报告他们对工作是满意的,老工

---

① 程正方主编:学校管理心理学(第2版),中央广播电视大学出版社,2006年版,第118页。

人则表现出了最高的满意度(65岁以上的人为92%),即使年轻人也报告了较高程度的满意度(73%)。可见,随着时代发展,工作满意度的总体水平也在发生变化。

工作满意度不仅影响个体对外界的认知、情感和意向活动,也能影响人的学习与工作效率,同时它对人的性格特点、生活方式与人际关系的协调也会产生较大的影响。满意感功能的研究证明,工作态度与生产效率之间并不一定存在必然联系。西方学者布雷菲与克罗克特(A. H. Broyfield & W. H. Crockett)累积40年的研究,以问卷法、量表法、谈话法等调查了许多职工的态度及其相应的生产效率,发现二者之间并无一定的关联。对工作感到满意的职工,工作效率很高;但对工作不满意的职工,其工作效率也可能高。一项细致的考察表明,如果满意与生产力之间有积极关系的话,这种相关也是极低的——微弱到大约+0.14左右。但是,引进中介变量后,这种关系就可能改善。工作水平是一个重要的中介变量。对于工作水平较高的员工来讲,满意度和绩效之间的相关比较高。另外研究表明:是生产率导致满意感而不是满意感导致生产率。如果你的工作做得很好,你会从内心里感觉良好。另外,假设组织奖励生产率的话,那么较高的生产率会增加你被口头表扬的次数,提高你的收入水平,增加晋升的可能性。反过来,这些收获又会提高你对工作的满意度。

最近的一项研究结果,为最初的满意度和绩效间的关系提供了新的支持。如果在组织整体水平而不是在个体水平上收集满意和生产率的数据,我们发现,拥有高满意度员工的组织比那些低满意度员工的组织更有效。贾奇和赫林(Judge&Hulin,1993)考察了负面情绪对工作满意度的影响。研究发现工作满意度非常依赖于幸福感,而幸福感很少受到工作满意度影响。贾奇等(Judge&Watanabe)1993年在一项跟踪研究中发现,生活满意度对工作满意度的影响要远远大于工作满意度对生活满意度的影响。①

二、工作满意感调查表

工作满意度测评应用最广泛的手段有:① 单一整体评估法。要求员工回答一个问题,从数字1~5中圈出一个合适数字分别代表从"非常满意"到"非常不满意"的程度。② 由多种工作要素组成的总和评分法。其因素包括工作性质、上级主管、目前的收入、晋升的机会和与同事的关系。根据标准量表来评价这些要素,然后将分数相加就产生了工作满意度总分。

明尼苏达工作满意调查表(MSQ)有20个项目:②包括能力的发挥、成就、能动性、自我发展、权力、公司政策及实施、报酬、同事、创造力、独立性、道德标准、赞誉、责任、安全、社会服务、社会地位、管理人际关系、管理技术、多样性、工作条件。可采取非常满意、满意、一般、不满意、非常不满意5级评定来进行,也可以满意、一般、不满意3级评定。

(张爱卿2006.3)工作态度调查问题包括:① 工作报酬(含工资、奖金及评定标准);② 工作特性(含趣味性、创造性、难度、数量及稳定性);③ 工作条件(含环境、资源、工作时间);④ 福利待遇(含住房、医疗、保险、休假及年终分红);⑤ 领导水平(含领导者的风格、才能、上下级关系等);⑥ 同事关系(含同事间的协作性、竞争性、信任及尊重程度);⑦ 个人因素(含自我价值、自我发展及自尊等);⑧ 其他方面,含外在因素如亲人、朋友等非本质因素。

---

① [美]Dail. Liekls 著,阳志平等译:工作评价——组织诊断与研究实用量表,中国轻工业出版社,2002年版。
② 邓荣霖、罗锐韧主编:MBA全集,台海出版社,1998年版,第1196页。

工作满意度的测量——工作描述指标（JDI）[1]是从工作的五个特定方面来测量满意度工作满意度要素调查表：工作本身（趣味性、自主性、复杂性、反馈等）；薪酬（工资、福利等）；晋升机会（资历晋升、工作绩效晋升、高层晋升）；上司管理（上司的技术援助、利益关注、员工导向程度、员工参与度）；同事关系或工作团队（友好合作、支持帮助、团体和谐）。显然，一名员工有时会对其中几个方面满意，对其他方面不满意。

三、影响工作满意度的原因

影响工作满意度的原因是因人而异的。重要的原因有：工作挑战性、对工作感兴趣的程度、需要体力活动的程度、工作环境（温度、湿度、个人空间等）、报酬制度（工资水平）、同事关系等（见表6-1）。

表6-1　不同工作因素对工作满意度的影响[2]

工作因素	结果
（1）工作本身	
工作挑战性	完成挑战性工作，令人满意（挑战性低使人感到厌烦；挑战性太强会使人产生挫折和失败的感觉；中度挑战性，大多数员工将会感到愉快和满意）
生理要求	劳累的工作是令人满意的
个人兴趣	个人感兴趣的工作是令人满意的
报酬制度	公平报酬并对绩效正确的反馈，是令人满意的。当报酬公正地建立在工作要求、个人技能水平、地域工资标准的基础之上时，就会导致对工作的满意
（2）工作环境	员工对工作环境关心是为了个人的舒适，也是为了更好地完成工作
物理环境	满意感依赖工作条件与身体需要之间的匹配
目标达成	工作环境促成目标实现感到满意
（3）自身因素	高自尊感产生工作满意度（霍兰德人格匹配理论认为员工对工作的满意度和流动的倾向性，取决于个体的人格特点与职业环境的匹配程度。）
（4）组织中的他人	对帮助自己获得奖赏及与自己观点一致的上下级与他人产生满意感
（5）组织和管理	对帮助自己获得奖励的决策和做法的组织感到满意
（6）福利	对大多数雇员而言福利对工作满意度不大

四、工作满意度提升策略

一般来说，提高工作满意度可以减少心理压力、提高工作与管理绩效、降低员工的缺勤率和离职率。提升工作满意度的主要方法和策略有如下几种：

（1）从领导者、管理者及员工自身进行自主选择，使工作变动有趣，做自己想做的事情；

（2）给予公平的激励报酬、福利和晋升的机会；

---

[1] 刘勇、周琳著：现代企业心理与行为创新，中山大学出版社，2007年版，第36页。
[2] D·赫尔雷格尔等著，俞文钊等译：组织行为学（第9版），华东师范大学出版社，2001年版，第82页。

(3) 从兴趣、技术与能力的角度将人和工作进行有效匹配,能够扬长避短,发挥特长,促进成长与发展;

(4) 鼓励员工参与设计工作,使工作环境、条件、工作关系、工作本身变得有吸引力和创造性,进而使员工得到更高的兴奋和满意度。

第二节 心理契约、组织承诺与忠诚管理

一、心理契约[①]

(一) 心理契约的概念与特性

施恩等(Schein)首先提出心理契约概念(psychological contract)。阿戈瑞斯(Argris)将心理契约定义为:"员工和组织对于相互责任的期望。"后来有的学者强调:"心理契约是员工对于组织责任和自己对责任和义务的认知,进一步将心理契约解释为,在组织和员工相互关系的情境中,员工个体对于相互责任和义务的一种信念系统。"

早期学者把心理契约界定为双方相互的期望的概念太过宽泛(含有某些不现实的内容);现在许多学者认为:心理契约不仅有期望的性质,还包括那些对责任和义务做出承诺的内容。期望不能实现,会产生失望感;契约未兑现会产生更强烈的消极情感反应与后续行为。因此,一般认为心理契约是企业与员工在心理上的默契与配合,也是上下级之间在工作中共同达成的一种一致的愿望与期望。心理契约是组织凝聚力的前提,也是发挥有形契约影响的无形的心理契约。

员工心理契约有如下特性:① 主观性——心理契约是个体水平上的认知,受信息加工过程的局限;契约条款虽然是客观的,但理解与解释是主观的;与客观契约不同,没有明确界定具体内容;② 动态性——心理契约的内容是不断变化的,受组织工作方式、组织结构与组织环境变化的影响而不断变化;③ 互惠性——心理契约是员工与组织之间相互责任和义务的承诺与互惠;④ 效能性——心理契约承诺与违背都会产生重要的积极与消极作用。

(二) 心理契约的构成要素与内容

心理契约的构成要素主要涉及如下几方面:① 心理契约的关注焦点:是交易责任(如薪水)还是关系责任(如尊重)。② 心理契约的时间跨度:是持续性(心理契约预期的长短)还是精确性时间(心理契约持续时间是明确说明还是隐含的)。③ 心理契约的稳定特性:是否不经给过双方明确或隐含的再度谈判就做出改变的程度。④ 心理契约的范围宽窄:心理契约的宽度有无明确的边界或限度。如明确承诺一个员工受雇的责任就是某一具体的工作任务,宽的可以渗透工作以内或以外的其他任务。⑤ 心理契约的有形性与无形性:心理契约的内容能否被第三方准确而清晰地观察到,不能因主观差异而产生责任看法上的分歧。⑥ 心理契约独特性:员工认识到自己在契约关系中拥有的技术和交换资源是独特的、他人不可取代和复制的程度。

陆索(Rousseau)在1990年概括出心理契约的构成内容,包括:① 组织的责任有:绩效工资、高薪、培训、晋升、工作稳定保障、职业开发与对员工个人困难的支持。② 员工的责任有:忠诚、加班工作、自愿去做那些非要求的任务、接受工作调动、拒绝为竞争对手提供支持、保护组织的私

[①] 李原著:企业员工的心理契约——概念、理论及实证研究,复旦大学出版社,2006年版,第4~29、65~139页。

有信息、离职提前通报、在组织中至少工作两年时间。

海洛特、罗宁和艾迪（Herriot. Manning & Eidd）在1997年根据人们提出的更多项目列出了心理契约内容的具体清单：① 组织责任包括：提供充分培训、提拔晋升与绩效评估的公正性、符合个人与家庭的需要、对员工有影响的重要事项提供咨询、让员工自由决定如何工作、人性化组织作为一个解答疑问和提供支持的体系、对特殊贡献给予认可和表彰、安全和友善的环境、执行规则时的公正性、薪水（公司内外的公正性、福利）保证公平和稳定、尽最大可能提供工作的稳定性。② 员工责任包括：工作时间履行合同要求、保质保量做好本职工作、诚实、忠诚（留在组织并把组织利益放在首位、尊重和爱护组织财产）、自我仪表（举止穿着合体）、灵活性（如果需要，可以干工作说明书之外的工作）。霍华德（Howard）、海洛特和兰伯顿（Herriot & Remberton）研究还发现，灵活性、公平性、变革创新、不断尝试的要求等在全球竞争和组织变革的背景下，在心理契约中占的权重越来越大。

（三）员工心理契约类型

卢梭索（Rousseau）根据绩效要求与时间结构将员工心理契约分为4种类型：① 交易型。是指心理契约时间短、绩效要求具体明确（其特点是：工作模糊性低、流动性高、员工承诺性低、组织认同性低，属于临时雇用人员的心理契约）。② 过渡型。是指心理契约时间短、绩效要求不明确（其特点是：工作的不确定性、不稳定性、流动性均高，属于组织减员或并购过程中员工的心理契约）。③ 平衡型。是指心理契约时间长、绩效要求明确（其特点是：员工承诺性高、组织认同性高、不断开发、互相支持、稳定性高，属于高参与型团队成员的心理契约）。④ 关系型。是指心理契约时间长、绩效要求不明（员工承诺性高、感情投入高、组织认同性高、动态性，属于家族企业成员的心理契约）。

肖尔和巴克斯戴尔（Shore & Barksdale）不是根据契约的具体内容，而是根据组织责任与员工责任是否平衡也将员工心理契约划分为4种类型：① 高—高型（平衡Ⅰ型），是指组织与员工责任都高；② 高—低型，是指组织责任低，员工责任高；③ 低—高型，是指组织责任高，员工责任低；④ 低—低型（平衡Ⅱ型），是指组织责任低，员工责任低。高—高型（平衡Ⅰ）在职业发展、对组织的情感承诺、感知到组织的支持方面明显高于其他三组，在离职意向上低于其他三组。高—低型有明显负向态度。后两种无明显差异。

隋等人（Tsui et al）认为，组织为了追求两种不同的经营弹性，会采取两类不同的员工和组织关系策略。① 工作中心策略：追求聘用与解聘上的弹性，薪水依据员工工作绩效而定，不提供福利与培训。② 组织中心策略：致力于建设员工对组织的承诺和忠诚，以追求员工愿意在组织中承担宽泛的职责为目标，从而保证在分配工作任务时组织的弹性。组织要提供员工较高的工作保障，更宽泛的员工培训。根据组织对员工的期望贡献与给予员工的诱因分为：准交易契约型（工作中心型）、投资不足型、相互投入型（组织中心型）、过度投资型。

（四）员工心理契约的破裂、违背与满足

莫里森和罗宾逊（Morrison & Robinson）在1997年撰文认为，心理契约的破裂，是个体对于组织未能完成其在心理契约中应承担的责任的认知评价。心理契约的违背，是指个体在组织未能充分履行心理契约的认知基础上产生的一种情感体验，其核心是愤怒情绪，个体感觉组织背信弃义或自己感受到不公正对待。卢梭和罗宾逊（Rousseau & Robinson）在1994年又提出另一个概念，即心理契约的满足，是指员工感知到组织兑现其承诺的责任与义务的程度。契约满足与破裂是一个连续体的两端,即兑现与没有兑现的程度。

契约破裂的不良后果:① 研究表明导致员工对组织的信任感、责任感、忠诚度下降;工作满意度降低;离职意愿提高。② 极端情况下,员工会进行报复,如消极怠工、偷窃、攻击行为等。③ 情感反应:愤怒、暴力、失望与不满、被背叛与伤心。④ 思想反应:我怎么能相信这个组织?我不能再对这个组织全身心地付出了? 如果他们这样做事,对这个组织的忠诚还有何意义? 他们竟敢这样对待我。⑤ 行为反应:减少努力;不准备再在组织中待更长的时间;拒绝做合同规定之外的任何工作;有的采取报复行为(如迟到、早退、缺勤),偷窃或用公司的设备去做与工作无关的事。

影响契约破裂的因素有:① 组织的人力资源管理活动:沟通状况,员工清楚理解组织会做什么与该做什么;② 员工是否感受到自己得到组织或主管的支持;③ 一些发生在组织之外或员工进入组织之前的事件影响(如前任没有兑现的事件对该员工的影响)。

(五) 心理契约的测评与科学管理

心理契约内容的测量以卢梭1990年版的心理契约调查问卷为例,包括如下项目:① 组织对员工的责任(即你认为组织在多大程度上有责任和义务为你提供以下内容:有吸引力的福利计划、公平对待、相对稳定的工作、对我的绩效进行反馈、培训、领导)。② 员工对组织的责任(即你认为自己在多大程度上有责任和义务为组织提供以下内容:主动去做工作说明书之外的工作;发展必要的技能从而做好本职工作;出色可靠地完成自己的工作;忠诚地对待组织;如果工作需要,可以加班加点;尊重组织的各项规章制度等)。

心理契约科学化管理应该坚持的几项原则:

(1) 明确组织与员工双方的期望要求和条件,彼此清清楚楚。

(2) 双方应有充分诚意与信任感,要相信与理解对方,要有踏踏实实感觉和感受。

(3) 要坚持组织与员工双方相互盈利的原则,大家都有快乐情绪。

(4) 坚持利益、责任与义务平衡,要建立长期与短期心理签约相结合,协调发展关系。

(5) 做到感情化管理,重视员工三种心理目标(即个人生存目标、社会关系目标与自我发展目标)和组织目标的平衡和谐发展。

二、组织承诺

组织承诺(organizational commitment)是员工对组织与组织目标的认同,以及员工对义务与责任自觉承担的程度。美国学者鲁森斯认为:组织承诺是保持一个特定组织成员身份的一种强烈期望,表现员工多为组织工作,以及对组织的价值观和组织目标的明确信任和接受。组织承诺反映了员工对组织的忠诚、认同、投入与自觉自愿奉献的程度。毕克(Becker,1960)的"单方投入理论"指出:随着员工在时间和精力,甚至在金钱上对组织投入的增加,从而越来越不愿意离开组织。

加拿大学者梅耶与艾伦(Meyer&Allen,1984,1990)对以前的研究进行分析,提出了组织承诺的三个维度:持续承诺、规范承诺和感情承诺。持续承诺与毕克的观点一致,即指员工愿意持续留在组织并保持自己在组织中的地位;规范承诺是员工愿意为组织工作主要是由于行为规范的约束,感到自己必须这样做才能符合规范的要求;感情承诺即员工为组织努力工作,对企业忠诚完全是出于对组织的感情,而非物质利益的吸引。

我国学者张治灿(1998)和凌文辁(2001,2002)在梅耶与艾伦研究基础上提出组织承诺的五因素观点,认为中国员工的组织承诺由感情承诺、规范承诺、理想承诺、经济承诺和机会承诺五个因素构成,这对于指导我国企业员工的管理实践具有更加现实的意义。

心理契约与组织承诺的关系来看,员工的心理契约构成了组织承诺的深层次基础。心理契约是以组织承诺的内在根源而存在的。

组织承诺研究对管理有重要的启示作用,具体如下:

(1)能够促进管理者感情投入、关心与爱戴员工,有利于实现员工第一的人性化管理。

(2)使管理者与员工都更加重视组织内部的职业生涯管理,重视对员工、管理者进行以价值观为基础的职业指导和发展培训,支持员工、管理者的自我发展、成长与自我实现。

(3)充分信任员工、下属,确保组织的开放、民主与公平。

(4)了解管理者、员工对组织承诺的状况。

(5)有利于营造组织成员(管理者与员工)和谐的归属感、团队感、社区感。

(6)有利于提升组织和员工之间的组织承诺与忠诚管理的水平。

三、组织忠诚[①]

忠诚管理的概念。忠诚是一个有着悠久历史的人文概念,它包含成员对某一组织的高度认同、高度情感热爱与喜欢以及行为接纳与关爱相统一的态度。忠诚管理是关注生产性因素的同时,更把重点投向有创造价值的人格因素方面,是在前期生产性因素的基础上整合了后期人本因素的观念并加以发展的结果。现在忠诚管理越来越显示其优势。企业用价值浇灌忠诚,也享受忠诚管理给企业带来的更大的价值。

贝恩策略顾问公司经过十多年的跟踪研究,发现员工的忠诚对组织有招聘、培训、选择、客户服务、留住顾客、向客户推荐本公司、向公司推荐员工等七个方面的突出贡献。

对员工忠诚管理的策略主要有:① 对员工适度授权;② 公平的评价;③ 合适的企业文化建设;④ 尊重人才,人尽其才;⑤ 良好的待遇与激励;⑥ 给员工表达情绪与合理宣泄情绪的机会。

培训忠诚的方法。布雷希特在《用心管理》一书中提到,员工需要的东西有三个:即有意义的工作、有机会在影响到他们的决定上施一份力量、良好的人际关系。只有尊重员工的个性,才能达到真正信任的目的。布雷希特指出,信任模型是一座教堂,建立在四根大柱子上,这四根大柱就是公开、诚实、信赖以及尊重,并以贯彻执行作基础:① 公开是指和别人分享你的想法和感觉,同时也要倾听别人的想法和感觉。也就是以真心取代戒心。一旦大家都能彼此坦诚相待,信赖的关系就会更上一层楼。② 诚实是指给予别人真实、完整的回馈,不管是好、是坏。一般人都想要、也都需要知道自己在别人眼中是怎样的。③ 信赖是指做承诺和履行承诺。④ 尊重是指要做到人与人相处时不必说出的五点要求(即纯粹倾听,不带批评;接纳差异,不做指责;肯定别人独特的品格;多往好的方向去看;以关怀之心告诉别人你的真正想法)。一个管理者若能够做到这五点要求,便会觉得受到了尊重,也尊重了员工,使员工觉得得到了关怀。而如果能发挥这四大支柱——公开、诚实、信赖、尊重——那管理者和员工的关系便会走向高度的信任。只有这样,才是真正的忠诚管理。

---

① 刘勇、周琳著:现代企业管理心理与行为创新,中山大学出版社,2007年版,第35~40页。

忠诚管理付出的不仅仅是金钱。购买与培训员工的忠诚,需要科学的管理,管理者需要作出以下努力:

(1)要慎重选择员工。必须格外看中人的态度与价值观,选择"把服务当做快乐的人";

(2)要让员工看到未来。要得到员工的忠诚,企业与行政组织必须坚持自己的忠诚,企业与组织的忠诚往往表现在对成功的持续不断的追求和稳定有效的发展方面;

(3)要给出明确的方向,鼓励与奖励忠诚。稀里糊涂的晋升和部门调动会让员工迷失方向;

(4)要让员工满意。提供经济保障,尊重并相信员工,尊重他们的选择,更大程度地放权,适当的培训,适当的激励,经常交流。

第三节 职业倦怠、心理压力、情商管理与 EAP

一、职业倦怠与心理压力

(一)职业倦怠与心理压力的概念①

职业倦怠(job bornout)这一概念最早由费登伯格(Freudenberger)在1974年提出来的。他认为,职业倦怠是由于个体无法应付外界超出个人能量和资源的过度要求而产生的身心耗竭状态,是"过分努力去达到一些个人或社会的不切实际的期望"的结果。后来有人从压力角度分析,职业倦怠是指从业者因不能有效缓解由各种因素所造成的工作压力,或深感付出与回报不对等而表现出的对所从事职业的消极态度和行为;是指职业的行为主体在能力、体力和精力上不能满足外界的要求,无法应对环境的压力而产生的体能和身心疲劳与耗竭状态;是指由职业压力引起的以身心极度疲惫为标志的综合反应症状。国外的大量研究资料也表明:职业倦怠最容易发生在助人行业的从业者身上,是一种最容易在助人行业中出现的情绪性耗竭的症状。

综上所述,职业倦怠可以定义为个体因不能有效地缓解工作压力或妥善处理工作中的挫折所形成的一种情绪衰竭、人格解体(分离)、个人成就感下降、身心疲惫的综合症状。它是一种由工作与职业引发的"心理枯竭"现象,是上班族在工作的重压之下所体验到的身心疲惫、能量被耗尽的感觉,这和肉体的疲倦劳累是不一样的,而是缘自心理的疲乏。其典型特征是工作满意度低、工作热情和兴趣的丧失,以及情感的疏离、冷漠与人格的解体等。职业倦怠带来的不良情绪直接导致的后果是高旷工、低效率,还会造成同事关系恶化、社会与家庭问题凸显,以及个人身心健康问题严重等一系列连锁反应。职业倦怠会给组织带来极大的麻烦,工作没有激情,反应迟钝,消极怠工,经常迟到,容易和同事发生口角等。

职业倦怠与心理压力相关。压力(stress)与心理紧张、应激是同义语。当人们参加一次艰难的应聘考试时,生产中任务太重、时间太紧、难度过大以及突发事件与事故发生时,遭遇重大险情(火警、地震、猛兽、坏人等)时,会感到焦虑、紧张与害怕,会产生心跳加速、肠胃收缩、血压升高等一系列生理变化,以应付紧急事件和情境。以上所有这些,当人们认知到威胁或者无法应付的危险、挫折与紧急情境时,所产生的生理、心理(精神与情绪)、行为上的体验、感受和紧张反应就是很强的心理压力或应激。

---

① [美]安德鲁·杜布林著,王佳艺译:心理学与工作,中国人民大学出版社,2007年版,第152~166页。

安德鲁·杜布林(A.J.Dubrin)认为,"长期经受压力,就会精疲力竭(burnout)。工作压力的症状和后果可以分为四大类:生理症状(心率加快、血压升高、血糖增多、血黏度增加。压力持续就可以发生包括心脏病突发、中风、过度紧张、有害胆固醇水平增高、偏头痛、皮疹、肿瘤、过敏和肠炎等);心理症状(紧张、焦虑、情绪低落、烦躁、抱怨、疲劳、绝望以及防御性的想法和行为);行为症状(精疲力竭是压力造成的一种极端的行为后果,包括易怒、焦躁、暴饮、暴食或厌食,频繁抽烟、喝咖啡、饮酒甚至吸毒,失眠与疯狂举动,工作吹毛求疵、冷淡行为、早下班、恶劣对待顾客和病人等);工作绩效(降低工作绩效)"①。

加拿大著名学者谢尔耶(H.Selye)最早提出了系统的应激学说。他认为应激是人或动物对环境刺激的一种反应。而能引起紧张状态的刺激都伴有一系列非特异性的生物学变化,称为适应性综合症。应激包括警戒、抵抗和衰竭三个阶段。警戒反应即生物有机体自身会动员起来进行适应性的防御反应,也称动员阶段。所谓抵抗阶段是指机体在肾上腺素分泌增加以后,就会出现心律和呼吸加快、血压升高、血糖含量增加等变化,这样能充分动员体内的潜能应付环境变化刺激的威胁,所以抵抗阶段也称抵御反应期。所谓衰竭阶段是指紧张刺激所致的威胁继续存在或躯体仍然像存在着威胁那样进行反应,抵御就会持续下去,于是机体的适应能力可能耗尽,最后出现崩溃,导致疾病发生,故衰竭期也称适应性疾病发生期。

(二)职业倦怠与心理压力的原因

马斯勒奇等(Maslach,1997)把对工作上长期的情绪及人际应激源做出反应而产生的心理综合征称为职业倦怠,并提出职业倦怠的工作匹配理论。其研究表明,职业倦怠由情绪衰竭(emotional exhaustion)、去人性化(depersonalization)、个人成就感降低(diminished personal accomplishment)等三个维度构成。他们用职业倦怠与工作匹配理论分析了职业倦怠产生的原因:认为当员工与工作负荷不匹配(工作过量与超负荷)、控制感不匹配(员工个体对工作资源没有足够的控制权)、报酬不匹配(经济报酬与生活报酬不能令人满意)、团体不匹配(员工不能与周围同事建立良好关系,或与社会缺乏联系)、公平不匹配(工作量、报酬或升迁机会不公平所引起的情绪衰竭)、价值观不匹配(员工个人不认同组织的价值观)等,会产生不同程度的职业倦怠。②

紧张状态的交互作用理论提出了新观点来解释心理压力,认为紧张状态是通过人与其环境之间存在的特定关系而发生的,而这种特定关系是一种复杂的动力体系。心理活动(包括情绪、动机和认知过程)则在其中起着关键作用,同时还特别重视个体在紧张情境中的反馈作用。这种理论认为心理在外部世界中和自身思想感情过程中体验到紧张源才有警戒反应发生。紧张源有生理的、心理的、社会的和文化的四种类型。人的心理把刺激识别为紧张源有三种水平:其一是潜在的紧张源,即发生在潜意识中的紧张源;其二是未被注意的紧张源,即发生在无意识中容易受意识支配的紧张源;其三是显而易见的、能清晰意识的紧张源。这种理论认为人的紧张状态与人的外部和内部的要求与需要有关。因此,人对这些要求的认知,以及满足这些要求的能力的认知是形成紧张状态的根源所在。如果在需要与能力的知觉之间出现不平衡,就意味着紧张状态的产生。由于认知因素的存在和人的人格特征的不同而形成的个体差异,使机体自身的变量变化多端,并引起一系列复杂的生理、心理反应。如果这种变化是短暂的,不平稳状态可以很快

---

① [美]安德鲁·杜布林著,王佳艺译:心理学与工作,中国人民大学出版社,2007年版,第152~154页。
② 王美绪编著:图解心理学,南海出版公司,2008年版,第260页。

得到调整,紧张状态就不会出现,即使出现了也会很快消除。如果不平衡状态十分强烈或持续时间很长,则不可避免地会产生紧张状态,以致造成心理或生理机能的崩溃。①

安德鲁·杜布林认为"有四种人格特质会让人陷入工作压力饱受煎熬,它们分别是:A 型行为或性格(苛刻的、烦躁的以及过分努力的)、消极情绪(悲观)、知觉性控制能力低下(个人认识到自己能够控制事态负面影响的能力低下)以及自我效能感低下"。她还分析了工作压力的五种主要来源:重大的人生或工作变故(丧偶、离婚、分居、入狱、亲人亡故……被解雇等),角色冲突和角色模糊,角色负担过重或过轻,工作缺乏安全感和失业,恶劣的环境条件、工作中的灾难(包括枪杀事件、伤亡事件、化学与核泄漏、爆炸等)。②

罗宾斯的压力理论模型提出了环境因素(经济不确定性、政治不确定性、技术不确定性)、组织因素(任务要求、角色要求、人际要求、组织结构、领导风格、组织生命周期)、个人因素(家庭问题、经济问题、个性特点)的潜在压力源;这些因素是否导致员工压力感的形成,依赖于个体之间的差异性(含工作检验、态度、价值观、人格特征以及认知系统和认知方式等);压力反应则包括生理症状、心理症状和行为反应。③

(三) 职业倦怠与心理压力的缓解

(1) 改变产生职业倦怠的应激源:管理者要给予员工更多的人本关怀,营造宽松的环境与和谐组织气氛,倡导良性的竞争,适度的工作压力,以及公平的激励措施等。

(2) 提升自我效能感水平,改善自我的应激能力:通过培训提高员工的能力与技术水平,帮助他们提升认识自我与提高自我调控的能力与水平,寻找合适的应对倦怠与心理压力的方式。

(3) 重视情商管理,建立 EAP 系统,开展员工帮助计划(即员工心理援助项目、全员心理管理活动)。

二、情商管理

(一) 情商的概念

高经济增长与生产力发展,以及全球化激烈竞争的时代,人们除重视智力与创造力在管理中的作用之外,也越来越重视情绪智力(Emotional Intelligence,EI)的作用。情绪智力又称情感智力、情感智慧或情绪智能,可以用情绪商数(EQ)来表示,是由美国耶鲁大学心理学家沙洛维和新罕布什尔大学的梅耶(P. Salovery & J. Mayer)在 1990 年提出来的。他们认为情商是指个体控制和调节自身情绪体验的能力。美国著名心理学家丹尼尔·戈尔曼(Daniel Goleman)的《EQ》一书提出,一个人的成功,只有 20% 是靠 IQ,而 80% 则是凭借 EQ。现在,很多国际知名的大公司在录取一些关键职位时,都要采用 EQ 测试。正确的 EQ 管理理念是用科学的、人性的态度和技巧来管理人们的情绪,善于应用情绪带来的正面价值与意义来帮助人们在管理、工作于事业中获得成功。

情商的具体心理内容包括:① 情绪的知觉、评价与表达能力。② 思维过程中的情绪促进能力(含情绪思维的引导力;情绪判断与记忆的积极作用能力;心境起伏与积极消极变化时,促使

---

① 程正方主编:现代管理心理学,北京师范大学出版社,2009 年版,第 455 页。
② [美]安德鲁·杜布林著,王佳艺译:心理学与工作,中国人民大学出版社,2007 年版,第 155~161 页。
③ 斯蒂芬·P·罗宾斯等著,李原、孙健敏译:组织行为学(第 12 版),中国人民大学出版社,2008 年版,第 570 页。

个体从多方面思考的能力;情绪状态对特定问题解决所具有的促进能力)。③ 理解与分析情绪可获得情绪知识的能力(含认识情绪与语言表达之间的关系的能力;理解情绪所传送意义的能力;认识和分析情绪产生原因的能力;理解复杂心情的能力)。④ 对情绪进行成熟调节的能力(含以开放的心情接受各种情绪的能力;根据所获得的信息与判断,成熟地进入或离开某种情绪的能力;成熟地监察自己与他人有关情绪的能力)。

后来,有人又将情商(EQ)扩展为五个方面:① 即对自身情绪的认识能力;② 调控与管理自己情绪的能力;③ 认识他人情绪的能力;④ 调控与管理他人情绪的能力;⑤ 协调与处理人际关系的能力。这样情商(情绪智力)就包括:自我意识、自我控制和自我激励、移情能力(即对别人的情感构成所具有的一种理解能力,能够根据别人的情感反应来待人接物的一种技能)、社交技巧(即精通于建立人际关系网和管理社会关系,发现别人与自己的共同之处并与其建立友好关系的能力)等。

(二) 情商管理与情绪调节

首先,要以情商来提升领导者的亲和力、影响力和领导力。戈尔曼曾对全球15家著名公司的高层管理者进行研究,发现平凡领导人与顶尖领导人的差异,主要在于情绪智能。领导者的影响力除强制性的权力因素外,主要是非权力影响力因素(品德、才能、知识、感情)的作用。而情感智能在众多非权力影响力因素中,有更重要的吸引力、亲和力和影响力。

其次,领导要重视提升全员的情商水平,协调人际关系,营造和谐团队与组织气氛,以情商来促进团队与组织的绩效。领导要重视与设立合适于有效的情感标准,并通过领导与管理者自身情感智力来影响与感染整个团队或者公司的情感氛围;新招聘的员工,要有合适的素质标准和情感智能要求;要通过各种形式的培训(含全员培训、骨干培训与管理层次的培训),来提升全体员工的情商水平。

再次,要将EAP服务系统的建立完善与情商的管理紧密联系起来。除有专家与专门机构做缓解压力,疏导情绪,亲和关系的工作之外,更需要每个员工积极参与,在提升情商水平的基础上,管理与调控好自己与他人的情绪。情绪的调控与管理包括:正负情绪的调节;情绪的激活与降低(唤醒水平高低调节,含压制、削弱、掩盖和维持、增强);情绪成分(含情绪系统各成分及情绪之外的认知、行为)的调节;情绪的内部(个人生理、心理、行为)调节与外部(个体的人际、社会、文化、自然等环境因素)的调节。

情绪调节的基本过程包括:① 生理调节,是运用生物反馈方法进行生理唤醒水平的调节。② 情绪体验的调节,即指不同的情绪采取不同策略:如愤怒情绪可采取冷静理智、解决问题、避免激化矛盾的方法,悲伤情绪采取求助与节哀的方法,伤感情绪采取阳光心态与回避伤感刺激的方法等。③ 行为调节,如抑制和掩盖不适当情绪表达,呈现适当的有效控制行为的交流信号,采用积极的与平和的心态来控制行为。④ 认知调节,包括知觉或再唤醒需要调节的情绪;解释原因和认识改变的方式与途径;作出改变决定和设定目标;调节反应;评价;将调节付诸实践。⑤ 和谐人际关系的调节,是指宏观社会环境与微观外部环境的调节等。

(三) 消极情绪调控的具体方法

首先,要认识思维(认知)方式是负面情绪产生的一个重要根源。要认识自己身上存在哪些不合理的思维(认知)方式;要深刻认识到诸如非此即彼、绝对正确与错误、以偏概全、主观主义、胡乱猜测、仓促结论、消极悲观、完美主义等不合理思维(认知)方式与行为模式的危害性,并下决心改变它。

其次,改变不合理的思维(认知)方式,应从如下几个方面切入着手:① 要用全面、本质和辩证发展的观点与实事求是的态度来分析与认识问题;② 要合理地采用多种思维方式,改变单一的思维模式;③ 要从积极的乐观方面来考虑与处理问题——多采用积极思维、正向思维、利导思维,避免采用消极悲观的思维模式。

再有,根据不同的负面情绪体验,采用多种具体方法来调节不良情绪的:① 用合理释放与有效宣泄的方法来调节愤怒与悲伤情绪;② 采用注意与活动转移方法,来摆脱负面情绪;③ 用自我安慰与防卫的合理理由法化解负面情绪的困扰;④ 采用化悲痛为动力,变消极为积极的艺术升华法;⑤ 用理智战胜负面情绪的理智消解法;⑥ 心态平和、与世无争,以及心理境界高远的悟性方法等。

三、EAP(员工帮助计划)①②③

(一) EAP 的概述

EAP(Employee Assistance Program),直译为员工帮助计划,又称员工心理援助项目、全员心理管理技术。它是由企业为员工设置的一套系统的、长期的福利与支持项目。通过专业人员对组织的诊断、建议和对员工及其直系亲属提供专业指导、培训和咨询,旨在帮助解决员工及其家庭成员的各种心理和行为问题,提高员工在企业中的工作绩效。简而言之,EAP 是企业用于管理和解决员工个人问题,从而提高员工与企业绩效的有效机制。

EAP 不仅仅是员工的一种福利,同时也是对管理层提供的福利。因为在行为科学的基础上,员工心理援助专家可以为员工和企业提供战略性的心理咨询、确认并解决问题,以创造一个有效、健康的工作环境。通过对员工的辅导,对组织环境的分析,帮助处理员工关系的死角,削除可能影响员工绩效的各方面因素,进而增加组织的凝聚力,提升公司形象。他帮助识别员工所关心的问题,并且给予解答,这些问题会影响到员工的工作表现,同时影响到整个组织机构业绩目标的实现。

EAP 是运用心理学、社会学、医学和管理学等学科的理论知识和技术方法解决组织与员工诸多问题的有效方法之一。它在企业、政府、学校等诸多领域中已被广泛应用。在国外,EAP 起始于 20 世纪四五十年代,最初的对象是二战老兵。在美国,EAP 的发展与六七十年代的酗酒、吸毒和药物滥用问题密切相关,后来家庭暴力、离婚、角色精神抑郁等问题越来越严重影响了员工的生产效率。为了帮助员工克服这些不良行为习惯对公司的影响,企业主们想到了通过行为纠正的方法来帮助员工纠正这些成瘾行为。可见,EAP 是一门随着社会变迁而发展较快的学科,不仅缘于为其提供理论和技术支撑的心理学等诸多学科研究成果的持续更新,也缘于社会、文化、经济等时代背景所导致的组织和员工层面需求的变化,促使 EAP 的内涵和外延进行着适应性调整。

到 20 世纪 80 年代 EAP 被引入欧洲及其他地区,并在英国、加拿大、澳大利亚等发达国家有

---

① 刘勇、周琳著:现代企业管理心理与行为创新,中山大学出版社,2007 年版,第 226~230 页。
② 张西超:员工帮助计划:中国 EAP 的理论与实践,中国社会科学出版社,2009 年版,第 5 页。
③ 国研网:Copyright ©1998—2009. DRCNet. All Rights Reserved.

了长足的发展与应用。目前世界500强中,有90%以上建立了EAP。美国有将近四分之一企业的员工享受EAP服务。2004年8月在北京华中饭店举办了中国首届EAP大会并成立了中国EAP协会。随着经济全球化、一体化的步伐加快,我国也开始了对EAP全球化发展的关注,从2007年—2009年在北京连续举办了三届国际EAP培训班。另外,"惠普"、"摩托罗拉"、"思科"、"阿尔卡特"、"诺基亚"、"爱立信"、"北电网络"、"可口可乐"、"杜邦"、"宝洁"和"亨斯曼"等一大批外商投资企业,尤其是IT行业的外企纷纷开始启动它们在中国境内的EAP项目。虽然,一些外企采用内部的EAP服务模式,即由公司内部的EAP专门人员来提供或协调相关的服务,但是为了绝对保障员工的个人隐私性,大多数企业采用的是由外部专业机构来提供EAP服务的模式。国外的EAP服务机构也因此开始进入中国市场。如在亚太地区比较活跃的澳大利亚国际心理服务有限公司等。有的EAP服务公司采用诸如电话等远程服务方式直接从国外向在中国境内的员工提供服务。

(二) EAP在管理中的应用

EAP的服务模式和内容包括:工作压力的应对、心理健康的维护与增进、职业心理健康的维护与职业问题的干预、灾难事件处理与心理危机的干预、安全事故的预防、职业生涯困扰问题的解决与职业生涯规划、快乐的职业生涯发展、有效的沟通理念和技术、人际关系改善、婚姻家庭问题、健康生活方式、法律纠纷、理财问题、减肥和饮食紊乱,全方位帮助员工解决个人问题。完整的EAP服务还包括:压力评估、组织改变、宣传推广、教育培训、压力咨询等多项内容。

具体地说,EAP服务模式可以分成三个部分:① 对造成问题的外部压力源本身的处理,即减少或消除不适当的管理和环境因素,构建宽松的管理环境与营造和谐的组织气氛;② 处理压力所造成的反应,即情绪、行为及生理等方面症状的缓解和疏导,对员工进行直接有效的支持帮助和咨询辅导;③ 帮助改变个体自身的弱点,即通过有效与针对性地教育培训支持与帮助计划,改变员工不合理的信念、行为模式和生活方式等。

EAP服务通过帮助员工缓解工作压力、改善工作情绪、提高工作积极性、增强员工自信心、有效处理同事/客户关系、迅速适应新的环境、克服不良嗜好等,使企业在节省招聘费用、节省培训开支、减少错误解聘、提高组织的公众形象、改善组织气氛、提高员工士气、改进生产管理等方面获得很大收益。

EAP服务的具体流程有:① 为员工提供咨询与服务:包括管理员工问题、改善工作环境;员工工作业绩改进、培训和帮助;并向所有的组织成员,包括领导者、管理者及员工家属提供有关EAP服务的教育。② 问题的觉察与评估:对问题提供保密和及时的觉察和评估服务,以保证员工个人问题不会对他们的业绩表现产生负面影响。③ 使用EAP的建设性技术:运用建设性的对话、激励和短期的心理干预技术等,使得那些影响员工业绩表现的个人问题得以解决,并帮助他们掌握改善的方法。④ 转介服务:转介员工到能够提供有效帮助的EAP内部或外部机构,以获得医学治疗、心理咨询、支持帮助、转介和跟踪。⑤ 为组织机构提供咨询:为组织提供咨询,帮助他们与EAP服务提供商(如提供治疗、管理和经营的服务商业服务机构)建立和保持有效的工作关系。⑥ EAP矫正和治疗:在组织中进行咨询,使得组织政策的覆盖面涉及对酗酒、药物滥用以及诸如精神和心理紊乱的医学或行为问题进行的医学干预和心理治疗。随后,促使员工有效运用这些方面。⑦ 确认EAP服务的有效性与效果评估,主要在四个层面进行:EAP的使用和服务满意度;对个人问题改变与改进的影响;对组织有效运行的影响;EAP投资回报率的分析。

如何在企业和各级组织中推进EAP服务与管理还应注意如下几点：

首先,应开展国际性与本土化相结合的EAP培训、交流与研究。2004年中国EAP协会成立以来,已经在高校、企业和各级管理组织与机构进行了较为广泛培训、交流、推广和研究。2007年国际CEAP认证培训项目正式引入我国;2008年结合企业和EAP发展与研究的需要,又进行了培训,推进了我国EAP的本土化进程。2009年又针对各类危机中的问题进行了培训与研究。这些活动对推进我国EAP的服务与管理起了极大的促进作用。

其次,争取各级组织结构的高层次管理人员与研究人员的认同、支持,并开展有效的EAP活动。EAP在企业及各级组织有效与顺利地实施,需要高层次管理人员的认同与支持。要充分认识EAP是现代企业人力资源管理的重要手段,是企业高层管理节约运营成本,提高组织绩效,促进组织有效发展的最佳途径之一;是心理咨询人员进行有效的心理咨询辅导,开拓心理咨询服务市场的最有效工具;也是党政干部思想工作与管理工作科学化的最佳动力。

再次,应通过各种形式的宣传与推广活动,使员工认同与接受EAP,并参与EAP的服务与管理活动。要有针对性的做思想帮助与说服工作,解决员工中认为心理问题不算病与心理病难以启齿的问题、担心自己的隐私被别人知道,以及认为采用EAP会被别人认为不正常等问题。在员工援助计划执行的初期,聘请外部专家咨询服务,对打消隐私被扩散的顾虑与增强对EAP的信任度是有利的。随着EAP活动的深入,可由内部专业人员取代外部专家。

最后,随着EAP的深入开展,应逐渐将其纳入企业的管理体系,并明确规定EAP在企业如何正常地运行和执行:① 明确EAP在企业的作用和目的;② 构建EAP的运行流程;③ 制定员工援助计划的评估指标和方法;④ 建立良好的监督和反馈机制,保障EAP能达到最初制定的目标;⑤ EAP要与企业的文化建设联系起来,提出有针对性的与有效的改进措施与手段,从而保证EAP健康、持续、有效的开展与发展。

思考题

1. 什么是态度与工作满意度？研究工作态度与满意度有何作用？
2. 影响工作态度的因素有哪些？
3. 什么是心理契约？心理契约的构成因素与内容有哪些？
4. 心理契约有哪些类型？如何进行心理契约的有效管理？
5. 什么是组织承诺与组织忠诚？组织承诺的主要维度有哪些？如何有效管理和应用？
6. 什么是职业倦怠与心理压力？如何缓解职业倦怠与心理压力？
7. 什么是情商？怎样进行情商管理与情绪调节？
8. 什么是EAP？其服务内容与流程有哪些？

第三篇　团体心理与管理

第七章　团体行为与管理[①]

一个人不能孤立地生活在社会之中,他总是生活在某一个团体之中,团体的形态与状况、团体的心理特点、团体的社会心理气氛、团体的规范、团体的沟通及人际关系、团体的竞争与合作等,对团体的每个成员及团体的生产效率有很大的影响,所以团体的心理行为是管理心理学的重要课题。

第一节　团体与团队概述

一、什么是团体、工作团体与工作团队

团体是通过人们彼此之间相互交往、相互联系、相互影响,而形成的为达到共同的目标,满足共同的需要,以一定的社会活动方式和一定的社会规范联系在一起的一种组织的集体形态。那些萍水相逢,偶然汇集在一起的人群,虽然在时间、空间甚至某种目标上有某些共同的特点,但他们之间在心理上没有什么相互影响、相互作用,因此不是团体。我们既不能以人数多少作为划分团体与组织的界限,例如,候车室(站)的乘客、影剧院的观众、排队购货的顾客及参加某项活动的宾客等人数都不少,但称不上团体,他们只是一些人群集合体。也不能以工作性质相同与否为依据,因为同样工作性质的人可能不在同一个团体,不同工种的人也可能同在一个团体之中。

分析团体所具有的一些特征可以区分团体与集合体的界限,从而揭示团体的实质。团体的主要特征是:① 团体内部各成员之间相互依赖、相互联系,在心理上相互意识到对方;② 团体各成员之间,通过活动与交互作用,在心理上和行为上能彼此影响;③ 团体各成员在情感上有"我们同属一个群体"的感受。

由个体构成团体并维系团体生存与发展的基本条件是:① 团体成员有共同的目标。这些目标能被团体成员清晰地意识到,并且由团体成员合作来实现;② 为了实现团体目标,团体必须有共同遵守的规范和规则;③ 团体要满足各个成员的归属感,每个成员都意识到其他成员的存在,也意识到成员之间有互动作用、相互依存、有感情联系;④ 团体有一定的结构,每个成员有一定

[①] 改引自程正方主编:现代管理心理学(第4版),北京师范大学出版社,2009年版,第217~256页。

的地位,扮演一定角色,执行一定的任务,有一定的权利与义务;⑤ 团体成员之间有工作、信息、思想、感情上的沟通与交流等。

前苏联心理学学者将团体分为松散的团体、联合体和集体三种形态。强调集体是团体的最高形式。他们认为集体必须具有以下特征:① 集体是符合社会意义的有一定目的和任务的个人集合体,集体是一种紧密联系的团体;② 集体有组织机构和领导人员;③ 集体成员心理上团结一致,能有效地解决具有社会意义的任务,能建立稳定性和互助性的关系;④ 有集体成员必须共同遵守的规范、原则和组织纪律性。

美国学者罗宾斯(S. P. Robbins)将团体区分为工作团体(work group)和工作团队(work teem)。前者是通过成员相互作用,来共享信息做出决策,帮助每个成员更好地承担自己的责任,其绩效仅仅是每个成员个人贡献的总和,如同田径队似的团体;后者是通过其成员共同努力能够产生积极的协调作用,其团体成员的共同努力结果使团队绩效水平大于个体成员绩效的总和,如同一支训练有素的足球队。工作团体与工作团队有明显区别:两者在目标上,前者是信息共享强调个人目标,后者是团队绩效与团体目标;在相互协调性上,前者差,后者高度协调;在责任上,前者强调个体化责任,后者有个体化与团队两种责任;在技能上,前者是随机与不同的,后者是相互补充的技能。①

有效团队形成不是自发的。团队经历的发展阶段包括:初步形成阶段(理解目标,开发实施过程)、震荡阶段(矛盾逐渐显现)、规范阶段(分享信息,接受不同选择、积极进行一些需要妥协的决策)、运行阶段(熟练并有效地达到目标)、休整阶段(工作行为结束后的休整期)。②

二、团体的种类

(一)正式团体和非正式团体

根据构成团体的原则、方式和团体结构不同,可以把团体分为正式和非正式两种。梅奥最早提出了与正式团体不同的非正式团体的概念。正式团体是由组织正式设立并有明文规定的团体。这种团体是为了完成一定的任务,达到组织的特殊目标而设立的。团体成员有固定的编制,有明确的分工,有正式规章制度和行为规范,都要承担规定的职责和义务,有组织任命或民主选举的领导者,有确定的上下级关系。例如工厂的车间、班组、科室,机关的科、处、办公室等,都是正式团体。非正式团体是人们在相互交往中自发形成的,没有正式组织程序和明文规定的团体。这是由一些性格相投、志趣相同、信念一致、感情亲近、关系密切的个体集合而成。例如志趣相投的亲密朋友、志同道合的伙伴、关系密切的同乡、同学,乃至犯罪团伙等均属于非正式团体。

非正式团体形成的主要原因有:① 价值观念的一致性。价值观念相同的人,对事物往往有共同的看法,有共同的追求,有相似的生活目的,他们之间志同道合而形成非正式团体。② 利益的一致性。有共同利害关系的人,为了实现共同的利益,容易形成非正式团体。③ 兴趣爱好、个性特点的一致性。有共同兴趣爱好的人,很快就能找到共同语言和共同活动,形成非正式团体;性格相投、脾气相近的人,彼此之间容易被理解,愿意交往而形成非正式团体;性格、脾气不同的人,如果彼此之间存在心理上的互补性,也愿意在一起相处,形成非正式团体。④ 相似的经历和

---

① 斯蒂芬·P·罗宾斯著,李原、孙健敏译:组织行为学(第12版),中国人民大学出版社,2008年版,第283页。
② D·赫尔雷格尔等著,俞文钊等译:组织行为学(第九版),华东师范大学出版社,2001年版,第362～367页。

背景。社会背景和个人经历相似的人,有较多的共同语言和感受,容易产生心理相容,形成非正式团体。

非正式团体的类型:① 根据形成原因,可以分为利益型、情感型、兴趣爱好型、信仰型、亲缘型团体等,美国社会心理学家里维斯(E. T. Reeves)则分为友谊、嗜好、工作、自卫、互利等类型。② 根据非正式团体的作用,可以分为积极型、消极型、破坏型与敌对型。③ 根据组成团体的成员不同,道尔顿(M. Dalton)分为垂直(纵向)型、横向(平行)型、随意型(来自各个部门单位成员)。④ 根据团体与组织的关系状况,塞利士(L. Sayles)分为冷淡、乖癖(时而良好,时而反叛)、策略、保守型。①

非正式团体的作用具有两重性:积极作用和消极作用。当非正式团体的组织结构、目标与正式团体相一致时,非正式团体能发挥积极作用,它能促进劳动生产率的提高,协调员工之间的人际关系,弥补正式团体的不足;当非正式团体的组织结构、目标与正式团体不一致时,非正式团体往往发挥消极作用,它能干扰正式团体的工作,阻碍组织目标的实现。

在正式团体中存在着非正式团体,这是客观事实。管理者应正确对待非正式团体,对非正式团体的管理应注意如下要点:

(1) 要正确认识非正式团体。非正式团体是客观存在的,不能禁止,也无法禁止。管理者应该掌握本单位组织内非正式团体的情况,如性质、形成原因、思想倾向、成员构成、领导人物、活动方式等,积极加以引导,发挥积极作用,限制消极作用。

(2) 要合理利用非正式团体为实现组织的目标服务。非正式团体成员之间感情密切、相互信任、凝聚力强、信息沟通快。管理者要充分利用非正式团体的这些特点,做好引导工作,调动他们的积极性,保证组织目标的实现。

(3) 对不同类型的非正式团体,要区别对待。对于积极型的非正式团体,如职工自发组织起来的学习组、研讨组、课题攻关组等,管理者应予以支持和保护;对于与正式团体目标不一致的消极型的非正式团体,应加强教育,积极引导;对于那些违法的、破坏型的非正式团体,如流氓、盗窃、赌博、走私、黑社会团体,以及非法的恐怖性团体等,应通过法律手段和程序予以取缔、打击。

(二) 假设团体和实际团体

实际团体是指实际存在的、团体成员之间有直接或间接联系的团体,包括大团体或小团体、正式团体或非正式团体、工作团体(指令式、任务型)或工作团队(质量圈与质量小组式的解决问题型、独立自主与民主和谐式的自我管理型、任务攻坚项目管理与委员会式的多功能型)等。

假设团体也叫"统计团体"、"样本团体"这是为了进行某项研究而划分出来的个体彼此没有实际接触的团体。假设团体可以根据不同的特征来划分,有年龄团体、性别团体、职业团体、民族团体、文化团体等。例如研究企业中各类人员的需要特点,可按工人、科室人员、技术员、干部分类调查;探讨成熟与不成熟的管理,可分别研究青年徒工、中年职工、老年职工的特点及管理措施。研究与统计中划分的青年、中年、老年、工人、科室人员、技术员、干部等都是假设团体。这是人们了解实际团体的行为特征和情况的一种重要手段。

(三) 固定性团体和临时性团体

固定性团体是长期存在的一种较为稳定的组织形态,如生产班组、工段或车间、学校班级等,

---

① 孔祥勇主编:管理心理学,高等教育出版社,2001年版,第163~165页。

其组织形态、团体结构相对稳定,一般多指正式团体。

临时性团体是指为完成某一临时任务而形成的团体,任务一旦完成,活动宣告结束,团体自行解散。临时性团体可能是正式的团体,如正式组织的临时参观团、技术攻关小组、技术鉴定组、临时突击队等;也可能是非正式的团体,如自愿结合组成的旅游团或排队购物的顾客自动组织编号,推选代表监督协商所形成的团体。临时性团体在企业管理中的作用也是不可忽视的。

(四)工作团队的类型①

问题解决团队是来自同一部门的 5~12 名计时工作的员工组成,每周用几小时时间会面,谈论产品质量、效率、改善工作环境等问题,交换看法、提出建议,不能单方面,而须统一地采取行动,如"质量圈"小组就是这一团队类型。

自我管理团队是由 10~15 人组成,成员间工作业绩相关或相互依赖性,承担了以前由主管承担责任的团体。

交叉功能团队是由来自同一等级但不同工作领域的员工,如设计、制造、采购等人员组成,他们为了完成一项任务而共同工作的团体。

虚拟团队是利用电脑技术把实际上分散的成员联系起来,以实现一个共同目标的工作团队。员工在"线上"进行合作等。

三、团体的功能

(一)团体对组织的作用

团体是组织结构的组成部分,其有利于团体与组织的决策,能完成特定的工作任务,来实现组织的总目标,这是团体对组织来说最重要的功能。一个组织为了有效地实现共同的总目标,必须分工合作,把任务划分为若干小目标,分层分级地分配给较小的单位去完成,团体的作用就是完成分配下来的特定任务,以保证组织总目标的实现。团体是产生新思想、新观念、新办法的手段,有利于促进复杂的决策;团体在各部门之间起联络作用,有利于形成"一条龙"流水作业;它也是有效解决问题,完成任务的途径和手段。

(二)团体对个体的作用

团体对每个个体成员来说,也有非常重要的作用,它可以满足成员个人的多种心理需要:

(1)满足成员的安全需要。员工通过加入团体,可以摆脱孤独、恐惧,获得心理上的支持、帮助与安全保护的心理感受。

(2)满足成员的归属需要和社会交往需要。团体可使成员有归属感并为其成员提供与他人沟通与交往的场所,能够满足成员的友谊、爱与被爱、团体的认同、团体参与等社会交往的需要。

(3)满足成员的成就感和自我实现的需要,以及责任感和尊重的需要。团体可以为成员提供施展才干的舞台,有助于个人与团队创造成就的发挥,以及自我实现需要的满足。这样也给成员带来荣誉、名望、成就感,通过所归属的团体说明自己的地位和价值,也可以增强其责任感,满足他们尊重的需要。

(4)增强成员的信心和力量。"人多力量大","团结就是力量","团队的力量,往往要大于个体力量相加之总和"。在团体中,由于能得到团体及其他成员的帮助和支持,成员之间团结一

---

① 斯蒂芬·P·罗宾斯著,李原、孙健敏译:组织行为学(第 12 版),中国人民大学出版社,2008 年版,第 284~286 页。

致,能够增强战胜困难的勇气,增强完成任务与实现目标的信心和力量。

总之,团体能影响个人产生认同感、归属感、安全感、成就感、责任感,以及尊重、竞争与合作、激励等认知、情感和行为意向动力。

(三) 团体影响的行为效应(作用)

个人在团体中的行为,往往会受到其到整个团体及其他成员的影响,不同于其在单独情况下的行为方式。团体影响的行为效应主要有:

1. 社会助长效应

社会助长效应是指由于团体其他成员在场,消除了单调情境,激发了工作动机,从而提高了工作效率。如从事简单而熟练的工作,许多人在一起工作比一个人单独工作的效率要高。心理学家的研究证实了这点。扎琼克(R. B. Zajonc)在1965年通过研究提出,社会助长作用的原因在于,他人在场增加了人们的内驱力。弗里德曼(J. L. Freedman)等进一步解释,他人在场之所以能够引起内驱力的增加,是因为它唤起了人们的竞争和被评价意识。心理学家通过实验研究还证明,对于容易的工作,他人在场有明显的社会助长作用,对于比较复杂、需要集中精力独立思考的工作,他人在场往往会起到相反的干扰作用。当然,如果团体成员相互依附,有共同的目标,并且有自由沟通的机会,则许多人在一起也能收到相互激励、相互启发、创造新观念的效果。可见,是否有助长与助长的效应大小,也因人而异,因环境不同而权变的。

2. 社会标准化倾向

人们在单独情境下个体差异很大,而在团体中,由于有行为的常模和团体规范的制约和影响,个体行为差异明显变小,使大家对事物有大体一致的看法,对工作有一定标准。这种团体成员的行为趋向同一标准的倾向,称为社会标准化倾向。在霍桑实验中,发现不同团体各自有其行为的常模,如对于生产速度都有一定的标准。这种团体的常模,通常是由团体成员公认并自然形成的,与组织要求的标准并不一定相符,但团体成员一般都以这种常模约束自己,成为个人行为的规范,谁违反了就要受到惩罚。

社会心理学家费斯汀格、奥尔波特等还提出"去个性化"现象,他们认为有时,一个人单独活动时,个性化倾向更明显,而在团体中,有个体意识弱化与消退的"去个性化"倾向。这也可以解释"社会标准化倾向"产生的一个原因。

3. 社会顾虑倾向

社会顾虑倾向也称社会干扰现象,指个人在大众面前,由于心理不自在,其行为表现拘谨,反应效果下降的现象。如在大庭广众面前,当众上台讲演或当众表演节目等,常常表现出的不自在现象。一般来说,这种倾向在性格内向、行为拘谨的人身上表现更为明显;在没有把握或难度较大的工作任务面前,也常有这种情形;初到新的环境,与其他成员不熟悉时,也可能出现这种情况。

4. 社会惰化现象

社会惰化现象即指与一个人单独工作相比,当人们作为团体的一个成员工作时,其工作动机、努力水平、个人责任与工作绩效有可能下降的趋势。平常人们说的"一个和尚挑水喝,两个和尚抬水喝,三个和尚没水喝"就是典型的社会惰化现象。这也是责任扩散原因所致。

5. 极化现象与责任扩散效应

极化现象即指与个人单独决策相比,团体决策可能会出现更加冒险与更加保守的倾向。其原因有多种,最主要是责任扩散,把自己应负的责任分散给其他成员所致。

6. 从众行为倾向

从众行为倾向是指个人在团体中,不知不觉地受到团体压力的影响,促使其行为与团体行为相一致的现象。在本章第二节中还要详细介绍。

第二节 团体的凝聚力、士气、规范、压力和高效率

一、团体的凝聚力

(一) 什么是团体的凝聚力

团体的凝聚力即指团体对每个成员的吸引力和向心力,以及团体成员之间相互依存、相互协调、相互团结的程度和力量。它可以通过团体成员对团体的向心力、忠诚度、责任感、团体荣誉感等,以及团体成员众志成城、齐心协力抵御外来攻击或者同另外团体之间的竞争力来表示;也可以用团体成员之间的关系融洽、团结合作、友谊和志趣等态度来说明。

团体凝聚力对于团体行为和团体效能的发挥有着重要作用。管理实践表明:有的团体关系融洽,凝聚力强,意见一致,团结合作,能顺利完成组织任务;有的团体成员之间意见分歧,关系紧张,相互摩擦,凝聚力差,个人顾个人,一盘散沙,不利于任务的完成。团体凝聚力是衡量一个团体是否有战斗力,是否成功的重要标志之一。

高凝聚力的团体有以下特征:① 有良好的团体气氛,其成员间意见沟通快,信息交流较为频繁,互相了解较为深刻,民主气氛好,关系和谐;② 有较强的吸引力、向心力,其成员愿意参加团体活动,无论是生产或其他活动的出席率较高;③ 团体成员有较强的集体主义精神与责任意识,愿意承担团体的任务,关心、维护团体的利益和荣誉;④ 团体成员有强烈的归属感、尊严感、自豪感等集体主义的情感。

(二) 影响团体凝聚力的因素

1. 领导因素对团体凝聚力的影响

管理实践表明:领导班子自身闹不团结,互相扯皮、拆台,团体便失去核心,因而难以形成团体凝聚力。如果,领导班子是团结的、协调一致的,而主要的领导者有较高的权力性和非权力性影响力,众望所归,那么团体成员就会紧密地团结在他们的周围,使团体产生较强的凝聚力。另外,不同的领导方式对团体凝聚力影响也不同。我们在研究中也证实,在民主、专制、放任等领导方式中,民主型领导方式能使成员有充分表达自己意见的机会,成员有较强的参与意识,成员之间团结协作、互助友爱,因而有较高的凝聚力;而专制型和放任型领导方式则往往降低凝聚力。[①]

2. 团体的同质性对凝聚力的影响

团体的同质性即指团体成员之间的共同性与相似性。彼此相似就能相互吸引。例如,团体成员有共同的奋斗目标、理想、信念;相同的需要、动机、兴趣与爱好;相同的民族及文化背景;相似的个性及个性心理特征等都是团体的同质性。一般来说,同质性有相互吸引的作用,同质性越高,团体的凝聚力也就越高。但是,当团体成员之间存在利益冲突时,同质性,可能产生彼此不服

[①] 程正方:领导类型与学校气氛状态初探,中小学管理,1994年第10期,第28页。

气,出现嫉妒、"同行是冤家"、"文人相轻"等现象,这样会破坏团体的凝聚力,造成团体内部的不团结与分裂现象。

3. 外部的压力对团体凝聚力的影响

来自团体外部的压力能增强团体内部的凝聚力,因为某一团体受到外来的侵犯、攻击、竞争、威胁时,团体内部每个成员都面临生死存亡的威胁和压力,任何人没有单独逃避的可能,这时只有团体成员更加紧密地结合在一起,才能抵御外来的压力。例如,一个国家民族矛盾尖锐,受到外来侵犯时,阶级矛盾便趋于缓和,会出现团结一致对外的局面;一个企业面临激烈竞争的威胁,为了在竞争中求得生存和发展,也需要团结一致,齐心协力,增强团体的凝聚力。

4. 团体内部的奖励方式对团体凝聚力的影响

霍桑研究表明:集体奖励方式可能增强团体的凝聚力,而个人奖励方式可能增强团体成员之间的竞争力。我国的研究与管理实践证明,个人奖励与团体奖励相结合的形式,可能增加团体的、凝聚力。

5. 团体成员的荣誉感、成就感、归属感等团队精神和情感对凝聚力的影响

管理实践表明:某个团体在组织中具有显著的地位和影响,工作卓有成效或更具挑战性,团体的经济效益高,则团体成员会产生较强烈的认同感、集体荣誉感、成就感和归属感,都希望维护团体的荣誉,保持团体的先进性。相反,某个团体的社会地位低,工作成效差,经济效益也低,则团体成员可能都想离开该团体,其吸引力、团结力、向心力就较差。因而,不少团体常常开展"厂服"、"厂徽"、"厂歌"、"厂日"活动或"校服"、"校徽"、"校歌"、"校日"等活动,来培养团体成员的集体荣誉感、成就感、归属感,企望增强团体的凝聚力。

6. 团体的规模、规范与风气对凝聚力的影响

从规模来看,适度规模的小团体比大团体,往往凝聚力更强,更趋向一致性;团体的人数过多,规模过大,容易造成意见分歧,信息交流与信息沟通受阻,从而降低团体的凝聚力。若规模太小,又会失去平衡力量,矛盾难以调解与解决,也会降低凝聚力,影响工作任务的完成。因此,适度规模的团体可以增强凝聚力。

另外,团体有良好的行为规范与团队气氛,有共同的行为准则,健康的舆论和良好的信息沟通,则其凝聚力会提高;反之,则其凝聚力就低。

7. 其他因素对团体凝聚力的影响

团体成员的个性特征、思想意识、思想水平、思想方法、工作态度、价值取向及宏观社会风气等也会影响团体的凝聚力。

(三) 团体凝聚力与生产效率的关系

研究与实践表明:团体凝聚力与生产效率之间存在着较复杂的关系,团体凝聚力高可能提高劳动生产效率,也可能降低劳动生产效率。这是因为生产效率并非由凝聚力这单一因素决定。如果团体目标与组织目标一致,则凝聚力与生产效率之间成正相关;反之,则凝聚力与生产效率成负相关。

社会心理学家沙克特(S. Schachter)的实验曾专门研究过团体凝聚力与生产效率之间的关系。在有严格控制条件的情况下,检验了团体凝聚力和团体诱导因素(即团体目标与组织目标的一致性)对生产效率的影响。实验的自变量为凝聚力和诱导因素,因变量是生产效率。设一个对照组,四个实验组,即高凝聚力和积极诱导组、高凝聚力和消极诱导组、低凝聚力和积极诱导

组、低凝聚力和消极诱导组(见图7-1)。诱导用字条控制,前16分钟用中性字条,后16分钟①②组为积极诱导,③④组为消极诱导。实验结果(见图7-2)表明:四种不同的条件,对生产效率的影响是不相同的,高凝聚力积极诱导组生产效率最高;低凝聚力积极诱导组次之;低凝聚力消极诱导组再次之;高凝聚力消极诱导组的生产效率最低。因此,管理者必须在提高团体凝聚力的同时,提高团体的生产指标的规范标准,使团体目标与组织目标保持一致性,加强对团体成员的思想教育和指导,克服团体中的消极因素,这样才能使团体的凝聚力真正成为提高生产效率的重要因素。

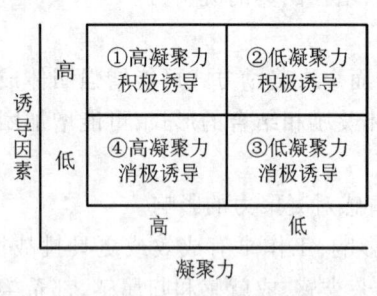

图7-1　凝聚力与诱导因素

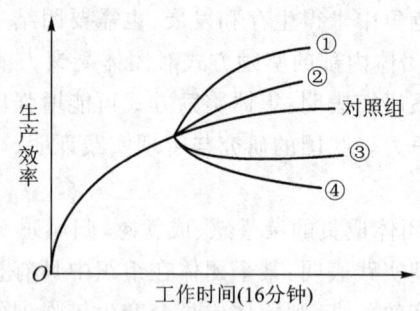

图7-2　凝聚力、诱导因素与生产效率的关系

(四) 团体凝聚力的测量

团体凝聚力的高低,除了一般地观察与了解团体成员之间的关系状态外,还可以用心理测量法测定团体的凝聚力。例如,用以下9对形容词采取7等级评定法,可测量团体凝聚力状况。其中,合作、愉快、精力充沛、效率高和聪明等形容词,从最左边记7分到最右边记1分;反向题各对从最右边记7分到最左边记1分(也可从+3~-3记分)。以上每个成员得分再总和便是团体凝聚力得分(见图7-3)。

	非常	十分	有点儿	说不好	有点儿	十分	非常	
合作								不合作
愉快								不愉快
吵架								情投意合
自私								不自私
爱挑衅								和蔼可亲
精力充沛								无能为力
效率高								效率低
聪明								笨拙
不帮助人								能帮助人

图7-3　团体凝聚力的七等级评定方法

社交测量法也是测量团体凝聚力的方法之一。让团体成员评定自己被他人选择或者自己对

他人选择的情况。根据团体成员之间相互选择(即双向吸引)的数目,可用下列公式,计算团体凝聚力指数:

$$团体凝聚力指数 = \frac{团体成员之间相互对偶选择数}{团体成员之间可能成对数}$$

二、团体的士气

(一) 士气的一般概念

士气的本意即指军队作战时的集体战斗精神。其含义延伸到现代企业和组织的管理之中,表示团体的工作精神、服务精神和团队精神。史密斯(G. R. Smith)等把士气定义为"对某一团体或组织感到满意,乐意成为该团体的一员,并协助达成团体目标"的一种态度。

克瑞奇(D. Krech)等认为,士气高昂的团体有以下特征:① 团体的团结来自团体内部的凝聚力,而非起因于团体外部的压力;② 团体内的成员之间没有分裂为互相敌对的小团体的倾向;③ 团体本身具有适应外部变化的能力以及处理内部冲突的能力;④ 成员之间及成员对团体具有强烈的认同感、归属感;⑤ 每个团体成员都明确地掌握团体目标;⑥ 团体成员对团体的目标及领导者抱肯定和支持的态度;⑦ 团体成员承认团体的存在价值,并且有维护团体继续存在与发展的意向。

(二) 团体士气与生产效率

在企业和组织中,了解团体成员的士气,可以为人事管理提供重要的资料,也是企业与组织进行有效管理的重要手段。但士气只是提高生产效率和工作效率的必要条件之一。此外,提高职工的素质、技术水平与工作能力,提供充分的设备、原材料、信息等都是重要条件。

戴维斯(K. Davis,1962)曾研究士气与生产效率之间的关系,得出以下结论(见图7-4)。管理心理学的研究与实践也表明:泰勒制采用动作与时间分析、任务管理与职能化分工管理等传统科学管理方法指导工作程序,以严格控制的方式管理职工时,可能会出现生产效率高、士气低的状况。在某些强制性的以任务为中心的管理方式下,也可能出现这种状况,但是,这种高效率不会太持久,随着职工反感增加,效率也会逐渐降低。图7-4中C线表示了这类管理方式中士气与生产效率的关系。

如果管理者只关心职工的需要,协调团体成员之间的关系,不注意生产任务与目标;职工只关心自己心理需要的满足,不顾及组织目标的关联性,那么,这种管理方式将导致低效率、高士气的状态(图7-4中A线所表示)。这种情况下,高士气团体的目标与组织的生产目标相抵触,则可能限制或阻碍生产效率的提高。

还有,组织的生产目标与职工需要趋向协调一致时,团体能接受组织的生产目标,则可能出现士气高、生产效率高的状况(图7-4中B线所表示)。这种状况的管理者一般是非常能干的,既能关心团体成员的需要,调动职工的积极性,又能把这种积极性导向生产和服务,提高生产与工作效率。

可见,高士气的团体不一定有高的生产效率,但士气对高效率来说是必不可少的条件。因此管理者应当关心如何提高团体的士气。

(三) 团体士气调查与士气高低原因

团体士气实际是指全体员工的工作态度与满意度。士气高低可以用前面介绍过的态度量表

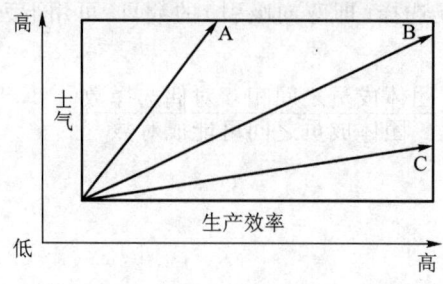

图 7-4 士气与生产效率的关系

法、问卷调查法、自由陈述法测量。其测量与分析的主要内容包括：① 对工作的兴趣与态度；② 事业信守（即事业心）；③ 对工作的满意度；④ 对工作团体的满意度；⑤ 对工作条件与待遇的满意度；⑥ 对人际关系的满意度；⑦ 对团体气氛的满意度；⑧ 对信息沟通的满意度；⑨ 对团体领导的满意度；⑩ 对团体与组织的认同与归属。有的将此类职业态度调查内容概括为三大类：即工作满意度（一般工作态度）、工作参与（工作认同）、组织承诺（组织认同与组织目标认同）。

通过下面的员工工作满意模型（见图 7-5）①也可综合反映团队士气状况。员工对工作的期望与实际工作状况之间的差异越小，满意度越高；差异越大，满意度越低。

对工作的期望（报酬、工作本身、晋升、管理、同事关系、工作环境条件）
↓
差异（大小）←————————→员工对工作的满意度（小大）
↑
实际工作状况（报酬、工作本身、晋升、管理、同事关系、工作环境条件）

图 7-5 员工工作满意模型

除上述内容与方法之外，汤姆斯（L. Thomas）认为下列 12 种人事统计资料有助于判断团体士气的高低：① 员工的调职与离职率；② 生产性指数（即生产效率与效益）；③ 未完成工作半途而废的比率；④ 品质管理记录；⑤ 出勤率与迟到请假记录；⑥ 心理辅导等记录；⑦ 抱怨诉苦的内容；⑧ 离职者面谈的记录；⑨ 意外事故记录；⑩ 医院处置记录；⑪ 提案的内容；⑫ 训练的记录等。

影响士气高低的原因有：

（1）对组织目标的认同与赞同。个人目标与团体目标一致，团体目标与组织目标一致，个人赞同组织目标，有较强的认同感、归属感，愿意为完成组织目标而努力，则团队士气高涨。

（2）公平合理的经济报酬。同工同酬，公平合理，论功行赏，可以调动职工的积极性，提高团体士气；反之，分配不公可能引起职工的不满，则会降低团体的士气。

（3）团体成员的事业心及对工作的热爱和满足感。个人对从事的工作非常热爱、感兴趣；工作适合个人的能力与特长；工作对个人具有挑战性，个人能施展自己的抱负；获得各种满足感

---

① 邓荣霖、罗锐韧：MBA 全集，台海出版社，1998 年版，第 1191 页。

（工作满足感、成就满足感、内在满足感、外在满足感等）。具备以上这些条件，士气会高涨。相反，其士气必然会降低。

（4）优秀的领导者及领导集团。一般来说，高士气团体的领导者和领导集团比较民主，能广开言路，乐于接纳意见；遇事能同大家商量；善于体谅和关怀下级。反之，放任型与专制型的领导方式可能降低团体的士气。

（5）团体成员之间人际关系和谐与心理相容性。团体成员之间人际关系和谐，心理相容，相互团结协调，吸引力、凝聚力强，很少有敌对冲突现象，则士气高。反之，则士气会降低。

（6）良好的信息与意见沟通。莱维特曾做过沟通方式与员工士气关系的实验研究。他认为单向沟通，没有反馈信息，容易使人陷入不安情绪状态，并产生抗拒心理，从而降低团体的士气。因此，员工参与决策，团体讨论，双向沟通等有利于提高员工的士气与团队工作精神。

（7）奖励方式得当。个人奖励容易造成团体内部的竞争局面，影响团体的协作和降低士气。采用团体（集体）奖励制，以团体成绩作为奖酬标准，有助于提高全体成员的士气。

（8）良好的工作与心理环境。改善工作的物理条件和心理环境，可促进员工身心健康，减少焦虑与挫折，使员工充满信心，能有效提高团体的士气。

三、团体规范和团体压力

（一）团体规范与规范类型

团体规范是指团体所确定的每个成员都必须遵守的行为标准与行为准则。团体规范有的是通过正式程序明文规定的，如各种规章制度、法律、法规等；有的是非正式程序形成的、约定俗成的，如各种风俗、传统、舆论、礼仪、习惯等。

团体行为规范的类型主要有：① 团体绩效规范，主要规定了团体成员应该如何努力工作、怎样完成工作任务、应该达到什么水平与标准、怎样与人沟通、如何配合与协作等；② 团体形象规范，规定了着装与工作环境要求、产品设计与包装形象、对组织的忠诚、什么时候表现忙碌、什么时候可以放松一点、团体内部与公益行为等；③ 社交约定规范是非正式场合的交往、礼仪与行为规定；④ 资源分配规范，规定工资报酬与福利分配、困难与特殊任务安排、新工具与设备分发、学习与进修安排等。

团体存在的重要条件之一是它的一致性，表现为团体成员的行为、情绪和认识的统一。团体的规定与要求，在团体活动与团体成员相互作用的条件下，彼此之间会发生接近、趋同、认同、遵从，就可能逐渐形成团体规范。另外，团体规范的形成还有许多心理机制，如对规范、标准与榜样行为的模仿，对规范行为的要求与暗示，以及团体成员对规范行为与要求的顺从、认同与自觉遵守等。如果，成员的行为偏离或破坏团体规范时，团体就会通过各种方法加以纠正，维护其规范。因此，团体规范有重要的管理功能与作用：首先，它是个体形成团体，并发展为团队，使团体团结一致，齐心协力，能够长期生存、巩固、发展的基础和支柱；其次，团体规范、标准与要求也是统一团体成员（领导者、管理者与员工）对各种管理规章、制度、计划与措施认识的标尺与共识的基础；再次，团体规范也是团体成员确定行为目标，明确行为方向，统一与协调行为，并有效执行与规范各种行为的指南；团体规范也是团体成员（领导者、管理者与员工）之间相互团结、心理相容、人际沟通、人际与团队和谐气氛形成、发展与维系的纽带。

（二）团体规范压力和从众行为

1. 团体规范压力与管理

团体规范形成后，会产生一种迫使其成员行为与团体规范相一致的压力，这种压力叫团体规范压力。团体规范压力与行政命令、权威命令不同，它不具有强制执行性质，而是在个体心理与行为上造成很难违抗的心理舆论压力，从而促使其成员的行为与团体行为相一致。

团体规范适度有利于发挥团队的积极作用。有利于团体成员对规范顺从与服从、认同与遵从，并自觉的遵守，增强团体的凝聚力与士气；也有利于团体效率的提升。团体规范的压力超过限度或者规范不适当时，其作用也会大大减弱甚至消失。对于过度与不当的规范压力，员工可能产生消极的应付方式，当面一套，背后一套，出现阳奉阴违的现象；有的甚至出现对立与反抗，独立与集体自决的现象。

团体成员对规范压力的反应会受多种因素影响。一方面受到规范本身的影响。例如规范是否能促进团体和个体的生存发展，是否有利于防止人际摩擦与增进人际和谐，是否有利于促进团体核心价值观的形成与发展。另一方面，受到团体成员的影响。成员对团体的信任程度、对偏离规范的恐惧、自信与责任心、个性差异等都会影响成员对规范的不同反应。如果，成员的行为偏离或破坏团体规范时，团体就会通过各种方法加以纠正与管理，并维护其规范的作用。员工工作场所应重视与防止的偏差行为通常有：生产的（离岗与旷工、蓄意拖延工期、浪费资源、怠工等）；经济财务的（破坏公物、虚报工作时间、偷窃公共财物、受贿、行贿与其他经济犯罪等）；社会与政治活动的（偏袒自己人、传播谣言、指责同事、拉帮结派、挑拨离间等）；个人攻击与违规行为的（性骚扰、骂人与人身攻击、偷窃同事物品）等。

团体规范建立与形成有一个过程，规范形成后也需要进行有效的管理。团体规范的管理应注意：① 一方面要充分发挥团体规范的积极作用，警惕规范一致性的消极作用。如在看问题与做决策时防止简单化和草率统一；在行为上防止拉帮结派、结党营私、搞山头主义与地方保护主义倾向等。② 要处理好正式和非正式团体规范的差距与关系，不要阳奉阴违，要保持当面与背后、会上与会下、他人在场与他人不在时，执行规范的一致性等。③ 防止旧规范的惰性作用，不要有意无意地用旧观念、旧风俗、旧传统、旧习惯来阻碍企业与团体的变革、发展和创新。④ 要重视我国企业团体心理的变化特点（即团体压力减小，从众心理弱化；个体的独立意识增强，团体对个体的影响减弱；非正式团体的影响作用增大等），重视团体规范的更新与发展，有针对性地实施有效的管理。⑤ 要分清领导的意愿与团体规则与规范的界限，当领导者认为改变团队规则非常必要时，要让你员工清楚改变规则的原因，让他们参与管理和变革，让团队成员看到改变团队规则后的未来前景。⑥ 另外，管理者在运用团体规范压力时，应注意避免团体规范压力对其成员个人创造性的压抑。

2. 从众行为

从众行为是很普遍的社会心理现象，如人们常见的人云亦云、随波逐流、随大流等，都蕴涵了从众心理的因素。社会心理学家把个人心理与行为不知不觉地受团体中大多数人心理与行为的影响，而保持与多数人一致的倾向称为从众心理或行为。

社会心理学家阿希设计了一个经典实验，材料是 50 套两张一组的卡片，如图 7-6 所示。被试人判断三条编号依次为 a、b、c 的线段中，哪一条与标准线段一样长。

阿希将被试人分为 7 人一组，其中 6 人是阿希的助手，只有 1 人是真正的被试。实验开始后,头两次大家都作出了正确的选择(c 等于 A 标准线),第三次开始,假被试故意都作出错误的选择,真被试面临一个相信自己的判断,还是跟随大家一起作错误判断的两难问题。实验结果表明,75%的被试至少有一次作出了从众的判断。从众判断占全部判断的37%。而被试独立判断时正确率超过99%。

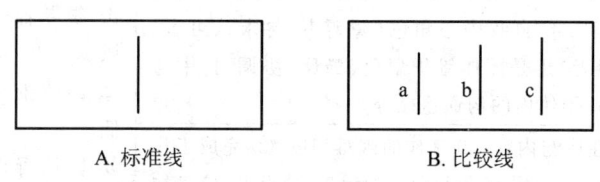

图 7-6　从众行为实验

影响从众行为的因素主要有:① 团体的规模。研究证明,在一定范围内,从众行为是随着团体人数的增加而上升的,当团体人数达到 4~8 人时,从众率最高,以后再增加人数,也不再导致从众效率的增加。② 团体的一致性。研究证明,团体的意见完全一致,给人造成的压力大,则容易引起从众;反之,从众效率下降。③ 团体的气氛。如果团体中缺乏民主气氛,领导者独断专行,听不得不同意见,尤其相反的意见,那么个体极易从众。④ 问题的性质。复杂的、或不熟悉、没有把握的问题,个体容易从众;对于容易的、或者熟悉、很有把握的问题,个体的从众效率则低。⑤ 个人的个性特征等。一般来说,具有场独立性人格特质的人从众率高,场依存性人格特质的人从众率低,他们之间有明显的个体差异。

从众行为有不同的表现形式:① 表面从众,内心也赞同,即"口服心服"。② 表面从众,内心拒绝,即"口服心不服"。③ 表面不从众,内心却接受,这种情况大多是在个人内心赞同团体意见,但碍于身份、地位、自尊或某些顾虑时发生的。④ 表面不从众,内心也拒绝,这是表里如一不从众心理。

从众行为有积极作用,也有消极作用。在落后团体中存在的一些错误观念和行为,也会给人造成压力,使一些意志薄弱者随波逐流、同流合污,这时团体压力就产生了消极作用。因此,对从众行为在管理工作中应区别对待:要充分利用从众行为的积极作用;警惕和防止从众行为的消极干扰;领导与团体决策时,要防止虚假的"表面一致"现象发生;领导与管理者要重视、鼓励和善于倾听不同意见甚至反面的意见。

四、团体高效率的调查与管理

高效率的团体有两个重要指标:即生产性指标和团体士气的指标。前者包括:利润、增长、资源、适应、创新、生产力与效率等。后者包括社会满意、员工满意等。

高效率的团体有如下特征:① 团体内部及团体与上下级之间有良好的沟通;② 团体成员之间有高度的交互作用与影响力、凝聚力;③ 决策分权化和参与决策的过程,多数成员有较大的自由度;④ 团体成员乐意接受组织目标;⑤ 团体成员有较强的工作与成就动机;⑥ 团体成员有良好的情绪状态和精神状态;⑦ 有较高的生产量与生产效益;⑧ 成员有较强的工作满意感。

影响团体效率的因素,也是团体效率调查的项目内容(见表 7-1)。

表 7-1 影响团体效率的因素

	独立变量	中间(派生)变量	从属(结果)变量
结构变量	① 团体规模大小;② 团体特征(民主、专制、竞争、合作、同质、异质和冲突);③ 成员特征(动机、智能、个性、受教育程度等);④ 自我中心角色(障碍者、寻求认可者、支配与逃避者)还是团体维护角色(鼓励、协调、折中与监督者);⑤ 团体内的沟通途径等	① 领导者的作风 ② 团体士气高低 ③ 团体凝聚力与友谊关系 ④ 团体成员参与程度	① 团体的生产量 ② 团体成员需要的满足
工作变量	① 工作的性质与内容;② 工作的困难程度;③ 完成工作的时间要求;④ 工作任务与角色的表现:建设者、信息加工者、总结者、评价者		
环境变量	① 工作的物理环境(照明、通风、湿度);② 团体心理环境(团体内部人际关系、团体与团体的人际关系等);③ 组织心理环境;④ 社会环境等		

管理、建设与塑造高绩效的团队应做到:① 团队规模适度;② 培养与开发成员的能力(技术、决策、创新、解决问题,聆听、解决冲突等);③ 强化团队角色多样性结构(创造—革新者、探索—倡导者、评价—开发者、推动—组织者、总结—生产者、控制—核查者、支持—维护者、汇报—建设者、沟通—联络者);④ 团队共同目标的承诺;⑤ 建立明确具体的目标;⑥ 建设好团队领导班子与骨干队伍;⑦ 防止责任扩散,社会惰化,增强个人与共同责任心;⑧ 建立绩效评估与奖酬体系;⑨ 培养诚信精神,注意培养正直、能力、可靠、忠实、开放等五个维度的品质。

第三节 团体的意见沟通

一、意见沟通概述

(一)什么是意见沟通

沟通即指信息的交流,是联络通讯的意思。意见沟通指的是两个或两个以上人之间经由联络渠道,传递与交流信息、思想观点、情感愿望、意见,达到相互了解与理解的过程。

离开客观刺激谈不上信息,但是信息不是客观事物本身,而是表征事物存在状态和事物发生、发展变化的消息、情报、指令、数据和信号中所包含的内容。信息交流是动物界的普遍现象。动物常通过本能的方式,以声音、气味、整理毛发等行为作为信息沟通媒介,传递危险、觅食、求偶等信号,这是比较心理学研究的课题。人类沟通可能是借助通信工具(如电话、电报、电影、电视等)进行的信息交流,这是通信技术科学研究的问题;也可能是人与机器的交流,这是工程心理学的课题;另外沟通在大群体的人与人之间进行,是社会心理学的研究课题;沟通在企业、组织中人与人或者团体与团体中进行,是管理心理学研究的重要课题。在管理过程中,各种信息交流、沟通形式是相互关联与不可分割的,是一个整体系统,也称管理信息系统(MIS)。

意见沟通是团体存在与发展的一个重要条件。意见沟通必须在两人及两人以上之间进行,如果单独一个人则不能称为意见沟通;如果在很多人之间没有信息交流,没有意见沟通,他们很难构成一个实在的团体。意见沟通是相互的,发出信息者与接受信息者,缺少哪一方面都很难形成信息交流或意见沟通。在现代管理中,意见沟通不仅是团体存在的重要条件,信息交流也是一种重要的管理手段。信息是企业的生命线,信息灵通,经营兴隆;信息闭塞,如同盲人骑瞎马,寸步难行。

(二)意见沟通的程序

意见沟通的程序是由六种基本要素构成的:其一为信息发出者,他是信息沟通的主体,是有目的的传播信息者;其二为信息编码,即把信息加工成便于传递的形式,可采用语言、文字、电码、图案、影片、符号等编码形式;其三为信息传播通道,即意见沟通的媒介与渠道,如声、光、电、动物(犬或信鸽)、人、报纸、书信、书刊、电影、电视等都是信息传播的媒介与渠道;其四为信息接收者,即信息传递至所想达到的对象;其五为译码,即接收者依据过去的经验对信息解释,将编码信息还原;其六为收信者的反应,即信息接收者将采取的行动或产生的反应反馈至信息发出者。这样就使意见交流成为具有反馈功能的程序(见图7-7)。上述程序可简化为信息发出、沟通渠道、信息接收三个环节与反馈。在意见沟通中,人的感知、注意、理解、感情、态度、行动、能力与人格等心理因素有重要作用,往往影响沟通成败与交流的效果。

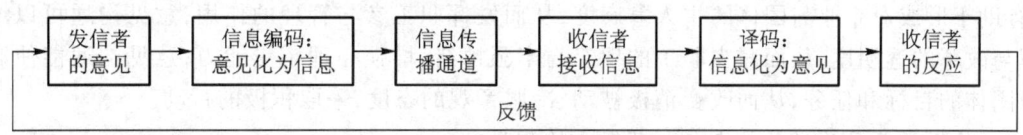

图7-7 意见沟通的程序

(三)意见沟通的作用

信息是当今世界巨大的资源之一,有关信息情报资料的收集和传递,在组织、团体的领导和管理工作中,占有重要地位。信息交流是有效地进行计划、组织、激励、协调、指挥、控制等功能所不可缺少的因素。费斯汀格将意见沟通按功能分为两种:一为工具式沟通,主要是传播情报,将自己的知识、经验、意见等告知接收信息者,从而影响其知觉、思想、态度,进而改变其作为;二为满足需要的沟通,其目的是表达情绪,解除内心紧张,征求对方的同情共鸣,确定与对方的人际关系等,主要满足个人精神上的需求。

在组织管理中,意见沟通有着十分重要的作用:

(1)意见沟通能为团体提供努力工作的方向、资料、情报、知识等外部环境信息。任何一个企业部门的生产经营和管理都离不开信息,其产品的畅销、经营好坏与消费者状况、竞争对手、市场动态、成本升降、盈利的增减、工艺改进、技术革新、原料供应、行政立法与政治经济政策的变化等方面的信息都与企业的经营管理有关,必须从社会上得到各种确切的消息、信息之后,才能提高企业的生产水平和经济效益。目前,我国有不少企业在全国各地设立信息站,建立科技情报网,这是使企业产品适销对路,企业搞活的重要举措之一。同时有效沟通也是企业协调与外部环境的关系,适应变化和灵活调节的前提,是提高企业经济效益的重要手段。

(2)意见沟通能为团体提供内部的信息。如了解团体内部成员的需要,团体成员的工作士气,各部门之间的关系,凝聚力大小,管理效能高低等。这些内部信息,汇同外部信息一起,是企业管理系统正常运行的基础。企业的纵向层次与所有横向职能作用均依赖信息沟通,信息是搞好企业科学化管理,使决策科学化职能效能化的重要条件。

（3）意见沟通是领导者和被领导者、企业与"相关利益者"之间增进了解和理解的工具。通过沟通对话可以增强领导工作的透明度,帮助下级和职工明了工作任务,理解组织目标,了解具体要求和工作中存在的困难,便于大家集中力量、统一步伐、齐心协力实现组织目标。通过沟通,领导者也能及时了解职工的意见、要求与情感状况。这样上情下达,下情上传,信息沟通,畅行无阻,这是高效团体的重要特征之一。如果意见沟通受阻,干群之间可能发生隔阂、误解、矛盾、纠纷、互不信任、互不理解的状况,这样必将影响各项工作正常运转。

（4）意见沟通是调节人际关系增强凝聚力与士气,加强文化建设的重要手段。人类有社会交往的需要,合群的需要,而团体成员之间的意见沟通,彼此诉说个人的意见,表达喜怒哀乐的感情,可以增进相互之间的交往与友谊,产生亲密感,加强团结,改善调节人际关系,调动团队积极性,增强团队精神与凝聚力。意见沟通满足人的社会交往与友谊的需要,不仅有利于人际关系的和谐,而且能解除人内心的烦恼、孤独、压抑与紧张,使人心情愉快、舒畅,有益于身心健康。

（5）意见沟通可以改变人的态度与行为,能促进企业改革与推行某项决策的有效执行。信息是影响人的态度和行为变化的外界刺激物。意见沟通可以使管理者广泛听取职工的意见或建议,有助于形成对企业与团体的主人翁态度,从而发挥职工参与管理的作用;意见沟通可以增加管理与改革的透明度,从而减少职工的埋怨与牢骚情绪,增强心理承受能力;意见沟通能使职工明确团体的目标和任务,从而改变消极被动、冷眼旁观的态度,采取积极的行动。

（四）人类意见沟通的特点与心理因素的作用

信息交流、意见沟通并非人类特有的现象,但人类的意见沟通同动物的沟通有着本质的区别,心理因素对沟通的成败有重要的作用。其主要特点是：

（1）言语交流（书面或者口头）。这是人类意见沟通的最重要的形式。

（2）人与人之间的意见沟通与交流。这不仅是信息、消息的沟通,也是人的思想、感情、态度、观点的交流。人类的信息沟通与意见交流,在内容含义、形式与种类以及交流水平上,是既丰富,又复杂,而且有明显的个体、职业、性别和团体差异。

（3）人与人之间的意见沟通过程,心理因素起着重要的作用。在发信者与接信者之间,需要彼此了解对方进行信息交流的动机和目的意图;需要彼此注意、认知、理解交流信息的含义;需要有相互交流的愿望。而信息交流的结果往往又影响和改变人的心理和行为,以增进团体成员之间的和谐感情。

（4）在人与人的意见沟通过程中,会出现特殊的障碍。这种障碍不仅是传播信息通道上的失真或编码、译码上的错误,而且包括人所特有的心理障碍。人的知识、经验、态度、观点、个性不同,对同一信息的看法和理解也可能不同,有明显的差异。

（5）人与人的意见沟通具有不同的风格（见图7-8）。由于每个人的个性差异,其向别人提供有关自己的信息及接受别人的信息程度有明显的差异,另外向别人提供反馈信息的程度也不相同。这两方面的差异可将人际信息沟通划分为五种不同的类型:① 自我克制型,善于克制自己,不肯轻易流露感情。② 自我防守型,善于保护自己,较敏感,一旦接受他人信息立即反馈。③ 自我暴露型,性格外露,不善伪装,也易接受外界信息,反馈程度差。④ 自我谈判型,是较稳重的中间类型。⑤ 自我实现型,反应灵敏,积极主动,反馈程度高。

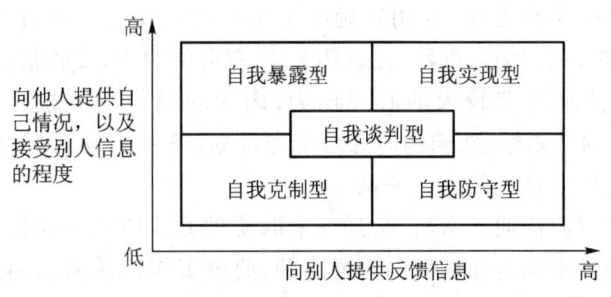

图 7-8　信息沟通的风格类型

二、意见沟通的方式（或种类）

意见沟通的方式很多，每种都有自己的划分标准与特点，在管理过程中，应根据实际情况，选择合适的、有效的沟通方式。

（一）不同层次的沟通方式

从组织层次的观点可分为三种沟通方式：

（1）个人与个人的沟通。这是团体内部成员之间或者内部成员与外部成员之间单个人对单个人交换意见，例如职工与职工之间，领导者与职工之间，领导者之间的意见沟通。

（2）团体与个人的沟通。既包括一人对多人的沟通，如经理向董事会作业务报告，车间主任向全体成员作年度总结；也包括多人对一人的沟通，如团体成员讨论拟定的工作方案，报请某某领导审批等。

（3）团体与团体的沟通。团体之间的意见沟通，是团体之间互相了解对方的情况；协调团体间的合作关系；采取对策，以便在竞争中求生存求发展。团体对团体的沟通，通常由各自的领导者或代表组成代表团，通过协商、谈判、友好访问等方式进行。

（二）单向沟通和双向沟通

从信息沟通是否反馈看，可分单向沟通和双向沟通两种。

（1）单向沟通。即指发信者与接信者的方向位置不变，双方无论在语言上还是在表情动作上都不存在反馈信息。发指示、下命令、电视授课、广播演讲与报告等都带有单向沟通的性质。

（2）双向沟通。即指发信者与接信者的位置不断变化，发信者以协商、讨论或征求意见的方式面对接信者，信息发出后，又立即得到反馈。有时双方位置互换多次，直到双方共同明确为止。谈心会、座谈会、对话会与互动授课等都属双向沟通。

单向沟通与双向沟通哪种效率高呢？美国管理心理学家 H·J·莱维特 1959 年曾设计实验研究这一课题。他用两种不同的指示语（单向沟通或双向沟通），让被试在纸上画出一系列相连接的长方形，要求其连接点必须在角上或某边的中点，而且所成的角度为 90°或 45°（见图 7-9）。[①]

实验结果得出下列几点结论：① 从速度上看，单向沟通比双向沟通的速度快。② 从内容正

[①] H·J·莱维特著，方展画译：现代管理心理学，上海翻译出版社，1988 年版，第 144～145 页。

确性上看,双向沟通比单向沟通准确(用正确画出图形的人数百分率表示)。③ 从沟通程序上看,单向沟通安静、规矩,双向沟通混乱、无秩序。④ 双向沟通中,接收信息者对自己的判断有信心、有把握;但对发出信息者有较大的心理压力,因为随时会受到被试的发问、批评与挑剔。⑤ 单向沟通需要较多的计划性;双向沟通无法事先计划,需要当场判断与决策能力。⑥ 双向沟通可以增进彼此了解,建立良好的人际关系。

可见,单向沟通与双向沟通各有所长,到底采取哪种方式应视不同情况而定。一般来说,快速沟通以单向沟通为好;准确沟通以双向沟通有利;简单工作以单向沟通为好;复杂而陌生的问题与重要重大的决策,则双向沟通效果要好。

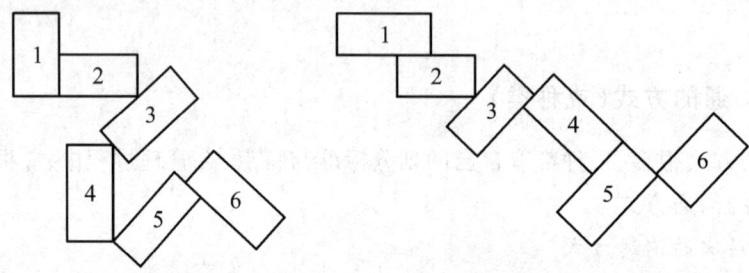

图 7-9　H·J·莱维特的单向沟通与双向沟通实验

(三) 上向、下向及平行沟通方式

从组织结构和流动方向上讲,有上向、下向、平行沟通三种方式。

上向沟通是纵向沟通的一种方式,是团体成员通过组织系统直接向该团体领导者或高级领导者传递情报、反映意见。基层管理人员或领导者向高级领导者汇报情况、反映意见就是这种沟通方式。这种沟通可能因级别不同,造成心理距离与障碍;职工害怕打击报复,害怕"穿小鞋",不愿反映真实情况;逐级上向沟通,层层过滤,也可能导致信息曲解。领导者召开职工座谈会,建立意见箱和领导者接待日,建立职工汇报制度,经常深入听取职工意见等都是保持上向沟通渠道畅通的有效方法。

下向沟通主要指团体领导者、管理者对职工进行的信息沟通。下向沟通的任务是:① 指示组织目标和工作方针;② 指派工作计划、工作项目和程序;③ 发布任免事项,提出处理意见;④ 对职工进行政治思想教育。领导者与管理人员向下级沟通时,应注意以下几点:① 向下级提供新信息、新消息,以引起职工的兴趣;② 充分注意下级的情绪,调动职工的积极性;③ 发扬民主作风,不搞专制独裁,不搞一言堂;④ 讲究沟通艺术,说短话、实话,有风趣、生动、有教育性等。

平行沟通是指在组织系统中,层次相当的个人及团体(不同部门)之间所进行的信息传递和交流。平行沟通可使办事程序手续简化,节省时间,提高效率;可使企业内部相互了解,培养整体观念及团体合作精神;可以增强职工之间、团体之间互谅互让的精神,培养友谊感;可以满足职工的社会需要,提高工作兴趣,改善工作态度。平行沟通可能在同级领导者之间进行,也可以在平行团体之间进行,还可能在团体成员之间进行;既可用正式沟通的方式,如团体内部的协商会、联席会议、调度会议,团体外部的公函来往、谈判与协商会等,也可用非正式沟通的方式,如私人聚会交谈、娱乐式的沟通等。

（四）内部与外部、正式与非正式沟通

从沟通范围来分有内部与外部沟通，前者是组织与团体框架结构内部按指挥层级系统与管辖幅度为主进行的沟通；后者是组织团体与外部相关利益集团，如供销商、营销商、顾客、社区、金融机构、政府等的沟通，以及内部成员与外部成员之间的沟通。内部与外部沟通又都可以分为正式与非正式两种，正式沟通是依据组织与团体明文规定原则进行的，非正式沟通是私下进行的沟通，它具有形式不拘、信息新鲜、传言失真等特点。非正式沟通是正式沟通的补充。非正式沟通可以弥补正式通道的不足，是正式沟通的补充；可以更多满足职工情感方面的需要，了解员工真正的心理倾向，减轻管理者的沟通压力，有效防止正式沟通中的信息"过滤"现象。

（五）口头言语沟通和书面言语沟通

依据沟通工具来划分有言语沟通与非言语沟通。其中言语沟通又分为口头言语沟通和书面言语沟通。

口头言语沟通即指通过会议、讨论、报告、谈话、电话洽谈等方式进行的信息交流和意见沟通。其优点是沟通双方有亲切感；可以通过语音、语调、停顿、表情等进行感情交流，增加沟通效果；具有立即反馈，双向沟通的特点；双方能充分地交换意见，有弹性、可以随机应变，能当面提出并回答问题。其弱点是由于随机性强，可能抓不住重点；陌生人交谈造成心理紧张与压力；口说无凭，其权威性小一些。因此，要求沟通的双方心理不要太紧张，要口齿清楚，言语简练，发表意见能抓住重点，要有谈话的诚意和技巧，否则会降低沟通效果。有关研究表明，知识丰富、自信、发音清晰、语调和善、诚意、逻辑性强、有同情心、心态开放、诚实、仪表好、幽默、机智、友善等是有效沟通的特质。

书面言语沟通即指通过布告、通知、文件、刊物、书信、电报、调查报告等方式进行的信息交流。其优点是具有一定的严肃性、规范性、权威性；正确性高，不容易在传达中被歪曲；它可以作为档案材料和参考资料，以及正式交换文件长期保存；它比口头表达更为详细，接受者可慢慢阅读，细细领会。其弱点是沟通不灵活，感情因素少一些，对文字能力要求较高。有人曾对大学生、建筑工人、商业店员分别用不同沟通方式传递信息，再测效果。结果发现，口述与书面并用最优，依次是口述、书面、公告栏，最差的是谣言法。传统的管理多偏重于书面言语沟通，现代管理中，口头言语沟通受到重视。当然，书面沟通仍是一种重要方式，但采用书面沟通方式，应注意文章的可读性、规范性、清晰性、逻辑性。另外，通过多媒体、网络化等现代化通信工具，大大提高了沟通效能。非言语沟通主要指表情与动作的交流，人们常通过各种手势、目光接触与对视、面部表情、身段表情等来交流信息与感情。也有人称此为身体语言的沟通。

三、意见沟通网络

由两个或两个以上沟通通道组成的结构形式称沟通网络。一般来说，正式的意见沟通网络可划分为五种基本类型，即链式、环式、全渠道式、轮式、Y式等（见图7-10）。

五种基本沟通网络各有其优点和弱点，其对活动效率有不同影响，见表7-2。

链式网络在组织系统中相当于一个纵向沟通网络，代表五级层次的逐级传递方式，信息可以自上而下或者自下而上地传播。其传播速度解决问题较快，正确性较高，领导者的地位、作用比较明显，但士气较低，适应变化慢，比较适合解决简单问题。这是一种减轻信息交换负担，避免过分集中的沟通网络。

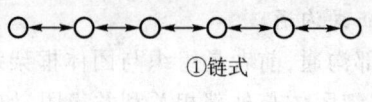
①链式

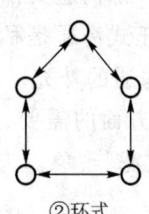
②环式

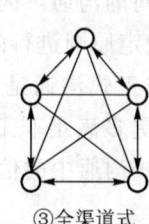
③全渠道式

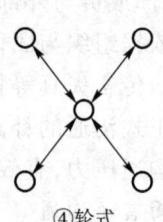
④轮式

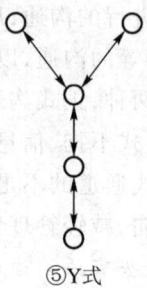
⑤Y式

图 7-10　意见沟通网络的基本类型

环式网络是链式网络的一个封闭式控制结构。其工作速度慢，集中化程度以及何人将成为团体领导人的预测程度偏低，团体成员具有一致的满意程度，团体士气高昂，适应工作变化较快，解决复杂问题达中等有效。

表 7-2　不同类型沟通网络对群体行为的影响

网络模式	传播信息速度	解决问题难易	团队组织化程度	领导人产生	士气与满意度	对工作变化的弹性
轮式	快	简单问题效率高	迅速产生组织化并稳定	非常显著	很低	慢
链式	较快	简单问题效率中等	慢慢产生组织化并稳定	比较显著	低	慢
Y式	较快	简单问题效率高，复杂问题效率低	组织化中等	显著	不高较低	较慢
环式	慢	复杂问题中等有效	不易产生组织化	不发生	高	快
全渠道式	很慢	复杂问题最有效	不易产生组织化	不发生	很高	快

全渠道式网络是一个民主气氛很浓或合作精神很强的团队或委员会式的组织结构采取的沟通网络。各沟通者之间是民主的、平等的、全面开放式的沟通关系。团体士气很高，合作气氛浓，人际关系融洽，适合于中高层委员会决策与解决复杂的问题。

轮式网络是有信息汇集点与传播中心的控制型沟通网络。这种网络集中化程度高，领导核心明显；除核心人物全面了解情况外，其余成员消息闭塞，很难达到心理满足，因而士气低；对解决简单问题，工作速度快，正确性高，效率高，但解决复杂问题效率则低。这是求快速、不失真，组织稳定与控制型的沟通网络。轮式与链式结合可形成电传式的沟通网络。现在手机与电脑群发信息的沟通方式就是由此发展起来的。

Y式网络是兼有链式、轮式特点的沟通网络,只有关键成员位于沟通的核心(见图7-10之⑤),成为沟通的中间媒介;解决简单问题效率高,解决复杂问题效率低;传递信息速度较快;是逐级管理的沟通方式,职工满意程度不高,士气较低;是一种经过筛选,大大提高信息质量的沟通网络形式。Y式网络变形还可能演变成秘书专政式的沟通模式(见图7-11),因为秘书处在沟通的核心位置,获得最多信息并对信息筛选,往往控制着组织的有效信息与真正权力,从而导致秘书专政的模式。如果某一组织系统过于庞大,需要实行分层授权管理,链式沟通的变形,组织中的链形变化沟通模式(见图7-12)是一种行之有效的方法,这种沟通在高层主管和职工之间加上了中间管理者。

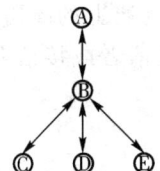
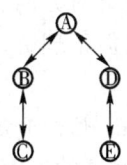

图7-11　秘书专政沟通模式　　　　　图7-12　组织中的链形沟通模式

团体中意见沟通有时通过非正式渠道传播。美国社会心理学家戴维斯(K.Davis)曾在一家皮革公司顺藤摸瓜,研究了小道消息传播方式,发现有以下四种类型(见图7-13)。

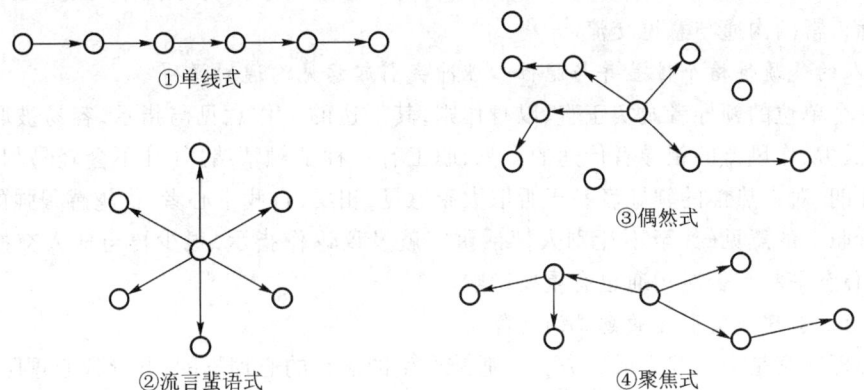

图7-13　四种小道消息传播网络

单线式是把小道消息一个传一个,直到传至最后的接收者;流言蜚语式是一个饶舌者主动地把消息传给其他人;偶然式是按偶然几率传播小道消息;聚焦式是把小道消息有选择地传给自己的朋友或特定人员,再由他们传出去。另有人研究发现,某公司总裁预请高层经理野餐,所有被邀的对象在收到正式请帖之前,均已通过小道得知此消息。而未被邀的对象,仅个别人知道,这是焦聚传播的典型。

传统管理认为小道消息一般是不好的,人们称其为流言蜚语。现代管理认为,小道消息对企业也不只起消极作用。某些企业内部传播小道消息,往往是正式渠道不畅通的结果。因此,多增加正式渠道沟通是防止小道消息扩散的有效措施;另外非正式渠道的信息也是正式沟通的一种重要补充与有效的形式。现在组织机构在某项决定前常采用的公示措施就兼有正式与非正式沟通的特点。

四、意见沟通的障碍

在现代企业管理中,意见沟通往往受多种因素干扰而发生障碍。

(一)语言表达、交流和理解造成的意见沟通障碍

语言是人们交流思想、沟通信息的重要工具。语言使用不当会造成意见沟通的障碍。例如信息发出者口齿不清楚,文理不通顺,使用非规范化的语言(方言、土语、用词不当、生造字词)等都可能使对方听不懂或不理解;另外信息接收者由于注意、认知、思维及经验水平等原因,不能正确地接受、领会与理解对方的意见、意图和精神,也同样会造成沟通上的障碍。沟通障碍可能听不清,也可能听清楚但不理解,还可能是误解或曲解。可能是发信者或接信者单方面原因,也可能是双方面原因。

(二)态度、观点、信念和思想感情造成的意见沟通障碍

团体成员对人对事的态度、观点和信念不同,思想感情的差异,也会造成意见沟通的障碍。有的人因本位主义、小团体利益及地方保护主义作怪,下级向上级反映情况时,投其所好,夸大成绩,缩小缺点,报喜不报忧,甚至故意欺上瞒下,造成上下级之间沟通障碍;有的人对上级的正确指示或抱"不过如此"无所谓的态度,或抱"为我所用"、"各取所需"断章取义的态度,或阳奉阴违的态度等,都造成信息沟通的障碍;有时沟通双方出现感情疏远、心怀敌意、互不信任等也会严重干扰正常的沟通与意见交流。

(三)人的气质性格个性差异与隐性心理冲突引起意见沟通的障碍

通常一个单位的领导者诚实正直、以身作则,其下达的工作意见与指示,容易被职工信任接受;而品格低劣、作风差的领导者传达的意见,职工有一种抵触情绪,往往不会轻易相信和接受。一个性格开朗、对人热情的领导者易于听取大家意见;相反,自我中心者、优越感很强的领导者很少主动地听职工的意见,甚至不让别人把话讲完就发议论作指示,很少再与他人交换意见。另外,情绪与心态平和与否对沟通也有重要影响。

(四)隐性心理冲突引起的意见沟通障碍

隐性心理冲突是交往双方或一方在沟通前产生的潜在的心理隔阂,并导致心理阻断、拒绝沟通及人际障碍状态。其造成的主要心理障碍有:利己心理导致情感冷漠与行为的排斥拒绝;控制心理导致自我防卫心理发生,并产生笼统拒绝、贬损、歪曲、排斥、逆反心理与行为;蔑视心理与自我中心导致狂妄自大、目中无人、轻视他人,而不愿与人沟通与交流;对反馈信息的期望值要求太高,而产生求全心理,使沟通双方出现尴尬与窘迫局面;否定与反抗心理产生直接的排斥作用,而彻底断绝沟通与交流。还有,各种偏见心理导致的沟通障碍等。[①]

(五)其他

其他的有如物质与距离障碍、超载与技能障碍、代码与程序障碍、组织结构与机制障碍等。一般来说,停电或交通与通信中断,会造成沟通物质性障碍;而沟通双方距离太远,接触机会少,频率低,因而交往与信息沟通会发生空间距离的障碍;双方社会背景、地位、职位以及人格差异,

---

① 刘勇、周琳著:现代企业心理与行为创新,中山大学出版社,2007年版,第202~203页。

也会造成社会距离和心理距离的扩大,从而引起沟通的实际空间与心理距离的障碍;领导与管理者兼职太多、信息量太大、沟通能力差与技能水平低等原因,也会产生超载与技能障碍;沟通的符号代码不清楚,账号密码不了解,以及沟通方式不明确等,会造成代码与程序障碍;组织机构庞大,层次太多,奖惩机制不健全,也会妨碍信息的及时性、真实性和有效性沟通。

五、意见沟通障碍的解除

(一) 提高沟通的心理水平

要想提高沟通的心理水平并解除意见沟通的障碍,必须注意以下心理因素的作用:① 认真感知,集中注意力,有助于信息准确而又及时地传递和接受,避免信息错传和接受时减少信息的损失。② 增强记忆准确性是消除意见沟通障碍的有效心理措施,记忆准确性水平高的人,传递信息可靠,接受信息也准确。③ 提高思维能力是提高沟通效果的重要心理因素,高水平的思维能力与正确地传递、接受和理解信息,有密切的关系。④ 具有稳定的情绪和良好的心态与个性特征,有助于人们心平气和地传递信息和正确地判断信息,避免因偏激情绪而歪曲信息。⑤ 通过满足各种心理需要、激励沟通动机、促进利益的互动、激发交流兴趣等来提高与调动沟通积极性。⑥ 以良好的心态与他人交往是成功沟通的关键。必须具有关爱、同情、尊重、热情、合作、服务、赏识、分享等基本心态,领导和管理者与员工沟通时还必须把自己放在和员工同等的位置上,"开诚布公"、"推心置腹"、"设身处地",平民化沟通,拉近心理和空间距离,才有利于消解心理隔阂,以使沟通成功。

(二) 正确地运用语言文字

运用的语言文字是否得当,直接影响沟通的效果。在意见沟通中,正确运用语言文字应注意以下方面:① 语言文字要真挚动人,具有感染力、吸引力,有利于从感情上激励对方;② 使用的文字意义要明确,不要拖泥带水,不要模棱两可,以免沟通时产生误解;③ 努力做到措词得当,通俗易懂,不要滥用辞藻,力戒空话、套话、大话,非专业性沟通少用专业性术语;④ 借助手势语言和表情动作,以增强沟通的生动性和形象性,使对方容易理解与接受;⑤ 尽量使用短句,有利于意见的沟通;⑥ 叙事说理,力求言之有据,条理清楚,富于逻辑性;⑦ 注意语言文字净化,努力做到语言美,说话和气;⑧ 说话时快慢节奏、轻重、停顿、语气要得当,必要时应该重复;⑨ 交谈时人称要明确合适,否则会造成误解;⑩ 尽量使用规范化的语言文字,少用土语、方言。

(三) 学会有效地聆听方法

有效聆听是克服沟通障碍的重要条件。戴维斯(Davis)曾列举有效聆听的十大要点:① 少讲多听,不要打断对方的讲话;② 交谈轻松、舒适,消除拘谨不安情绪;③ 表示有交谈的兴趣,不要冷淡或不耐烦;④ 尽可能排除外界干扰;⑤ 站在对方立场上考虑问题,表现出对对方的同情心;⑥ 要有耐性,不要插话;⑦ 要控制情绪,保持冷静;⑧ 不要妄加批评和争论;⑨ 提出问题,以显示自己充分聆听和求甚解的心理;⑩ 仍是少讲多听。

(四) 学会有效沟通的方法与艺术

良好的沟通应注意下列问题:① 选择适当的交谈地点,严肃庄重的内容应在会议室、办公室谈适宜,亲切的内容可以边散步边交谈,求助人的内容可到家拜访中交谈;② 交谈时间要适当,既不要仓促草率,也不要马拉松式;③ 交谈主题内容明确,不要扯得太远;④ 交谈气氛应亲切、平等、诚恳;⑤ 交谈结束时,要有礼貌地告辞。

有效沟通具体的艺术和方法是要做到：① 知彼知己,事先了解沟通对象的背景,如年龄、喜好、特点、有何民俗忌讳等习俗。② 及时解释并尽快澄清容易引起误解的原因,尽快消除心理隔阂与误会。③ 渲染气氛,拉近沟通距离,营造宽松和谐的心理氛围,沟通开始见面交换名片后,不要立即转入正题,可以先寒暄其他事情或者说一些赞许之辞,以表示亲近和热情。④ 谈话时,坦诚有礼,精神要集中,要看着对方,态度诚恳而积极,不要打断对方讲话,要用商量的口吻有针对性地表示自己的看法。⑤ 要能控制自己的情绪,即使对方有些蛮不讲理时,也要冷静应付,以不变应万变。⑥ 遇敏感或复杂问题时,避实就虚,可巧妙地绕过去,或用"有待了解,现暂时无可回答"等托辞。⑦ 要注意用"知书达理"、"达理通情"对待"秀才遇到兵"的现象,尊重理解做好与知识员工的沟通。⑧ 巧用体态语言及恰当的手势、表情、神态等增强讲话的信度和力度等。⑨ 有效沟通还要注意学习如何化解争执的艺术。员工中80%的抱怨是由小事引起的,或者说是由误会引发的抱怨。对于这种抱怨,管理者决不能掉以轻心,一定要给予认真、耐心的解答,因为有时误会造成的裂痕是永远无法弥补的。另外20%的抱怨往往是因为公司的管理出了问题。对这种抱怨,管理者要及时与员工进行平等沟通,先使其平静下来,然后采取有效措施,尽快加以解决。

美国管理协会曾提出改善沟通的建议,谓之良好沟通十诫：① 沟通前先将沟通内容与概念澄清；② 讨论并确定沟通的真正目的；③ 应注意考虑沟通时的一切环境因素；④ 计划沟通内容时,应尽可能地与他人商议；⑤ 沟通时应注意说话的语调；⑥ 尽量传递有效的资料；⑦ 应有必要的反馈信息；⑧ 沟通不应忽视长远目标,应着眼于未来；⑨ 言行一致,表里如一；⑩ 应学会聆听,成为一位"好听众"。

此外,还应通过闲聊、调查与考察、眼看耳听、搜索与检索、跟踪与过滤、贮存与反馈等方式和途径进行沟通,学会捕捉、分析并有效应用信息,来提高管理与工作绩效。

第四节 团体的人际关系

一、团体中的人际关系概述

(一) 什么是人际关系

人在社会实践和团体生活中,不可避免地与他人发生交互作用,并在交往中通过语言、思维、感情、行为等影响对方,也受对方影响。这种表示人与人之间相互交往、相互联系和相互影响而形成的心理行为关系称为人际关系。人际关系的心理结构与成分包括交往中的认知、情感、行为意向三种要素。

团体中的人际关系是社会关系、生产关系、经济关系的具体体现。而人的生产关系、经济关系、政治关系正是透过心理关系这一中介因素对个人与团体发生作用的。因此,团体人际关系的实质是以社会生活、社会经济与政治活动为背景,团体互动而形成的人们之间的心理与行为关系。

团体中人际关系的状况,往往决定于人们之间需要满足的程度。如果交往双方的心理需要都能获得满足,那么人们之间将发生和保持一种亲近的人际关系。如果交往时,一方对另一方表示不友好,不尊重,则另一方会产生心理不安,双方不能满足交往的需要,于是就产生疏远关系,甚至产生对抗关系。

人际关系是团结与凝聚力的基础。人际关系的性质和状况往往反映了团体的士气、凝聚力及团体的团结与团队气氛的好坏。如果团体内部的职工之间,职工与团体领导者之间,领导者与领导者之间的人际交往和谐友好,则该团体就会成为团结的、高凝聚力的、士气高昂的团队。反之,人际关系紧张,内耗严重,则会破坏团体内部的团结,产生分裂现象。

人际关系是以人的情感为联系纽带的。亲密关系容易引起人们愉快的体验,心情舒畅;疏远的或敌对的关系,会引起人们之间不愉快、烦恼,甚至厌恶与憎恨等负面情感体验。

人际关系健康也是精神文明、心理健康的体现和提高工作效率的重要条件。人际关系对人的心理卫生与健康有重要影响,人际关系健康是个体健康的一个重要内容,人际交往障碍,可能导致心理失调,将影响人的心理健康,导致许多心理性疾病。人际关系也是社会主义精神文明建设的重要内容之一。对一个团体来说,人际关系好,团体成员互相信任、关心、帮助,感情融洽,和睦相处,则精神文明程度高;反之,则降低。人际关系对工作效率也有重要影响,人际关系好,团体成员心情舒畅,有助于发挥工作的积极性、主动性、创造性,从而大大提高工作效率;反之,人际关系不好,相互猜疑、冲突、拆台、关系紧张、工作不协调,将大大降低工作效率。

(二) 人际关系的类型

根据不同的分类标准,可把人际交往关系划分成不同的类型。

根据交往关系范围可以划分为:① 个人之间的关系,如夫妻关系、朋友关系、同事关系、医生与病人关系;② 个人与团体的关系,如个人与家庭、学生与班级、工人与班组的关系等;③ 个人与组织的关系,如个人与公司、个人与学校、个人与社会、个人与国家的关系等。

按交往关系存续的时间可分为:① 长期关系,如亲缘关系、师生关系等;② 临时关系,如营业员与顾客、司售员与乘客关系等。

根据人际交往需要不同,美国心理学家舒兹(W. C. Schutz)把人际关系分为三种类型:① 包容需要引起的人际关系。是喜欢并主动地与他人交往、乐意建立并维持和谐的人际关系。希望被别人接纳和接纳他人,并具有积极参与、主动交往、包容与宽容、谦逊等行为特征。② 控制需要引起的人际关系。是力图在权威和权力的基础上与他人建立并维持良好的关系。总想控制、支配、领导他人,或期待他人的支配与控制,并具有影响、控制、支配或被动、服从等行为特征。③ 情感型需要引起的人际关系。是希望在友谊和爱情的基础上与他人建立并维持良好的关系。想对别人亲热、亲近,也期待别人对自己亲热与亲近,并具有亲切、友善、同情、照顾等行为特征。

根据交往双方的相互关系状况,美国社会心理学家霍尼(K. Horney)又将团体人际关系分为:① 逊顺型。其特点是"朝向他人",顺从行为,讨人喜欢。无论何时遇何人,首先想到"他喜欢我吗?"适合从事社会、医务、教学工作。② 进取型。其特征为"对抗他人",总想知晓他人力量或他人对自己是否有用。适合从事商业、金融、法律工作。③ 疏离型。其特征为"疏远他人",常思考别人是否干扰自己。适合从事艺术与科研工作。

我国学者经过修正又分为:① 合作型。相互交往以宽容、忍让、帮助、给予为特征;遇事为他人着想,考虑问题全面细致;具有团结、协作、支援、友谊的关系。② 竞争型。相互交往中表现为敌对、封锁、相互利用等特征;遇事只为自己打算,总想胜过或压倒对方;团体人际关系较为紧张。③ 分散型。这种人在交往时,以疏远他人、与世无争为特征;团体人际关系较冷淡,离异。

根据分工不同,团体人际关系类型中还有领导成员之间,以及领导者与团体成员之间的关系。领导成员之间依目标状况可分志同道合型、友好共事型、貌合神离型;领导者与团体成员中,以及特殊领导形式的师生关系在内,还有关系紧张型、冷漠型、亲密型之分。在管理过程中,领导者起着主导作用,应主动地营造民主、平等、和谐的气氛,调整其与团体成员的关系;领导者要制定切实可行的团体目标;要尊重、信任团体成员,发挥每个成员的主观能动作用;要关爱与关心每个团体成员;要以身作则,有良好的心态与工作作风。

此外,团体人际关系还可分为内部关系与外部关系;法定契约关系与非法定关系;正式工作关系与非正式的私人关系等。

（三）人际关系的行为模式

人际关系的状况往往通过行为活动表现出来的。交往双方不同的心态与行为方式,会导致不同的交往状态与行为模式。美国社会心理学家李雷(T. F. Leary)从几千件人际关系的研究报告中,概括出人际关系行为的八种模式：

(1) 由管理、指挥、指导、劝告、教育等行为导致尊敬和服从的反应；

(2) 由帮助、同情、支持等行为,导致信任和接受的反应；

(3) 由合作、同意、友好等行为,导致协助和温和的反应；

(4) 由尊敬、信任、赞扬、请求帮助等行为,导致劝导和帮助的反应；

(5) 由害羞、礼貌、服从等行为,导致骄傲、控制等反应；

(6) 由反抗、疲倦、怀疑、异样等行为,导致惩罚或拒绝的反应；

(7) 由攻击、惩罚、不友好等行为,导致敌对和反抗等反应；

(8) 由激烈、拒绝、夸大、炫耀等行为,导致不信任和自卑的反应。

根据李雷的人际关系行为的模式,人们可以从刺激、反应以及两者之间的关系来调整人际行为,形成和谐的关系。

（四）人际关系的"PAC 分析模型"①

加拿大蒙特利尔精神科医生柏恩(T. A. Berne,1964)在《人们玩的游戏》一书中,提出了人际交往中人格结构的 PAC 分析模型。他认为人的个性由三种心理状态构成:即 Parent(父母)、Adult(成人)、child(儿童),简称 PAC 分析。① P 代表父母的行为,是权威和优越感及长者自居的心理标志;其行为的表现常常是统治人、训斥人、权威式、命令式、家长式的作风;其待人处事的态度为主观、独断、专行、滥用权威;其说话的语气常常是:"你应该……"、"你必须……"、"你不能……"等强制命令的口气。② A 代表成人的心理与行为,是成熟、实事求是、理智的标志;其行为表现较冷静、慎重、理智、明断;其待人接物的态度较民主、平等、尊重别人,决策冷静;其说话的语气常常是"我个人的想法是……"、"你考虑考虑……"等商量讨论的口气。③ C 代表儿童的行为,是幼稚、不成熟,冲动任性,或者顺从、任人摆布的标志;其行为表现是幼稚、可爱又讨厌、感情冲动、无主见、依赖、遇事畏缩;其待人接物的态度不稳定,易耍小孩子气;说话总是用"我猜想……"、"我不知道……"等夸张而幼稚的语气。

上述心理状态在个体心理与行为中,有不同表现,因而形成不同的个性特点。在每个人身上,三种心态的比重不相同,形成了不同的心态行为类型。主要类型有：

(1) "P 高 A 低 C 高"为专制幼稚型。其行为特征喜怒无常、难与共事、支配欲强,有决断能力,喜欢听颂歌和被照顾捧场。

(2) "P 高 A 低 C 低"为专制型。其行为特征是墨守成规、照章办事,家长作风,不合潮流,

---

① [美]T·A·哈里森著,陈林译:我好! 你好!,光明日报出版社,1983年版。

养成下属依赖性,是早期工业革命时代经理人员。

(3)"P 低 A 低 C 高"为幼稚型,其行为特征有稚气,用幼稚幻想进行决策,喜欢寻求友谊,对人有吸引力,是讨人喜欢但不称职的经理。

(4)"P 低 A 高 C 低"为正统成人型。其行为特点客观而重现实,工作刻板、待人较冷漠,只谈公事,不谈私事,难以共事,别人不愿与他谈心。

(5)"P 高 A 高 C 低"为父母成人型。其行为特征易把"父母"心态过渡到"成人"状态,经训练学习和经验积累,可成为成功企业家与管理人员。

(6)"P 低 A 高 C 高"为成人与儿童型。将"成人"和"儿童"心态结合在一起,是理想的管理人员,为人处事都能搞好。

根据人际交往双方所持心态不同,从人格结构"PAC 分析"还可以划分 16 种人际交往的行为类型:

(1) PP 对 PP 交流类型——是甲乙双方都以长者的心态与口气交往,比较武断、专制。

(2) AA 对 AA 交流类型——是甲乙双方都以较成熟的理智的态度来对待对方,是商量、民主与平等的交往。

(3) CC 对 CC 交流类型——是甲乙双方都以幼稚对幼稚,缺乏理智判断,感情用事的态度对待对方,是冲动、任性与幼稚的交往。

(4) PC 对 CP 交流类型——是甲方以长者自居,以权威、武断的方式对待乙方,而乙方则表现出服服帖帖,服从权威的行为。

(5) CP 对 PC 交流类型——若甲方是丈夫(儿童意识),生病发烧,需要照料。乙方是妻子(父母意识),知道他很不舒服,并且愿意像妈妈那样照顾他。有的夫妻之间长期维持这种关系,构成和谐婚姻。若平衡破坏,麻烦就会出现。

(6) CA 对 AC 交流类型——是甲方表现出幼稚、娇气,耍小孩子脾气,乙方则表现出成熟的理智行为。

(7) PA 对 AP 交流类型——是甲方以长者身份对待成熟而又理智的乙方;而乙方表现为理智行为,但又担心控制不住自己,愿意甲方担任 P 角色,接受其监督和控制。

(8) CP 对 AA 的交流类型——是甲方以儿童对长者耍性子,以感情冲动的态度对待乙方;而乙方是以理智、平等的态度对待甲方。

(9) PC 对 PC 的交流类型——是甲乙双方都喜欢用长者对儿童的态度,采用强制、权威专制的行为对待对方;一方命令,另一方不服,以同样态度回敬,这种交往类型常引起矛盾冲突。

(10) CP 对 CP 的交流类型——是甲乙双方都喜欢用儿童对长者的幼稚态度,采用夸大的口气、感情冲动的态度对待对方。

(11) PC 对 AA 的交流类型——是甲方以长者、权威、高压的方式,像对儿童那样对待乙方;而乙方则以理智的、平等的态度对待甲方。

(12) AA 对 PC 的交流类型——是甲方以成人意识对待乙方,乙方则以父母意识进行反应。例如,丈夫问妻子:"亲爱的,我的手表在哪儿(成人对成人意识的刺激)?"妻子情绪好,会产生互补反应答道:"我没看见,我帮你找找(成人意识反应)"。若妻子脾气不好,会大声喊叫:"谁知道你放哪儿了!东西总是乱放!"双方会出现不愉快的局面。

(13) AA 对 CP 的交流类型——是甲方以成人意识对待乙方,乙方却以儿童意识进行反应。

（14）双重相互作用的交流类型——在刺激与反应的双方，除了主导的信息意识外，还有第二层（或次等）的信息交流。这样可产生双重相互作用的交流类型。例如，丈夫对妻子说："你把开罐头的刀藏哪儿去了？"这里有双重刺激信息，主导的是成人意识，寻找刀；其次是父母意识，用"藏"字暗示妻子东西放得没条理。

（15）多重相互作用的交流类型——是一种主导意识中，可能包含其他两种次级刺激信息，从而构成多重相互作用交流类型。例如丈夫在落满灰尘的桌子上写了"我爱你"三个字。这里含有爱妻子的成人意识占主导，父母意识是批评妻子没把桌子擦干净，儿童意识是请妻子不要生气。

（16）转换型交往类型（从P对C的交叉型，过渡到A对A的互补性、平行性的沟通）——如售飞机票时，某顾客出言不逊："你是售票还是谈情说爱？"（PC刺激），女售票员不是反唇相讥，而是和气地说："非常抱歉，让您久等了，如果您有急事，我给您先办。"（AA反应），那位顾客不好意思地回答说："没事，您抓紧办吧！"（转换成AA的再反应），问题顺利地解决了。

以上16种人际交往类型，可形成互补或平行的关系（1～7型）；也可能形成非互补或交叉性的交往关系（8～13型）；还有其他蕴涵交往关系（14、15型）；以及从交叉转为平行的转换交往关系（16型）。一般来说，当乙方按照甲方的期望作出反应，这种交往是"互补性"或"平行性"关系，双方是和谐的；如果乙方的反应出乎甲方的期望，这种交往是"非互补性"或"交叉性"关系，双方有时和谐，有时导致误会，出现关系紧张或关系中断现象；这时若过渡到"AA对AA"平行交往（16型）会缓解紧张。美一家航空公司用影像资料作教材，对8 000多名员工进行人际交往的过渡训练，结果有86%的员工心理更加积极、有信心地和谐了人际关系，改善与提高了工作效率。

二、影响人际关系的因素

在团体中，人与人总是处在各种关系之中。人与人之间的关系深浅、密切程度、心理距离都各不相同。在同一团体中，有的情同手足，是挚友与知音；有的是表面和气，而实际上没有深交；有的势不两立，冷眼相待；有的朝夕相见，却很少往来等。人际关系恶化过程：经历漠视（视觉与意识上）、冷漠（情感上）、疏远（行为上）、分离（综合）等阶段；人际关系的改善与发展过程：注意（视觉与意识上）、吸引（感情上）、适应（行为上）、依附合作（综合）等阶段。研究与管理实践表明，影响人际关系恶化、改善与发展，以及差异的原因有如下方面：

（一）空间距离与交往频率

费斯汀格（L. Festinger）曾以同一学生宿舍楼内已婚妇女为研究对象，研究距离与交往的关系。发现地理位置上愈接近，彼此接触的机会愈多，相互联系、相互依赖、相互帮助的时候愈多，就愈容易形成密切的人际关系。住同一层比住不同层的人成为朋友的可能性要大。住同一层不同距离，交往密切程度也不同。平时人们常发现同一车间、工段的工人之间，同一科室的同事之间，同班同学之间及邻居之间，都易形成良好的人际关系。

爱德华·霍尔（E. Hall，1966）认为，人们在社会互动中，有四种不同的人际距离：① 亲密距离（0～0.5 m）如亲子行为、恋人、护理、抚慰、保镖等；② 私人距离（0.5～1.25 m），其中0.5～0.8 m是亲密朋友交往的距离带，0.8～1.25 m是普通朋友交往的距离带；③ 社会距离（1.25～3.5 m），未曾相识或一般相识，公事公办、应酬或初步了解的交往；④ 公众距离（3.5～7.5 m）如庆典、演讲时的主持者与听众，交警与行人等。

由于友好、亲密人际关系交往发生在较小距离内，因而可以从人们之间站或坐的距离的远近来推断人们彼此间的感情关系状况。这种推断在女性之间、异性之间似乎更为准确。虽然,地理位置不是人际关系好坏的唯一的、决定的因素,但是,远亲不如近邻,地理位置接近的优势,无疑是影响人际交往的一个有利条件。有时地理位置近也可能产生与组织整体利益不一致的小团体主义倾向。交往频率也是一个重要因素。"日久见人心",交往次数多,接触机会也多,相互之间能真正了解和理解,便于建立良好人际关系。当然交往内容也是不容忽视的条件,如果交往只是相互应酬,不能推心置腹、真诚相待,也很难有和谐、友好的人际关系。

(二) 相似性与同质

团体中人与人之间的相似性包括年龄、家庭出身、能力与才干、态度与性格等。若双方意识到某一方面有相似性,或同质性则容易相互吸引,产生密切的关系。如年龄相似性,一般来说,同年龄的人喜欢在一起;个人社会背景的相似性,往往文化程度、经济收入、籍贯、职业、社会地位、社会价值观等因素相似者,容易接近,并成为朋友;态度的相似性是影响人际关系密切程度的重要因素,团体成员之间在政治主张、宗教信仰,以及对国内外重大事件的看法较为一致的人,在感情上更为融洽,在行动上更为团结,这就是人们常说的志同道合,极容易成为知交、建立和谐的人际关系;在众多的相似与同质因素中,目标与利益的一致性是最根本的,若这方面出现冲突,将会导致人际关系的破裂与恶化。

(三) 需要、性格、气质的互补作用

需要的互补作用是指团体成员之间的交往以满足各自某种需要为前提,如果双方的需要都得到充分的满足,那么就会形成良好的人际关系。性格相似固然有共同的语言,喜欢在一起,发展为密切的关系;有时性格特征不相同的人,因互补作用,能满足各自的需要,也会产生吸引力,发展为良好的人际关系。例如一个独立性较强的人和依赖性较强的人可以结为好友。同样气质也有互补吸引作用,脾气暴躁的胆质型者,可能与性情温和的黏液质者建立和谐的人际关系。

(四) 能力与专长

一个有专业特长,能力很强的人,有较强的吸引力,使别人对他产生一种敬佩感,欣赏其才华,愿意与他接近。有人研究证明:一个很有才华又有点小缺点的人,反而更使人喜欢他,接近他;如果有才华的人完美无缺,尽善尽美,反而会使人感到高不可攀,望而生畏,不敢接近他。

(五) 仪表

仪表也是影响人际吸引的一个重要因素。人的仪表包括容貌、衣着、体态、风度等。由于第一印象的作用,初次交往时仪表对人际吸引就显得特别重要。心理学做过一个试验:分别让一位戴金丝眼镜、手持文件夹的青年学者,一位打扮入时的漂亮女郎,一位拎着菜篮子、脸色疲惫的中年妇女,一位留着怪异头发、穿着邋遢的男青年在公路边搭车,结果显示,漂亮女郎、青年学者的搭车成功率很高,中年妇女稍微困难一些,那个男青年就很难搭到车。研究者们还成功描绘出影响第一印象形成的因素。认为有一半以上内容与外表有关、40%的内容与声音有关、少于10%的内容与言语举止有关。试验显示,见到陌生人时,你头发的样式比面部特征更能吸引对方的注意。长发暗示着健康和性感,短发看起来自信而成功,自然、没有特定款式的发型,则让人感觉智慧和真实。此外,握手也能传递重要信息,那些握手时目光和你直接接触、手掌干燥、坚定有力、自然摆动而不是无力、潮湿、试探性的人,不仅让你对他感觉良好,还将取得你的信任。但是,随着交往的深入,吸引力逐渐由外部特征转向内部个性特征的影响。

上述各种因素可以构成人际相似、接近、补偿、能力、熟悉、仪表性吸引等不同的类型。

三、人际关系的测量

美国心理学家莫雷诺(J. L. Moreno)在20世纪30年代第一次采用社交测量法来测评人际关系。它通过问卷方式,确定互相间的喜欢与厌恶、排斥与吸引的程度,并用图表或数学模型来表示人际关系的状况。

(一)测量程序与指标

(1)确定测量标准。首先,让被试选择回答的问题来确定测量与选择标准。如"你愿意(或拒绝或忽视)跟谁在一起劳动(或学习或娱乐等活动)?"其次,根据问题的重要性来确定选择的强标准与弱标准。强标准是指对被试生活、工作有重要意义的、长期起作用的问题;弱标准是指意义不重要、短期起作用的问题。再有,强标准的种类还可分为:①"角色标准"——假如你是组长,你最喜欢的组员是谁?担任什么角色?②"认知标准"——假如选组长,你认为谁会提你的名字?根据是什么?③"职能标准"——假如有一项工作,你认为谁承担最合适?④"行动标准"——请把礼品或贺年片送给你想要祝贺的人。

(2)选择测量数量。即规定被试可以选择几个人。若是小团体人数不多,可以采用非参量选择法,不必限定选择人数;若是大团体,超过30个人,则应采用参量选择法,限定选择人数,一般最多选择5~7人,最少选择2~3人。无论是限定还是非限定选择都应排出选择的顺序,即先选、次选、最后选的顺序。根据选择的顺序,可以判3分(-3分)、2分(-2分)、1分(-1分)来确定人际接纳与排斥的程度。

(3)测量的准备。测量者要真正了解被测者,需要与其接触一段时间,建立融洽的关系。因此,测量前的准备工作要花1~2个星期。而且团体应是相当稳定的之后(即团体成员在一起生活不少于3~6个月的时间),再来测评,才可能获得有效与可靠的数据。

(二)社交测量图表法

经过测量和一系列数字处理之后,测量的结果可以通过图表的方式,简单明了地表达出来。经常采用的表达方式有如下两种:

(1)矩阵表示法。即列出人际关系的选择数量表(见表7-3)。表内被选择次数最多的,是最受欢迎的人物;被排斥的次数多,是不受欢迎的人物。

表7-3 小规模团体人际关系矩阵表

符号\被选 选择	1	2	3	4	5	6	7
1					+	+	
2	+			−			
3		+					
4	+						
5	+				+		
6	+					+	
7							
合计	4	1	1	−2	2	2	

（2）图示法。把上述矩阵表绘成社会测量图,能更清楚地反映人际关系的状况(见图7-14)。

（三）人际关系的指数表示法

采用社交测量法所得到的资料,可以进行数学计算,把人际关系的有关特性采用数量化表示。

1. 个人在团体中的社会地位指数及其表示方法

（1）情绪、情感的扩张性指数,用个人对团体中其他成员的总选择数表示。

（2）社会地位的强度指数,即指某个人在团体中受重视(含接纳与排斥)的程度。

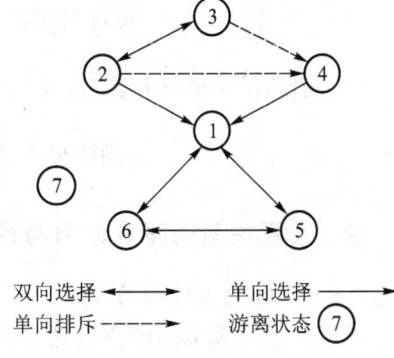

图7-14 社交测量图

$$社会地位指数 = \frac{受选择总数 + 受排斥总数}{团体总人数 - 1}$$

（3）被选择的地位指数,表明个人在团体中受其他成员拥护、爱戴、支持和选择的程度。

$$被选择的地位指数 = \frac{受选择总数}{团体总人数 - 1}$$

（4）被排斥的地位指数,表明个人在团体中被他人拒绝、否定、排斥的程度。

$$被排斥的地位指数 = \frac{受排斥总数}{团体总人数 - 1}$$

（5）被高选择者,即指被团体其他成员的选择数在平均选择数一个标准差以上。

$$被高选择者 \geq 平均选择数 + 1 个标准差$$

（6）被低选择者,即指被团体其他成员的选择数在平均选择数一个标准差以下。

$$被低选择者 \leq 平均选择数 - 1 个标准差$$

2. 团体性质的人际关系指数

（1）团体成员间的吸引率,即指团体中人际吸引作用发生的程度。

$$团体吸引率 = \frac{团体总选择数}{团体总选择数 + 团体总排斥数}$$

（2）团体成员间的排斥率,即指团体中人际排斥作用发生的程度。

$$团体排斥率 = \frac{团体总排斥数}{团体总选择数 + 团体总排斥数}$$

（3）团体凝聚力指数,即指团体成员之间互为对偶的人际选择程度或团体团结的程度。

$$团体凝聚力指数 = \frac{团体中实际相互对偶选择数}{团体中可能存在的相互选择总数}$$

（4）团体内群亲近率,在不限定选择外团体成员时,显示团体成员的向心力程度。

$$团体内群亲近率 = \frac{对本团体成员的选择数}{对团体内外成员的选择总数}$$

（5）团体外群亲近率,在不限定选择外团体成员时,显示团体成员的离心程度。

$$团体外群亲近率 = \frac{对外团体成员的选择数}{对团体内外成员的选择总数}$$

(6) 相对名望指数,即指一个团体受外团体成员支持、选择的程度。

$$相对名望指数 = \frac{从外团体获得的选择数}{可能从外团体获得的选择总数}$$

(7) 团体的离散性指数,即指团体中未获得任何选择的程度。

$$团体离散性指数 = \frac{未获得任何选择的成员数}{团体总人数}$$

四、人际关系的障碍原因与改善人际关系的方法

(一) 人际关系障碍的原因

人际关系出现障碍的原因是多方面的,主要有:

(1) 文化因素障碍。包括语言障碍,如对语言、文字、有意义的符号、生活方式、行为习惯、风俗人情等在交往过程中的误解、曲解、偏见、歧视造成的障碍;以及民族或团体在感情和意识上的倾向差异与问题造成的障碍;还有教育程度差异的障碍。王磊认为,"东西方在人际关系沟通上的差异在于东方文化注重维护群体和谐的人际沟通环境,西方文化注重创造一个强调坚持个性的人际沟通环境。这主要体现在:东方重礼仪、多委婉,西方重独立、多坦率;东方多自我交流、重心领神会,西方少自我交流、重言谈沟通;东方和谐胜于说服,西方说服重于和谐;开场白和结束形式不同。"还有,日耳曼民族天生自我感觉良好;荷兰人天性中多少有点攻击性,日常工作与行为中常表现出咄咄逼人气势;美国人开放、活泼、幽默、公私分明,绝对不会在工作时间内、在公司里,说有关个人的私事情;德国老板则严谨、敬业的工作作风,严厉、苛刻的对人态度,让员工对他敬若神明;浪漫出名的法国人,则是欧洲文化与传统中自由、随意的代表者;欧洲企业非常人性化,私人时间和工作时间分得非常清楚;日本企业,压抑的工作氛围非常浓,不许高声喧哗、放声大笑等。了解这些特点,对于经济全球化、国际化环境下的沟通交流与人际关系,以及跨文化管理有重要意义与作用。

(2) 社会因素障碍。包括地位角色障碍,空间与心理距离障碍等。

(3) 个体因素障碍。包括个性倾向差异与个性心理特征造成的自闭与自卑、怯懦、逆反、排他、逢场作戏、贪财自私、冷漠、嫉妒心理等方面原因产生的障碍。

(4) 团体与组织结构因素障碍。包括信息沟通受阻,产生意见分歧、心理误会与隔阂,从而引起人际关系的障碍;组织结构不合适,出现机构臃肿、人浮于事、职能不清造成的人际障碍;领导者办事不公正、任人唯亲、有亲有疏、圈里圈外造成的人际障碍;还有的是团体社会心理气氛太差,风气不正,甚至有人挑拨离间而产生的人际障碍等。

对每个人来说,与其他成员搞不好关系,虽然有多方面的原因,但其自身在人性方面的弱点是最主要的原因。从个人而言有以下原因:① 不尊重他人的人格,甚至伤害他人;② 极端个人主义与自我中心倾向,忽视别人的处境和利益,置他人的困难于不顾;③ 企图操纵或驾驭他人来满足个人的权力需要,不顾及别人的需要与要求;④ 欺骗他人,不能够诚实地待人处事;⑤ 过分顺从以讨好他人,或欺上压下;⑥ 过分依赖别人,丧失自尊心,缺乏自主性;⑦ 嫉妒心太重,打击贬损他人,阴谋赢得某种荣誉、职位、权力;⑧ 猜疑心太重,不信任他人,怀疑一切或心怀敌意;⑨ 过分自卑和丧失自尊心,对人际关系过敏,对成绩于问题过分夸大,对别人批评过严;⑩ 性情孤僻,人格过于内向或自闭;⑪ 偏见或误会太深,对人持错误看法,持不合作、不友好的态度;

⑫不切实际地期待别人,过分苛求别人;⑬缺乏主见,经受不了他人挑唆,造成一时难以调解的误会;⑭自由主义严重,当面不说,背后乱说,甚至造谣中伤,产生严重的人际障碍;⑮情绪不稳定,太急躁,不能克制自己,为一点小事就动怒发火,容易伤害他人的感情等。

(二)改善人际关系的原则与策略

1. 改善人际关系的原则

(1)交互与强化原则。阿伦森与林德(E. Aronson & D. Linder,1965)认为,交互、重视、支持与作用的一致是人际关系的基础,通过实验证实,"人们喜欢与接纳真心实意喜欢我们的人,排斥不喜欢我们的人",行为主义强化学习的原则也表明:在人际吸引中人们喜欢能给予我们奖励的人。在诸多奖励中,社会赞许是很重要的一种,我们必须首先接纳、喜欢、支持、赞许他人,才可能保持人际关系的主动性与、和谐性与有效性。

(2)社会交换(或功利)原则。即指当人们认识到从人际交往中得到的报酬(物质、金钱、情感、信息、服务等)超过成本时,便会喜欢与我们交往的人。一般人际关系应遵循公平交换(机会平均、各取所需、平等、对等、互补与互利、双赢)的原则。但是,最亲密的人际关系并不一定受交换与功利原则的支配,而奉献与承诺的原则也是必需的。社会交换与奉献承诺的结合也是维系社会发展与团体人际和谐的重要原则。

(3)人际吸引的增减原则。阿伦森定律表明"新获得的爱更有吸引力",因此多采用刺激与反应的"肯定—肯定"或"否定—肯定"评价能增加喜欢水平;少用"肯定—否定"或"否定—否定"评价会减少不喜欢水平来改进人际关系。

(4)情境控制与联结原则。人都有对所处的环境进行自我控制的需要,而任何一种人际关系,都必须建立在双方对于情境控制均衡的基础上,不均衡会缺乏深刻的感情联系。联结也是一种社会学习的原则,人们喜欢那些与美好经验联结在一起的人,而厌恶那些与不愉快经验联结在一起的人。因此控制厌恶的情境与巩固美好联结方式可大大改善团体人际关系。

2. 改善人际关系的策略

(1)建立良好关系的策略。可采用第一印象与良好印象构建的策略、主动积极建立良好人际关系的策略、同情爱心与关爱他人的策略、热心关心与帮助他人的策略等,都有利于建立良好人际关系。

(2)建立良好沟通的策略(参见信息沟通部分)。

(3)维持友情策略。坚持并处理好合作与竞争、协商与争论、尊重与指责、错误与承认、设身处地、批评与自我批评等多方面的关系与策略,有利于化解矛盾、解决问题、摆脱困境,维持长期的良好的人际关系。

(4)缓解冲突的策略(见团体冲突部分)。

(三)改善人际关系的方法

1. 从成员个人角度看

一个人能体谅他人,对别人持宽容态度;能够倾听别人的意见,与别人保持良好的沟通;能洞察别人的需要与感情,想人之所想,急人之所急,帮人之所帮等是建立良好人际关系的个人心理条件。因此从个人角度分析,改善人际关系应注意以下方法:

(1)正确认识处理人际关系的基本原则,摆正各种关系的位置,妥善处理好人际之间的矛盾。在处理"个人、集体、国家"关系时,应树立主人翁观念和团队意识,坚持个人利益服从集体、国家利益的原则和三者利益兼顾的原则。在处理"个人与个人"之间的关系时,应坚持平等互利互助、互谅互让的原则。在划分正常的人际关系与庸俗关系的界限时,应该出以公心,不谋私利,公正严明,坚持原则,明辨是非,把握方向。

(2) 加强自我意识的修养,学会在社会交往中正确地认识自我、评价自我、控制自我、调适自我,能勇于承认和改正自己的错误,有利于搞好和改善人际关系。

(3) 采用角色换位与角色扮演方法,加强个人心理品质与个性特征的锻炼与训练。通过角色换位与扮演的方法,设身处地地站在别人的立场上想一想,这有助于树立互相尊重、谅解、支援、友谊的人际观点和服务奉献的思想,这样也能正确地评价他人优点与功劳,学习他人的长处,原谅他人的过失,为搞好人际关系提供良好的思想、心理与行为基础。

(4) 加强情绪与意志力的培养,以及良好个性和行为的训练。使员工逐渐养成心胸开阔、性情开朗、自我克制、调控情绪、严于律己、宽以待人、遇事冷静、得理让人等品质与行为等,有利于搞好人际关系。

(5) 按照"PAC 分析"方法,改善人际交往。成人的心理状态是有效解决问题的主要途径。成人的刺激,往往会诱使对方采用成人的反应(即理智反应),从而保持交往关系和谐进行。遇到人际关系紧张或障碍时,用成人反应也有助于排除障碍。"PAC 分析"有助于人们:① 了解自己与他人,便于改善人际关系;② 培养人的理性、冷静分析的态度,避免主观偏见,避免感情冲动;③ 使理智(即成人的自我状态与反应)成为和谐人际关系的主要动力;④ 从受创伤中恢复健康,培养自信心,建立健康的心理状态;⑤ 有自知之明,能自我批评,不骄傲自满;⑥ 有成熟的使命感,成就感与责任感,能以大局全局为重,搞好人际关系;⑦ 能够因人、因事、因地制宜地协调人际关系。

2. 从团队整体和领导者、管理者的角度看

首先,应建立一个强有力的领导班子,以便使团体对每个成员有较强的凝聚力、吸引力,有助于形成和谐的人际关系。团结的、有能力的领导班子,不仅是团体人际关系的凝聚中心,也是团体成员能够效仿,并搞好人际关系的榜样;领导者和管理者的能力也是驾驭、协调和改善人际关系的重要条件。

其次,良好组织结构也是影响人际关系的条件之一。组织机构合理,团体成员各司其职、各负其责、各尽其能,工作协调有序,有助于使人际关系得到改善。否则机构重叠臃肿,人浮于事,互相推诿扯皮,办事效率低,人际关系也会越来越紧张。

再有,组织员工参与管理也有助于改善人际关系。员工参与管理可以增强其主体意识、认同感、责任感、使命感、成就感,减少其消极被动心理状态和抱怨不满的情绪。这样不仅可以改善领导者与被领导者、管理者与被管理者之间的关系,也有助于调动员工的积极性与协调职工之间的关系。

还有,加强团体成员之间的信息交流和意见沟通,可以增加彼此间的了解,减少隔阂与误解,增加团结,加深感情。也能增加领导与管理工作的透明度,改善和协调干群关系与员工之间的关系。

此外,培养职工的集体主义精神和团队意识,使大家对自己所在的团体有很高的认同感、归属感、责任感、成就感和荣誉感,能团结一致,齐心协力为实现团体目标而努力奋斗。这也有利于改善与协调团体的人际关系。

3. 在管理和实际工作中还应处理好与上司、同事、顾客的关系①

研究发现：一个人一天中60%~80%的时间花在与亲人、朋友、下属、同事或顾客间的沟通活动上。通过研究一万个成功者的案例发现，一个人的"智慧、专门技术"和"经验"，只占成功因素的15%，其余85%取决于良好的人际关系与良好的人际沟通效率。在与上司、同事、顾客沟通中必须重视有效倾听、善于表达、兴趣广泛、与人为善；同时还要融入同事之中、不泄露个人隐私、闲聊应保持距离、远离是非、不要牢骚满腹、得意时勿张扬、不要争宠、不要重色（爱情）轻友、不要失信等。具体要处理好如下人际关系：

（1）与上司建立良好人际关系。要注意以下几点：① 要注意角色换位，从上司角度看待问题，避免认知偏差；② 要了解与理解上司的意图，特别弄清楚上司对你的期望与要求是什么，尽量使自己的行为与上司的期望要求一致起来；③ 要努力与上司建立相互信任关系，并且将这种关系建立在如下条件的基础上：从认知、情感、意向与工作等方面与上司保持接纳性、有用性、可预知性、个人忠诚、坦诚的关系；④ 在各种场合要尊重上司的权威，不要背后议论，贬损上司的形象；⑤ 要善于观察，积极思考，报告问题的同时也应给出解决问题的建议；⑥ 当自己的观点与上司不一致时，要抱着虚心学习的态度，建设性地表达不同看法；⑦ 当受到上司表扬与鼓励时，要给予上司积极的强化和认可，表示感谢与继续努力；⑧ 谈论工作与讨论中的重要问题，不要闲扯琐事，要集中主题、思路清晰、观点明确；⑨ 要注意自己的角色定位、审慎发展与上司之间的私人关系；⑩ 既要积极又要谨慎小心地向上司推销自己的想法、观点；⑪ 要与上司之间保持积极的交往与良性的互动关系。

（2）与同事建立良好人际关系。应注意：① 同事关系都应建立在遵守群体规范的基础上；② 要重视与尊重同事，让别人觉得他很重要；③ 在沟通时，要耐心与虚心，不轻易打断别人的话语，要学习做一个良好的倾听者；④ 与同事保持积极主动、忠诚开放的人际关系；⑤ 要重视个人心理品质的修养，能表现出助人、合作、诚实、热情、谦虚、亲和、文明有礼的态度与行为；⑥ 要多给予他人关心、体贴、支持和帮助；⑦ 不要用强制命令语气说话，多用民主平等、请求与商量语气沟通；⑧ 要善于发现同事的优点和长处，虚心学习；⑨ 对同事要有主动接纳和包容的心理；⑩ 对同事的缺点与生活习惯方面的问题要善意提示，宽容谅解等。

（3）与顾客建立良好人际关系。应注意：① 要树立顾客是上帝的观点，全心全意为顾客服务，主动建立顾客满意度目标，并在工作与实际行动中去努力实现目标；② 要调查研究，全面了解不同的顾客人群都有哪些需要；③ 将顾客的需要放在首要位置，在工作与实际活动中要能够想方设法解决问题，满足顾客的需要；④ 要主动地关心顾客，能够想顾客之所想，急顾客之所急，主动帮助顾客解决问题；⑤ 要有"一团火"精神，心中永远有"上帝"，对顾客要永远表现出积极热情的态度；⑥ 要努力学习营销知识与服务技能，不断提高服务技术、质量与水平，让顾客满意与放心地享受高水平的服务；⑦ 主动学习管理心理与人际关系方面的知识，建设性地解决与顾客之间发生的问题与冲突；⑧ 后续跟踪，售后服务，始终让顾客满意。在为顾客服务与顾客的关系上，劳动模范张秉贵的"一团火"精神、李秀丽的微笑服务，为我们树立了良好榜样，值得大家学习与效仿。

---

① ［美］安德鲁·杜布林著，王佳艺译：心理学与工作，中国人民大学出版社，2007年版，第200~210页。

第五节 团体的决策

一、团体决策及其过程

（一）决策的含义

决策一词在英语中是 Decision making，汉语为"决定政策"。其实管理心理学中的决策是广义的，决策是人们对某一件事情出主意，想办法，作出审慎的选择或决定的过程。

在古代虽有许多决策思想家、政治家和军事家，也出现了某些决策理论，但并没有达到系统的、科学的水平。直到第二次世界大战之后，美国卡内基-梅隆大学的西蒙（H. A. Simon）等人提出了行为决策理论，决策才成为管理理论中的一门系统科学。西蒙认为决策贯彻于管理的全过程，管理就是决策。决策是领导人的一项根本性的工作，不能决策就不能领导。决策是管理的灵魂与核心，决策是组织与团体管理成败的关键。我国的"北大方正"、"联想"集团、"海尔"等企业之所以获得巨大发展和效益，就是因为他们根据市场的需要及时地作出了正确的决策。相反，若决策错误，会给企业造成巨大损失。在现代管理中，决策往往不是由某个领导者个人作出的，而是由团体作出的。因此，团体决策是管理心理学中的一个重要问题。

团体决策就是指企业中的重大问题，在领导者的主持下，通过集体讨论作出最佳选择与决定的过程。团体决策有以下几个特点：① 是为了有效达到和实现团体或组织的目标；② 是集体行为的选择，是依据主客观条件，追求价值最优化或满意化目标的过程；③ 是一种团体思维判断与选择的过程，是从若干方案中选择最佳方案的过程；④ 决策是为了有效的实施与执行过程，而团体决策会使团体成员的行为更加积极主动地参与和投入，是团体行为更加有效的执行过程。

（二）决策过程及基本原则与方法

1. 团体决策的过程

由于团体领导者的特点不同，团体的被领导者及内部状况不同，决策问题的性质不同，不可能有固定的模式。

西蒙认为决策的过程和程序一般有四个阶段：① 情报活动，搜寻环境信息，探求决策条件；② 设计活动，创拟（设计）方案，发展与分析可能的行动方案；③ 选择活动，在所有行动方案中，择优选择一个特定的方案；④ 检验活动，验证与评价已选择的方案。①

根据上述观点并结合人的思维特点，我们认为决策的科学程序与过程有如下几个步骤：

（1）提出问题，识别问题，明确决策的目标。决策的目标是决策过程的方向与第一步，决策目标又是根据决策想要解决的问题来确定的。决策目标有总目标、子目标之分，长期目标和短期目标之分，以及目标多元化之间可能一致，也可能不完全一致，甚至有对立局面，不能同时达到最优化程度。为了达到决策目标的准确性，就必须在概念（观念）、时间、条件与数量这四个方面有清楚的界限。决策时还要考虑风险和可控条件，而最基本的可控条件是资源、信息、能力与权限等。

（2）问题的诊断阶段，也是发现、探索和拟定各种可能的行动方案过程。这一阶段包括：分

---

① ［美］F·E·卡斯特著，李柱流译：组织与管理——系统方法与权变方法，中国社会科学出版社，1985年版，第407页。

析问题,研究一般原则;针对问题,瞄准目标,提出有效解决问题的途径和方法;在讨论基础上,归纳出几种可能被选择与采用的决策方案。

(3)动作选择过程。根据多数人的意见,选择最佳方案作出集体决定。这是决策的关键阶段。有效决策方案的选择,必须达到经济合算、技术合理、人际合情、社会无害的目标,并具备以下条件:其一是有合理的选择依据和标准,具体包括:① 价值标准:决策是否具有学术、经济、社会等方面的价值。② 程度标准:决策要达到的是"满意程度标准"还是"最佳程度标准"。③ 执行标准:指决策选择后的执行在法律、经济、技术、环境等方面的可行性标准。其二是有科学的选择方法,具体选择方法有经验判断(包括淘汰法、排队法、归类法)、数学分析与实验方法等。

(4)实施方案并进行追踪决策,这是最末一道程序。这既能检验决策的优劣与正误,又能及时地予以修正与调整,避免失误。

2. 决策的基本原则与团体决策的方法

(1)决策的基本原则。这是决策方法的指导思想,为了有效决策,除了考虑上述程序和过程之外,还应遵循如下原则:① 决策目标明确的原则;② 信息情报准确、充分的原则;③ 多种决策方案中进行优选的原则;④ 可行性论证原则(有效性、可能性、重要性);⑤ 行动反馈原则等。

(2)团体决策还可采用如下方法:① 缺少反应,即只面向一个或几个成员建议的解决办法;② 独裁法则,领导宣布决定;③ 少数法则,少数有专业知识的人,有更多发言权"强行通过"的决策;④ 多数法则,投票表决法,多数(超过半数)赞成通过;⑤ 一致法则,是基本一致通过的法则;⑥完全一致,即全体通过的法则,也称一票否决方法等。

(三)影响决策的因素

1. 主观因素

决策是人类的基本活动之一,决策是否有效,决策者与决策执行者的素质、修养、能力、精神状态、个性倾向及个性特征等,均对决策的效果产生很大的影响。决策过程中,由于个人的价值取向不同,认知风格不同及风险偏好不同,对团体成员会发生相互影响,而能力强,德高望重,有权威性的人,往往对别人影响较大。决策是一种综合性能力,一般包括:① 分析问题的能力;② 逻辑判断能力;③ 创新能力;④ 直觉判断能力;⑤ 决断魄力;⑥ 组织团体的决策能力等。除能力因素外,决策人自身的胆略、胆识、开拓精神、风险精神、负责精神等都会影响决策的效果。

2. 客观因素

掌握信息的多少,所要解决问题的复杂程度,解决问题的条件与时机是否成熟,团体规范和内外压力等,都会影响决策及其效果。

3. 文化因素

这是主客观统一而形成的影响决策的重要因素。我国传统文化与现代文化有很大差别,因而在决策方式上有很大差异。传统管理观念强调专制、封闭、凭经验进行决策;现代管理主张用民主、开放、科学方法进行决策。有人曾比较我国传统管理观念与西方决策理论的差异,结果发现我国传统管理观念在决策上强调团体和谐、外在统一准则、动机、权威和过去经验,而西方决策理论强调内在满足、单独进行、个人效用、自我利益最大化、当前问题的特殊性、备选方案拟订以及不确定性分析等。[1]

---

[1] 潘威廉:组织行为学,江西人民出版社,1993年版,第234页。

二、决策类型和组织层次

（一）决策的类型

根据决策目标的战略地位,可分为战略性决策和战术性决策;根据问题的性质,可分为确定型、非确定型、竞争型决策;应用计算机专门术语还可分为程序性和非程序性决策;根据决策的价值取向可分稳妥性与冒险性决策等。具体分析如下:

（1）战略性决策是一种带全局性质和整体目标的非程序化的决策。主要表现为企业方针、路线、政策和重大方案的制订;战术性决策是一种局部的对具体问题的决策,也称技术性或定量性决策。企业中日常管理业务,如制定计划、选择工艺、确定检验标准等属于这一类型。

（2）确定型决策具有确切的客观依据与自然状况,决策的结果也基本准确无误。非确定型决策的客观依据不确定,有两个以上的不以决策人的意志为转移的客观因素,决策的结果也无法最后确定,如现代大型企业的经营战略中,决定向海外发展、参与经济全球化的战略决策,就是战略性的非确定型决策。竞争型决策是有竞争对手的非确定型决策,市场竞争、项目投标竞争、优质产品竞争等属于这一类。

（3）西蒙把决策分为两类[①]:一类是程序性决策。这是日常例行标准操作的、重复性的、习惯性的,是运用熟悉的原则和明确的处理程序制定的决策,现代可采用运筹学方法、数学模型、计算机数据处理进行决策。另一类是非程序性的决策。这是一次性的、不完善的、新方针的决策。一般采用直觉、判断、创造力、经验等方法来决策,现代也采用启发式解决问题的方法(训练决策人与编制启发式计算机程序)来决策。

（4）稳妥决策是一种可靠性很大的,能把握实现的决策。这是带有保守性的、中等选择(非最优选择)的决策。也称留有余地的决策。例如,人们有多余资金存银行或购国库券就属这类决策。风险决策就是一种不惧怕损失,敢冒风险去获得成功的决策。风险决策成功,有两条基本决策准则:一是最大可能准则。这是设想把风险决策问题转化为确定型决策的尝试,即选一个概率值最大的自然状况进行决策。例如,某人承包某项工程项目,若成功概率高就承包,若失败概率高就不能承包。二是期望准则。这是将每一行动方案的得失,乘以自然状况的概率所得到的值之和。这是最常用的方法。承包与否应视两者之总和比较而定,承包总和大就承包,否则就不能承包。此外优势原则、满意标准原则、应变原则等,也是决策成功的重要条件。

（二）决策类型和组织层次

决策类型是随问题的类型以及制定决策的组织层次而变动的(见图7-15)。

图7-15表明,高层管理人员关注非程序性与战略性决策;基层管理人员通常关注程序性与战术(业务)决策。大多数组织中,中层管理人员主要集中于程序性战术(管理)决策,也参与非程序性决策。不同层次的管理者所起作用与角色重心也不一样。

目前处理程序性决策可以利用惯例、标准工作程序、专门编制处理这类决策的特别程序。数学模型与计算机为处理这种类型的决策提供了方便。处理非程序性决策通常是依靠一般的解决问题的办法、判断、直觉臆断和创造性等,现代管理技术在这方面的成绩并不明显。重要的问题在于把非程序性决策的各种问题准确地鉴别出来,并根据问题的性质、发生的概率和确定性程序

---

① [美]亨利·艾伯斯著,扬文士译:现代管理原理,商务印书馆,1980年版。

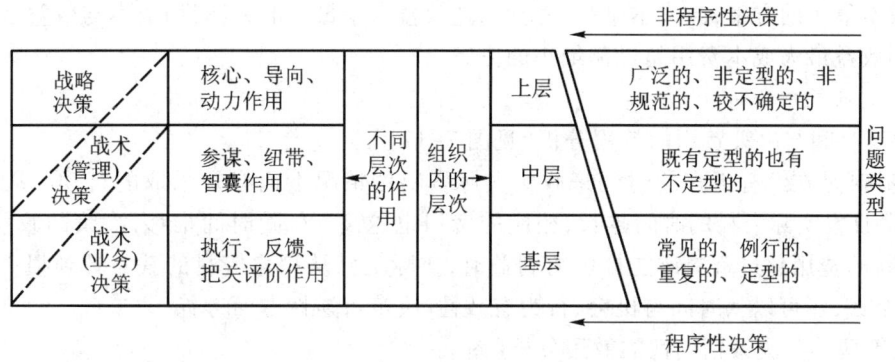

图 7-15 组织层次问题类型与决策类型

来确定决策应当由哪一个管理阶层来制定。

三、决策效用理论与效用分析

（一）决策效用理论与效用概念

企业决策与经济效益直接相关。决策人作出决策总是期望获得好的经济效益。但是，并非所有决策都是增益性的，特别是非确定型决策、竞争型决策、风险型决策，往往具有损失与增益双重性质。效用理论就是领导者进行决策方案选择时采用的一种理论。在企业管理中，决策往往要受到决策领导者主观意识的影响，领导者在决策时要对所处的环境和未来的发展予以展望，不同的领导者对于不同的损益期望值会有不同的反应。在管理科学中，将领导者对利益和损失的独特看法、感觉、反应或兴趣，称为"效用"。效用就是代表了决策者对于风险的态度，高风险一般伴随着高收益。对待数个方案，不同的领导者往往采取不同的态度来进行抉择。例如，某团体在考虑一项生产决策时，以 0.5 的概率可获利两万元；还有 0.5 的概率损失一万元。有的决策人乐意冒损失风险而追求两万元的利益；有的怕担风险，而放弃获两万元利润的机会。这两种不同的选择，说明决策人对风险的两种不同态度。

（二）决策效用曲线

决策效用分析的程序与步骤是：

首先，用心理测验的方法，可以测得决策人对损失与增益的效用值，以横轴表示成本与利润，纵轴表示效用（概率），画出成本、利润——效用曲线（见图 7-16）。图中 A, B, C 三条曲线代表三种不同类型的决策人。曲线 A 是保守型，代表对获利反应迟钝、对损失反应敏感的决策人，其态度是不求大利，担心损失，避免风险，谨慎小心；曲线 B 是冒险型，代表对损失反应迟钝而对获益反应敏感的决策人，其心理特点是追求大利，不畏风险，大胆决策；曲线 C 代表中间类型的决策人。

其次，据此求出各方案的效用期望值，通过比较，选取最大期望的方案作为决策。具体来说：当效益水平一

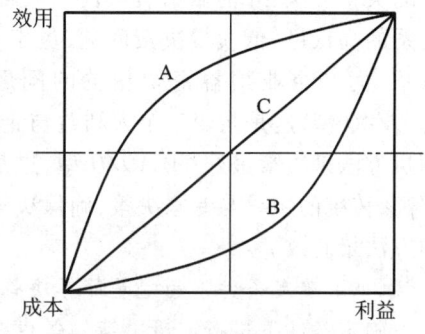

图 7-16 效用曲线

定时,选成本最小的方案;当成本水平一定时,选效益水平最大的方案;当成本与效益水平均不限定时,采用效益最大成本费用超过额最小的方案。

(三) 决策效用分析

1. 决策时间与决策费用的效用分析(见图7-17)

决策有时是在没有更多的时间来收集实际资料的情况下而必须采取的行动。从图中可发现:① 花费收集实际资料的时间越长,相应的费用也越高;② 随时间推移,决策的收益减少,收集实际资料的费用超过资料所能提供的利益时,实际上已从积累资料的获益转到损失了;③ 损失不仅指金钱,还可以从时间与机会、行为有效性、决策可逆性方面考查。

2. 决策费用与决策精确性的效用分析(图7-18)

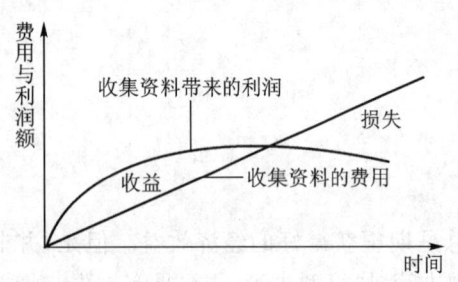

图7-17　决策时间与决策费用的关系

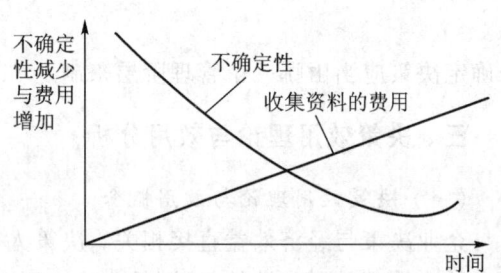

图7-18　决策费用与决策精确性

有时超过时间限度后会继续决策,收集更多的资料,这样可能浪费时间,造成经济的损失。为什么还要做呢?因为多收集资料,可以减少决策结果的不确定性。如图中所示:① 收集资料的费用随时间上升而上升;② 随时间推移和收集的资料数量增加,不确定性逐渐减少,过交叉点则不确定性减少,速度变慢。虽然费时间,也费金钱。但决策质量提升,会收到更好的效益。

3. 决策的有效性与决策的质量、决策的认可水平之间关系的分析

国外许多研究者认为,决策的有效性(Effective Decisions)取决于决策的质量(Quality)和执行者的认可水平(Acceptance)。可用下式表示:$ED = f(Q \cdot A)$。

美国学者迈尔(R. F. Maier)设计了"企业决策问题四分图"(见图7-19)。迈尔认为从质量与认可两个维度,可构成不同的决策问题,其中典型的决策问题有四种,针对不同的要求,采取不同的决策方法,才能做出有效性的决策。① A/Q 型这是与职工个人需要密切,与企业损益无大关系的高认可、低质量决策问题,员工参与决策最有效;② Q/A 型,这是与职工个人利益无直接联系,而与企业损益密切相关的问题,应由领导与专家决策,确保决策质量,其效果最好;③ Q/AQ 型,这是与职工个人利益与企业损益无密切关系的问题,决策认可与质量要求不高,用随机方法来决策最好;④ AQ/Q 型,这是与职工个人利益与企业损益密切相关的问题,两者要求都高,传统的领导与专家决策,确保决策高质量;为了保证决策的认可,再加上现代员工参与决策的方法最有效。

(四) 确定条件下的定量计算决策

确定条件下进行定量决策的条件是:① 有明确的决策目标;② 有确定的自然状况(即概率是确定的);③ 有两个或两个以上的可供选择的决策方案;④ 不同方案的损益值可以求得并能

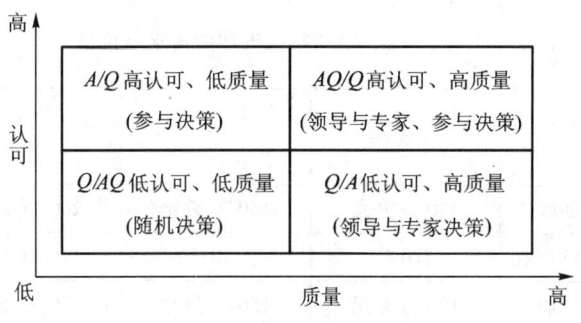

图 7-19 企业决策问题四分图

进行比较。

例如某企业在经营营销决策中,可选择降价、提质、推销、开发新产品四种方案,其确定条件见表 7-4,通过定量计算,可选用最优决策(优选、满意、最大期望,最大可能等)原则来决策选择不同的营销方案。

表 7-4 确定条件下的决策方案

回收 方案 \ 市场	市场状况及概率				选择原则及选择方案
	市场畅销 0.1	市场好 0.1	市场较差 0.6	市场滞销 0.2	
A 降价	50 万	70 万	70 万	50 万	优选原则选 B,排除 A
B 提质	90 万	90 万	90 万	90 万	最大可能原则选 B
C 推销	90 万	170 万	50 万	50 万	满意期望原则选 B
D 新产品	130 万	130 万	80 万	90 万	最大期望原则选 D

另外,企业经常采用的决策树方法也是确定条件下的一种定量决策方法。

(五)非确定条件下的决策准则①

不同态度的决策人(即用"效用曲线"标志)在确定条件下,可能选用相同的"最优决策"的方式,通过计算可达到最优、最大期望,满足最大可能回收额的目标。但在非确定条件下,有不同的决策准则。

在非确定条件下制定决策的第一步是建立一个"条件性数值回收表"。回收表是概述一个决策问题的所有要素的一种简便方法。下面是某石油输出公司的决策者面对两种分配策略和三种可能发生(概率不定)的自然状况的回收表(见表 7-5)。

---

① [美]小詹姆斯·H·唐纳利等著,李柱流译:管理学基础——职能行为模型,中国人民大学出版社,1982 年版,第 393 页。

表 7-5 某石油输出公司的决策回收与遗憾回收表

回收与遗憾回收 \ 策略	市场状况	自然状况汽油的需求与价格			最大遗憾回收总额
		低	中	高	
（批发）集中销售汽油	回收	300 万美元	150 万美元	200 万美元	170 万美元
	遗憾回收	0	0	170 万美元	
（零售）分散销售汽油	回收	100 万美元	150 万美元	370 万美元	200 万美元
	遗憾回收	200 万美元	0	0	

第二步是选择和应用下面的一项决策准则：

（1）可能达到最高回收额的"极大化最高准则"，即"大中取大"的赫威斯决策准则。老练的、有信心的、冒险的决策人，一般遵循这个原则，选择最好自然状况下确保获得最大可能利润的回收策略。以表 7-5 为例，使用这个准则，每种策略最有利的回收额为：① 集中分配汽油的策略是 300 万美元；② 分散分配汽油的策略是 370 万美元。二者比较，决策者选择分散分配汽油的策略符合极大化最高准则。

（2）可能达到最低回收额的"极大化最低准则"，即"小中取大"的瓦尔德决策准则。悲观保守的决策人，一般执行这种准则，避免最坏结果，力求风险最小，选择最不利的最低回收的策略。以表 7-5 为例，每种策略的最小回收额为：① 集中分配汽油的策略是 150 万美元；② 分散分配汽油的策略是 100 万美元。二者比较，决策者通过低选高策略把最小回收额极大化，导致作出集中分配汽油的决策。

（3）可能引起决策者避免最大遗憾回收额的"极小化最高准则"，即萨凡奇决策准则。这里遗憾值的含义是指在特定事件发生时，可能产生的最高回收额减去根据竞争行动中的每一个自然状态而选定的各种策略所得的回收后的差额。在表 7-5 中，如果汽油需求量最高（即市场状况最好），则最有利的回收就会达到 370 万美元。如果决策人采用分散分配汽油的（零售）决策，市场对汽油需求量是高的可达 370 万美元的回收额，他就不会有遗憾（370 万美元 - 370 万美元 = 0）；假定决策人采用集中分配汽油的（批发）策略，市场对汽油需求量是高的，但回收额只有 200 万美元，就会有 170 万美元遗憾的回收（370 万美元 - 200 万美元 = 170 万美元）。市场需油量为中等时，两种策略的回收额均为 150 万美元，不会引起遗憾的回收。市场需油量为最低时，集中分配汽油，不会有遗憾（300 万美元 - 300 万美元 = 0）；分散分配汽油有 200 万美元的遗憾（300 万美元 - 100 万美元 = 200 万美元）。上述结果可制成"引起遗憾的回收表"（见表 7-5）。

根据上表结果，决策者为了使最大遗憾极小化，就会采用集中分配汽油的策略。

（4）机会均等准则。管理人员不知道各种自然状态发生的概率时，他们可以假设各种自然状态都有同等出现的概率。把机会均等准则应用于表 7-5 中的回收条件数值上，我们得到下面结果：① 集中分配汽油的预测数值是：(300 万 + 150 万 + 200 万) ÷ 3 = 216.67 万美元；② 分散分配汽油的预测数值是：(100 万 + 150 万 + 370 万) ÷ 3 = 206.67 万美元。经过比较，决策者将采取集中分配汽油的策略。这也称拉普拉斯决策法则，可以通过比较每个方案的损益值的平均值来进行方案的选择,在利润最大化目标下,选择平均利润最大的方案,在成本最小化目标下,选择平均成本最小的方案。

总之,准则的选择是一种带有个人性格与气质特色的现象。在不同时期,每个决策者按制定决策的四个准则中的任何一个行事都是可能的。

四、决策理论和团体决策中的利弊分析

(一) 决策理论

除上面已提到过的有效性(ED)理论、决策树理论、非确定条件下的规范式决策理论之外,这里着重介绍如下三种理论:

1. 西蒙的行为决策(或有限性决策)理论

该理论认为传统决策理论是建立在"利润极大化"或"完全理性"的最佳决策基础上的,把人的行为抽象假设为"经济人"、"理性人"或"理想人",并以此作为经济分析的前提条件,按照最大效用期望值和完全理性的原则进行决策。西蒙等认为,决策者不是"理想人",而是真实人,常因个人需要、知识、愿望,风险偏好、技术、理解力、有限的认知能力、价值观念的影响而造成决策的偏差。于是他提出"真实人"的"有限理论"和"满意原则"来取代"理性人"的"完全理性"和"利润极大化的原则"。通常采用自我满足的决策,反对采用最佳化(极大化)决策。

2. "智能框架"理论

这是康纳尔大学的儒索(J. E. Russo)于20世纪八九十年代提出的。该理论认为,决策者是决策过程中最关键的因素之一,其重点是研究决策过程中,决策者决策框架的改造、变化及应用的技巧。该理论认为,一个好的决策过程可以被分为四个主要部分:即建立决策框架、信息的采集和智能的分析、通过判断和选择决策方案、通过反馈改进决策。决策框架是决策的关键步骤,具有特别重要的、决定决策方向的作用。建立决策框架是决策者的一项基本功。决策者判断和选择决策过程中,可能会碰到如下决策陷阱:① 框架盲点(如同视觉盲点,看不到问题关键,盲目自信决策的准确性);② 框架错位(即决策方案与解决的问题不一致而发生错位现象);③ 框架固化(即思想僵化,决策框架死板、固定模式)。该理论认为决策框架的黄金法则是"一个问题一个框架""学会多角度看问题,避免决策陷阱"的发生。

3. 丹尼尔·卡尼曼的"不确定性"决策理论

2002年诺贝尔经济学奖获得者、行为经济学家卡尼曼(Danier Kahneman)等成功地将心理学分析法与经济学研究结合在一起,他发现了人类决策的不确定性,即人类的决策常与根据经济理论作出的预测大不相同的理论。其理论有以下三个基本原理:① 大多数人在面临获得的时候是持风险规避的心理;② 大多数人在面临损失的时候是持风险偏爱的心理;③ 一般来说,人们对损失往往比对获得更加敏感。

(二) 团体决策的利弊分析

1. 团体决策中的优点

团体决策是在集中多数人的意见,集思广益的基础上作出的,知识面广,信息量大,参与性高,决策能刺激新的构想,因而决策具有较高的民主性、可靠性、准确性、合理性与完美性。有如下的优点。① 集思广益,决策的信息完整全面;② 集体讨论,采取头脑风暴法,激发想象力、创造性,决策的思路与观点多样;③ 能够增强成员的参与意识和积极认同的价值观念,提高员工的

民主意识、对决策的认可、执行力与工作热情;④ 团体决策能够增强决策的科学性水平,大大提高决策的质量;⑤ 增加成员对决策的了解和信任,大大提高对决策接受性水平等。

2. 团体决策存在的问题

(1) 团体决策的冒险迁移与保守倾向。团体决策也会带来某些不利的结果。主要有耗费时间、责任模糊,以及由于团体的规范和压力、团体从众行为和暗示心理的消极影响。因而,团体的决策比个人决策可能出现极化(即更加冒险或更加保守)倾向,因而更具有危险性。斯顿纳(Stoner,1961)的研究报告中首先提出了这种现象,称其为冒险迁移倾向。后来有人研究又认为,团体决策比个人决策更为保守谨慎。

冒险和保守是两种极端倾向,对团体决策都是不利的。造成这两种极端倾向可能有以下的原因:① 责任扩散的影响。由于团体决策,可以把责任分散到每个成员身上,因此每个人承担失误的责任和失败的恐惧压力就大大减小。因而,可能持轻率态度做出冒险的决定。② 受团体领导者的影响。领导者倾向于冒险,就会引导团体成员赞成其观念而做出冒险性决策。③ 团体中多数人的偏爱与从众心理的作用。团体中多数人倾向于冒险或者保守,则容易产生冒险迁移或保守迁移的倾向,并做出冒险或保守性决策。④ 受冒险和保守价值估计的影响。在竞争激烈、强调发挥个人潜力的企业环境中,冒险精神比保守决策受到更高的评价;在无竞争的企业中,则更加倾向于保守、安于现状。我国企业改革的实践表明,私人企业要依靠竞争才能求得生存发展,往往有开拓、冒险、改革的精神,而某些国有企业,改革开始阶段,往往安于现状,持保守价值取向,则改革的阻力就很大。随着改革深化,价值取向的改变,变革决策的阻力,才大大减小。可见,对冒险与保守决策的价值取向,往往会直接影响决策的冒险与保守倾向。

(2) 团体思维(小团体意识)。耶鲁大学的学者詹尼斯(I. Janis)研究认为,有时团体决策失败是由于"团体思维"造成的。所谓团体思维即指小团体意识,是指在凝聚力很高的团体里,团体成员追求一致性的期望很高,表面的一致性,压制了个人的独立批判的思考能力,破坏了个人实事求是的考虑及道德的判断,阻碍了不同意见的发表,因而造成错误的决策。

团体思维的主要表现有①:无懈可击的错觉、合理化、坚信群体固有道德、对反对意见的成见与刻板化、从众行为并压制不同意见、自我压抑、统一错觉、对不利决策信息与资料的思想警卫。

团体思维的产生易受下面各种因素的影响:① 团体凝聚力的影响。一般来说,团体凝聚力越强,团体思维产生的可能性越大。② 易受能力强而有威望的领导者或者专制型的领导者的影响和操纵,使别人对他的意见不敢提出异议,也没有能力反驳,大家只能随声附和,容易产生表面一致的意见倾向。③ 与外界隔绝的封闭而孤立的团体,其思考问题失去横向比较与客观参照依据,容易闭关自守,做自以为是的判断,导致团体思维产生。④ 在做重大决策时,一般成员害怕承担责任,不敢或不愿意发表不同意见,也易出现团体思维现象。⑤ 有时受先入为主或"奇策易胜"观点制约,而出现错误的决策。真理有时在少数人手里,压制和排斥少数人的意见不利于团体做正确的决策。要想做正确决策,必须防止团体思维的产生。

怎样防止团体思维产生?总的来说要做到决策民主化(坚持民主、公开、法律、合理原则);有健全的决策机构与程序,做到决策科学化;可采用多种形式的团体决策方法等。具体而言,领导者和管理者在指导团体决策时应注意以下几点:

---

① 章志光主编:社会心理学,人民教育出版社,1996年版,第 404~405 页。

（1）对团体决策给予指导，集思广益收集广泛的信息，充分利用可取的信息，鼓励大家发表不同意见（包括匿名或书面形式的意见），提出质疑，以便做正确的决策。

（2）领导者应保持公正态度，在决策过程的前后与当中应当鼓励、听取和重视不同意见。必要时在团体讨论过程中，可挑选专人扮演挑战者的角色，专门提出反对的意见；鼓励大家对已提出的方案表示疑问和反对，提出批评和改进意见，有利于作出正确的决策。

（3）重大决策，先小组讨论，充分酝酿，然后把各组不同意见或方案提交大组讨论，从中选出最佳决策方案。有些问题受知识能力能的限制，必须听取专家的意见后再做决策。

（4）已经作出的决策，在实施前，还应请专家与群众相结合，进行专门复审，看有无漏洞和新问题。在实施过程中，也应及时反馈，及时听取与采纳修订意见。

（5）为避免团体决策时的责任扩散，在领导班子决策时，采取"问责制"与"决策失误赔偿制"是有效的方法。如湖南某实业股份有限公司规定，凡因决策失误，使公司受到严重损失时，"参与决策的董事对公司负有赔偿责任，曾表示过异议的董事可免除责任"，此举直接规定了参与决策者的责、权、利，因而杜绝了责任扩散的负面干扰。

第六节 团体的竞争、合作与冲突

一、竞争、合作的含义与特点

竞争是指团体中个人与他人之间，或团体与团体之间，为了达到一定的目标而相互争胜，力争压倒对方取得优势地位的心理状态和行为活动。这是人的"争先意识"或"力求优越"动机的行为表现。一般说来，人们的竞争意识与行为有以下特点：① 竞争目标是竞争动机的具体体现。如运动竞赛争夺冠亚军、学习竞赛争取名列前茅、企业竞争创造优质产品争取好的经济效益等。② 竞争必须有对手，双方在能力和力量上不相上下，才有较量竞争的可能。③ 竞争的结果有胜有负、有双赢、有两败俱伤三种状况，但胜负是暂时的，在一定条件下，胜负双方地位会发生变化。④ 竞争行为是争先、争优、争强、争胜心理的表现，它比平常状态有更大的紧张性、压力、动力和更高的士气。⑤ 竞争环境条件的艰难性，如同逆水行舟，不进则退，只有破釜沉舟、鼓足干劲、力争上游、勇往直前，才可能取得竞争的胜利。

合作是社会化劳动及活动的一种形式。是指两个或两个以上的个人或团体为了达到某种目标，齐心协力，相互配合，相互促进，共同导向目标的心理状态和行为活动。合作是人类合群性特征的具体表现。合作也须具备如下条件与心理行为特征：① 合作者必须有共同的目标，而且合作的项目（任务）与目标，单个人或单个团体难以实现，必须与其他人或团体配合达到。② 合作者之间有的有组织结构，有的无组织结构，但都必须具备一定的物质基础（即工作、活动等）。③ 合作者之间能以共同或互相补偿的形式促使他们的需要、利益和兴趣得到满足。④ 合作者之间必须具有一定的知识、技术、能力的互补，以确保合作中项目的配合与目标的实现。

竞争与合作看起来似乎是对立的。一个是彼此较量，有你无我，生存竞争，一个是通力合作、相互关照、携手并进。其实两者都是完成任务达到目标的手段。对一个团体来讲，既需要人们之间的竞争，也需要人们之间的合作。没有竞争，就没有比较、创造和发展，没有生机和力量；没有合作难以形成整体，势单力薄，也难以完成工作任务，难以对付外部压力。

竞争与合作是普遍存在的社会现象。合作是社会化组织、团体、劳动及活动的一种形式,由于合作与协作,人类才能战胜自然界得以生存。竞争可以优胜劣汰,是社会政治、经济、科学、文化前进的杠杆,是社会生产力发展的动力,正是由于竞争,人类社会才得以发展和进步。社会主义市场经济需要合作,也需要引入竞争机制。社会主义社会的生产关系从本质讲是合作的关系,合作是组织、团体与企业存在发展的基本条件,也是组织、团体和企业管理的一种基本形式。我国社会发展实践正反两方面的经验教训,使人们认识到竞争也是社会主义市场经济与企业生存发展的必要条件。《中共中央关于经济体制改革的决定》中明确指出:"社会主义企业之间的关系,首先是互相协作、相互支援的关系,但这种关系并不排斥竞争。长期以来,人们往往把竞争看成是资本主义特有的现象。其实,只要有商品生产,就必然存在竞争,只不过在不同的社会制度下,竞争的目的、性质、范围和手段不同。"30多年来的改革实践使人们认识到社会主义的企业也存在行业、商品流通、信息、服务、人才、经营、信誉、广告、招徕顾客等各方面的市场竞争。同时,许多企业也学会运用竞争战略,采取价格战略、科技战略、人才战略、优质名牌战略、广告与公关战略、一业为主多种经营战略、国际化与全球竞争的战略等。因而社会主义市场经济的改革、企业管理体制的深化改革与竞争给我国现代化的企业带来了生机与活力。社会主义市场经济的竞争是合作的延伸与补充,竞争可以促进更有效的合作,合作又推动竞争,增强团体与企业的竞争活力。例如浙江有个试压泵厂,通过竞争,连续奋战5个月,创10个规格的试压泵系列产品,填补了国内空白。通过竞争,他们胜过了其他同行,大大促进了本企业的发展。为了再激励竞争,他们公开"图纸"让同行业生产,尽快走上系列化、通用化、标准化道路,结果带动了全国几十家同行业工厂,走上共同发展的道路。

二、团体的合作、竞争与效率

合作在我国现代化的企业与团体中有着重要的地位和作用。首先,合作、互相协作、相互支援是社会主义市场经济条件下的现代化企业的基本关系之一,这种合作关系有助于现代社会化的大生产,提高劳动生产效率,发挥社会主义市场经济及现代化企业管理体制的优越性;其次,合作有助于团体与团体之间,成员与成员之间的意见沟通、心理相容、人际关系协调,增强团队的凝聚力和士气;再有,合作有助于形成谅解、支援、友谊、处事宽容、对人诚实、助人为乐及认同感、归属感等心理品质,从而大大提高团体的精神文明水平;还有,由于合作使职工有良好的素质,团体有良好的融洽气氛,企业生产有高的效率,从而大大增强社会主义企业与团体的竞争力量。

但是,对合作认识不当,处理不当,也会造成许多弊端。如过分强调合作容易使有的团体或职工头脑中产生消极依赖心理;过分强调合作减弱职工的责任感和竞争意识,易造成个人吃集体大锅饭,企业吃国家大锅饭的绝对平均主义弊病,严重阻碍生产力发展。因此对团体的合作也需加强管理:首先,应端正态度,提高对合作以及合作与竞争关系的认识;其次,应创设资源、实现优势互补的良性的合作环境;再有,应利用团体外部竞争的压力来增强内部的合作;还有,应形成合作的骨干力量与领导核心并发动全体成员参与合作的活动。

团体竞争也是社会主义市场经济条件下的团体和企业生存发展的重要条件。它不仅使企业面临巨大的压力,也给企业带来动力,使企业充满生机活力。竞争对团体行为、个体心理及企业效益有巨大的影响:

(1)竞争有助于改变传统的企业管理体制、管理机制与方法,推行目标管理的责任机制,使人人有指标,人人有压力,人人关心生产效率和注意经济效益,打破平均主义的桎梏,提高与发展企业的生产力水平,也有利于增强综合国力。

(2) 竞争有助于职工树立新观念,增强主体与主人翁意识,充分调动职工的积极性、主动性、创造性,增强竞争动力。竞争引起的新观念有时间观念、效率观念、效益观念、信息观念、知识观念和成才观念等;竞争还能增强职工的责任感、使命感、迎接挑战性或有战略意义的工作,为团体献计献策,排忧解难,这将焕发职工的主人翁精神,极大地调动职工的积极性、主动性、创造性。

(3) 团体之间的竞争会增强团体内部的团结合作和凝聚力,缓和团体内部的冲突,协调团体内部的人际关系。

(4) 竞争的压力会迫使组织、团体从战略眼光出发,发展科学技术,造成一种尊重知识、尊重科学、尊重人才的社会氛围;而团体成员和企业职工会自觉地、积极、主动地学文化、学科学知识,刻苦钻研技术,从而提高每个成员的文化素养和科学技术水平。团体和企业有了高水平的人才,在竞争中就会处于优势地位,掌握竞争的主动权。

但是,竞争机制若使用不当,也会出现偏差和障碍:

(1) 竞争不当会产生心理污染,可能增加团体之间的敌对意识与攻击性行为,滋生本位主义、小团体主义的意识。在奖励制度不健全的单位或觉悟不高的职工,有可能滋生见利忘义"一切向钱看"的极端利己主义思想。

(2) 把非法手段引入竞争过程,会产生投机取巧、损人利己的行为。如在生产销售中偷工减料,以假乱真,以次充好;在宣传中作假广告、假冒商标,坑害顾客;在销售中欺行霸市,打击竞争对手;在国际竞争中,有的单位竞相压价,损害国家的利益。

(3) 如果个人对竞争有认知偏差,团体又缺乏良好的心理气氛,竞争双方会产生敌对心理、嫉妒心理,从而损害正常的人际交往和团体关系。

(4) 竞争对心理承受能力弱的职工来说,会造成较大的心理压力和紧张度,长期不适应,会有损职工的身心健康。

在社会主义市场经济与现代企业中要正确地引入竞争机制应该加强对竞争的管理并做到:① 提高思想觉悟,强化竞争意识。② 端正态度,形成良好的职业(竞争)道德,树立服务第一、顾客至上、技术过硬、产品优良的竞争观念。③ 营造良好的市场竞争环境、竞争规范与竞争秩序。④ 建立、健全与逐渐完善竞争的法规,妥善解决好竞争中的破产、债务、债权、违约、违法等问题。我国在20世纪90年代以来公布的"反对不正当竞争"的法规,是保护正当竞争的法律武器。⑤ 正确使用价格、技术、品牌、关税贸易、国际化等竞争战略和策略。

三、团体内的竞争、合作与团体间的竞争

(一) 团体内的竞争与合作

团体内的工作,有的适合于彼此合作,有的则适合于竞争。心理学家明特兹(Mintz,1951)曾设计过竞争与合作的有趣实验。① 在一个大玻璃瓶内装入数个纸做的圆锥体,每个圆锥体用细线系着连到瓶口外,被试者可牵拉线头把锥体拉出瓶外,但瓶口较小,每次只能拉出一个圆锥体。瓶子底部接有水管,可放水入瓶,圆锥体浸湿,就算失败。② 实验时,被试各手执一线在最短时间将圆锥体拉出瓶子,但时间过长,底部放水进入瓶子,水位上升会把圆锥体浸湿,便失败。在这种情况下,若彼此谁也不肯相让,水面上升,大家"同归于尽",谁也达不到目的,只有合作才可能

完成任务。③ 实验分两种情境,一种情境告诉被试者,如果在水未浸湿圆锥体前拉出瓶者,每人奖25美分,若失败则罚5美分;另一情境告诉大家,实验目的是看大家如何以合作方式,最快将圆锥体拉出瓶外。④ 结果,合作组的成绩都要优于竞争组。

后来,心理学家曾到几个国家和地区对6至10岁左右的儿童做这种合作的游戏。结果也是合作的方式才能获得成功。这种情况在日常生活中也是常见的。如乘车、乘船,参加大型集会,如果人们都争先恐后地拥挤,结果会越来越混乱,速度越慢,甚至会出现伤亡事故。若是彼此谦让与合作、按秩序排队上下车或疏散,速度会更快,效果也会更好。

但是,并非所有的工作与活动,都是合作优于竞争。许多研究表明,在团体内,采取竞争还是合作,要根据以下几种情况:① 工作任务比较简单,而且团体中每个成员都能独立完成全部工作程序,竞争要优于合作的效率。② 如果工作任务比较复杂,有的成员又不能独立地完成全部工作时,合作优于竞争。③ 如果团体成员的态度与情感,以及价值取向是属于团队定向,又有明确的团队目标时,则团体合作的成绩优于个人竞争的成绩。④ 如果团体成员的态度与感情,以及价值取向是属于自我定向的,其对工作又缺乏兴趣时,个人竞争的成绩要优于合作的成绩。

竞争与合作的效果,还应视双方的态度而定(见表7-6)①。若双方采取竞争,力量抵消,双方各只能达3收益;若双方采取合作,双方均达7收益;若一方持竞争,一方持合作,则竞争效果要优于合作。

表7-6 竞争与合作收益比较

收益 \ 乙的态度 \ 甲的态度		乙	
		合作	竞争
甲	合作	7 / 7	2 / 9
	竞争	9 / 2	3 / 3

(二) 团体间的竞争

团体间的竞争是常见的现象。团体间竞争的成效,往往取决于团体内部的合作程度。如果团体内部通力合作就增强团体的竞争力;若内部不协调、不合作,就会削弱其竞争力。

美国心理学家多伊奇(M. Deutsch)曾做过如下的实验:选50名大学生被试者,分为10组,每组5人。其中5个为合作组(即告诉被试,学习成绩以全组的成绩为单位计算,同一组内成员的分数相等,其分数高低视全组成绩而定,使同一组内个人目标与团体目标一致);另5个为竞争组(告诉被试者,学习成绩将根据每个人在组内的相对名次而定,使同一组每个成员的目标相冲突,自己在前,别人名次就在后;别人成绩高了,自己名次就排后了)。实验结果合作组的成绩要优于竞争组,而且团体内人际关系也较融洽。可见,内部团结与合作就是外部竞争的条件和基础。

约翰逊(D. Johnson)在1981年曾以不同年龄的学生为被试,使他们处在合作团体、竞争团体、内部合作而外部竞争团体、个人独立学习四种条件下,分别进行语文、数学、心理学、体育等学

---

① 游伯龙、黄书德著:知人与决策,煤炭工业出版社,1987年版,第249页。

科的学习。实验结果表明:合作学习对大多数学生来说,是较好的好方法。竞争学习对优等生有利。在班级中与他人合作的人,比彼此竞争的人以及个人单独学习的人,学习成绩要好,而且各学科、各年级都是如此。

谢里夫(M. Sherif)在1961年曾用22名12岁左右的男学生分成两个野营小组,分别处在竞争、合作等不同活动阶段,进行了团体形成及品德(友谊)差异的实验研究。其实验步骤如下:第一阶段,两组互不接触,独立活动,学生的"我们"意识强,对外团体有一定对立情绪;第二阶段,两个组进行竞争活动,如拔河、踢足球等,结果两个组摩擦、争吵、不友好、敌对行为时有发生;第三阶段,两个组共同活动,如进餐、看电影、劳动等,结果矛盾没有减少;第四阶段,两组共同参加必须两组合作才能完成的活动,如共同合作齐心协力把陷入泥坑中的汽车推出来。实验完成后,结果有1/3的学生选择外小组的同学为朋友;而开始阶段只有6.4%~7.5%的学生能够如此。

我国的管理实践也表明:集体与团队意识强,团体人际关系融洽,团结、互助、合作的企业、团体、班组,生产任务完成好,工作效率与经济效率高,对外团体就有较强的竞争力量。日本企业的管理经验也证实这点。他们注意培养团体成员间的合作精神,特别看重企业团体内部人际关系的和谐,把个人的目标与团体目标联系起来,把个人利益与企业利益一致起来,职工与企业一条心,共同努力齐心协力去实现企业目标,这样的企业有很强的竞争能力。总之,我们认为团体之间有竞争和协作,应以竞争为主;在团体内部有合作与竞争,应以合作为主。团体内部的合作,有助于团体间的竞争。

四、团体的冲突及冲突解决

(一)什么是团体冲突

团体冲突一般指人们知觉到的团体内部或团体之间目标不一致与意见相互分歧而言。从心理学角度看,把冲突理解为两种目标的互不相容和互相排斥现象,即指个人或团体面临两个互不相容目标时,心理、行为上的矛盾对立状态。

矛盾并不都是冲突,只有当矛盾激化到一定程度时,才会以冲突形式出现。因此,人们对冲突的理解与看法,也有一个发展过程。根据西方社会传统管理理论,最早把冲突理解为暴力、破坏、动乱,对冲突持否定态度,直到20世纪三四十年代,这种观点仍然"占优势地位,它代表了大多数人的态度"[1]。"40年代末至70年代中叶,人际关系观点在冲突理论中占据统治地位",他们认为,"对于所有群体和组织来说,冲突都是与生俱来的。由于冲突无法避免,人际关系学派提倡接纳冲突"、"冲突不可能彻底消除,有时它还会对群体的工作绩效有益"[2]。现代相互作用观点认则鼓励冲突,认为"融合、和平、安宁、合作的组织容易变得静止、冷漠,并对变革与革新的反应迟钝"、"管理者要维持一种冲突的最低水平,从而使团体保持旺盛的生命力、善于自我批评和不断推陈出新"[3]。

心理冲突可以在个人身上、个人之间、不同组织与团体之间发生,因此,有个人身上发生的是需要与动机、思想与感情、行为与意向,以及个性差异上引起的冲突;有团体内部的个人与个人之间的心理行为冲突;也有团体之间以及组织之间的心理行为冲突等。个人与个人、团体与团体相

---

[1] 斯蒂芬·P·罗宾斯著,李原、孙健敏译:组织行为学(第7版),中国人民大学出版社,1997年版,第387页。
[2][3] 斯蒂芬·P·罗宾斯著,李原、孙健敏译:组织行为学(第12版),中国人民大学出版社,2008年版,第429页。

互之间的冲突有"四种基本种类,即目标冲突、认知冲突、情感冲突和程序冲突(即对解决问题过程的看法不一致)"①、"具体来讲,冲突包括三种类型:任务冲突、关系冲突和过程冲突"。②

(二)冲突过程

根据国内外学者的研究,可将冲突过程概括为:冲突来源及潜在冲突、知觉与感受冲突、内隐及外显冲突行为、干预措施与解决冲突的方式、冲突结果等阶段(见图7-20)。

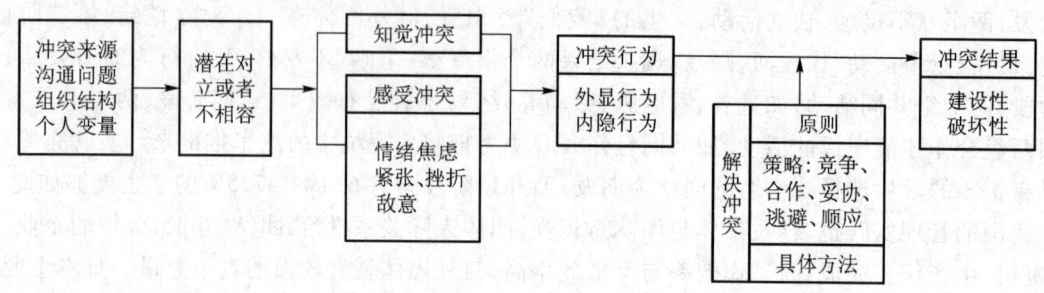

图7-20 冲突过程模式图

(三)冲突的原因

团体之间的冲突有以下原因:① 由于企业内部各部门之间竞争不适当引起的敌对意识或攻击行为、本位主义、小团体主义;② 由于组织设计中所造成的各部门之间在人力、物力、财力、能源等方面配置不公引起的矛盾;③ 组织机构不合理、管理机制与规章制度不健全、责任制不明确,互相推诿或互相封锁造成的冲突;④ 由于团体与团体成员的价值取向差异,特别是团体骨干与领导成员在价值观、需要、态度上的差异而引起的冲突;⑤ 由于工作衔接、工作性质与工作特点不同引起的冲突等。

团体内部成员之间的冲突经常有下列原因:① 信息原因的冲突,指信息沟通差错与意见交流受阻,而产生的隔阂与冲突;② 认识原因的冲突,即指人的知识、经验、思想、观念不同而引起的冲突;③ 价值原因的冲突,即指人的理想、信念、价值观不同,对人与事的是非、善恶、好坏评价差异引起的冲突;④ 本位原因冲突,即指由于个人的小团体意识、本位主义、私心太重引起的冲突;⑤ 行为与习惯原因,即指个人的不良习惯造成的冲突;⑥ 个性与品德等差异原因造成的冲突等。

个人自身心理与行为上的冲突有以下形式与原因:① 双趋式冲突,即指一个人想同时达到两个都喜欢的目标,但又不可兼得,只能取一个舍一个,造成左右为难的冲突形式;② 双避式冲突,即指一个人想同时回避两个都不喜欢的目标,而又不得不接受其中一个目标时所产生的心理冲突;③ 趋避式冲突,即指一个人想接近某一目标,同时又想回避该目标,不可兼顾,造成"进退维谷"的冲突形式;④ 双重或多重趋避式冲突,即指一个人面对两个或两个以上目标取舍时,处在四选一(即两种取舍)的矛盾状况时,便出现双重趋避式冲突。如大学生毕业求职时,有两种以上的工作职位等待自己选择,每种都有正负(取舍)两种价值,因而挑花了眼,容易出现双重或多重趋避的冲突形式。

---

① D·赫尔雷格尔著,俞文钊等译:组织行为学(第9版),华东师范大学出版社,2005年版,第462页。
② 斯蒂芬·P·罗宾斯著,李原、孙健敏译:组织行为学(第12版),中国人民大学出版社,2008年版,第430页。

（四）团体冲突中几种变异心理分析

1. 任务结构中的变异心理。主要表现是：任务不明，不清楚部门、单位、个人干什么；职责不清，不知由哪个部门与成员负责；互相推诿，推卸责任；互相扯皮，相互指责的现象时有发生。这些现象产生的心理原因一方面主要是个人主义者、本位主义、自我中心意识太强，太看重本团体的利益所引起的；另一方面是消极依赖心理与责任扩散心理的原因，往往对工作任务持敷衍、应付、推诿、搪塞的态度。

2. 角色地位冲突中的变异心理。主要表现是：在领导与被领导、上下级、不同岗位中常常发生的矛盾与冲突。其原因主要由与相互之间有不信任心理、报复心理、讨好与献媚心理、嫉妒心理、懒散与应付心理、消极颓废心理等造成的。

3. 利益分配冲突中的变异心理。主要表现是：部门中心主义，争机械设备、环境条件、利益待遇，搞绝对平均主义，分配不公等。其心理原因主要是狭隘自私心理（不顾大局，损公肥私，损人利己心理）、绝对平均主义心理以及息事宁人、忍让心理、消极心理造成的。

4. 管理压力冲突中的变异心理。主要表现是：管理、任务、目标、要求、纪律、考核、奖惩、制度的压力过大，超过成员的心理承受能力。其心理表现是产生对立情绪，背后议论；搞花架子行为，消极应付；采取阳奉阴违策略；弄虚作假，应付心理；软磨应抗，不满情绪。

（五）冲突管理与解决团体冲突的原则、策略、方法

"冲突管理包括诊断过程、人际风格、谈判策略以及其他用来避免不必要的冲突和减少或解决过度的冲突的调停方法。"①冲突管理也是危机管理的一个方面。

社会心理学家施米特（W. H. Schmidt）等在《分歧处理》一文中指出，企业经理要警惕以下几种错误的管理与处理冲突的现象：① 周围人唯唯诺诺，不敢提不同意见；② 过度强调忠诚与合作，把意见分歧与不忠诚、背叛等同起来；③ 一遇分歧就要把它平息下来；④ 掩饰严重的分歧以维持表面的和谐与合作；⑤ 接受模棱两可的解决分歧的决定，让矛盾的双方对决议作不同的解释；⑥ 扩大矛盾以增强个人的影响，削弱他人的地位。

管理心理学家们对解决团体冲突提出了如下有效的原则：首先，提倡和谐发展，引入竞争机制，发展建设性冲突，消除破坏性冲突。其次，要提倡民主，倡导和鼓励员工敢于发表不同意见，形成生动活泼的局面。再有，要加强信息沟通，提倡意见交流，增加透明度，减少隔阂，缩短心理距离。还有，要健全 EAP 系统，动员各方面的力量做"平衡心理差异"，以及"自我心理调节"等工作。

解决团体冲突除一维空间的竞争与合作模式之外，托马斯（K. W. Thomos）还提出了两维策略（见图 7-21）。横坐标维度是合作性即指能满足对方利益与需要的程度；纵坐标是坚持或维护性坚持满足自己需要与利益的程度。这两个维变，可形成五种处理冲突的策略：

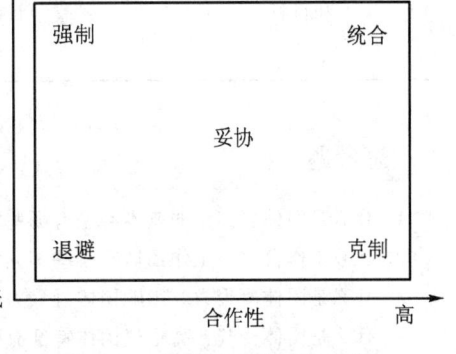

图 7-21 处理冲突的两维模型

① 强制（或竞争）策略，是坚持性高，又不合作的

---

① D·赫尔雷格尔著，俞文钊等译：组织行为学（第 9 版），华东师范大学出版社，2005 年版，第 462 页。

牺牲对方的策略;② 退避策略,是两个维度都低的逃避对抗的策略;③ 克制策略,是合作性高,而坚持性低的牺牲自己,满足对方的和解顺应策略;④ 统合策略,是两维均高的求同存异策略;⑤ 妥协策略,是两维适中的双方让步双方权宜接受的策略。

布朗(L. D. Brown)1977年所著的《团体冲突的处理》一书中提出要把冲突保持在适当水平上。他认为:冲突水平过高时,要设法减低;冲突过少时,要设法增加;应从态度、行为、组织结构三方面调节冲突(见表7-7)。

在管理实践中,还提出了解决冲突的具体方法:① 协商谈判法(即求同存异法),用求大同存小异或者求大同存大异的方式缓和冲突;② 寻找外援法或仲裁调解法,即由上级或第三者出面调停的办法;③ 权力、权威法,即采用诉诸权力或武力,强制性调解或解决方法;④ 拖延与回避法,延缓解决问题,避免直接冲突;⑤ 其他,如合并与兼并法、转移目标法、教育与认知重构法、调整政策或策略方法、解体与重组法等。

表7-7 团体冲突的处理策略

着眼点	要解决的问题	冲突过多时采取的策略	冲突过少时采取的策略
团体态度	1. 明确团体之间的异同点 2. 增进团体间关系的了解 3. 改变感情和认知	1. 强调团体间的相互依赖作用 2. 明确冲突升级动态及造成的损失 3. 培养认同感增进感情消除成见	1. 强调团体价的利害关系 2. 明确勾结排他的危害性 3. 增进团体的界限意识
团体行为	1. 改变团体内部行为 2. 培养团体代表的工作能力 3. 监视团体之间的行为	1. 促进团体内部分歧表面化 2. 提高与他人合作共事的能力 3. 通过第三方面来调节行为	1. 增进团体内部的团结和谐一致 2. 提高坚定原则性判断是非能力 3. 请第三方面参加协商
组织结构	1. 借助上级或更大团体干预 2. 建立组织调解制度 3. 建立新的接触机制 4. 重新明确团体的职责范围和目标	1. 按照正常等级处理 2. 建立规章、明确关系、限制冲突 3. 设置统一领导与管理各团体的人员机构 4. 重新设计组织结构突出工作任务减少冲突	1. 上级施加压力要求改善关系 2. 削弱窒息与产生冲突的规章 3. 设置专门听取意见的人员 4. 明确团体的职责与目标加深团体间的差异

思考题

1. 什么是团体?团体的基本类型有哪些?团体的作用表现在哪些方面?
2. 比较工作群体与工作团队有哪些不同?
3. 什么是团体凝聚力?影响团体凝聚力的因素有哪些?
4. 什么是团体士气?高士气团体特征有哪些?
5. 何为非正式群体?非正式群体的作用、成因及特征有哪些?
6. 什么是团体规范?群体规范与压力有何作用?
7. 如何塑造高绩效团队?
8. 什么是信息沟通?沟通的类型与网络形式有哪些?

9. 意见沟通障碍的原因有哪些？如何改善？
10. 人际关系的基本含义是什么？人际关系有哪些类型？其影响的因素又有哪些？
11. 什么是团体人际关系？其在团队与个体管理中有何作用？
12. 影响团体人际关系障碍的因素有哪些？怎样改善？
13. 什么是团体决策？影响决策的因素有哪些？
14. 试分析团体决策的利与弊及如何有效进行团体决策。
15. 冲突的基本含义是什么？不同时期人们如何看待冲突？
16. 试分析冲突的过程及影响冲突的原因有哪些？如何有效地解决冲突？

第四篇 组织心理与管理

第八章 组织行为与管理

个人不能孤立地生存,作为社会成员,他必然要生活、学习或工作在一个特定的团体和组织环境中。组织、团体、个人三者构成了组织管理中密不可分、相互影响的整体。个人的心理和行为既要受特定组织环境的制约和影响,又要影响组织功能的发挥。组织行为是否有效,不仅取决于组织中的个体和团体,而且也取决于组织自身的因素,如组织的结构设计、组织的变革、组织的发展等,本章以组织理论为基础介绍了组织行为与管理的相关内容。

第一节 组织的概述

一、组织的概念与特点

（一）传统的组织观念

传统的组织观认为,组织是为达到共同目标,经过分工和职能分化,运用不同层次的权力和职责,充分调动一群人的积极性,合理地协调一群人活动的结构系统。传统的观点着重从组织内部来说明其特征,揭示了组织的一般特征。

根据这个观点,不管是政权组织、经济组织、军事组织,还是文化科技教育组织,都有如下特征：① 组织必须有一个共同的目标。人们为了实现共同目标,完成共同任务而协调组织的活动。② 组织包括不同层次的分工合作。组织目标单靠个人无法实现,必须分工合作,由不同层次结构的团体来实现。③ 组织的封闭性、正式性、机械性、科层结构性是由相互作用、运用知识技术的人群所组成的有结构性的活动整体。④ 组织的基本任务是规定每个人的责任；明确成员之间的职权关系；协调组织内每个成员的行动,去实现组织目标。

（二）现代的组织观念

随着社会进步和科技的发展,人们对组织的认识发生了变化。现代的组织观念认为组织是一个开放的社会技术系统,有如下特征：

（1）组织是一个开放的系统。组织有较完整的内部结构,又必须不断地与外部环境进行信息、材料、能源等方面的交换,以便不断更新和发展组织本身。随着组织的变革与发展,其开发特性更加突出,突破了地区、省市、国家的界限；出现了全球化的企业组织。

（2）组织是一个社会技术系统。它既包括结构和技术方面，也包括社会心理和管理方面，即有物与物之间的关系、人与物之间的关系及人与人之间的关系。

（3）组织是一个整合系统。组织系统建立在各个子系统相互依存的基础上，它离不开与环境的相互作用，因此，组织整合了各个子系统与外界环境的关系，就像一个人要协调与整合身体各部分才能正常生存一样，组织需要各系统相互配合，各部门精诚合作，才能产生最佳组织效益。

（4）组织是一个更加权变性、灵活性与适应性的结构系统。随着社会的变革与发展，组织的设计、组织的管理体制与管理方法也向更加灵活、权变与多元化方向发展。

到了 20 世纪 80 年代，技术革命潮流席卷全球，社会环境和社会组织继续发生变化，人们对组织的研究又发现了一些新特点，提出了一些新的观点：

（1）认为组织不仅是一个社会技术系统，而且是一个有机的生物体。这种灵活的生物体应该能不断地根据内外环境的变化调整自身。例如，美国三 M 公司，为保持事业部高度独立和灵活，一旦人员超过 200、300 人，就立即分化出去，由大变小。如果某项产品畅销于市场，生产该产品的部门就自动升为独立性较大的事业部。

（2）组织不仅是权责的分配系统，而且是一种"文化载体"。组织成员有自己的共同价值观，行为标准，而组织具有其特有的传统、制度、规范等。组织文化一旦形成，它对于组织行为和效率有着巨大的制约作用，组织文化已成为现代组织理论不可分割的一部分。

（3）认为组织应当是尊重人、培养人，充分发挥人的作用的"平等生产者的联合体"。组织成员按照自己特定的地位，扮演一定角色，并由此构成角色体系的人际关系网格。成员之间目标一致，平等相处，团结互助。在组织中，人的价值和创造力得到承认和尊重，人的能力得到培养和充分发挥。在这种情形下，个人目标同组织目标达到一致。

二、组织的分类

面对复杂多样的社会组织，人们可以按不同标准、从不同角度进行分类，常见的分类形式有：

1. 按组织的规模分类

按组织的规模大小，可分为小型的组织、中型的组织和大型的组织。按这个标准分类具有普遍性、简单与表面化特点。比如，企业组织就有小型企业、中型企业和大型企业；行政组织就有小单位、中等单位和大单位等。

2. 按组织的社会职能分类

按组织的社会职能，可分为文化性组织、经济性组织和政治性组织等。文化性组织是一种人们之间相互沟通思想、联络感情、传递知识和文化的，一般不追求经济效益，属于非盈利组织。如各类学校、艺术团体、图书馆、艺术馆、博物馆、展览馆、纪念馆、报刊出版单位、影视电台等都属于文化性组织。经济性组织是一种专门以追求社会物质财富的社会组织，它存在于生产、交换、分配、消费等不同领域。如工商企业、金融、保险公司等属于经济性组织。政治性组织是一种为了某个阶级的政治利益而服务的社会组织，国家的立法、司法、公安、政党、军队等都属于政治性组织。

3. 按组织的形成分类

按组织的形成及内部是否有正式分工关系，可分正式组织和非正式组织。如果一个社会组织内部存在着正式的组织任务、组织人员分工和正式的规章制度，那么它就属于正式组织。政府机关、军队、学校、工商企业等都属于正式组织。如果一个社会组织的内部既没有确定的机构、任务分工,没有固定的成员,也没有正式的组织体制等,这种组织就属于非正式组织。非正式组织可以是一个独立的团体,比如学术沙龙、文化沙龙、业余俱乐部等,也可以是一种存在于正式组织之中的无名而有实的团体。在一个正式组织的管理活动中,应特别注意非正式组织对人的心理与行为的影响作用。对这种组织现象的处理,将会影响到组织任务的完成和组织运行的效率。

三、组织的功能

1. 整合功能

具体表现在组织机构、组织的各种规章制度对组织成员的约束与管理,从而使组织成员的活动互相配合、齐心协力、步调一致。通过组织整合,可以使组织的合力往往大于个体力量的总和。因此,组织整合功能的有效发挥有利于组织目标的实现。

2. 协调功能

组织内部各职能部门、各组织成员尽管都要服从组织的统一要求,但是,由于他们各自的目标、需要、利益等满足程度和方式存在着差异性,因此,组织成员之间或组织的各职能部门之间必然存在一些矛盾和冲突。这就需要组织充分发挥协调功能,调节和化解各种冲突和矛盾以保持组织成员的密切合作,这是组织目标得以实现的必要条件。

3. 维护利益的功能

社会组织是基于一定的利益需要而产生的,不同的组织是人们利益分化的结果。组织利益与个人利益息息相关,正所谓"一荣俱荣,一损俱损"。维护利益功能的有效发挥能充分调动组织成员的积极性、主动性和创造性,提高组织的凝聚力,增强组织成员的向心力,从而顺利高效地实现组织目标。

4. 实现目标的功能

组织目标的实现要依靠组织成员的统一力量,而这种统一力量的形成,需要组织整合和协调功能的有效发挥作为基础,以利益功能为动力,从而才能使组织达标功能得以充分发挥。各种社会组织都是社会大系统的一个分子,因此,目标功能既包括实现组织自身目标(含个体、团体、组织目标),同时也包括实现社会大目标这两个任务。

当然,以上四种功能并不是相互割裂的,而是作为一个组织的整合系统发挥其作用。值得注意的是组织功能的正常发挥,要以健全的组织构成要素为基础。因此,加强组织自身建设,是充分发挥组织功能的基本前提。

四、组织理论的形成和发展

组织现象的出现,可以追溯到很早。但是人们对组织进行系统研究,还是从19世纪末20世纪初才开始的。将近一个多世纪以来,组织理论的发展大致经历了古典组织理论、行为科学组织理论、现代组织理论三个主要时期,它们从不同的角度对组织现象和组织管理进行了研究。

(一)古典组织理论

古典管理理论的三巨头之一,德国经济学家和社会学家马克斯·韦伯对组织理论的发展具有深远的影响,被管理学界称为"组织理论之父"。他在1919年创立了官僚组织(Bureaucracy)的模式,它的基础是理性——法律权力。他提出的官僚组织(层峰结构)有以下特点:① 有明确的职权制度,明确划分各种职务和权力等级。② 专业化强,分工明细。③ 规章制度明确,用明文规定来保证和巩固组织内部层次之间的关系,使它们的活动协调一致。④ 不受个人情感因素的影响,仅根据制度规定实行奖励和惩罚。⑤ 员工的选择和提升主要依据技术能力。

韦伯的行政组织为企业建立稳定、严格、精确、有效的生产秩序提供了保证。其中那些合乎客观规律的、科学的部分,直到现在仍有其重要的指导意义。其缺点主要是:组织比较机械,难以适应环境的变化;不考虑组织中人的心理、个性和感情,容易压制人的积极性和创造性。

（二）行为组织理论

这个理论是 20 世纪 30 至 60 年代形成的组织理论。其主要代表人物有:梅奥、麦格雷戈、巴纳德、西蒙等。行为组织理论对组织理论的贡献主要表现在两个方面:一是对古典组织理论的修正和补充;二是系统地研究了非正式组织形态。

1. 对古典组织理论的修正和补充

在专业化和劳动分工方面,新古典组织理论在霍桑试验的启示下,发展了有关激励、协调和新型领导的一系列理论和观点,补充和发展了古典组织理论。

在组织结构方面,行为组织理论继承和接受了古典组织理论的一些基本原则,并在组织结构中,对不同职能之间、直线与参谋之间产生的摩擦进行了研究,提出了一系列消除冲突的方法和改进措施,例如参与管理、初级董事会、联合委员会、承认人的尊严以及良好的人际关系等。

在管理幅度和组织类型方面,行为组织理论认为管理幅度的确定要受到管理能力、监督职能、人的品格和交往的有效程度等许多因素的制约。组织类型的确定也"要看情况",由于组织所处的情境不同,具备的条件不同,不能一概而论。

2. 对非正式组织的研究

行为组织理论不同于古典组织理论的是,它系统地研究了非正式组织形式。非正式组织是在正式组织结构中看不到的人们的自然联合方式。地理上相邻,职业上相近,或者利益相同等,都可能自发地形成非正式组织。行为组织理论认为,非正式组织有许多的特性,如非正式组织一般存在着某种共同的准则和价值观,影响和制约着成员的行为;有自身的沟通渠道;非正式组织要求人与人之间保持稳定的、持续的关系,因此对有碍于或破坏这种关系的变革,往往会产生抵制;有自发产生的领导者;有特殊的交往关系。

行为组织理论最积极的作用,就在于强调组织中人的因素,尽量满足人的各种需要,充分发挥人的主动性和创造性,改善领导者与被领导者的关系,比传统等级制更能提高工作效率。但由于它过分强调人际关系和满足人们的社会心理需要,因此降低了专业化的优越性,使工作效率受到一定的限制。

（三）现代组织理论

这是 20 世纪 60 年代以来形成和发展起来的组织理论。它的中心思想是把组织看成是开放的理性模式,开始认识到组织外部环境对组织内部结构和管理起着决定性的作用,组织结构和管理方式要服从整体战略目标。这种组织理论强调组织是个社会组织,强调组织的生存价值、社会作用和性格特征,强调人是组织的中心。代表性的理论流派有:

1. 巴纳德(C. I. Barnard)的组织理论

社会系统学派的创始人巴纳德提出,任何组织都包含三个要素:协作的意愿、共同的目标和信息的沟通。组织由个人组成,没有协作意愿,就不可能协调组织活动,而共同的目标是员工协作意愿的前提。信息沟通将员工的目标和意愿相互联系,组织就是通过信息沟通来认同共同目标的协作系统。巴纳德在组织理论方面的主要贡献是:第一,他首次用组织理论来解释工作中的个人行为及其变化;第二,建立了一套权威接受的理论,强调金钱和非金钱的诱因;第三,提出新的组织结构理论,把组织看作为一个协作系统。

巴纳德的组织理论主要由"诱因与贡献平衡论"与"权威接受论"组成:①"诱因与贡献平衡论"认为个人作为组织的成员,必须对组织有所贡献。而组织则应向他提供报酬,即诱因。这种动态的平衡是组织赖以生存和不断发展的条件。②"权威接受论"认为,"一项命令是否具有权威性,取决于命令的接受者,而不在于命令的发布者。"也就是说,权威来自于下级接受它的意愿。因此,领导的命令必须能让人理解并且与组织的目标一致。而且命令必须照顾组织成员的利益,让人乐于去执行。

2. 德鲁克(P. Drucker)的组织理论

彼得·德鲁克是经验主义学派最主要的代表人物。经验主义学派重视组织结构的分析和系统研究,他们认为战略决定结构,战略决定组织的目标,决定组织中关键的业务活动内容。组织结构的设计就是保证这些业务活动的实施并取得成效。组织结构的设计原则是:有利于决策,职责明确,具有一定的适应性和稳定性等。德鲁克认为,传统组织理论越来越不能满足现代组织的要求,因此他提出了六个不适应的方面:① 传统组织都是以制造业作为研究对象的,而今天面临的挑战是大型组织的非制造业,即大金融商、大零售商等越来越成为发达经济的重心。② 斯隆创立的通用汽车公司组织模式本质上是针对单一的产品、技术和市场,而现今典型的情况是多种产品、多样化技术和市场。③ 通用汽车公司没有把主要注意力移向国际市场,因此它未能成为跨国公司,而现在那些关注文化、国家、市场和政府的许多公司都已经成为跨国公司。④ 像通用汽车公司那种单一产品、单一技术的公司,不十分关心信息处理,而多产品、多技术的公司和跨国公司,则必然设计出有利于处理大量信息的组织结构。⑤ 通用汽车公司员工 4/5 是体力劳动者或事务性雇员,现今组织的基本问题同当时通用汽车公司需要面对的不同,都是同知识员工和知识性劳动相关的。⑥ 通用汽车公司比较重视管理,却不大重视创业,而今天越来越需要创业和革新精神。

为了弥补传统组织理论和模式的不足,德鲁克提出了组织结构的五项设计原理:即法约尔的职能制、斯隆的联合分权制、工作队组织、模拟性分权制、系统结构。德鲁克指出,新的信息技术将不仅改变组织的工作,还将进一步改变组织的结构。企业,特别是大型企业的唯一出路就是转变为以信息为基础的组织。德鲁克认为,组织是复杂多样的。传统的组织原理在一定范围内还是有用的,但它的范围已经比过去小很多了。

3. 伯恩斯(T. Burns)与史托克(G. M. Stalker)的组织理论

伯恩斯与史托克研究了英国 20 多家工业公司,发现处于急剧变动环境中的公司组织结构处在稳定环境中的组织结构是不相同的,由此提出了机械的组织与有机的组织的概念。

机械组织结构以高度专业化、集权和垂直沟通为特征,每个职务的角色权力、义务和技术方法都有明确的规定,高层管理独占知识信息、强化层级结构,控制、职权与沟通分等级层次实施,注重垂直之间的沟通,主管部门依靠发表指示和决定来实现管理,强调作为组织成员的条件是服从上级和对公司的忠诚。

有机组织结构以工作没有明确界定、自我控制、横向沟通为特征。个人的任务由组织的总任务和目标来决定,由一个控制、职权与沟通组成的网状结构来协调。组织内注意横向沟通,地位不同的成员之间的沟通采取协商而不是命令的方式进行,沟通的内容主要是信息和劝告,而不是指示和决策。专门的知识经验都用来为实现组织的共同目标服务。重视对公司任务的完成和技术经济的发展,承担义务超过忠诚与服从。

伯恩斯和史托克经过研究,把适应于不同环境的不同组织结构划分为两类:机械的和有机的。在实际生活中,机械的和有机的常常是一个连续体的两端。处于极端的情况是较少的。应根据环境的不同变化和组织的特点来选取相适合的组织结构类型,才能取得良好的效果。

4. 霍曼斯(G. Homans)的组织理论

社会学家霍曼斯把系统理论应用于组织问题的研究,创立了一个社会系统的模式。他认为,任何社会组织都处于物理的、文化的、技术的环境中。所谓物理环境,是指工作场所、设施的布局和环境气候等;所谓文化环境,是指社会和组织的价值观、目标、规范等;所谓技术环境,是指社会组织为完成任务所具备的知识、技术手段等。三种环境影响并决定着社会组织中人们的活动和相互作用。而人们在进行活动和发生的相互作用时,彼此之间以及人们与环境之间产生一定的感情。这些由环境所决定的活动、相互作用而产生的感情,就是霍曼斯所说的外部系统,即社会系统。

霍曼斯的社会系统模式有五个关键因素:活动,即系统中人们的工作活动;相互作用,指人们相互之间的沟通和交往;情感,指系统中人们的价值观、态度和信念,包括相互之间积极与消极的感情,这些都是在活动、相互作用的过程中表现出来的;所要求的行动,外部系统即正式组织或群体中所明文规定的活动、相互作用而产生的感情;新的行为,指在所要求行为之外的一些行为,即属于内部系统及非正式组织中的行为。

霍曼斯认为,活动、相互作用和感情这三方面是相互依赖的。其中一个因素发生变化,其他两个因素也会相应地发生变化。例如,人们彼此之间交往越频繁,感情就会越密切,感情越亲密,交往也会越多。同时,随着人们交往的增加,不仅会产生新的情感,还会产生新的行为规范、新的态度并产生新的活动方式。外部系统与内部系统也就是正式组织与非正式组织,也是相互依赖的。一个系统的变化会引起另一个系统的变化。

5. 利克特(R. Likert)的"交叠群体"组织理论

利克特认为,组织是由互相关联而发生重叠关系的群体组成的系统。这些互相关联的群体,是由位于几个群体交叠处的个人来联结的。这个人便称之为"联结针"(Linking pin)。这种承担"联结针"角色的人,既是本组织的领导人,又是上级组织的一个成员。通过他把本级组织同上级组织联结了起来,起到了承上启下的作用。利克特后来在模式中加上了横向的联系,使组织的沟通、协调更为顺畅。

利克特组织理论的主要贡献在于:打破了传统组织理论提出的一人一个职位,各部门之间严格划分界限的观念,指出了管理人员不能只完成本职位的工作,还要在各部门之间、人与人之间起联络作用,特别是在上下级之间起联络作用,以增强沟通和协调,提高组织效率。

6. 组织生命周期理论

组织生命周期思想,是由美国颇具规模的工业心理咨询公司提出的,认为企业组织同人一样具有生命周期,有它的童年、青年、壮年和老年时期。在组织的不同时期,根据不同的要求,管理人员应该采取相适应的管理方式,渡过危机,向更高级的管理阶段过渡,以获得更大的成功。

RHR公司的经验表明,组织在进化过程中,一般要经过五个阶段:① 创业管理阶段;② 个人管理阶段;③ 职业管理阶段;④ 行政性组织管理阶段;⑤ 矩阵式管理阶段。每一个阶段都有其独特的管理作风、人际关系、管理危机和组织管理方法。组织生存的关键就在于克服困难,从一个阶段适时地进入另一个阶段。因此,管理人员首先必须了解组织的动力、需要和目前所处的发展阶段,才能使组织顺利地向前发展。

第二节 组织设计与工作设计

一、组织结构的设计

组织结构指组织各部门之间关系的一种模式,即组织内部的构成方式。组织结构直接决定了组织中正式的指挥系统和沟通网络,不但影响信息和材料的流通与利用的效率,而且影响组织内部心理、社会方面的功能,因此,恰当的组织结构对于实现组织目标是非常重要的。

(一) 组织结构设计的基本变量

管理者设计组织结构时,除了要考虑组织所处的大环境、组织的目标与战略、组织文化、组织规模、组织的技术条件等综合因素,还应考虑以下六个关键因素(见表8-1):

表8-1 在设计合适的组织结构时管理者应考虑的六个关键因素

关键问题	答案提供
1. 任务细分为独立工作的程度	工作专门化
2. 对工作进行分类的基础是什么	部门化
3. 员工个人和工作群体向谁汇报	命令链
4. 一位管理者能有效地指导管理的员工人数是多少	控制跨度
5. 决策权归属于哪个层级	集权与分权
6. 应该在多大程度上利用规章制度	正规化

1. 工作专门化

工作专门化(work specialization)就是指为实现目标把任务和工作计划分成许多部分,通过分工使各项工作由专人来做。科学管理经验表明,让员工从事专门化的工作,他们的生产效率会提高。然而,对工作的持续过度的分工也许会招致负面的效果。因为做例行而简单的工作需要很少的技能,员工容易厌烦和气馁,结果出现低质量、低生产率、高流动率以及高旷工率。

2. 部门化

一旦通过工作专门化完成任务细分之后,就需要按照类别分组(划分部门)以使共同的工作可以进行协调。工作分类的基础是部门化。部门化划分通常有七种方法:① 职能型部门化。是根据活动的职能对工作活动分类进行部门化。② 产品型部门化。是根据组织生产的产品类型进行部门化。③ 地域型部门化。是依据地域位置进行部门划分。④ 过程型部门化。是根据生产过程进行部门化。在生产过程中,由每个部门负责一个特定生产环节的工作。⑤ 客户型部门化。是根据顾客的类型进行部门化,每个部门的顾客存在共同的问题要求,因此分别配置有关工作人员,能更好地满足他们的需要。例如,一家销售办公设备的公司可下设零售、批发、政府服务部。⑥ 服务型部门化。是根据组织提供的服务种类进行部门化,主要适用于服务行业企业。⑦ 混合型部门化。这是大型组织进行部门化时,综合利用上述各种方法,以取得较好的效果。划分部门时可根据职能类型来组织其各分部,根据生产过程来组织其制造部门,销售部门分为几个地区的销售业务单位,又在每个地区根据其服务类型分为若干个顾客群。

3. 命令链

命令链(chain of demand)是一种不间断的权力路线,从组织最高层扩展到最基层,明确谁向谁报告工作。它能够回答员工提出的这种问题:"我有问题时,去找谁?"以及"我向谁负责?"维持命令链最重要的就是指挥的统一性与权威性,一旦命令链的统一性遭到破坏,一个下属可能就不得不穷于应付多头领导和不同命令之间的冲突。但是,随着计算机技术的发展和下属充分授权的潮流的冲击,命令链、统一性等概念的重要性已大大降低。

4. 控制跨度

任何主管能够直接有效地指挥和监督的下属人员的数量总是有限的,组织中每个主管人员直接指挥与监控的下属数量即控制跨度,也称为管理幅度。管理幅度太大,管理人员无法有效地指挥和控制;管理幅度太小,又不利于充分利用资源。研究表明,通常有效的管理幅度是在 7~12 人。

在一定的组织规模下,管理层次与管理幅度成反比关系。即每个主管所直接领导的下属人数越多,所需的管理层次就越少。在管理幅度给定的条件下,管理层次与组织规模大小成正比,组织的规模越大,人员数量越多,那么所需要的管理层次就越多。一个组织的管理层次越多,就越倾向于高耸型;管理层次越少,就越倾向于扁平型。

5. 集权与分权

职权在整个组织中的分布可以是集中化的,即"集权",指决策权在很大程度上处于较高管理层次的职位集中;职权也可以是分散化的,即"分权",指决策权在很大程度上分散到处于较低管理层次的职位上。

组织的不同部门拥有的权力范围不同,会导致部门之间、部门与高层指挥者或管理者之间以及部门与下属单位之间的关系不同,从而导致组织的结构不同。集权(centralization)是指组织中的决策集中程度。一般来讲,如果组织的高层管理者不考虑或很少考虑基层人员的意见就决定组织的主要事宜,则这个组织的集权化程度较高。相反,组织的分权(decentralization)程度就越高。

管理者的授权行为是促进组织达到分权状态的重要途径。所谓授权,就是指上级管理者随着职责的委派而将部分职权下放给对其直接报告工作的部属的行为。科学、合理的授权必须要注意明确授权的范围,并使下属的责、权、利相符,同时也不能放任自流,要注意监督和反馈。现代组织发展的趋势是从集权制走向集权分权相结合的体制,下属参与决策的程度越来越高,基层管理者的决策越来越重要。

6. 正规化

正规化(formalization)是指组织的工作实行标准化的程度。如果一种工作的正规化程度较高,就意味着完成这项工作的内容、时间、手段没有多大自主权。在高度正规化的组织中,有明确的职务说明书,有复杂的组织规章制度,对于工作过程有详尽的规定。而正规化程度较低的工作,相对来说,工作执行者和日程安排就不是那么固定,员工对自己工作的处理权限就比较宽。因此,正规化程度越高,员工决定自己工作方式的权限就越小。

除了上述六个关键因素外,设计组织结构时还可以考虑标准化、复杂化、人事比例等因素。标准化是指用同一方式完成相似工作的程度。在一个标准化水平较高的组织中,工作内容、工作方法规定详尽,无论什么人、在什么地方,如果工作相似,方式也相同。复杂性是指组织各部分的数量,包括纵向复杂性、横向复杂性和空间复杂性。纵向复杂性是指组织层次的数目;横向复杂性是指所有部门的数目;空间复杂性是指地理分布的数目。人事比例是指组织负责人员的分布比例,包括行政管理人员、专业技术人员、一线员工的比例等。

(二) 基本的组织结构形式

1. 直线式组织结构

直线式组织结构(见图8-1)是一种最古老的组织结构形式,最初广泛应用于军事系统,后逐步推广至企业、机关、学校管理工作中。所谓的"直线"是指在这种组织结构下,职权直接从高层开始向下分解,经过若干个管理层次达到组织最低层。这种组织结构形式的优点是高层权力集中,职权和职责分工明确,组织结构简单便于统一指挥,集中管理。显著缺点是,对高层管理者要求较高,缺乏横向的协调关系,组织成员间缺乏合作。所以,这种组织结构仅适宜于规模不大,业务关系单一,生产和管理工作都比较简单的组织,不适宜多品种生产和大规模等管理任务复杂的组织。

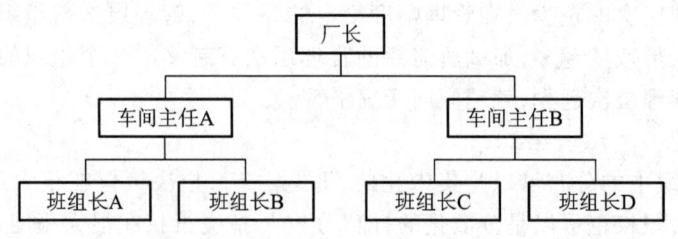

图8-1 直线式组织结构

2. 职能式组织结构

职能式组织结构(见图8-2)最早由泰勒提出,他主张,在整个管理领域里,必须废除军队式的组织而代之以"职能式"的组织。职能式组织结构中,组织从下至上按照相同的职能将各种活动组合起来,将专业技能紧密联系的业务活动归类组合到一个单位内部,这有利于更有效地开发和使用技能,提高工作效率。其主要特点是采用专业分工的管理者代替直线制的全能管理者;在组织内部设立职能部门,各职能机构在自己的业务范围内有权向下级下达命令和指示;各级负责人除服从上级行政领导的指挥外,还要服从上级职能部门在其专业领域的指挥。优点是分工细,弥补行政领导的不足。缺陷是多头领导,削弱统一指挥。

3. 直线职能式组织结构

直线职能式组织结构(见图8-3)是现代工业中最常见的一种结构形式,而且在大中型组织中尤为普遍。这种组织结构的特点是,以直线为基础,在保持直线制组织统一指挥下,增加了为各级行政主管管理领导出谋划策但不进行指挥命令的参谋部门(如计划、销售、供应、财务等部门)

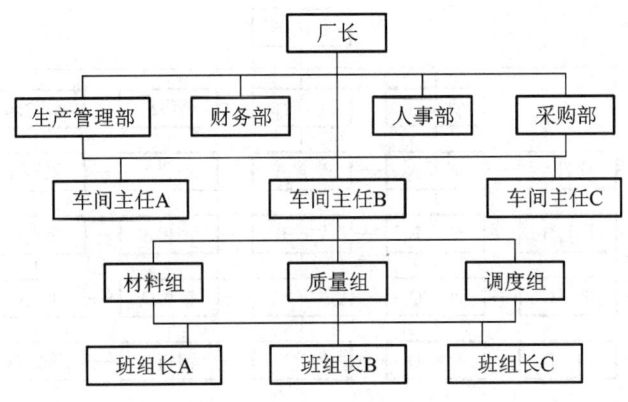

图 8-2 职能式组织结构

而综合形成的。在直线职能型结构下,下级机构既受上级部门的管理,又受同级职能管理部门的业务指导和监督。各级行政领导人逐级负责,高度集权。因而,这是一种按经营管理职能划分部门,并由最高经营者直接指挥各职能部门的体制。

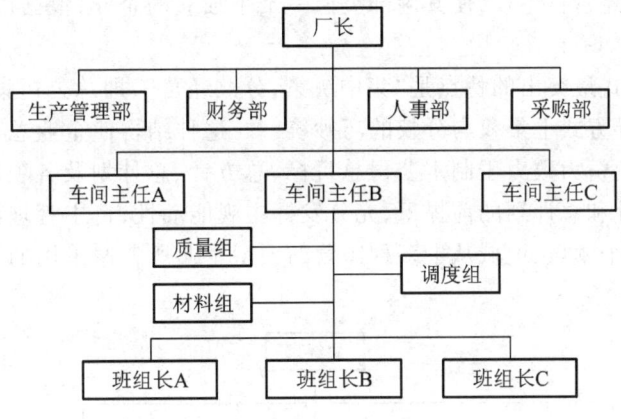

图 8-3 直线职能式组织结构

4. 矩阵式组织结构

矩阵式组织结构(见图8-4),它是把按职能划分的部门和按产品(或项目,或服务等)划分的部门结合起来组成一个矩阵,使同一名员工既同原职能部门保持组织与业务上的联系,又参加产品或项目小组的工作。为了保证完成一定的任务,每个项目小组都设负责人,在组织的最高主管直接领导下进行工作。这种组织结构形式的特点是打破了传统的"一个员工只有一个头儿"的命令统一原则,使一个员工属于两个甚至两个以上的部门。它的优点是加强了各职能部门的横向联系,具有较大的攻关性和技术互补性。有利于发挥专业人员的潜力,有利于各种人才的培养。它适于较复杂的如类似产品开发等临时性部门、单位采用。其缺点是,由于这种形式是实行纵向、横向的双重领导,处理不当,会由于意见分歧而造成工作中的扯皮现象;组织关系复杂,对项目负责人的要求较高;由于这种形式一般具有临时性的特点,故也易导致人心不稳。

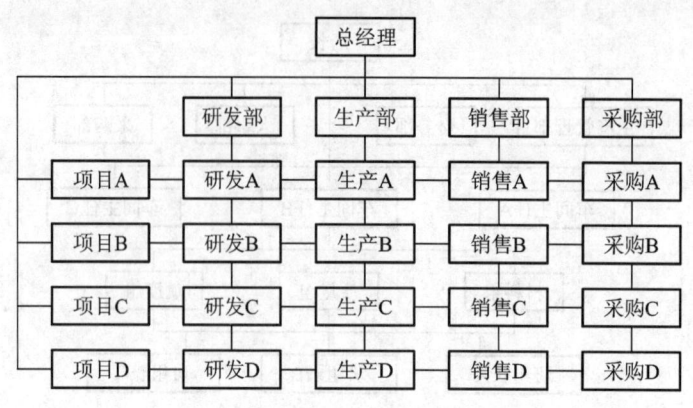

图 8-4 矩阵式组织结构

5. 事业部式组织结构

事业部组织结构(见图 8-5)形式首创于 20 世纪 20 年代的美国通用汽车公司,它是在总公司领导下设立多个事业部,各事业部通常是根据业务按产品、服务、客户或地区划分的,公司总部授予事业部门很大的经营自主权,使其内部类似一个个独立的企业,根据市场情况自主经营、独立核算、自负盈亏。

这种组织结构形式最突出的特点是"集中决策,分散经营",即总公司集中决策,事业部独立经营,这是在组织领导方式上集权与分权的巧妙统一。这种结构使企业总部从繁重的日常经营业务中解脱出来,集中精力致力于制定公司总目标、总方针、总计划及各项政策。事业部在不违背公司总目标、总方针和总计划的前提下,充分发挥主观能动性,自主管理其日常的生产经营活动。事业部制是在多个领域、地域从事多种经营的大型企业所普遍采用的一种典型的组织结构形式。

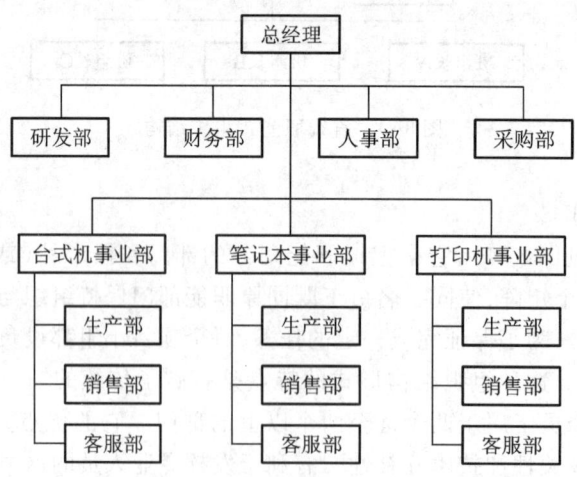

图 8-5 事业部式组织结构

（三）组织结构发展的新趋势

随着全球化和知识经济的发展，组织需要随时应对外部环境的变化，组织结构形式向着更加灵活的方向发展，组织结构呈现出扁平化、团队化、网络化、虚拟化、柔性化及边界模糊化的趋势，而以下几种组织机构的出现一定程度反映了组织结构的未来发展：

1. 团队结构

团队结构的主要特点是，打破部门界限，可以快速地组合，重组解散，并把决策权下放到工作团队员工手中，以促进员间的合作，提高决策速度和工作绩效。这种结构形式要求员工既是全才又是专才：在小型公司中，可以把团队结构作为整个组织形式。例如，一个30人的市场销售公司，是完全可以按团队来组织的，团队对日常的大多数操作性问题和顾客服务问题负全部责任。在大型组织中，团队结构一般作为典型的官僚结构的补充，这样组织结构形式既具有官僚结构标准化的好处，可以提高运行效率，又能因团队的存在而增强灵活性。例如，为提高基层员工的生产率，像摩托罗拉公司、施乐公司这样的大型组织都广泛采用自我管理的团队结构。

2. 无边界组织

无边界组织是通用电气公司前CEO杰克·韦尔奇创造的一种组织结构形式，用来描述他理想中的通用公司的远景。无边界组织寻求的是减少指挥链，对控制跨度不加以限制，取消各种职能部门，代之以授权的团队。无边界组织可通过采取一些有效的行动来实现。管理人员通过取消组织垂直界线而使组织趋向扁平化，等级秩序作用降低到最低的限度，个人的身份与头衔的地位也一落千丈。组织看上去更像一个粮仓筒子而不是金字塔，最上层的谷粒和最下层的谷粒差别不大。通用电气公司用来取消组织垂直界线的做法有：引入跨等级团队，360度绩效评估等。组织水平界线是因职能部门的存在而形成的，消除这种界限的方法一种是，以多功能团队取代职能性部门，围绕公司的工作流程来组织活动；另一种方式是进行各部门间的人员横向调动或在不同职能领域的工作轮换，这样有助于专才变成全才。组织与客户之间的外部界线及地理障碍则可通过经营全球化及实行公司间的战略联盟以及建立顾客与组织之间的稳定关系等方式来打破。在无边界组织中，例如在一个制造业的企业里，人们再也不像传统的组织那样依次完成某些工作，比如先设计产品，然后生产，然后再进行市场和销售；而是由来自不同专业领域的人们（研发、设计、生产、市场、销售等，甚至包括供应商和客户）形成团队，大家协调努力，更快更好地完成工作。消除了传统的组织内外边界的限制，人们再也不用受到狭隘的角色限制，能够更充分地发挥创造力，以更高的效率进行工作。

无边界的概念既包括打破企业内部的边界，也包括打破企业外部的边界。打破企业内部边界主要是在企业内部形成多功能团队，代替传统上割裂开的职能块或部门。打破企业的外部边界则是与外部的供应商、客户包括竞争对手进行战略合作，建立合作联盟，因为这种合作会使双方都获得自己单独无法获得的利益。

3. 虚拟组织

虚拟组织是指公司在有限资源条件下，为了取得最大竞争优势，只保留关键活动，而以合同为纽带依靠其他组织进行制造、分销及会计等业务经营活动的组织结构。在这种组织中，管理人员把公司的基本职能都交给了外部组织，组织的核心是一小群管理人员，他们的工作是直接监督公司内部的经营活动，协调为本公司进行生产销售及其他重要职能活动。

虚拟组织是一种高度灵活化的组织结构形式，由具有共同目标、共享资源的组织形成一个网络,因此有时也被称为网络型组织结构。虚拟组织是利用现代信息技术手段而建立和发展起来的一种新型组织结构。现代信息技术使企业与外界的联系加强了,利用这一有利条件,企业可以重新考虑自身机构的边界,不断缩小内部生产经营活动的范围,相应地扩大与外部单位之间的分工协作。

虚拟组织只保留很精干的中心机构,以契约关系的建立和维持为基础,透过一种互惠互利、相互协作、相互信任和支持的机制来进行密切的合作。虚拟组织往往是在某个项目上与另外几个组织合作,暂时性地形成一个新组织,项目结束之后合作就结束了,在其他的项目中可能又与其他组织进行合作。组织的这种网络化结构大大提高了效率。例如,IBM公司能在不到一年的时间内成功开发PC机,依靠的是微软公司为其提供软件,英特尔公司为其提供芯片。网络型结构使组织可以利用社会上现有的资源使自己快速发展壮大起来,因而成为目前国际上流行的一种新形式的组织设计。

虚拟组织的优势在于灵活性,不需要大规模的设备投资,庞大的员工队伍及由此产生的管理问题。主要不足是管理人员对公司的主要职能缺少强有力的控制,其中任何一个环节的失误,都会对整个组织造成极大的危害。

二、工作设计

(一) 工作设计的概念与内容

工作设计是指为了有效地达到组织目标,促成组织发展,而采取与满足工作者个人需要有关的工作内容、工作职能和工作关系的设计。工作设计是通过满足员工与工作有关的需要来提高工作绩效的一种管理方法,因此,工作设计是否得当对激发员工的工作动机、增强员工的工作满意感以及提高生产率都有重大的影响。一般而言,工作设计的时机一是建立新组织之时,二是组织变革时,三是工作设置不合理时。

工作设计的主要内容包括工作内容、工作职责、工作关系、工作结果和工作结果的反馈等五个方面:① 工作内容。工作内容的设计是工作设计的重点,一般包括工作广度、深度、工作的自主性、工作的完整性以及工作的反馈五个方面。② 工作职责。主要包括工作的责任、权力、方法以及工作中的相互沟通和协作等方面。③ 工作关系。表现为协作关系、监督关系等各个方面。④ 工作结果。包括工作数量、工作质量和工作效率和效益等具体指标。⑤ 工作结果的反馈。包括工作本身的直接反馈和来自别人对所做工作的间接反馈。

通过以上五个方面的有效的工作设计,就可为组织的人力资源管理提供依据,保证工作岗位与人力资源的优化匹配,从而得以事得其人、人尽其才、人事相宜,为员工创造更加能够发挥自身能力、提高工作效率、提供有效管理的环境保障。

(二) 工作设计的发展

工作设计的第一个阶段始于本世纪20年代的科学管理运动,当时泰勒和吉尔布雷斯夫妇运用时间与动作的分析方法,系统地研究了不同类型的工作,确定完成操作最合理、最有效的基本动作。这是工作设计的专业化阶段,其特点在于认为员工只关心金钱奖励,强调通过工作专业化、标准化、简单重复来提高工作效率。

工作设计的第二个阶段是20世纪40至60年代,为解决员工对过分专业化的不满情绪所采取的"工作轮换"和"工作扩大化"方法。这种方法只强调同类工作中不同工作岗位之间的轮换操作,或者让每个员工多干几种工作,扩大所干工作的横向范围。由于这种方法只能暂时解决与缓和员工的不满情绪,所以这是一种权宜的方法。

第三阶段,工作设计作为组织发展的一项任务是近年的事。现代的工作设计方法主要有二种:其一是工作丰富化,即根据赫茨伯格的双因素激励理论,强调通过把工作设计得更具有挑战性、责任心和自主性来使员工对工作向纵深发展而感到满意,其二是工作特征的再设计,主要强调根据员工个人之间的差异,有针对性地采用工作多样性、自主性、完善性和反馈等工作特征的再设计方法。工作任务设计不仅可以提高劳动生产效率,而且可以增加生产的灵活性和改进员工的态度。

第四阶段,20世纪80年代末以来,又产生了"企业再造工程"的工作设计新发展趋势。这是以工作流程为中心,重新设计企业的经营、管理及运作方式。其程序包括:对原有流程分析,发现其存在的问题;设计新的流程方案,并进行评估;制定改进措施,形成再造方案;组织实施与持续改善。

(三) 工作设计的具体方法

1. 针对工作内容进行设计的方法

(1) 工作职务轮换(Job rotation)是将员工定期地从一种工作岗位轮换到另一种工作岗位,以使员工对不同的工作有更多的了解,并改变员工长期从事一种单一工作的枯燥乏味的感觉,达到提高生产效率的目的。工作轮换还有一些其他的好处:增加分配工作任务的灵活性,如派人顶替缺勤的员工、支援瓶颈岗位等。由于员工相互交换工作岗位,可以体会到不同工作岗位的难处,有利于相互理解、相互体谅,结果使整个生产运作系统更完善、更和谐、效率更高。

(2) 工作扩大(Job enlargement)即扩大员工的工作范围或领域,增加工作的内容,以改变员工对常规性的、重复性的简单工作感到单调乏味的状况,以改善工作和生活质量。工作扩大可以提高员工工作的兴趣,从而提高劳动生产率。工作扩大希望增加每个人工作任务的种类,从而使他能够完成一项完整工作的大部分程序,感受工作的意义和挑战,提高工作积极性。

(3) 工作丰富化(Job enrichment)是指工作的纵向扩大,增大员工在工作计划、决策参与、进度控制乃至考评奖励方面的内容,使其介入到工作的管理之中,增大其工作自主性,以获得成就感、责任感和得到认可的满足感。如对生产第一线的员工,使其负责制定作业计划、检验产品、决定设备保养和维修等工作,从而满足员工个人发展和自我实现的需求。工作丰富化较工作扩大更注重工作的内涵和性质,更注重高级心理需求的满足;而工作扩大则侧重于一般工作范围或领域的扩展和较低级的心理需求的满足。

2. 工作时间设计的方法

(1) 弹性时间制——给予员工在上下班时间上一定的自由处理权。员工每周工作时间是特定的,但在一定的范围内又可以自由改变工作安排。在每天的工作时间中,有一个共同的核心工作时间段,要求所有员工必须在岗,除了这段时间外,员工可以自由选择其上下班时间。员工可以根据个人需要来安排工作时间,从而减少了拖拖拉拉、漫不经心的现象,并且员工能够把工作活动安排在自己生产效率较高的时间段内。因而,弹性工作制可以降低员工的缺勤率,提高劳动生产率和工作绩效,减少加班费用开支,还可以减轻员工对管理人员的敌意感,减轻工作场所附近的交通堵塞情况,并能够帮助员工有效解决照顾家庭和传统工作时间要求的冲突。弹性时间制也有其缺陷,它不能适用于所有类型的工作。对于与本部门之外的人接触量有限的办公室工作人员来说,这种方式效果良好。但对于接待人员,零售店的销售人员,以及其他要求员工在事先确定的时间内为别人提供全面服务类的工作来说,这就不是一种可行的方式了。

(2) 压缩周工作时间——最常见的形式是:"4/40",即每周工作 4 天,一天工作 10 小时。员工每周的工作时间仍然保持在 40 个小时,但每周的工作天数却由 5 天缩短为 4 天。该方法背后的推动力主要来自两个方面:组织希望获得更高的产量和效率,并减少工作过程中机器启动和关闭时间,降低工作成本;员工希望获得更多的闲暇和购物时间,并能使他们避开上下班的高峰时间。

(3) 缩短工作时间是指每周工作日减少到 4 天,每天仍保持 8 小时工作时间,即实行 32 小时工作制。该方法的出发点是考虑世界人口增长过快,失业人数剧增,如果把每周工作时间缩短 20%,就可以将现有的工作分摊给更多的人去干。这一方法是否可行的关键所在就是薪金问题,是随着工作时间的减少相应的减少薪金,还是继续保持 40 小时的报酬。

(4) 工作分享——对于一些任务繁重的工作和不能坚持全日制上班的特殊员工,可以采用工作分享的办法来完成工作任务。在这种方法下,由两个或更多员工一起负责同一项工作,通过平均分担的方式来共同完成正常的每周 40 小时的工作时间。

(5) 电子办公也被称之为"在家办公"。对于许多人来说,这也许是一种接近理想化的工作方式:不用乘车往返于公司上下班,工作时间灵活,穿着随意,几乎没有同事打搅。在这种工作方式下,员工在家处理工作并把工作结果通过电子方式传送到公司。在多数情况下,员工只是按照事先安排,在特定的时间去公司参加会议和同事见见面。由于不受他人的干扰,电子办公可以提高员工的工作效率,而且一个公司在家办公的员工越多,就越节省办公空间,公司因此能大大减少房租开支。虽然电子办公是目前发展最为迅速的工作安排方式之一,但是由于这种办公方式有可能会使在家的员工错过一些重要的会议,不能及时参与公司内部的一些新政策和新想法的交流活动,也不能与其他员工很好的沟通,逐渐减少在家员工的社会支持,使员工感到不安,同时在公司晋升、增薪时,较小的社会支持可能造成负面作用,因此有些员工宁愿每天很辛苦的到公司上班,也不愿待在家里办公。

第三节 组织变革与组织发展

一、组织变革

(一) 组织变革的含义与目的

1. 组织变革的含义

全球经济和技术的高速发展使得变革成为组织必不可少的一个特征。组织作为经济活动的有机组成部分,其生存要求它对外与外界环境不断地进行交换,对内不断地进行"新陈代谢"。这使组织成为一个无时无刻不受到内外因素"撞击"的有机系统。在内外因素的冲击下,组织必须进行相应的调整以适应这些因素的影响。因此组织必须具有变革性,要能够在保持足够稳定的前提下不断地挑战自我,发现自身的不足与缺陷。不断地改进自身的结构、机制与组成,通过持续的组织变革与发展来保证组织的存续。

组织变革就是指组织系统为了适应组织外部环境和内部因素的变化,根据组织系统所出现的弊端进行分析、诊断,对组织结构、功能进行不断调整,改变旧的管理形态,建立新的组织管理形态的一种组织行为和管理过程。

不变革的组织是没有生命力的,因此它必然会趋于萎缩、消亡。但盲目的变革则会给组织带来混乱和损失,甚至导致组织的解体。因此,组织变革要取得成功,必须有计划、有步骤地进行,根据未来发展可能出现的趋势,在科学预测的基础上进行变革。这样的变革才能事半功倍,使组织得到进一步发展,否则就可能事与愿违,欲速而不达。

只要构成一个组织的各种因素(投入、加工方式、产出)发生了变化或被替代,变革就会出现。组织变革的范围涉及组织的各个方面,如组织行为、组织结构、组织制度、思想观念、人员、技术、方法以及组织文化等。在社会发展越来越快的今天,组织面临的变革压力和挑战尤其明显,使变革成为组织行为中的一个普遍现象。

2. 组织变革的目的[①]

组织改革的目的既是推动改革的重要原因,也是检验改革是否成功的重要指标。改革的最基本目标在于,通过组织的改革和调整,完善组织结构和人事配备,优化组织功能,改进组织管理的方法,增强组织的社会心理效应,从而使各类组织能更好地适应社会实践活动的要求,满足社会发展的需要,以便创造出更好的效益来。组织改革的具体目标有:

(1)完善组织结构。即使组织结构的五个基本要素(责任、权力、职务、人员、单位等)按合适的管理层次与控制幅度组织起来;建立科学的人事编配和管理人员的测评考核制度,保持组织机构的精悍,增强组织的活力;制订以职授权,以责定利,职、责、权、利相统一的组织原则;使组织和企业有一定的技术、资金、设备和人员储备;组织负荷适度,有一定的弹性;组织运转灵活,指挥统一,适应环境的能力强。

(2)优化组织管理功能。即做到组织职能要素的有效性,使组织管理工作达到功能优化的程度。并能达成:① 领导与管理的有效性;② 组织决策与计划的合理性;③ 组织执行与激励的有效性;④ 控制行为的有效性(即有效监测、督导、协调、控制)。

(3)营造组织和谐的社会心理气氛。表现在下列方面:① 每个成员对组织目标有明确的认同感,对组织有强烈的参与感、归属感、责任感和义务感;② 组织成员之间具有良好的心理平衡与和谐的人际关系;③ 组织内部具有良好的竞争与合作的意识,保持良好的竞争与合作的关系;④ 组织具有良好的信息交流与意见沟通,保持较高的透明度与民主气氛;⑤ 组织成员能保持较高的主人翁意识和高涨的士气;⑥ 有良好的激励水平,能激发成员的内在动机,焕发其活力与创造力,提高期望与目标水平。

(4)提高组织效能。包括:① 提高效率(即时间与数量指标),能按期或提前完成任务指标;② 提高质量(即优质与名牌指标)指提高优质的比例,创名优产品;③ 提高效益(即提高经济效益与社会效益)指用最少资源,取得最大效益;④ 增强成员的满意度与承担更多的社会责任等。

(二)组织变革的动力

引起组织变革的因素很多,归纳起来,促使组织变革的起因主要来自外部环境和内部环境两个方面。

1. 组织变革的外在压力

---

① 程正方主编:现代管理心理学(第4版),北京师范大学出版社,2009年版,第330~331页。

外部环境是组织维持生存与发展的基本条件，它的变化会影响到组织的部分或整体变化。外部环境引起组织变革主要表现为：① 社会政治压力。一个国家经济体制改革、政策的调整、计划的改变都会影响现有领域组织结构与机构的变化。社会进步、法制健全、风气良好、社会安定等，都会推动组织的变革与发展。② 技术进步压力。由于科学技术的高速发展导致发明时间的缩短，产品更新换代更频繁。例如电子计算机等高科技技术的广泛应用，使组织小的决策等一系列管理选择和管理方式发生了重大变化，代之以科学的、先进的管理方式，而组织也必须不断调整自己的内部结构，以适应科学技术飞速发展的要求，避免在竞争中被淘汰。而组织的变革也进一步促使组织可以有效地利用新技术，提高竞争力。③ 市场压力。市场竞争是组织变革的主要动力，无论是国际环境还是国内环境，市场环境的变化要求各类组织必须做出相应的反应、变革与发展，否则将会使企业的效益遭受巨大的损失。组织间的竞争将更加激烈。全球经济一体化使得竞争者既来自国内也来自国外，经营者一方面要与国际竞争对手抗争来保护自己的努力，另一方面要面临新产品的挑战。

2．组织变革的内在动力

外部环境的变化必然影响到组织内部环境的变化。组织内部环境的变化也是组织变革和发展的动力。从组织内部看，引起组织变革的基本动力可以归纳为以下几个方面：

（1）企业战略。企业战略是企业为实现其目标和使命进行的总体性规划，战略的实施必然牵扯到组织结构的调整，即根据战略任务进行分工形成组织机构，规定职责，授予权力，配备合适的人员等。企业要成功地实施战略，必须将那些有出色表现的重要活动和职能落实到处于组织结构的中心的、承担重任的单位。如战略上追求生产经营稳定的生产型企业，其关键职能体现在生产技术部门，这个部门便应处于组织结构的中心位置；战略上追求技术和产品创新的企业，其关键部门是研究开发部门，这个部门便在组织结构中居于中心地位。

（2）组织成员特征。组织员工和管理者的性格特征也会对组织结构变革产生影响。组织成员的工作态度、工作期望、价值观念等方面的变化，如果与组织目标、组织结构、权利系统不相适应时，也必须对组织作相应的变革。组织成员的心理、行为变化，在一定条件下，将成为组织变革的重要原因和推动力。

（3）组织成长。组织在不同的成长阶段中有着不同的工作重点和不同的组织特征。第一阶段是因为创新而成长，这时候靠的是创业者或合伙人的领导魅力。组织规模的扩大，是第二阶段的变革发展，需要具有知识与技术的专职管理人才领导组织，以克服缺乏领导的危机。当组织进一步成长，产品及市场逐渐复杂后，强有力的集权管理模式无法使下层组织具有足够的灵活性以适应快速的市场变动，因此，需要展开第三层次的变革，通过授权以应付缺乏自主的危机。

（三）组织变革的模式

组织变革与发展始于一个组织对内外环境影响因素的强烈感受，止于组织对内外环境因素影响的动态平衡。为了保证这个过程的顺利开展，实现组织向更适宜环境和竞争的组织形态演进的目标，组织必须依据特定的步骤来进行变革与发展，即需要特定的变革与发展模式。很多学者对组织的变革和发展模式进行了研究，提出了不同的见解，下面着重介绍几种具有代表性的观点。

1．有计划变革的总模式

有计划变革的总模式（见图8-6）是在勒温的变革模式、行动调查模式以及现代对行动调查模式的运用基础上形成的计划变革的总体框架。这个框架显示了实践者和组织成员在组织发展过程中共同开展的四个基础性行动,即从进入和签订协议到诊断,再到计划和实施变革,最后以评估和巩固变革结束,整个过程暂告一个段落。

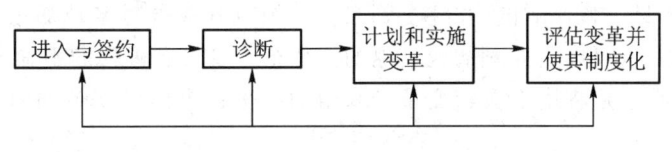

图 8-6　有计划变革的总模式

2. 勒温的变革模式

行为学家、心理学家勒温(Kurt Lewin)是有计划变革理论的创始人。他特别重视组织变革过程中人的心理机制,他将变革设想为"对保持系统稳定的力量的改变,即任何时候一组具体的行为都是两种力量相互作用的结果——努力维持组织状态的力量和积极推动变革的力量"。勒温认为,改变保持状态的力量比增强变革的力量能产生更少的紧张度和抵触,因而它是一个更有效的变革战略。他针对组织成员的心理态度和行为提出"解冻—变革—再冻结"的变革三步骤:① 解冻(unfreezing)——创造变革的动力,激励成员参与变革。② 变革/行动(moving)——指明变革的方向、实施变革。涉及采取干预措施处理问题,通过组织结构、过程等的改变来发展新的行为、价值观和态度。③ 再冻结(refreezing)——稳定变革。将组织固定在一个新状态的平衡位置。

3. 卡斯特的变革模式

卡斯特把组织变革的过程划分为五个步骤:① 对组织作一回顾、反省、批评,对组织内外环境进行研究。② 感知问题:承认变革的必要性。③ 辨明问题:找出现在的状态与所希望的状态之间的差距。④ 解决问题的办法:产生可供选择的多种方法,对这些方法进行评定,讨论怎样行动以及测量绩效的方法,经过讨论作出选择。⑤ 反馈:根据组织变革的效果,评定效果与计划有什么问题,若有问题,根据上述步骤再次循环。

4. 唐纳利的变革模式

唐纳利等人对组织变革进行系统研究后,将组织变革的过程划分为八个环节:① 变革的力量,即要求变革的内部与外部力量。② 认识变革的需要,在组织发生重大问题之前领导者能敏锐地察觉并认识到变革的需要,同时善于捕捉组织内需要改变的信息。③ 诊断问题,搞清楚问题的实质所在,指明变革内容、目标以及具体的衡量方法。④ 确定可供选择的组织发展的方法与策略。⑤ 认识限制条件及其影响程度。⑥ 选择方法与策略。⑦ 实施计划,注意变革时机与范围的选择。⑧ 评价计划,对实施变革和要求变革的力量都提供反馈。

综合各家的意见,并结合我国企业组织改革的实践,提出组织改革过程应有如下几个基本环节:① 分析研究组织的内外环境因素,找出需要改革的问题;② 思想解放,提高认识,引导企业人员认识改革的必要性、紧迫性和可能性;③ 通过企业诊断,确定企业目前状况能否应付外界环境的变化,并进一步明确企业中问题的关键所在;④ 提出解决问题的方案,经过讨论,从许多方案中选择最佳方案;⑤ 根据选定的方案实施改革,这是改革的实际行动阶段;⑥ 评定改革后的组织效果。通过反馈,了解改革的实际情况。如果是正反馈,则说明改革成功,如果是负反馈,则改革碰到问题。这时需要根据上述步骤再循环。①

（四）组织变革的阻力与阻力的克服

1. 组织变革的阻力

组织的变革并不是一帆风顺的，往往受到来自组织及其成员对变革的抵制。变革的阻力可以是明显的或隐含的，也可以是立刻的或延迟的。变革本身带有极强的不确定性，任何人都无法准确预测其结果，这在一定程度上会给变革带来阻力。来自个体对变革的阻力主要涉及以下几方面：

（1）习惯及对它的依赖。人们在长期的工作、生活中已经形成了应对内外环境变化的特有的行为方式或程式化的反应，甚至形成了某种习惯性的力量，人们依赖于这种习惯并从中获得满足，谁都不愿意因变革而带来的变化打破已有的习惯，这种以习惯方式作出反应的倾向就会成为变革阻力的来源。如转换岗位或工种而改变原有的工作方式、职业习惯。

（2）对安全与未知的恐惧。变革以模糊和不确定代替已知，这使得那些具有高度安全需要的人们可能会因安全受到威胁以及难以对未来作出准确的判断就抵制变革。如担心机构调整导致自己失业。

（3）经济原因。人们担心由于变革而丧失原有的较为优越的社会地位、工作岗位等，从而影响个人收入、损害个人利益而产生抵制变革的情绪。

来自组织对变革的阻力主要涉及以下几方面：

（1）结构惯性与人际关系网。组织变革会触及组织中原有的管理层次、权力、利益和责任的界限，在原有的组织结构体系下人们已经建立起自己熟悉并可以驾驭的权力体系与人际交往关系网，一旦发生变革，原有的体系将面临被颠覆与威胁，原有的既得利益者为了维护其利益自然地会抵制变革。

（2）群体惯性与组织规范。组织寿命周期的研究结论表明，所有组织除非它处于快速增长或内部动荡的时期，否则其年龄越长、越成熟，它也就变得越保守。主要原因是随着组织年龄的增长，组织内部制度化的规则与日俱增，管理也更为规范，这些规则、规范有可能会约束组织对环境的反应，限制组织的创新与变革。

（3）经济利益。变革意味着"破旧"、"立新"，而"破旧"可能会给组织造成一定的损失，尤其是短期内的损失，"立新"则需要组织考虑在人力、财力、物力、时间、精力等方面的投入，这些损失与投入组织均无法准确预期，对于投入可能产生的回报也带有很大的不确定性，这会使组织不愿意变革。

2. 变革阻力的克服

虽然阻碍变革的因素众多，但变革推行者与变革机构依然可以采取行动来减少各种阻力。美国学者斯蒂芬·P·罗宾斯提出了六种应对变革阻力的策略：

（1）教育与沟通。通过与员工进行沟通，帮助他们了解变革的理由，会使变革的阻力减少。沟通可以通过个别交谈、小组讨论、备忘录或报告来实现。当变革的阻力确实来自于沟通不良，并且劳资关系以相互信任为特征时，它是会有效的。如果这些条件不具备，它就不可能成功。

（2）参与变革决策。一个人要是参与了变革的决策过程，他就不容易形成反对变革的阻力。

---

① 程正方主编：现代管理心理学（第4版）. 北京师范大学出版社, 2009年版, 第334~335页。

因此,在决定变革之前,将持有反对意见的人吸收到决策过程中来,让他参与变革的决定,让他们对变革的必要性加深了解,也认识到自己从一开始就是变革的一个主动部分,这样可以取得反对者的支持,降低变革实施过程的阻力。

(3) 促进与支持。变革推动者可以通过提供一系列支持性措施来减少阻力。当员工十分恐惧和忧虑时,给员工提供心理咨询和治疗、新技术培训或短期的带薪休假都有利于他们的调整。这个策略的不足之处是费时,另外,实施起来花费较大,并且没有成功的把握。

(4) 谈判。变革推动者处理变革的潜在阻力的另一个方法是,以某些有价值的东西换取阻力的减小。例如,如果阻力集中于少数有影响力的个体身上,可以商定一个特定的报酬方案满足他们的个人需要。当变革的阻力非常强大时,谈判可能是一种必要的策略。但其潜在的高成本是不应忽视的。另外,这种方式也有一定的风险,一旦变革推动者为了避免阻力而对一方做出让步时,他就可能面临着其他权威个体的勒索。

(5) 操纵和合作。操纵是指隐含的影响力。如工厂的管理者威胁说,员工要是不接受工资削减方案,工厂就要关门,而实际上并无这种打算的话,管理层使用的就是操纵手段。操纵手法有:歪曲事实、封锁不受欢迎的信息、制造谣言,使员工接受变革。合作是一种介于操纵与参与之间的形式。它通过让某个变革阻力群体的领袖在变革决策中承担重要角色来争取他们允诺。操纵和合作的成本相对较低,并且易于获得反对者的支持。但使用不当,变革推动者会因此而威信扫地。

(6) 强制。是指直接对抵制者实施威胁和压力。如果员工不同意削减工资,而企业管理者真的下决心要关闭工厂时,那么这种变革策略就会具有强制色彩。其他例子还有:威胁调职,不予升职,负面绩效评估和提供不友善的推荐信等。

二、组织发展

(一) 组织发展的概念、特点及其与改革的关系

1. 组织发展的概念

组织发展创始于20世纪50年代末的美国,由行为学家和组织管理学家首次提出形成了较为系统的理论。组织发展的产生和发展源于管理的客观需要。

组织发展就是根据组织内外环境的变化,运用行为科学和其他有关科学的理论和技术,有计划地完善改革、再造组织的过程。这个过程以改变人的观念和行为、改善人际关系以及改进管理方式为重点,实现更有效和更协调的管理,其目的是保持和增进组织生命力和活力。

组织发展理论既属于社会行为学的专业领域,又属于科学探索的研究范畴,其实践覆盖了广阔的、变化多端的活动领域,如高层管理团队的建设、政府部门机构的调整、生产企业中职务的丰富化等都是组织发展实践的例子。

2. 组织发展的特点及其与改革的关系

组织发展与组织变革是相互联系又有区别的两个概念,组织发展通过组织变革来实现,发展是目的,变革是手段。组织发展本质是渐进的、分步的、连续的小步微调的改革,是通过一些具体方法诊断各种组织问题的原因,因此具有如下四个特点。

(1) 组织发展注重行为科学的应用。行为科学理论和方法是组织发展的支柱,组织发展是用行为学原理完成组织的变革。一个人的态度、情感和知觉对人的行为影响很大,成员了解自己

的组织和组织存在的问题,往往能提出创造性的解决办法,同时人们也容易接受亲自参加的设计和实施的计划。当组织成员积极参与,方案就能顺利实施。

(2) 组织发展是一个不断提高的过程。发展的目的在于使人们放弃旧的态度和行为方式。组织发展不是解决组织问题而采取的权宜之计,而是通过长期相互作用及一系列变革程序,来激发全体成员的积极性,提高组织效能。显然它是一个不断发展的动态过程,不可能在一定时间内解决所有问题,而要经历长期的过程。

(3) 组织发展是采用有计划的再教育手段来实现组织变革的策略。人的行为态度受组织规范的制约。如果经过有计划有目的教育和训练而改变人的态度,影响人的行为、可以抛弃旧规范、建立新规范。

(4) 组织发展从本组织现状出发。组织发展没有固定模式,一切变革以组织具体情况为基础,根据组织现有资源设置的可行的、明确的目标,充分利用组织潜力,完成组织发展任务。

组织发展实际上也是一种组织变革,只不过是一种动态的组织变革。组织发展需要通过组织变革来实现,组织变革是组织发展的手段。组织变革的目的是使组织得到完善与发展,更有效地行使组织的各种管理职能。和组织变革相比较,组织发展更重视两点:强调调整和改变组织成员的态度和行为活动,强调改变组织本身对成员行为活动的影响方式。这两点的共同着眼点,就是通过改变组织成员的行为活动来达到提高组织效益的目的。因此,组织发展的具体形式是以人为中心的发展、以组织为中心的发展和系统化的发展等。

(二) 组织发展的原则与活动内容

组织发展的内容就是引导组织变革与发展的方向,它决定着组织变革活动的性质和规模。组织发展的方向大致可以分为四个方面的内容:以人为中心的组织发展,以组织为中心的组织发展,以技术为中心的组织发展,以组织与环境相适应为中心的组织发展。

(1) 以人为中心的组织发展。通过对组织成员的知识、技能、行为规范、态度、动机和行为的变革,来达到组织发展的目的。

(2) 以组织为中心的组织发展。通过对组织的目标体系、权责体系的改变,角色关系的调整,沟通、协调体系的有效建立来达到组织的发展的目的。

(3) 以技术为中心的组织发展。来通过对组织工作与流程的再设计,对完成组织目标所采用的方法和设备的改变以及组织目标体系的建立,来达到组织发展的目的。

(4) 以组织与环境相适应为中心的组织发展。组织的发展,不仅要适应外部环境的迅速变化,而且还要主动地调节和控制外部环境,使之在最大的限度内有利于组织目标的实现。因此,除了对组织的内部环境进行变革与调整来适应环境之外,还应该创造一种新的环境使之有利于组织的发展。

组织发展方向的四个方面以及在各自基础上制定购各种发展策略是相互依赖、相互影响、相互促进的。在制定组织发展策略的过程中,它们往往构成了一个完整的发展规划整体。当然,由于不同组织所处的发展环境及组织内部状况不同,在选择发展方向时,其侧重点是不同的。

(三) 组织发展的干预措施

组织发展干预措施来自于诊断,并且包括用于解决问题和改善组织功能的具体行动。组织学家弗伦奇(F. French)和贝尔(E. Bell)将组织发展的干预措施(OD Interventions)定义为:指"各种有组织的工作活动,以及推动组织中有关成员或团体从事一项或一整套工作任务,其目的直接或间接为了组织的改善"。组织发展采取的干预措施主要包括：

（1）敏感性训练。这是通过无结构小组的相互作用改变行为的方法。在训练中，成员处于一个自由开放的环境中，讨论他们自己以及他们的相互交往过程，并且有专业的行为科学家稍加引导。这种小组是过程导向的，也就是说，个人通过观察和参与来学习，而不是别人告诉他学什么，他就学什么。专业人员为参与创造机会，让他们表达自己的观点、信仰和态度。他自己并不具有任何领导角色的作用。通过敏感性训练的巧妙安排，让参与训练的管理人员获得如何管理自己下属的经验，与人相处的能力，培养他们在处理群体行为时得心应手。

（2）调查反馈法。这是评估组织成员所持有的态度，识别成员之间的认知差异以及清除这些差异的一种工具。组织中的每一个人都可以参加调查反馈。调查问卷通常由组织或部门中的所有成员填写。问卷主要询问员工对决策实践，沟通效果，部门间的合作等方面的认识、理解和态度以及对组织、工作、同事和直接主管的满意度。调查者通过提问或面谈的方式来确定哪些问题是重要的。实践证明，这种方法可以较准确的发现所存在的问题，找到较好的解决方法，并且促进参加者态度和行为的转变，有利于改善人际关系和培养积极的组织气氛。

（3）过程咨询。就是让外部顾问帮助客户（常常是管理者）对他们必须处理的事件进行认识、理解和行动。这些事件可能包括工作流程、各部门成员间的非正式关系、正式的沟通渠道等。过程咨询中的顾问让管理者了解在他的周围以及他和其他人之间正在发生什么事，他们不解决组织中的具体问题，而是作为向导和教练在过程中提出建议，帮助管理者解决自己的问题。如果管理者和顾问均不具备解决某一问题所需要的技术知识，则顾问会帮助管理者找到一位这方面的专家，然后指导管理者如何从专家那里尽可能多地获得资源。

（4）团队建设。又称班组建设、班组发展，指的是一系列有计划的活动，通过这些高度互动的群体活动，能够提高团队成员之间的信任与真诚，能够帮助团队改进他们完成任务的方式，也可以帮助团队成员改善他们处理人际关系和解决问题的技巧。因此，团队建设是改善团队工作和任务完成情况的一种有效途径。

（5）群体间关系的开发。组织发展关注的一个重要领域是群体之间的功能失调与冲突。因此，这也成为变革关注的主题之一。改善群体间关系的方法是，首先让每一个群体独立列出一系列清单，其中包括对自己的认识，对其他群体的认识，以及其他群体是如何看待自己的；然后各群体间共享信息，讨论他们之间的相似之处和不同之处，尤其要明确指出不同之处并寻找导致分歧的原因。

> **思考题**
>
> 1. 比较现代组织观与传统组织观有哪些特点？有何不同？
> 2. 组织的构成要素有哪些？组织的主要功能与主要类型有哪些？
> 3. 什么是组织设计与工作设计？组织设计与工作设计的原则有哪些？
> 4. 试比较现代组织理论与古典组织理论有哪些差异？
> 5. 简述组织改革的过程与基本程序模式。
> 6. 分析企业组织改革有哪些动力与阻力以及组织改革的症候。
> 7. 什么是组织发展？组织发展与组织改革的关系如何？
> 8. 分析说明组织发展的原则、内容与干预措施是什么？

第九章 组织文化与组织形象建设

组织文化是人类文化、民族文化发展的结果,是组织的灵魂,是现代人在工业社会特有的社会文化现象,是现代组织管理研究的重点问题之一。在市场经济条件下,组织形象作为组织文化的重要表现形式,对组织的生存和发展产生重要作用,良好的组织形象,是组织最重要的无形且无价的资产。如何建设优秀的组织文化,如何建设组织形象,是现代组织管理的核心内容,也是本章的主要内容。

第一节 组织文化建设

一、组织文化的概述

(一)组织文化的概念

文化一词来源于古拉丁文,本是指"耕作"、"教习"、"开化"的意思。在中国古籍中最早把"文"和"化"两个字联系起来的是《易经》,"观乎天文,以察时变;观乎人文,以化成天下。"意思是指圣人在考察人类社会的文明时,用儒家的诗书礼乐来教化天下,以构建修身齐家治国平天下的理论体系和制度,使得社会变得文明而有秩序。然而在欧洲的历史中,文化一词主要是指由于人类在思维和理性方面的发展而引发的整体社会生活的变化。英国文化人类学家爱德华·泰勒在1871年出版的《原始文化》中第一次把文化作为一个中心概念来使用,并系统表述为:"文化是一个复杂的总体,包括知识、信仰、艺术、道德、法律、风俗,以及人类在社会里所获得的一切能力与习惯。"

一般而言,文化有广义和狭义两种理解,广义的文化是指人类在社会历史实践过程中所创造的物质财富和精神财富的总和,狭义的文化是指社会的意识形态,以及与之相适应的礼仪制度、组织机构、行为方式等物化的精神。文化具有民族性、多样性、相对性、积淀性、延续性和整体性的特点。

每个组织都有自己特定的环境条件和历史传统,从而也就形成自己独特的哲学信仰、意识形态、价值取向和行为方式,于是每个组织也都具有自己特定的组织文化。比较经典的定义是西方学者希恩于1984年下的:"组织文化是特定组织在适当处理外部环境和内部整合过程中出现的种种问题时,所发明、发现或发展起来的基本假说的规范。这些规范运行良好,相当有效,因此被用作教导新成员观察、思考和感受有关问题的正确方式。"而组织文化的任务就是努力创造这些共同的价值观念体系和共同的行为准则。在这个意义上来说,组织文化是指组织在长期的实践活动中所形成的,为组织成员普遍认可和遵循的具有本组织特色的价值观念、团体意识、行为规范和思维模式的总和。

我们认为,组织文化就是指组织在长期的生存和发展中所形成的,为本组织所特有的,且为组织多数成员共同遵循与追求的目标、价值标准、基本信念和行为规范等的总和,及其在组织活动中的反映。

(二)组织文化的结构

典型的组织文化结构可以分为三个层面:精神文化层、制度文化层和物质文化层,每个层面都包含不同的内容。三个层面围绕一个中心形成同心圆体系,共同构成组织文化的结构。三个层次是辩证统一的关系,三者密不可分,相辅相成,共同构成组织文化的完整体系。

1. 物质文化层

物质文化层是组织文化结构的外表部分。包括组织开展活动所需的各种物质条件及产出的各种有形的物品物件及劳务。如企业的物质文化层就包含着企业的厂房、机器设备仪器、厂容厂貌、产品、质量、品牌和员工衣着等。顾名思义,物质文化就是以物质形态作为载体,以看得见、摸得着、体会到的物质形态来反映出组织的精神面貌。物质文化的实质是组织精神的物化和外在表现。对于一个生产性企业来说,它主要包括四个方面:

(1)企业面貌。企业的自然环境,建筑风格,车间和办公室的设计及布置方式,工作区和生活区的绿化、美化,企业污染的治理等,都是企业的文化反映。

(2)产品的外观和包装。产品的特色、式样、品质、牌子、包装、维修服务、售后服务等,是组织文化的具体反映。如美国汽车以豪华、马力大为特点,日本汽车以省油为特点,德国"奔驰"汽车以耐用为特点;法国香水以香味纯正、留香持久而著称等。每个企业只有具有自己独特的产品时,才能吸引一部分具有特殊需求的顾客。如果产品特点不突出,就要靠其他因素,如包装、价格、销售地点及服务等吸引顾客。

(3)技术工艺设备特性。设备指企业的机器、工具、仪表、设施,是企业的主要生产资料。任何一个具体的设备,都与一定的技术和工艺相联系。技术工艺设备和原材料,是维持企业正常生产经营活动的物质基础,也是形成企业生产经营个性的物质载体。一定的技术工艺设备,不仅是知识和经验的凝聚,也往往是管理哲学和价值观念的凝聚。因此,企业的技术工艺设备的水平、结构和特性,必将凝结和折射出该企业组织文化的个性色彩。

(4)纪念物。组织在其环境中往往置以纪念建筑,如雕塑、石碑、纪念标牌等;在公共关系活动中送给客人的纪念画册、纪念品、礼品等。它们都充当着组织理念的载体,成为组织塑造形象的工具。

2. 制度文化层

制度文化层是组织文化结构的中间部分。它包括保证组织健康运行的各种规章制度、道德规范、行为准则、责权利的关系等。制度层主要是规定了组织成员在共同的工作活动中所应当遵循的行动准则,它集中体现了组织文化的物质层及精神层对员工和组织行为的要求。制度文化是组织物质和精神文化的桥梁,组织的精神文化通过中介转化为物质文化。制度层主要是规定了组织成员在共同的工作活动中所应当遵循的行动准则,主要应包括以下四个方面:

(1)工作制度。这是指组织中领导工作制度、技术工作及技术管理制度、计划管理制度、生产管理制度、设备管理制度、物资供应管理制度、产品销售管理制度、经济核算及财务管理制度、生活福利工作管理制度、劳资人事管理制度、奖惩制度等,这些成文的制度与某些不成文的厂规厂法,对组织员工思想和行为起着约束作用。

(2) 责任制度。这是指组织内各级组织、各类人员工作的权力及责任制度,其目的是使每个员工、每个部门都有明确的分工和职责,使整个组织能够分工协作,井然有序地、高效率地工作。主要包括领导干部责任制、各职能机构及职能人员责任制,以及员工岗位责任制等。

(3) 特殊制度。这主要是指组织的非程序化制度,如员工民主评议干部制度、干部走访制度、员工与干部对话制度、庆功会制度等。

(4) 特殊风俗。组织特有的典礼、仪式、特色活动,如生日晚会、周末午餐会、厂庆活动、内部节日等。

3. 精神文化层

精神文化是组织文化的核心层。它主要包括组织的价值观念、管理理念、组织(企业)精神和组织道德及教育等。精神文化层是组织文化的最深层结构,是组织文化的核心和灵魂,是形成组织文化的物质层和制度层的基础和原因。组织文化中有没有精神层是衡量一个组织是否形成了自己的组织文化的主要标志和标准。组织文化的精神层包括以下五个方面:

(1) 组织经营哲学。它是组织领导者为实现组织目标在整个生产经营管理活动中的基本信念、生产经营方针、发展战略和策略的哲学思考。组织经营哲学的形成首先是由组织所处的社会经济制度及周围环境等客观因素所决定的,同时也受组织领导人人文修养、科学知识、实践经验、思想方法、工作作风及性格等主观因素的影响。组织经营哲学是在长期组织活动中自觉形成的,并为全体员工所认可和接受,具有相对的稳定性。

(2) 组织精神。它是组织有意识地在员工群体中倡导、培养的优秀价值观和良好精神风貌,是对组织现有的观念意识、传统习俗、行为方式中的积极因素进行提炼及总结的结果,是全体员工有意识地实践所体现出来的。因此,组织文化是组织精神的源泉,组织精神是组织文化的集中于具体体现,也是组织文化发展到一定阶段的产物。

(3) 组织风气。它是组织文化的外在表现,是组织及其成员在长期活动中逐步形成的一种精神状态与精神风貌,如厂风、校风等。组织文化是组织风气的本质内涵,人们总是通过组织全体成员的言行举止感受到组织的独特风气,又透过组织风气体会到全体成员共同遵循的价值观念,从而深刻地感受到该组织的组织文化。组织风气是约定俗成的行为规范,是组织文化在员工的思想作风、传统习惯、工作方式、生活方式等方面的综合反映。组织风气一旦形成就在组织造成一定的氛围,并形成组织心理的定势,形成集体多数成员一致的态度和共同行为方式,因而成为影响全体成员的无形的巨大力量。

(4) 组织目标。它是组织生产经营发展战略的核心。有了明确的组织目标,就可以发动群众,提高广大员工的主动性、积极性、创造性,使员工将自己的岗位工作与实现组织目标联系起来,这样组织的管理工作就有了坚实的基础。因此,组织目标是成员凝聚力的焦点,是组织共同价值观的集中表现,也是对员工考核和奖惩的主要标准,同时又是组织文化建设的出发点和归宿。组织长远目标的设置是防止其出现短期行为的有效手段。

(5) 组织道德。道德指人们共同生活及其行为的准则和规范;组织道德(含职业与社会道德)是指组织内部调整人与人、单位与单位、个人与集体、个人与社会、组织与社会之间关系的准则和规范。

(三) 组织文化的特性

文化是由人类创造的不同形态的特质所构成的复合体。组织文化作为一个子系统文化,由于各个组织在行业特点、历史传统、人员素质、文化层次及面临的社会环境和文化背景等各方面的差异,其所具有的功能、担负的责任、所要达到的目是不同的。因此,组织文化内容非常丰富,但也有一些共同的特性。

(1) 民族性。民族文化是组织文化的根基,组织文化包容于民族文化之中。组织文化的形成不可避免地受到民族文化的影响,在组织成员的身上必然表现出共同的民族心理和精神气质。民族文化对组织成员的影响要大于组织文化。

(2) 无形与有形性。组织文化所包含的共同理想、价值观念和行为准则是作为一个群体心理定势及氛围存在于组织成员中的。在精神文化的影响下,组织成员会自觉地按组织的共同价值观及行为准则去从事社会活动。这种作用是潜移默化的、无形的。但作为组织文化载体的物质文化、制度文化又是有形的。

(3) 软约束性。组织文化对组织管理起作用,不是靠规章制度的硬手段,而主要是靠核心价值观对成员的熏陶、感染和诱导,使成员产生对组织目标、行为准则和价值观念的认同,自觉地按照组织的共同价值观念和行为准则去活动。对于违反了组织文化的行为,组织会通过规劝、教育说服成员服从组织文化,否则他会受到群体意识的谴责和排斥、从而产生失落感、挫折感,严重的甚至会离开组织。

(4) 连续性。组织文化与组织长期的发展历史相联系,具有一定的组织联系性与连续性,能长期对组织的成员产生影响,不会因为组织发展过程中遇到环境变化或人员变化而变化。

(5) 创新性。组织文化总是在适应环境的过程中不断充实和创新的。否则,过时的、封闭僵化的组织文化会导致组织在竞争中失败。唯有创新,组织文化才有旺盛的生命力。

(四) 组织文化的作用

1. 行为导向作用

组织的目标就是组织发展的灯塔,也是组织成员行为的航标。组织文化作为组织成员共同的价值观念,对组织成员具有强烈的感召力,能把组织成员的行为引导到组织的目标上来。让成员明白组织提倡什么,明确自己该做什么,最终引导成员去实现组织的目标。

2. 行为激励作用

激励就是激发士气、鼓励干劲。简单地说,就是调动人的积极性。组织文化建立了一种精神目标和支柱,使组织成员在共同价值观念的指引下,受到鼓舞,齐心协力,团结进取。这种在精神层面形成的激励机制,是在组织成员认同的基础上,外部和内部激励结合的结果。它能使组织成员在满足于物质激励的同时,获得工作的满足感、成就感和荣誉感,从而产生深刻而持久的激励作用。

3. 行为协调作用

在一个特定的组织文化氛围中,组织文化被成员理所当然地认为是必须遵守的无形准绳和隐含的规则。组织文化引导和塑造员工的态度和行为,不同于外部的强制机制,是通过员工的自身感受而产生认同的心理过程而实现的。这种自律意识的影响作用比权威、命令的效力更大。组织文化的发展能使组织成员对组织产生集体认同感,产生巨大的整合作用,形成组织对成员的吸引力和成员对组织的向心力。组织可以通过这种认同感的培养,使组织成员通过自身的感受,产生对本组织员工工作的"自豪感"和对组织的"归属感",使成员乐于参与组织的事务,发挥各自的潜能,协调一致地与组织同甘苦共命运。

4. 社会辐射作用

组织文化能塑造组织良好的形象,不仅可以激发组织成员对本组织的自豪感、责任感,而且还会对社会公众产生一定的影响。组织文化的建立、组织形象的树立在提高本组织知名度的同时,也在向外界展示本组织的优势形象、特点和内涵,也构成了社会文化的一部分,具有强大的社会辐射作用。

当然,过时与僵化的组织文化也存在消极作用。主要表现在三个方面:① 是对组织变革的负面影响。在组织环境发生了很大变化的情况下,过时的组织文化往往成为组织发展变革的束缚。这时越强大而稳定的组织文化对组织的阻碍越大。② 是对创新性的障碍。传统组织文化过于强调统一的价值观、生活方式,强调新成员服从组织文化,这不利于组织成员自身个性的多样化发展和创新能力的开发。③ 是对兼并重组的影响。两个有着独立组织文化的组织兼并重组时,不得不面临文化融合、文化沟通的难题。如果新的组织文化同原有的组织文化产生太大的冲突和摩擦,有可能导致兼并重组的失败。

二、组织文化建设

(一) 组织文化建设的内涵与外延①

任何一个组织,随着其生长发展和历史的延续,总会形成一些共同的价值准则、基本信念和行为规范,形成区别于其他组织的独特的组织哲学、组织精神、道德准则和组织风气,亦即形成自己独特的组织文化,形成独特的内部"小气候"。组织文化建设,就是指组织的领导者有意识地培育优良文化、克服不良文化的过程。这一过程也称为组织的"软管理"。

组织文化的外延:包括经营文化(含公关、广告与信息文化)、管理文化、教育文化、科技文化、精神文化(含政治、思想、道德等)、娱乐文化以及各种文化活动。

组织(企业)文化的内涵:包括组织(企业)的经营观念、企业精神、价值观、企业文化行为、企业形象、企业文化素质以及全体员工对企业的责任感、荣誉感、归属感等。因此,组织文化建设的实质是强化组织(企业)精神理念、企业文化行为、企业形象的塑造与评估,以及企业文化素质(员工素质)的提高与增强。

(二) 组织文化建设的步骤

组织文化的建设往往要经历六个步骤,(如图9-1)。

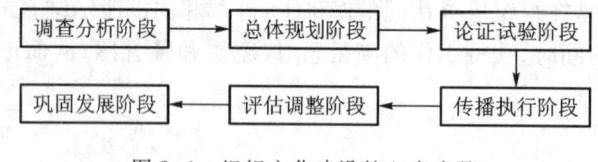

图 9-1 组织文化建设的六个步骤

(1) 调查分析阶段。该阶段旨在客观、全面、准确地了解和反馈现有组织文化状况、组织成员的心态和舆论等,为建立与创新组织文化提供依据。调查分析的主要内容为:组织文化发展历史;组织文化发展的"硬件"和"软件"状况以及发展机制;组织文化发展环境分析;组织成员的素

---

① 程正方主编:现代管理心理学(第4版),北京师范大学出版社,2009年版,第367页。

质分析和组织文化发展战略以及组织价值观的调查分析等。

（2）总体规划阶段。该阶段旨在增强组织文化工作的计划性和建立组织文化目的性与有效性。需要在尊重客观事实的基础上，综合平衡全面性与重点性、计划性与灵活性、独创性与连续性等关系，完成以下基本内容：拟定建立组织文化的目标和指导思想；提出准确的组织文化价值观；提出以组织价值观为中心的组织精神、哲学、理念等；依据组织战略目标，明确物质文化要达到的目标提出切实可行的行为文化方案；提出对现有组织文化的评价和继承部分最后拟订组织文化建立的总体方案。

（3）论证试验阶段。该阶段旨在验证上述工作的可行性，了解各方面对拟订方案的认可和支持程度，及时发现并修改其中不合理部分，完善方案，减少盲目性。此阶段应坚持"从群众中来，到群众中去的工作路线，完成以下工作内容：把总体规划通过恰当渠道"上情下达"，接受检验，并通过多种方式收集反馈信息；确定试验区域，实地调查并记录数据；分析信息数据，归纳总结有意义的"闪光点"，修改总体规划中不切实际的内容，再一次论证试验修正后的规划，直到大多数组织成员认可为止。

（4）传播执行阶段。该阶段是建立组织文化的中心环节，是将规划变成现实，解决旧问题建立新文化的阶段。该阶段的主要工作内容有：利用各种媒介和方式加强宣传，把总体规划传达到个人及时收集整理反馈信息，有针对性地开展教育解释，重新传播规划；建立专门的组织机构，协调工作，解决执行中的问题；建立或疏通组织文化倡导者、执行者和接受者之间的信息通道，双向沟通，引导舆论走向；扶正祛邪，及时克服传播障碍和执行障碍。

（5）评估调整阶段。该阶段旨在对组织文化总体规划及执行效果进行测量、检查与评估，找准问题，调整偏差。其主要工作内容为：建立评估的指标体系和参照系；全面收集相关信息，把握真实状况比较规划与现实的差异，分析原因，确定调整对象；有针对性的拟订调整措施并付诸实施。

（6）巩固发展阶段。该阶段的工作重点是在已经建立的组织文化基础上，采用切实有效的多种途径和措施，从精神层面、制度层面和物质层面等多层面贯彻和渗透组织文化，稳定和巩固已经取得的成果，进一步突出和弘扬组织文化个性，并以此推动组织的发展，在组织的进取发展中使组织文化走向成熟。

（三）组织文化建设的原则

组织文化在一定历史时期，反映了这个时期社会经济形态中组织活动的需要。组织文化除了随着社会文明进步的程度发展的一个方面，还有组织领导者特意培养造就的另一方面。一般应遵循以下指导原则：

（1）目标原则。组织行为是有目标的活动，组织文化必须把组织目标明确地反映出来，使每个员工都明确他们的工作是与这一目标相联系的。他们会感到自己的工作意义重大，并且使"自我实现"的需要可以得到满足。领导者的任务就是把这一有价值的目标分解到每个员工身上，激发他们内在的主观能动性。

（2）价值原则。组织文化要体现共同的价值观念，体现组织中全体员工的信仰、行为准则和道德规范。每一个员工都应该自觉把自己的行为与这些准则和规范联系起来，使之成为整体的力量，从而提高组织活动的绩效。

（3）卓越原则。要求组织具有开拓性与追求卓越的精神，永不自满，不断攀登新的高峰。成功的公司是不把经验当成包袱的。在他们的信念中,今天所做的事,到明天可能就会变成不合适的事了,要根据变化做出相应的调整。一个组织的活力最重要的标志是创造精神。组织者应该使下级和全体员工不满足他们已经取得的成绩,并且为他们创造一个良好的环境,发挥他们创造才能。领导者自己也应该有追求卓越的精神,时时向自己提出更高的目标。

（4）参与原则。就是希望员工参与组织的管理和决策,加强领导者和被领者之间的思想沟通。同时,吸收来自各方面的经验和智慧,调动各方面的积极性。

（5）成效激励原则。组织成员的每项成就都应当得到组织和领导者的肯定和鼓励。成效激励原则是把员工的利益与工作的成绩联系起来。如员工的工资可以按工作的成绩来支付,而不是按权力和资历来定。以成绩作为衡量工作的标准,是组织文化中激励员工的一个原则。组织要运用这个统一的标准去促进员工努力工作,提高工作成效。

（6）亲密原则。亲密原则是组织中领导者和被领导者、上级和下级之间应该建立起亲密感,互相得到真诚的关切和尊重,彼此信任和体谅。因为每个员工都有情谊、友爱、和睦相处的需要。友好相处,交朋友和亲和气氛应该从亲密关系中体现出来。在一个组织中,这种亲密感就像一根无形的线把组织成员串联为一个整体,共同关心组织活动的绩效。

（7）诚信正直原则。组织成员尤其是各级领导者要诚实,做到前后一致、言行一致、表里一致。组织者要使组织目标得以实现,必须取得下属的支持。诚信正直的精神是最富有人格的说服力,能鼓舞员工,激发他们的干劲。未来的领导者拥有传统的指挥权将越来越有限,领导必须依靠他们人格的力量,通过鼓舞和引导来强化他们的号召力。

（8）环境适宜原则。现代组织文化要有一个适宜的环境,这里主要指的是组织内部的文化环境。同时,组织要根据实际情况,为组织成员提供一个能够发挥每个人才能的局部环境。由这样的局部环境构成一个活泼向上的整体文化环境是组织文化建设的基础。不同的组织应根据具体情况,营造不同的文化环境。

（四）组织文化建设的心理机制

组织文化构成了组织内部的心理环境,有力地影响和制约着组织成员的理想和追求、道德、感情和行为,发挥着凝聚、规范、导向等作用。组织的领导者,既是组织活动的中心,又是组织文化建设的倡导者。怎样使领导者的追求变成全体员工的共同追求,使领导者的价值观念变成全体员工共同信奉的价值观念,使领导者提倡的行为准则变成全体员工自觉接受的行为准则。关键在于领导者按照人的心理规律,采取相应措施,创造适宜的心理环境,使全体员工在感染熏陶中达成共识。在塑造组织文化时应遵循以下心理机制:

1. 注意心理定势

心理定势即指前面心理活动的经验,对于随后进行的心理活动反应有习惯化与倾向性影响。如对新员工、新干部的培训上,心理定势作用十分突出。培训,不仅要提高他们的业务能力,更主要的是把组织已形成的经营哲学、战略目标、价值观念、行为准则、道德规范,以及组织的优良传统,系统而详细地介绍给他们,并通过讨论、总结、实习,加深理解,入脑入心。这样,从他们成为新员工、新干部的第一天起,就形成了与组织文化相协调的心理定势,以对其今后的行为发挥指导和制约作用。另外,对老企业的转型改造过程中,相应地要更新和改造原有的企业文化,首先要打破传统文化的心理定势,建立新组织文化的心理定势。随着企业从生产型向经营型转变,其经营哲学、战略目标、价值观念和行为规范也必须相应地加以改变。事实证明,观念的转变绝非易事,企业的主要负责人应率先转变观念,然后通过参观、学习、培训等多种方式,组织各级干部和全体员工理解和掌握新的企业文化,形成新的心理定势。

2. 重视心理强化

重视心理强化就是及时表扬或奖励与组织文化相一致的思想和行为,及时批评或惩罚与组织文化相违背的思想和行为,使奖励或惩罚尽量成为组织精神的载体,使组织精神变成可见的、可感的、现实性的因素。许多工厂制定的厂规厂纪,以及开展诸如立功活动、五好评比活动、双文明标兵活动等,都发挥了良好的心理强化作用。选择和确立了组织价值观和组织文化模式后,就应把基本认可的方案通过一定的强化灌输使其深入人心。

3. 利用从众心理

从众是在群体影响下不知不觉地与大家保持行为一致的社会心理现象。从众的前提是实际存在或想象存在的群体压力,它不同于行政压力,不具有直接的强制性或威胁性。一般来讲,重视社会评价、社会舆论的人,情绪敏感、顾虑重重的人,文化水平较低的人,性格随和的人以及独立性差的人,从众心理较强。在组织文化建设中,一方面组织领导者应该运用一切舆论工具,大力宣传本组织的组织文化,同时发挥管理者和英雄模范人物的示范带头作用,形成潮流和声势,主动利用从众心理促成全体员工行动上的一致。一旦这种行动一致的局面初步形成,对个别后进员工就构成一种群体压力,促使他们改变初衷,与大多数员工一致起来。这就实现了组织文化建设所需要的舆论与行动的良性循环。另一方面,对于组织中局部存在的不正之风、不良风气、不正确的舆论采取措施,教育组织员工分清是非,防止消极从众行为的发生。

4. 培养认同心理

认同是指个体将自己和另一个对象视为等同,引为同类,从而产生彼此密不可分的整体性的认知。初步的认同处于认知层次上,较深入的认同处于情感认同的层次,完全的认同则含有知情意行的成分。个体对他人、群体、组织的认同,使个体与这些对象融为一体,休戚与共。为了建设优良的组织文化,组织领导者与组织文化必须取得全体员工的认同。员工对组织领导者的认同感一旦产生,就会心甘情愿地把他所倡导的价值观念、行为规范,当做自己的价值观念、行为规范,从而有助于形成所期望的组织文化。另外,员工对组织的认同感需要培养。为此,组织领导者充分尊重员工的人格和权益,尽量使组织目标与个人目标协调一致,使员工正确、深刻地认识到这种利益上的一致性。久而久之,全体员工就会树立"厂兴我荣,厂衰我耻"的观念,形成个人与组织共命运的主人翁责任感,这正是一切优良组织文化的真正基础。还有,组织认同感的最高表现形式,是对组织的光荣感和自豪感。为了培养这些积极的感情,一些企业开展了撰写厂史、设计厂标、设置口号标语、创作厂歌、制作厂徽、厂服、厂旗等活动。当然,更重要的措施,是把企业的名牌产品、企业在社会上的良好形象,社会各界对企业产品和服务质量的良好评价,及时地反馈给全体员工,激发全体员工的集体荣誉感和自豪感。对组织充满光荣感和自豪感的员工,必定对组织充满着热爱之情,总是站在组织发展的角度思考和行事,自觉地维护组织的好传统、好作风,使优秀的组织文化不断发展和完善,这是主人翁责任感的升华。

5. 激发模仿心理

模仿指个人受到社会刺激后而引起的一种按照别人行为的相似方式行动的倾向,它是社会生活中的一种常见的学习与人际互动现象。模仿是形成良好组织文化的一个重要的心理机制。组织中的模范人物、英雄人物,是优秀组织文化的人格化代表。全体员工对他们由钦佩、爱戴到模仿,也就是对组织文化的认同和实践的过程。身教胜于言教,作为组织文化的倡导者,领导者的一言一行都起着暗示和榜样模仿的作用。另外,大力表彰劳动模范、先进工作者、技术革新能手、精神文明标兵、双增双节标兵、优秀党员、模范干部,使他们的先进事迹及其体现的组织文化精神深入人心.就可以在全体员工中激发起模仿心理,掀起学先进、赶先进的热潮,这也是组织文化建设的有效途径。当然,树标兵应实事求是,力戒拔高作假,否则将适得其反。

6. 化解挫折心理

在组织的各项活动中,上级与下级之间、同事之间总会发生一些矛盾和冲突,干部和员工总会在工作和生活中遇到各种困难和逆境。这时,他们就可能产生挫折心理,轻者不利于优良组织文化的形成,重者还可能发生"康士富连跳"事件。如何化解员工出现的挫折心理,是组织文化建设中应该注意的问题。日本松下电器公司下属的各个企业,都有被称为"出气室"的"精神健康室"。当一个牢骚满腔的人走进"出气室"后,首先看到的是一排哈哈镜,逗人哈哈大笑一番后,接着出现的是几个象征经理、老板的橡皮塑像端坐在那里,旁边放着数根木棍。如果来者怨气仍未消尽,可操起木棍把"老板"痛打一顿。最后是恳谈室,室内职员以极其热情的态度询问来者有什么不满或困难,耐心倾听他们的意见和建议。为了化解员工可能出现的挫折心理,我们不必照抄日本松下公司的做法,但可以借鉴他们重视员工心理保健的管理思想。我们的组织领导者,可以发挥我国思想工作深入细致的优势,通过家访、谈心、党团组织生活、工会与职工代表会议等环节,向各级领导提出建议和批评。也可在员工之间展开沟通、EAP(员工支持)、心理咨询等活动,解决矛盾,化解挫折心理,为组织文化建设创造和谐舒畅的心理环境。只要根据本组织实际情况,综合运用上述各种心理机制,我国组织文化建设就可以日益深入地开展起来,发挥出应有的巨大作用。

第二节 组织形象评估与 CI 战略

一、组织形象的评估

(一) 组织形象概念

所谓组织形象,就是组织成员与社会公众对组织综合评价后所形成的总体印象。就如同谈到麦当劳,我们就会想起那金黄色的 M 形拱门;谈到芝加哥公牛队,球迷就会想起飞人乔丹;谈到国际红十字会,我们便会想到救死扶伤的人道主义精神。这些都是组织形象的重要内容、重要表现。组织形象包括的内容很多,如组织精神、价值观念、行为规范、道德准则、经营作风、管理水平、人才实力、经济效益、福利待遇等,组织形象是这些要素的综合反映。

(二) 组织形象的特征

1. 整体性

组织形象是一个有机的整体,是由组织内部诸多因素共同作用的结果。有公众容易感知的产品质量、功能、色彩、包装;有组织的标志(组织标志和商标)、服装、旗帜、厂房、店面;有公众不太容易感受到的组织员工的素质、行为规范、风俗习惯;还有一些看不见、摸不着,因而公众最不容易感受到的组织目标、宗旨、精神、风气等。这些看似复杂的因素之间有着内在的必然联系,相互依存、互为条件,决定了组织形象是一个具有很强系统性的整体。当然,对有些组织而言,可能会因某一方面的形象比较突出,进而掩盖其他方面的形象,导致组织形象的片面性或不完整性。这就要求组织要认真对待每一个方面、每一个环节,从而在公众心目中形成良好的总体印象。

2. 主观性

组织形象是成员与公众对组织的意见或看法,因而是一种主观性的东西。因为成员与社会公众本身具有差异性,他们的社会地位、价值观念、思维方式、认识能力、审美标准、生活经历等各不相同,他们观察组织的角度、审视组织的时空维度也不相同,这样社会公众对同一组织及其行为的认识和评价就必定有所不同,"公说公有理,婆说婆有理"就是这个道理。此外,在形象塑造和传播过程中,必然要发挥组织员工的主观能动性,渗透企业员工的思想、观念和心理色彩,因此,组织形象是主观的。

3. 客观性

形象是一种观念,是人的主观意识,但观念的反映对象却是客观的,也就是说组织形象所赖以形成的物质载体(建筑物、产品、成员与活动等)都是客观的,实实在在的。所以组织形象作为客观事物的反映,不能在虚幻的基础上构筑组织形象。组织形象是公众的意见或看法,这个公众不是单个的人或少数群众组织,而是一个公众的集合。个人的意见是主观的、可变的,但作为一个整体的公众的或大多数公众的意见则是客观的。虽然大多数人也可能被误导或因其他原因而产生错误看法,但这也正是公关状态的一种反映。如果不从整体公众来理解组织形象,便无法形成组织形象。

4. 动态性

由于组织的生产经营情况、构成公众的人群、信息传播所借助的媒介渠道等决定组织形象的因素总是处于发展变化之中,因此组织形象也是运动的,而不是静止不变的,这就是动态性的第一层含义。主导形象和辅助形象,以及内在形象和外在形象,它们作为组织形象的组成部分也不是固定不变的,而是相互间处于矛盾运动之中,在一定条件下还能相互转化,这就是动态性的第二层含义。因此组织要能不断给人一种兴旺发达、适应形势、生机勃勃的印象,使公众及时摆脱陈旧感,树立新颖感。

5. 相对稳定性

组织形象不是凭空想出来的,其产生、更新和发展是一个连续的过程,在一段时间内它又是相对稳定的、静态的。当社会公众对组织产生一定的认识和看法以后,一般会保持一段时间,而不会轻易改变或消失,这就是组织形象的相对稳定性。要在公众心中留下一个印象并不容易,特别是在当今产品众多、广告泛滥的年代;然而,要改变一种产品或一个组织在公众心目中的形象就更难了。组织形象的这种相对稳定性可能会产生两种结果,其一是组织因良好形象被维持而受益;其二是组织因不良形象难以改变而受损。当然形象不是一成不变的,但要改变一种已经形成的形象总是不容易的。

(三) 组织形象的功能

1. 规范与导向功能

组织形象是把组织的价值观念和行为规范加以确立,为组织自身的生存和发展树立一面旗帜,向全体员工发出一种号召。这种号召一经广大员工的认可、接受和拥护,就会产生巨大的规范与导向作用。像美国 IBM 公司提出"IBM 意味着最佳服务",日产公司强调的"品不正在于心不正",德尔塔航空公司倡导的"亲和一家"等等,都是在教育、引导、规范着员工的言行、态度,让他们在尽善尽美的工作中注意把自己的形象与组织的形象联系起来,使本组织成为世界一流的组织。

2. 凝聚与整合功能

组织形象确立的共同价值观和信念,就像一种高强度的理性黏合剂,将组织全体员工紧紧地凝聚在一起,形成"命运共同体",产生"集体安全感",使组织内部上下左右"心往一处想,劲往一处使",成为一个协调和谐、配合默契的高效能的集体。

3. 激励功能

良好的组织形象可以使组织内部的员工产生一种荣誉感和自豪感。这种心理可以让员工保持一种士气高昂、奋发进取的精神状态。因为每个人都有被尊重的需要,希望得到他人的尊重与羡慕。因此,当员工在与别人谈起"值得骄傲"的组织时,那种对组织的热情与爱戴就不言而喻了。这种对组织的认同与热爱会产生强烈的动力作用,诱导并激励员工的工作热情和积极性。

4. 辐射功能

组织形象的建立,不仅对内有着极大的凝聚、规范、号召、激励作用,而且能对外辐射、扩散,在一定范围内对其他的组织乃至整个社会产生重大影响。像我国20世纪60年代的"铁人精神"以及在日本企业界经常听到的"松下人"、"丰田人"等说法,都是组织形象对外辐射的典型范例。

(四) 组织形象的评估

对于一般人而言,评论一个组织的组织形象,用"较好"、"一般"、"较差"这样的描述性语言就够了。但对于组织管理人员和这方面的理论研究人员,定性的评价是远远不够的,必须有一个比较科学的、客观的评价指标体系。这里,我们简单介绍日、美等国通行的对企业形象评价办法,即从企业认知度、广告接触度和评价度三个指标对企业形象进行度量。

1. 认知度

认知度即公众对企业的整体认识和了解程度。简单的计算方法是:将公众中对企业的认知情况分为"完全了解"、"基本了解"、"了解一点"、"只知道"、"完全不了解"五个等级,每个等级的加权系数分别规定为4、3、2、1、0;经过调查,可以获得处于每一等级的人数占被调查公众总数的百分比 a_1、a_2、a_3、a_4 和 a_5,再由下述公式可计算出认知度 K 的数值($K = 4 \times a_1 + 3 \times a_2 + 2 \times a_3 + 1 \times a_4 + 0 \times a_5$)。显然 K 的最大值为4,最小值是0。而实际上,企业认知度只可能是0~4之间的某个数,当然数值越大,说明某企业的认知度越高,反之越低。

2. 广告接触度

广告接触度即公众看到企业广告的经常性程度。其计算方法和公式与认知度相似,即:($A = (3 \times b_1 + 2 \times b_2 + 1 \times b_3 + 0 \times b_4)/3$)。其中,$A$ 代表广告接触度,b_1、b_2、b_3、b_4 分别表示某企业的广告被"经常看到"、"有时看到"、"偶尔看到"、"从未看到"的公众百分比,它们前面的数字是加权值。之所以将广告接触度作为衡量企业形象的指标,是因为广告是树立企业形象是最常用、最直接的手段之一,企业的广告数量和质量与销售额有直接关系,对企业形象有决定性的影响。一般地,在一定限度内,广告投入越多,广告接触度越高。但值得注意的是,广告投入超过一定限度(一般是50%)以后,广告接触度的增长率会逐步降低,当 A 值超过90%以后,按照原有的广告形式增加投入,A 值将几乎不会再增加。这就是所谓的"广告边际效益递减"原则。

3. 评价度

评价度即通过对企业若干项目因素的问卷调查,得到综合评价、交易评价、感性评价三方面指标,作为衡量企业形象的尺度。这一方法可以直接得到企业形象的评价等级,但具体应用非常复杂。

二、CI 战略

多年风行西方的 CI 战略以企业形象战略为核心的企业识别系统被称为当代工业社会"最时髦的竞争战略"。该战略设计可以帮助企业树立产品形象、企业形象、制定营销战略,提高消费者对企业的认识程度,已成为许多企业逐鹿市场的新型竞争战略,在市场经济中扮演着越来越重要的角色。

(一) CI 与 CIS 的概念

CI 是英文 Corporate Identity 的缩写,一般中文直译为"企业识别";CIS 是英文 Corporate Identity System 的简称或者缩写,则译为"企业识别系统",或者"企业形象战略"。CIS 被定义为:将企业经营理念与精神文化,运用整体传达系统(特别是视觉传达系统)传达给企业内部与大众,并使其对企业生产一致的认同感或价值观,从而达到形成良好的企业形象和促销产品的设计系统。

CIS 由企业理念识别(Mind Identity,简称 MI、行为识别(Behavior Identity,简称 BI)和视觉识别(Visual Identity,简称 VI)三个系统构成:① MI——理念识别或策略识别,它是指企业经营过程中的经营理念、经营信条、企业使命、企业目标、企业精神、企业哲学、企业文化、座右铭和经营战略的统一化。属于企业文化的意识形态范畴。② BI——企业行为识别或企业活动识别,是企业实际经营理念与创造企业文化的准则,对企业运作方式所作的统一规划而形成的动态识别形态。它是由组织及组织成员在内部和对外的生产经营管理及非生产经营管理活动中表现出来的员工素质、企业制度、行为规范等。内部行为包括员工招聘、培训、管理、考核、奖惩,各项管理制度、责任制度的制定和执行,组织的风俗习惯等;对外行为包括采购、销售、广告、金融、公益等公共关系活动。③ VI——企业的视觉识别,它是指纯属视觉信息传递的各种形式的统一,它是具体化、视觉化的传递形式,是 CIS 中分列项目最多、层面最广、效果最直接地向社会传递信息的部分。视觉识别系统分为基本要素系统和应用要素系统两方面。基本要素系统主要包括:企业名称、企业标志、标准字、标准色、象征图案、宣传口语、市场行销报告书等。应用系统主要包括:办公事务用品、生产设备、建筑环境、产品包装、广告媒体、交通工具、衣着制服、旗帜、招牌、标识牌、橱窗、陈列展示等。视觉识别(VI)在 CIS 系统中最具有传播力和感染力,最容易被社会大众所接受,据有主导的地位。

企业识别系统是企业理念识别、行为识别和视觉识别三者的统一体,是企业的整体经营战略,是全新的、全方位的企业公共关系战略措施,是现代化企业与公众沟通最有效的手段。MI、BI、VI 三者相互推动,带动企业经营的发展,塑造企业独特的形象。

在企业识别系统结构中,理念识别是 CIS 的基础和基本的精神所在,是企业在长期发展过程中形成的,具有独特个性的价值体系,是企业宝贵的精神资产,是企业不断成长的根本驱动力。它决定着企业的差别,左右着企业的素质,更在相当程度上影响企业的市场定位,是最深层次、最核心的部分,它决定行为识别和视觉识别。行为识别是在理念指导下逐渐培育起来的企业全体员工自觉的行为方式和工作方法,也可以说是行为活动的动态形式,直接显示理论识别的内涵。

它介于理念识别和视觉识别二者之间,既是理念识别的延伸和载体,又是视觉识别的条件和基础。视觉识别是企业所独有的一整套识别标志,是最外在、最直观的部分,它和行为识别都是理念识别的载体和外化。如果将企业识别系统比做一棵树,理念识别好比是这棵树的根,行为识别是这棵树的枝,视觉识别则是这棵树郁郁葱葱的叶子。三者共为一体,不可分离。

(二) CIS 的功能

CIS 企业识别系统是企业在经营环境中设计和塑造企业形象的有力手段。其主要功能是通过传播媒介使企业本身和外界所共同承认的"存在意义"和其应有的态度作整体性的传达,以获得社会公众的认同,从而树立良好的企业形象,最终目的则是为企业带来更好的经营效果。其具体功能有如下几个方面:

(1) 管理功能。在开发和导入 CIS 的进程中,企业最终应当制订推进手册,作为企业内部"宪法"让企业全体职工共同遵守执行。这样才能保证企业识别的统一性和权威性。通过总结和提升企业的历史、信仰、所有权、技术、人员素质和战略规划,从而确定企业与众不同的身份,保证企业自觉朝着正确的发展方向进行有效的管理,从而增强企业的实力,提高企业的经济效益和社会效益。

(2) 识别功能。CIS 的开发和导入,能够促使企业产品与其他同类产品区别开来。如今,各企业的产品品质、性能、外观、促销手段已趋类同,唯有树立起特有的、良好的企业形象,从而提高企业产品的非品质的导入竞争力,才能在市场竞争中脱颖而出,独树一帜,取得独一无二的市场定位。这样有利于在消费者心目中取得认同,建立起品牌的偏好和信心。

(3) 协调功能。企业有了良好 CIS,可以加强员工的归属感和向心力,齐心协力为企业的美好未来而效力。也就是说它可以将全体员工统合在一起,形成一股实力强大的竞争群体,发挥出群体的效应。

(4) 应变功能。在瞬息万变的市场环境中,企业要随机应变。"变"是绝对的,不变(稳定性)是相对的。企业导入 CIS 能促使企业商标具有足够的应变能力,同一商标可以随市场变化和产品更新应用于各种不同的产品。如日本索尼公司的著名商标"SONY",同时拥有电视机、摄影机、音响设备等多种商品。

(5) 传播功能。CIS 的导入和开发,能够保证信息传播的同一性和一致性,并使传播更经济有效。CIS 的建立,各关系企业或企业各部门可遵循统一的设计形式,应用在所谓的设计项目上,一方面可以收到统一的视觉识别效果;另一方面可以节约制作成本,减少设计时无谓的浪费。尤其是编制标准手册之后,在 CIS 运作过程中,统一性与系统性的视觉要素计划,可加强信息传播的频率和强度,产生倍增的传播效果。如深圳麦当劳分店,其广告费用甚少但生意兴隆,很大程度上得益于麦当劳系统的世界性宣传。

(6) 文化教育功能。一个企业导入 CIS,应当最大限度地发挥其文化功能,使企业处在一种最佳的生存环境之中。具体说:一是增强文化整合功能,增强企业的整体性、统一性和凝聚力,使企业运转有序,协调统一;二是文化导向功能,推动企业的进步发展,包括提供知识更新认知,为企业吸收最新的理论、科学、技术,协调企业的工程管理,提高企业管理水平。

(三) CIS 设计是组织文化建设的重要内容

1. CIS 设计制定了目标组织文化模式

组织文化的建设和更新,建立在充分认识分析现实组织文化的基础上,并要根据社会发展要求和组织的发展战略制定出目标组织文化模式,作为今后建设和努力的方向。而 CIS 设计的关键步骤就是要设计出包括组织目标、组织哲学、组织宗旨、组织精神、组织道德、组织风气在内的组织理念——即目标组织文化的精神层的全部要素,并以此为指导设计组织的行为形象、视觉形象——即目标组织文化的制度层和物质层的内容,其结果便是形成了完整的目标组织文化模式。

2. CIS 的内部实施过程是组织文化的建设过程

组织文化作为微观的文化气氛,构成组织内部的心理环境,有力地影响和制约组织管理者和员工的理想、追求、道德、感情和行为,发挥着凝聚、规范、激励和导向作用。而 CIS 在组织内部的发表到实施的过程,就是组织理念被员工接受、组织制度和行为规范被员工遵守、组织视觉形象被员工认同的过程——即组织内部建设组织文化的过程。

3. CIS 的对外实施是组织文化辐射作用的体现

组织文化塑造着组织形象。优良的组织形象是组织成功的标志之一:内部形象可以激发全体员工对本组织的自豪感、责任感和崇尚心理,外部形象则能够更深刻地反映组织文化的特点和内涵。组织形象通过组织活动必然对本地区,乃至国内外组织文化的发展有积极的推动作用。这种对社会的影响就是组织文化的辐射作用,组织 CIS 战略的实施就是辐射作用的贯彻和体现。

(四) CIS 设计与导入的步骤

CIS 的设计与导入有许多工作要做,根据它们内在的逻辑联系,可以把诸多的工作内容概括为六个大的步骤,其先后顺序依次是:

(1) 提出 CIS 计划。这是导入 CIS 的前提,无论是谁(企业领导者、企业顾问或其他人士)提出,最终都要使得企业最高领导者对 CIS 有所了解并对企业内外环境有正确的认识。导入 CIS 不是一个盲目的举动,而是为了解决企业目前或将来会遇到的问题,例如:企业名称陈旧、形象老化,企业形象与产品形象或业务领域不符,企业业务或市场环境有重大变化,与同行企业相比缺乏形象竞争力、公众认知度较差,等等。提出 CIS 计划一般要形成书面的"CIS 导入企划案",它主要包括目的、理由和背景、计划方针、施行细则、导入计划、实施的组织、费用预算。针对"企划案",企业一般要组织管理人员、咨询人员、员工代表进行论证,论证通过以后,CIS 计划的提出即结束,转入下一阶段。

(2) 调查与分析。通过调查研究,找到企业问题的关键所在,是成功实施 CIS 的保证。调查内容主要是企业现状和企业形象两方面。企业现状也称企业实态,既包括产品品种、质量、包装、市场占有率、服务水平、研发情况、利税、财务、广告,也包括企业文化精神层、员工满意度、内部和外部信息传递形式、团体和人际关系,当然还有企业的名称、商标、标准字、环境等。企业形象方面的调查除企业形象(如主导形象、辅助形象等),还包括企业的认知度、广告接触度、评价度以及企业形象影响因素的调查。除上述内容之外,一般还涉及对政府法律、法规、政策和竞争对手方面的调查,这是制订正确的、有针对性的 CIS 实施策略必不可少的。

(3) 确定企业理念。在分析调查结果以后,立足企业历史、现实和未来发展方向,确定企业的目标、哲学、宗旨、精神、道德、作风等。

(4) 行为与视觉设计。在企业理念指导下,设计相应企业行为识别要素与视觉识别要素。

(5) 发布 CIS。就是将已制订成熟的 CIS 方案向内部员工、新闻界和社会公众公开。对内发表的目的是激发员工热情、强化员工决心和执行 CIS 各项计划的自觉性,发表内容包括:实施 CIS 的意义和原因,CIS 实施过程和进度,新的理念识别、行为识别和视觉识别要素,统一的对外说明方式等。对外发表旨在表明企业改变旧形象的意图和决心,引起公众关注、争取公众认同。许多实践表明,发表 CIS 的时机非常重要,确定时机要充分考虑企业内外环境因素。在新闻发布会或广告形式对外发表之前,最好提前向供应商、经销商、政府等重要关系者通报,这会使它们感到企业对自己的尊重,并对企业新的形象给予积极认同。

(6) CIS 实施。如果不能坚决地贯彻实施,再好的 CIS 方案和计划也无济于事。在实施过程中,关键在于企业领导者是否有坚定的信念、是否自觉从我做起。CIS 实施虽然离不开政策、措施、制度的推动,但主要应调动广大员工的内在积极性和主动性;因此努力营造一个积极的企业文化氛围是很有必要的。

思考题

1. 什么是组织文化?组织文化的结构、特征与作用如何?
2. 试分析说明组织文化建设的结构与心理机制,如何加强组织文化建设?
3. 什么是组织形象?组织形象的特征与作用如何?
4. 简述组织形象评估项目与 CIS 战略系统的主要内容。
5. 说明 CIS 战略系统与组织文化建设的关系,及 CIS 战略系统设计导入的步骤与环节。

第五篇 领导心理与管理

第十章 领导行为与管理

"一头狮子率领的一群绵羊,可以打败由一头绵羊率领的一群狮子。"这充分表明了领导者的重要性。他们对职工的积极性、团体的士气和绩效、组织的成功与失败,生存与发展,兴旺与衰败有着极为重要的作用。本章主要涉及领导的概念,领导者基本素质、领导类型、领导体制与结构,领导功能与影响力,领导理论,领导者的选拔与考评等内容。

第一节 领导的概述

一、领导与领导者的概念

(一)领导的概念

"领导"这个概念,人人都熟悉,人人都使用,但每个人对它的理解却各不相同。有人做过统计,迄今已有3000多条关于领导概念的不同解释和研究。加里·尤克尔(Gary Yukl)是知名的领导学专家,他系统总结了过去50年来一些有代表性的关于领导的定义:①

(1)领导是"个人指导一个团体朝着一个共同目标活动的行为"(Hemphill,Coons,1957)。

(2)领导是"对组织日常活动的机制性的影响"(D. Katz,Kahn,1978)。

(3)当个人运用制度的、政治的、精神的和其他的资源去激起、促使和满足追随者的动机时,就实行了领导(Burns,1978)。

(4)领导是"影响一个有组织的团体朝着既定目标活动的过程"(Rauch,Behling,1984)。

(5)领导是一个对集体努力给予目的(意义指导)的过程,以及激起期望达到目的的意愿而努力的过程(Jacobs,Jsques,1990)。

(6)领导是"运用外界文化使更具适应性变化的能力"(E. H. Schein,1992)。

(7)领导是给人们共同工作赋予意义的过程,因而人们能够理解它并为之献身(Drath,Plaus,1994)。

(8)领导就是在能实现的事情中阐明愿景、赋予价值和创造环境(Richard,Engle,1986)。

---

① 加里·尤克尔著,陶文昭译:组织领导学,中国人民大学出版社,2004年版。

(9) 领导是"个人影响、鼓动和促使其他人奉献于组织的效能和成功的能力"(House et al, 1999)。

(10) 领导是"让其他人理解和同意必须去做什么和如何有效地去做的过程,以及促进个人和集体努力去实现共同目标的过程"(Gary Yukl,1994)。

以上这些概念对领导及其实质的描述虽然出自不同的视角,但从中可以概括出一些共同的含义:① 领导行为或过程中一定包含着领导者与被领导者的行为;② 领导行为是一个动态过程,受到领导者、被领导者和环境因素的制约,用公式表示为:领导 = F(领导者,被领导者,环境);③ 领导者与被领导者相比较,具有更大的权利、责任与影响力;④ 领导行为的目的是指引和影响被领导者实现团体和组织的目标。

由此,我们认为领导的实质是指引和影响个体、团体或组织在一定条件下实现所期望目标的行为过程。这里实行指引和影响行为的人叫领导者,接受指引和影响的人是被领导者,一定条件是指所处的环境因素(即企业组织内部或外部环境)。①

(二) 领导与领导者

领导是一种行为或过程,领导者则是实施领导行为或领导过程的特定个人。然而,在日常交流中人们通常对领导和领导者不加区分。在中文里,领导既可以是名词,指一个职位,比如"某某是销售部的领导";也可以作为动词,指一种行为,比如"某某领导研发部门攻克了技术难题"。而在英语中,领导(leadership)与领导者(leader)则是两个词,易于区别。

领导和领导者是两个不同的概念,但它们相互依存。没有领导者就没有被领导者,也就没有领导行为。反过来,没有领导行为,领导者的存在也是子虚乌有。在人类发展史上,只要人类进行集体活动,就需要有一个领袖,由他(她)带领其他人去劳动和工作,俗话说"蛇无头不行,鸟无头不飞",就是这个道理。领导行为是人类社会不能缺少的,没有领导行为,人类就不能生存和发展。因此,在管理心理学和领导科学中既要研究领导行为的特点及有效性,也要研究领导者的心理与行为活动特征,如智能、性格、作风等。

(三) 领导与管理

以往我们常常把领导行为和管理行为混为一谈,被誉为"世界第一 CEO"的杰克·韦尔奇在他20年的任期内把通用电气集团带入了辉煌,他曾大声呼吁:"别再沉溺于管理了,赶紧领导吧!"这句话让我们深刻地感受到领导与管理有着密切的联系,同时又有明显的区别。准确地认识二者的特征与关系,对做好领导工作和管理工作都具有极其重要的意义。

两者的联系在于:① 一般来说,管理行为和管理活动是领导行为与活动的组成部分。管理是领导者带领下属通过计划、组织、指挥、协调、控制和激励以实现组织目标的行为过程。② 领导者必须参与组织的管理,才能有效地实施领导行为。按照职责分工,高层领导总揽全局,从宏观和战略上进行管理,中层和基层的领导以具体管理为主。越是基层的领导,管理工作越具体。因此,领导也可称为管理。

两者的区别在于:① 从职责范围上来说,领导是负责全局性、宏观性或战略性的问题,管理则是具体部门的工作与效率问题;② 从组织作用上来说,领导在组织中的作用表现在为组织活动指出方向、设置目标、创造态势、开拓局面等方面,管理则是为组织活动选择方法、建立秩序、维

---

① 程正方:现代管理心理学(第4版),北京师范大学出版社,2009年版,第376页。

持运转、解决效率与效益;③ 从角色差异上来说,一般称领导者为"帅才",称管理者为"将才"。"能领兵者谓之将才也","能将者,谓之帅才也"。管理者必须过问管理工作的细节,而领导者不需事必躬亲;④ 从组织地位上来说,领导者只是少数在组织中具有权利、地位(职位)和影响力的人物,而管理者除了基层领导外,还有许多从事管理工作的专业和技术人员,如财务、人力资源、销售、研发等,他们不担任领导职务,所以不是领导者;⑤ 从工作方法上来说,管理可以说一门"技术",具有具体性、操作性、普遍性;而领导则可以说是一门"艺术",没有"放之四海而皆准"的理论和方法,必须因时、因地、因人而异。

二、领导的功能

领导功能是指领导行为在组织中的影响和作用,主要包括一般功能和角色功能:

(一)领导者的一般功能或基本功能

关于领导的一般功能,研究者们从不同的角度进行了研究,并且取得了相应的研究成果:

美国行政学家伦纳德·D·怀特(L. D. White,1891—1958)认为领导的功能是:① 决定重要的决策;② 发布必要的命令和指示;③ 协调组织的内部;④ 授权下级处理一般事务;⑤ 控制财务的运用、部属的任免;⑥ 监督、控制并考核工作的执行;⑦ 处理对外的公共关系。

美国管理学家彼得·德鲁克(P. F. Drucker,1909—2005)认为,领导的基本功能是:① 确立目标;② 做组织工作;③ 提供推动工作的动力和使上下通气;④ 做绩效评价工作;⑤ 使他人进步。

哈佛大学教授、著名的领导学专家约翰·科特(John P. Kotter)认为,领导的功能可以概括为八种:① 树立愿景;② 规划战略;③ 培养骨干力量;④ 配置关键资源;⑤ 建立协作网络;⑥ 激励群体行为;⑦ 排除障碍;⑧ 营造文化。

霍埃(W. K. Hoy)和米斯克尔(C. G. Miskel)认为,许多学者对"领导功能"的看法基本分为"组织任务取向"和"个人关系取向"两方面,依此我们将领导者的基本功能归纳为组织功能和激励功能两个方面:① 组织功能,即建立组织管理机构,科学地组织生产,达成组织目标的功能。为了发挥组织功能,完成组织任务,实现组织目标。② 激励功能。激励是对人的一种刺激,是促进和改变人的行动的一种有效手段。激励的过程是领导者引导并促进工作群体或个体产生有利于组织目标行为的过程。激励功能是领导的主要功能之一。组织功能尚可借助他人的知识与能力实现,而领导者的激励功能是不能借助的。领导的激励功能主要包括:① 职工"参与激励";② 领导者的"关怀与榜样"激励;③ 员工需要"满足"激励;④ 员工素质"提高"激励。除上述激励方法外,本书第五章介绍的激励原则和方法也可作为领导者的重要参照。

(二)领导者的角色功能

领导者应该明确自己在组织中的不同角色,掌握角色的技能与行为方式,将有助于提高领导者的能力和效能。关于领导者在组织中的角色,研究者们从不同的角度提出了不同的观点。加拿大克吉尔大学的亨利·明茨伯格(Henry Mintzberg)教授将组织中领导者的角色归纳为10种,并将其进一步概括成三个方面,具体见表10-1。

表 10-1　明茨伯格对领导者角色的归纳

角色		角色描述
人际关系角色	名誉领导	象征性的首脑,必须履行许多法律性和社会性的例行义务
	领导人	负责激励和动员下属,负责人员配备、培训和交往的职责
	联络者	维护自行发展起来的外部接触和联系网络,向人们提供恩惠和信息
信息传递角色	监听者	寻求和获取各种信息,以便透彻地了解组织与环境;是组织内部和外部信息的神经中枢
	传播者	从外部人员和下级那里获取的信息传递给组织的其他成员
	发言人	向外界发布有关组织的计划、政策、行动、结果的信息;是组织所在行业的专家
决策制定角色	企业家	寻求组织和环境中的机会,制定"改进方案"以发起变革,监督某些方案的策划
	危机管理者	当组织面临中大的、意外的动乱时,负责采取补救措施
	资源分配者	负责分配组织的各种资源,批准关于资源的重要决策
	谈判者	在主要的谈判中作为组织的代表

科列奇(D. Krech,1978)把领导者的角色功能划分为 14 种:即方针制定者、计划者、执行者、专家(信息情报专家、专业技术专家与组织管理专家)、对外的代表者(代表组织和团体同外单位交涉)、内部关系的协调与控制者、赏罚权限的执行与控制者、组织与团体内部纠纷的调整者和仲裁者、行动的示范与榜样者、组织与团体的象征(即团结统一的中心与精神支柱)、替身作用(替团体担负责任)、团体规范的提倡者、理想者(众望所归者)、奉献者(团体失误时是职工发泄不满的对象与攻击的靶子)等。

我国学者夏禹龙、刘吉等在《领导学基础》一书中提出现代有效领导的主要职能是:① 制定战略目标;② 建立健全组织机构与规章制度;③ 选人、用人,建立和谐的人际关系;④ 合理决策;⑤ 联系群众、调查研究、沟通信息;⑥ 学习新知识、新技术、掌握新的管理方法。

(三) 领导者的影响力

影响力是一个人在与他人交往过程中,影响和改变他人心理和行为的能力。由于领导者身居要职,具有一定的权力和权威,其影响和改变被领导者的能力比一般人更强,意义也更大。一个领导者是否具有强大而有效的影响力,主要取决于职务、地位、权力、自理、品格、知识、感情等因素,领导者的影响力可以归纳为权力性影响力和非权力性影响力。

1. 权力性影响力

权力性影响力也称为职位性或强制性影响力。这种影响力是由社会的正式组织与团体赋予个人的职务、地位、权力与资历等构成的。一般来说,掌握权力的领导人如校长、厂长、经理、军队与行政长官等都有一定的强制性影响力。这种影响力包括威胁力、奖赏力、合法的正统力、规范力、法人代表力等。有时,非正式团体的领导者也有这种影响力。在特殊的情况下,非掌权者也有这种情况。强制性影响力的特点是:对他人的影响带强迫性,不可抗拒,违抗要遭惩处;以外部推动力的形式发生作用,对职工的激励作用有一定的限度;被影响者的心理和行为是被动、服从的,缺乏自觉性、主动性、积极性;领导者与被领导者之间,可能产生较大的心理距离。美国学者弗兰奇与雷文(J. R. French&B. Raven,1959)提出了五种权力类型,即酬劳权、强制权、合法权、指导权、专家权;埃曾尼(A. Etioni,1975)提出了强制型、利酬型、规范型等三种权力,均属于带有一定强制性的影响力。

权力影响力由传统因素、职位因素和资历因素三种构成。① 传统因素是长久以来人们对领导者的一种传统认知与观念,是一种无形和巨大的力量。② 职位因素是由于社会分工造成的职位、地位差别而形成。通常职位越高,权力越大,其影响力也就越大。职位因素的影响力是以法定形式为基础的领导者的强制权力,存在于领导者实行领导行为之前。③ 资历因素是指领导者的经历和阅历,资历越高越长,年龄越大,越会受到下级的尊重。老厂长、老校长、老首长要比新上任的年轻领导干部有更强的影响力。

2. 非权力性影响力

非权力性影响力也称为自然影响力,是由领导者的自身素质与行为造成的,与领导者的地位与权力无关。这种影响力不是单纯的外部压力,而是员工在心悦诚服的心理基础上,自觉地、自愿地接受影响,是比权力性影响力更强、更有效、更持久的影响力。

非权力性影响力主要由品格、才能、知识、情感等因素构成。① 品格因素。这是领导者的道德、品行、性格、作风等本质性因素。"身教重于言教","榜样的力量是无穷的",具有高尚品格的领导,如周恩来总理容易使群众产生敬爱感,具有巨大的影响力、号召力、说服力。相反,品格低下的领导者尽管位高权重,资历很深,但是在群众中威信扫地,毫无影响力。② 才能因素。指的是领导者的聪明才智和工作能力、专业能力。这是领导者能否完成领导工作的重要条件。领导者的才能包括组织管理才能、专业技术才能和决策能力,也包括个人的业余专长与才能,如写作、绘画、音乐、体育等,这些都会增强员工对领导者的敬佩感,提高领导者的影响力。如果德才兼备,就能形成更加强烈的影响力。③ 知识因素。领导者的知识是科学因素,具有丰富科学知识的领导者在指导工作、宣传组织员工、沟通员工关系时,容易取得员工的信任,使大家对其有信任感和依赖感,增强影响力。尤其在知识经济和建设学习型组织的背景下,领导干部的专业化与知识化,是选拔领导人才的一个重要条件。④ 感情因素。领导者平易近人、和蔼可亲、能够体贴关心员工,做员工的知心朋友,员工就会对领导者产生亲切感,容易接受其帮助,听信其劝告,服从其领导与智慧管理。这样领导者的影响力会大大增强。相反,领导者态度生硬,感情冷漠,与员工在心理上产生排斥与对抗,有较大的心理距离,员工敬而远之,影响力就会下降,甚至产生负面影响。

3. 提高领导者的影响力的途径

从激励作用来看,在领导者的影响力诸因素中,非权力性因素起到主要作用和较长久的作用;权力性因素起次要和短期的作用。通常,领导者权力性因素作用的大小,受到非权力性因素的影响。如果领导者的非权力性影响水平高,则对权力性影响起增强作用,反之,起削弱作用。提高领导者的影响力,主要途径是提高非权力性影响力和正确使用权力性影响力。

(1) 提高非权力性影响因素要注意:领导者要加强自我意识与品德修养,做到作风正派、品德高尚、关心他人、团结同事、秉公自律和清正廉洁;领导者要不断学习政治理论知识、专业知识、市场经济理论、现代信息和计算机知识,注意知识更新和扩大知识面,提高自己的科技、文化和知识素养;领导者要在实践中加强锻炼,提高自己的能力水平,包括抽象思维能力、决策能力、创造能力、专业技术与操作能力、社会交往能力、社会适应与管理能力等;要密切联系群众,注意高尚情操的培养,对员工要热情友好,不能居高自傲、态度生硬、以势压人。

(2)正确使用权力性影响力要做到:在使用职权时,态度审慎,执法公正严明,不专制独裁和滥用权力;要秉公自律,为政清廉,赏不避仇,罚不避亲,不以权谋私;要善于用人和授权,大权集中,小权分散,不专权独断;要深入实际调查研究,亲自动手,具体指导,不当甩手掌柜;要虚心听取群众意见,接受组织和员工的监督。

(3)通过各种活动形成良好的社会心理环境与和谐的组织气氛,增强权力性影响力和非权力性影响力的效能。提高影响力不仅仅是对领导者直接的要求,还包括被领导者的状态和环境因素。例如,提高广大员工的思想文化水平,努力使组织目标与个人目标统一起来,加强组织的信息沟通与意见交流,协调人关系,形成正确的舆论导向和良好的团体风气等。

(4)遵循领导的法则,提高领导与管理艺术,发挥成功的领导影响力的作用。在人际关系上应注意如下几点:坚持个人平等,互敬互谅,尊重人格的原则;坚持公平、公正、公开的原则;建立完善的沟通网络,做到信息流畅;坚持积极激励,使员工奋发上进;坚持民主参与,相互领导的原则等。

三、领导的类型

(一)领导工作类型[①]

根据领导者从事的工作性质与职务的不同,可划分如下几种主要的领导工作类型:

(1)政治思想领导。主要处理人际关系问题。这是以促进生产力发展为目的,以解决上层建筑领域里的矛盾为主要任务的领导类型。如党和国家领导及基础组织党委领导。

(2)业务领导。主要处理"事—物"关系问题。这是以创造社会财富为主要目标,以解决经济基础领域里的矛盾和工作中的矛盾为主要任务的领导。其范围与规模也十分庞大,包括教育、科技、经济、国防的一切组织及其领域的业务领导。

(3)行政领导。主要处理"人—事"关系问题。这是以推行国家公共事务为主要目标,执行政治与业务决策型的领导。它包括从基层、地方到中央的劳动人事、社会公共服务、人民生活安全保障等公共事务的管理与领导。

(4)学术领导。这是以发挥科技、专家、智囊团体的作用为主要目标的领导类型。社会科学与自然科学的各学术团体的领导属这种类型。今天,学术领导已逐步渗透到政治领导、业务领导、行政领导的一切领域,这是领导体制与观念的革命。

(二)领导方式(或作风)类型

根据领导者的作风及其使用权力的方式不同,勒温(K. Lewin)等人早在1937年通过对团体的实验研究,提出了专制型、民主型、放任型三种类型的领导。这是科学管理较重视研究的三种领导类型。

勒温认为,这三种不同的领导风格,会造成三种不同的团体氛围和工作效率:

(1)专制型的领导由领导者决定一切,下属没有参与决策的机会,只有奉命行事,唯命是从;领导过程中命令、惩罚多于称赞和奖励;领导者与下属之间保持距离,很少交流,不利于上下级的互动,也不利于群体之间的合作与创新。

(2)民主型的领导在领导者鼓励和支持下,员工参与讨论,共同做出决策,而不是领导者单独

[①] 程正方主编:现代管理心理学(第4版),北京师范大学出版社,2009年版,第383~385页。

决策;对下属工作分配考虑个人的能力、兴趣和爱好,并赋予下属一定的工作自主权;对下属的工作加以鼓励和协助,关心并满足下属需要,在组织中营造民主与平等的氛围,上下级关系比较亲近。

(3) 放任型的领导是对权力和责任的一种回避,领导者对工作和下属放手不管,由下属自己确定工作目标并解决问题;领导者不参与、不干涉集体的任何活动,人际关系淡薄;组织无规章制度,领导者对下属既不惩罚也不奖励,完全凭借下属的个人自觉性。

在实际的组织与企业管理中,很少有极端型的领导,大多数领导都是界于专制型、民主型和放任型之间的混合型,可用图 10-1 表示。领导方式不同往往会形成不同的组织行为模式,典型的有如下四种:① 独裁专制型:其特点是金科玉律、生杀予夺、有令必行、有禁必止、有违必罚;② 经济保健型:强调经济奖酬、福利待遇、工作保健因素;③ 支持帮助型:强调创造条件,交互关系、关心推动员工成长、支持帮助员工克服困难;④ 协同合作型:支持帮助是对个体与团体间的协同合作并延伸为团队式的管理。

领导与管理类型根据工作作风与风格不同还可以分为学者(研究)型、参谋型、计划型、社义型、任务型、官僚型、果敢型、直言型等不同类型。根据领导者的心理能力与气质性格不同来分类有:① 能力类型可分为思维型、实干型、智慧型、组织型;② 创造能力类型可分为开拓创新型与守业维持型;③ 性格类型可分独立或主导型与顺从或依附型,也有的分为积极刚勇、消极怯懦和折中三种不同类型;④ 气质类型除一般分为多血质、胆汁质、粘液质、抑郁质四类外,还可分为躁郁质型、分裂质型、黏着质型。

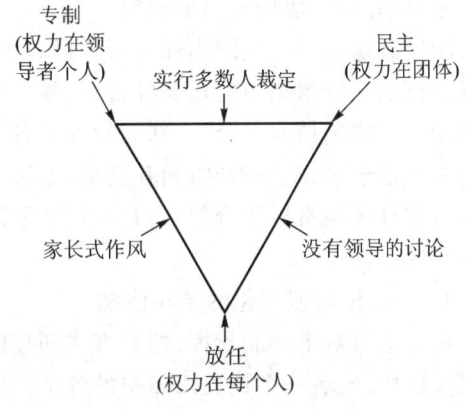

图 10-1 领导类型模型

四、领导的体制与结构

(一) 领导体制的类型[①]

领导体制是领导体系与制度的总称,其主要类型有:

1. 一长制与委员会制的领导体制

一长制又称独任制,是指团体或组织把法定的决策权力集中在一位主要领导人身上。其优点是:权力集中、责任明确、决策快、行动迅速、效率较高。缺点是:由于个人知识经验、智慧才能的限制,决策与处事可能会不周全;若选人不当,可能出现大权独揽、滥用职权、专制独裁等现象。

委员会制又称合议制,是指团体或组织把法定的决策权力交给两个或两个以上的领导者组成的委员会行使。其优点是:能集思广益,决策与处事考虑周详,能减轻与分担主要领导人的责任与负担,避免个人专制独裁滥用职权。缺点是:可能发生议而不决,决而不行,贻误时机的问题;权力分散,责任不明,办事效率低,难以考核干部的优劣。

实践表明,两种领导体制并无绝对优劣之分。凡决定方针政策、长远规划、立法等重要事项与问题时,宜采用委员会制;凡是行政的、执行性的、事务的、技术的、军事的、速决性事项的处理,

---

① 程正方主编:现代管理心理学(第 4 版),北京师范大学出版社,2009 年版,第 386~388 页。

宜采用一长制的方式。当前,我们国家领导体制改革中,实行的是决策中的委员会制与执行中的分工负责制(即一长制)是扬长避短、行之有效的领导体制。

2. 层次制与职能制的领导体制

层次制是将一个组织从纵向分为若干层次,高层次领导与管理低层次,各层次领导者所管辖的业务虽相同,但管辖范围,随层次降低而缩小。如部队组织的军、师、团、营、连……这也叫分级制,或系统制。层次制具有权力集中,指挥统一,增加层次、减少幅度,各层业务性质相同,便于领导者和职工的升迁与平行调动等优点。缺点是层次太多,沟通与管理不方便;管辖事务太多,可能发生草率从事、滥用权力的现象。

职能制是将一个组织内部平行地设若干部门,每一部门管辖的范围为全组织系统,管辖内容各异。例如学校组织中的校长办公室、教务部门、总务后勤部门、科研部门、学生工作部等均属这种体制。职能制按专业分工,部门领导者各司其职,便于提高效率。但是,职能部门分得太细,可能造成人浮于事,机构臃肿;相互割据,推诿、扯皮;领导与管理头绪太多,统一协调困难。应该把这两种领导体制有机结合起来,减少不必要的层次与职能部门,并遵循职能(机能)服从层次直线管理的原则。

3. 一元化与多元化的领导体制

根据上级对下级的指挥、控制方式和程度不同,可分为:① 一元化领导即指同一个领导层次的机关团体,或者一个机关团体中的各个构成单位,完全集中于一位上级领导者或一个上级机关团体的指挥、控制和监督,也称完整制或集约制。它有权力集中、责任明确、避免重复与冲突、提高效率的优点。但也可能出现不民主、独裁、专断,下级顾虑重重、被动、依赖、效率低的倾向。② 多元化领导即指上级的指挥、控制和监督权不集中于一位领导者或领导机关身上,也称分离制或独立制。其优点是职权分散,可防止专制独裁领导;分头努力,容易调动大家的积极性;互相竞争,提高效率;不会因个别领导者不称职而影响全局。其缺点是政出多门,各自为政;工作重复,权力冲突;缺乏中心,权力分散;造成人力、物力、财力浪费。上述两种领导体制,不应绝对对立,也应根据实际情况,灵活掌握。

4. 集权制与分权制的领导体制

根据上下领导层之间决策权力的大小,也划分集权制和分权制两种领导体制。

集权制是指一切事物的决策权均集中在上级机关,下级必须依据上级的决定、法令和指示办事。具有政令统一,力量集中,指挥方便的优点。但只有上级的积极性,而无下级的积极性,缺少弹性,不太灵活,应变能力太差。

分权制即指下级机关团体在自己管辖的范围内,有自主决策权;上级机关只管重大方针与原则问题的决策和处理,对下级权力范围内的事不加干涉。其优点是:下级有自主权,领导应变能力强。其缺点是:政令不统一,易产生地方主义与本位主义,出现指挥不便现象。

我国在进行领导体制改革时,其中一方面是处理好集权与分权的关系,避免权力过于集中。另一方面,也注意防治权力过于分散而产生的地方主义、山头主义、宗派主义倾向,以及中央财力不足,地方各行其是的偏向。

(二)西方领导体制的发展

从近代到现代,西方领导体制经历了四个发展阶段,即:家长制的行政领导、"硬专家"领导、职业"软专家"领导和专家集团领导。随着社会经济的发展,领导体制也在不断地变化与革新,出现了经理人领导等新型的领导体制。

1. 家长制的行政领导

家长制的行政领导是指凭企业家个人经验进行管理决策的阶段。这种模式盛行于资本主义发展初始时期，企业规模小，技术装备落后，企业主或者老板既是企业财产的所有者，又是企业的经营管理者。他们在企业中的地位等于家庭里的家长。他们的决策往往带有浓厚的家族、个人色彩，这种封建式的家长领导体制一直延续到19世纪中叶。

2. 经理制（硬专家）领导

经理制领导是社会化大生产时期企业管理的领导体制。19世纪中叶以后，随着商品经济的发展，企业规模不断扩大、技术水平提高、生产方式改变，由原来的手工作坊式工作演变为半机械化、机械化的生产。因而，单凭个人经验的家长式领导体制已经不能适应企业发展的需要；再则发生在美国的交通事故（1841年10月5日，在美国连接马萨诸塞—纽约的西部铁路上，两列客车迎头相撞。一名列车员和一名乘客遇难身死，另有十七人受伤）加速了经理制和"硬专家"领导的产生与推广。开始建立各级责任制，选拔有管理才能的人担任领导。老板只拿红利，不管企业业务。这个改革的实质是所有权与经营管理权的分离。它立刻在实践中显现出巨大的优越性，从而迅速得到推广，这就是所谓"经理制"。经理主要是从那些精通本企业生产过程的技术专家（即硬专家）中选拔的，他们具有较高专业知识水平和一定的管理能力，比只凭个人经验的家长领导要高明得多，经理制的推行是企业领导体制的一大进步。

3. 职业"软专家"领导

20世纪以后，企业规模进一步扩大，内部结构更加复杂，与外部联系也日益增强，社会化进程和专业化水平不断加快。这些变化使精通专业技术的"硬专家"也难以适应企业领导工作的需要。于是，以企业管理为职业的"软专家"就应运而生了。这些职业化的软专家经过系统的经营管理培训，掌握各方面专业知识，具有经营和领导的才能，比从专业技术岗位上转行担任领导的硬专家又要高明。职业软专家领导体制不仅能克服硬专家的不足，而且，职业软专家的出现，使企业的发展产生了巨大的推动力。管理学也由此逐渐成为一门热门的学科。在美国500家最大公司的高级领导人中，有20%是哈佛大学的毕业生。经营管理专业已成为美国与世界各国大学发展最快的一门专业。

4. 专家集团领导

二战后，特别是20世纪80年代以来，随着现代生产和科学技术的高度分化与高度综合，靠职业"软专家"个人的能力也不够了。于是大企业的最高领导出现了集体领导的趋势。许多大公司组成了董事长办公室、总经理办公室、总管理处等，代替过去董事长、总经理负责决策经营的传统方式。例如，国际商用机器公司由董事长、总经理及三位副总经理组成董事长办公室，台湾台塑集团的总管理处，韩国三星集团的秘书室等。与此同时，还出现了大批的"智囊团"、"思想库"。这标志着现代领导体制已经发展到一个更高的阶段，即专家集团领导。专家集团领导体制，不仅包括企业几位最高级领导人组成的集团领导，还包括各类专家参与领导决策。参与决策的软专家，不仅指专家个人，更重要的是指为领导决策提供科学依据的各种形式的智囊团。

5. 新型的知识经理人领导。美国阿克森彻战略变化研究所所长托马斯·H·达文波特（Thomas H. Davenport）认为，在旧的管理模式下，经理们被看做是组织机构劳动力中独立的一部分，是决策者与实施者之间的一个中间环节。但随着知识型工作的兴起和盛行，在新的管理模式下,经理们必须把自己转变成"运动员兼教练员",将集知识使用和创造于一身,既要决策又要自己动手实施。

达文波特归纳出新型领导者——知识型经理的八种主要的转变趋势:① 从监工转向参与做工的角色转变。如法律、咨询和会计师事务所等,知识型经理同时也是知识型员工,也有自己的客户。② 从组织等级机构到组织社团机构。例如在美国克莱斯勒汽车公司,"工程技术俱乐部"把不同专业领域的汽车工程师们团结在一起,从而使得他们能互相共享所学的知识。③ 从强制推行转向理解员工的工作设计和工作方法。④ 从雇用、解雇转向吸引并留住员工。如美国的微软公司和麦肯锡公司等的最佳例子。⑤ 从增强人工技能转向增强知识技能。知识涉及学和教两个方面;知识型经理鼓励员工不断提升自己的技能,也鼓励员工向别人传播知识与技能。⑥ 从评估有形的工作业绩转向评估无形的知识成就。⑦ 从忽视文化转向建立对知识友好的企业文化。"快捷、灵活、集中、友好、有趣"已成为管理专家们最理想的知识型文化理念。⑧ 从维护官僚机制转向回避官僚机制。经理们站在管理部门与员工之间充当中间人,既保持业绩优秀的知识型员工的高产出,同时又给管理部门以它所需要的交代:经营成果。

最后,达文波特得出结论:虽然上述每一个属性可能只代表20世纪晚期经理们工作方式的转变,但总的来说,它们包含着一场管理领域的革命。

(三) 我国领导体制的演变

自新中国成立以来,随着经济体制和政治体制的改革,我国企业的领导体制经历了不断的变化,具体来讲,我国企业的领导体制经历了以下几个阶段:

(1) 一长制(1945—1956)。这是建国初期照搬苏联的企业管理体制。全体职工在工作和生产上必须完全服从首长的意志。其优点是:厂长有职有权,执行有效,工作效率高,规章制度严;缺点是:厂长容易独断专行,容易形成家长制领导。1955年,我国建立严格的一长制,对当时经济恢复与发展起了很大的促进作用。

(2) 党委领导下的厂长分工负责制(1956—1966)。1956年毛泽东发表《论十大关系》重要讲话之后,对一长制进行了批判,决定实行党委领导下的厂长分工负责制。其主要特点是:工厂的一切重大事项由党委决定,然后厂长、副厂长分工去执行,都对党委负责。结果是以党代政,实际上成了党委书记一长制。

(3) "十年动乱"期间(1966—1978)。企业领导体制遭到严重破坏,实行"革命委员会制",后期又形成了党委包办企业的"党政企"合一的体制。

(4) 恢复党委领导下的厂长负责制(1978—1984)党的十一届三中全会以后,随着改革开放的推行,企业领导体制也进行了改革。1981年,《贯彻落实国务院有关扩权文件,巩固提高扩权工作的具体实施暂行办法》规定:"要坚持党委领导下的厂长负责制",恢复了60年代初期的党委领导下的厂长负责制,但也增加了一些新的内容,如强调党政分工、党委对企业的领导主要是思想政治和方针政策的领导,而不是直接指挥生产和包揽行政事务。

(5) 厂长(经理)负责制(1984—1992)。1984年10月党的十二届三中全会通过的《中共中央关于经济体制改革的决定》明确指出,在企业里实行厂长(经理)负责制,厂长(经理)具有统一指挥生产经营活动的职权。企业中党组织的任务是积极支持厂长行使统一指挥生产经营的职权,发挥保证和监督作用;必须健全职工代表大会制度和各项民主管理制度,充分发挥工会组织和职工代表在审议企业重大决策、监督行政领导和维护职工合法权益等方面的权利和作用,体现工人阶级的主人翁地位。

（6）公司制（1992—2000）。按照《公司法》的规定,董事会领导下的总经理负责制取代原来的企业厂长（经理）负责管理体制。实行公司制的企业要建立股东会、董事会、监事会和经理班子等规范的内部管理机构。

（7）探索企业经营管理人职业化、市场化（2000年至今）。随着知识经济的到来,我国先后实施了"九五"、"十五"企业经营管理人才培训纲要,大规模地教育培训,提升了企业经营管理者的素质。2003年,中央人才工作决定指出：要以推进企业经营管理者市场化、职业化为重点,坚持市场配置、组织选拔和依法管理相结合,改革和完善国有企业经营管理人才选拔任用方式。

总之,任何一种领导体制,虽然在一定时期内,应当保持其相对稳定性,但是不能永远僵固不变,领导体制总是随着客观形势变化的需要,不断进行相应的调整和变革。只有这样,才能更好地发挥领导体制在领导活动中的积极作用,更好地发挥领导的功能,保证企业健康发展,并取得好的效果。

（四）合理的领导结构

领导结构包括领导组织结构和领导素质结构。领导组织结构可结合第八章的内容学习。这里重点介绍领导素质结构。

（1）年龄结构,是指领导班子成员的平均年龄和年龄结构比例。领导班子年龄结构的优化,要以年轻化为基础。年轻化是一种趋势,不能简单地理解为青年化,更不能把年龄作为选拔领导人才的绝对因素。合理的年龄结构要根据不同领导层次,由老、中、青干部按照合理的比例搭建领导班子。相对而言,老同志工作经验丰富,组织领导能力比较强,处理问题比较全面、冷静。年轻人思想敏锐,接受新事物快,开拓进取精神较强,富有生气。中年干部则起着承上启下的作用。

（2）知识结构,是指领导班子成员的知识构成状况,将具有不同文化程度和不同专业知识的领导者组成合理的立体结构。一方面,领导成员作为指挥官和掌舵人应当具有较高的学历和文化知识水平,但不能片面追求学历和文凭,丰富的工作经验和实际的工作能力也绝不能忽视;另一方面,领导成员之间的知识结构和专业特长要互补,形成"专才"和"通才"有机结合的立体知识结构。

（3）智能结构,智能主要包括思维、学习、研究、创造、组织、执行、宣传和公关能力等。领导智能结构的优化,就是要根据职能和目标需要,将具备多种知识和不同智能的领导成员（如足智多谋的政治家、热心活跃的活动家、脚踏实地的实干家等）共同组成高素质、高水平、高效能的领导班子。

（4）心理结构,是指领导班子成员气质、性格、品行等个性特征。心理特征因人而异,有人热情豪放,有人稳重内敛,有人不拘小节,有人谨言慎行。在一个领导班子里都是同一类型的人不见得就惺惺相惜,最佳的心理结构应当根据领导成员的领导层次、工作性质等实际情况,由不同心理特征的领导成员协调配合,取长补短,相得益彰。

第二节 领导理论研究

西方管理心理学家从各种角度对领导行为进行研究,归纳出了四种具有代表性的领导理论：领导特质理论、领导行为理论、领导作风理论、领导权变理论。研究与应用这些理论对提高领导素养,改进领导作风与行为,促进与提升领导效能有重要作用。

一、领导特质理论

19世纪末,西方学者就开始对领导素质进行了大量的研究,他们把领导者的各种个人性格和特征作为描述和预测领导成效的标准,并希望发现领导者与非领导者在性格、社会、生理和智力因素方面的差异,以此来解释他们成为领导者的原因。这就是特质理论,即指研究具有哪些特质(素质)的人,才能成为良好的、有效的领导者。

(一) 传统的特质理论

传统特质理论认为领导者的品质来源于生理遗传,是先天具有的,且领导者只有具备这些特性才能成为有效的领导者。在众多的特质理论和假说中,比较有代表性的领导特质理论有:

美国心理学家吉伯(C. A. Gibb)在研究报告中指出,天才的领导者具有七项天生的品质特征:① 智力过人;② 英俊潇洒;③ 能言善辩;④ 心理健康;⑤ 外向而敏感;⑥ 有较强的自信心;⑦ 有支配他人的倾向。

美国著名心理学家吉赛利(E. Echiselli,1971)出版的《管理才能探索》一书中概括了成功领导者的八种个性特征:才智、首创精神、督察能力、自信心、适应性、判断能力、性别特征、成熟程度等,和五种激励特征:工作稳定性的需要、物质金钱的需要、地位权力的需要、自我实现的需要、事业成就的需要等。

美国管理学家斯蒂芬·P. 罗宾斯(Stephen P. Robbins)评价传统特质理论认为:① 大多数学者认为成功的领导者都具备一系列相似而独特的个性特点;② 传统领导特质理论的重要研究成果发现进取心、领导意愿、正直与诚实、自信、智慧和具备与工作相关的知识对领导者尤为重要;③ 虽然具备某些特质确实能提高领导者成功的可能性,但是没有一种特质是成功的保证。

随着研究的深入,特质理论逐渐受到了各方面的异议与批评:① 特质理论忽略了组织环境和被领导者的作用;② 对领导者特质的描述多为心理特征的概念,界定不够清晰,且各种特质之间相关性不大,有的甚至相互矛盾;③ 领导者与被领导者、卓有成效的领导者与平庸的领导者之间有量的差别,但并不存在质的差异,许多被认为具有天才领导者特性的人并没有成为领导者;④ 将领导者的成功归结为天生的特性,忽略了对领导者后天培养。

(二) 现代的特质理论

现代特质理论认为,领导者的特质并非全是与生俱来的,可以在实践中形成,也可以通过训练和培养的方式予以造就。主张现代特性理论的学者提出了不少富有见解的观点。

美国普林斯顿大学教授鲍莫尔(W. J. Bawmal)针对美国企业界的实况,提出了企业领导者应具备的十项条件:① 合作精神;② 决策能力;③ 组织能力;④ 精于授权;⑤ 善于应变;⑥ 勇于负责;⑦ 勇于求新;⑧ 敢担风险;⑨ 尊重他人;⑩ 品德超人。

日本企业界认为,有效的领导者应具备十项品德:① 使命感;② 责任感;③ 依赖性;④ 积极性;⑤ 进取心;⑥ 公平;⑦ 热情;⑧ 勇气;⑨ 忠诚老实;⑩ 忍耐性。还应具备十项才能:① 判断能力;② 创造能力;③ 思维能力;④ 规划能力;⑤ 洞察能力;⑥ 劝说能力;⑦ 对人理解能力;⑧ 解决问题能力;⑨ 培养下级能力;⑩ 调动积极性能力。

美国管理协会曾对在事业上取得成功的1 800名管理人员进行了调查,发现成功的管理人员一般具有下列二十种特质:① 工作效率高;② 有主动进取精神;③ 善于分析问题;④ 有概括能力;⑤ 有很强的判断能力;⑥ 有自信心;⑦ 能帮助别人提高工作的能力;⑧ 能以自己的行为影响别人;⑨ 善于用权;⑩ 善于调动他人的积极性;⑪ 善于利用谈心做工作;⑫ 热情关心别人;⑬ 能使别人积极而乐观地工作;⑭ 能实行集体领导;⑮ 能自我克制;⑯ 能自主做出决策;⑰ 能客观地听取各方面的意见;⑱ 对自己有正确估价,能以他人之长补自己之短;⑲ 勤俭;⑳ 具有管理领域的专业技能和管理知识。

我国选拔和考核领导人的原则是德才兼备与德、能、勤、绩的素质(特质)标准。

综合上述观点,现代特质理论对成功的领导者应具备的个人素质归纳为两大类:一是智力因素,如观察力、注意力、想象力、思维能力等,二是非智力因素,如事业心、道德感、意志品质。现代特质理论认为提高领导的素质是保证领导效能的关键所在。

(三)当代胜任特质理论

20世纪70年代初,哈佛大学的著名心理学家戴维·麦克莱兰(David Clarence McClelland)正式提出胜任特质(competency)的概念。胜任特质理论除了强调知识和能力之外,还十分关注员工的价值观、对工作的态度和适应性等。对胜任特质理论的定义,许多管理学者的表述不尽相同,但概括而言有:① 胜任特质包括知识、技能、动机、价值观等,它是这些元素的综合体。② 胜任特质与绩效的关系密切,它所包含的知识、技能是实际工作中需要运用的、并与绩效高低直接相关的。③ 胜任特质所体现出的不仅是表面的、短期的,更是"能将某一工作(或组织、文化)中有卓越成就者与表现平平者区分开来的个人的潜在特征,它可以是动机、特质、自我形象、态度或价值观、某领域知识、认知或行为技能——任何可以被可靠测量或计数的并能显著区分优秀与一般绩效的个体特征。"

斯宾塞(Spencer,1993)列出了预测大部分行业工作成功的最常用的20个胜任特征,主要分为六大类:① 成就特征:成就欲,主动性,关注秩序和质量;② 助人/服务特征:人际洞察力,客户服务意识;③ 影响特征:个人影响力,权限意识,公关能力;④ 管理特征:指挥,团队协作,培养下属,团队领导;⑤ 认知特征:技术专长,综合分析能力,判断推理能力,信息寻求;⑥ 个人特征:自信,自我控制,灵活性,组织承诺。

胜任特征也引起了我国学者、研究人员、管理人员以及企业越来越广泛的重视,王继承、时堪、王重明等人开展了各行业职能人员胜任特征模型的构建和研究,研究了影响胜任特征的因素以及胜任特征和绩效关系等。

二、领导作风理论

研究发现,不同的领导作风(如民主、专制、放任)对员工的工作绩效和工作满意度有着不同的影响。继勒温之后,主要的领导作风理论有:

(一)利克特的领导系统

密歇根大学伦西斯·利克特(Rensis Likert,1961)教授和他的同事对领导人员和经理人员的领导类型和作风做了长达30年之久的研究,提出了领导系统模型,即把领导作风分成四类系统:专制集权式、仁慈集权式、协商民主式和参与民主式领导(见图10-2)。

专制集权式领导的特征是:领导者独自决策并发布指示,下属执行且没有参与决策的机会;奖励多于处罚;上下级之间保持距离,关系冷淡,互不信任。

仁慈集权式领导的特征是:权力集中在最高领导层,但也会给中、下层部分权利;奖励与惩罚

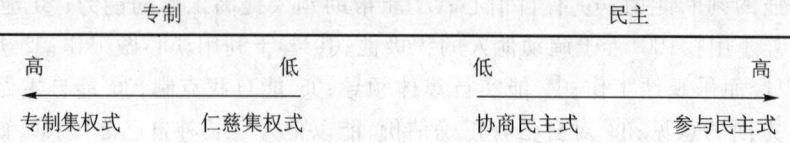

图 10-2　利克特的领导系统

并用;上下级之间稍有沟通,但下级对上级仍有恐惧、警戒心理。这种领导作风对程序性的工作和流程简单的工作比较有效。

协商民主式领导的特征是:重要问题的决策权在最高领导层,中、下层领导有对次要问题的决定权;兼用奖励和偶然的处罚激励下属,调动下属的积极性;领导者对下属有一定的信任,能够听取下属的意见。

参与民主式领导的特征是:领导者与员工民主协商解决问题,决策在员工广泛参与的基础上进行,由最高领导者做最后决策;主要采用奖励的方法,很少采用处罚的方式管理下属;上下级关系平等,领导者信任下属,并保持有效的沟通,组织氛围良好。

利克特认为参与民主式作风的领导者是卓有成效的,因为在这样的组织中,员工能够体现自身价值,他们的需要和愿望能够得到满足,个人和组织在目标和利益上具有一致性,员工在工作中能够充分发挥积极性和创造性,这些都归功于领导的信任和参与管理的程度较深。

（二）领导"连续统一体"模型

坦南鲍姆（R. Tannenbaum）和沃伦·施密特（Warren H. Schmidt）1958 年提出了领导行为连续体理论,他们认为,民主与专制是领导作风中的两种极端情况,在这两者之间还有很多种领导风格和领导行为。为了使人们从决策的角度(是专制还是民主决策)来深刻认识领导作风及其意义,他们提出了"领导连续统一体"模型(见图 10-3)。

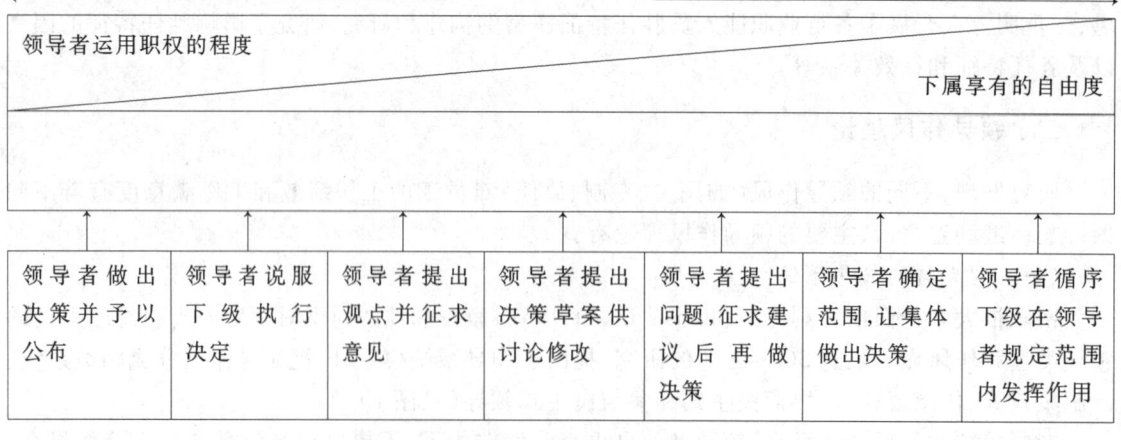

图 10-3　"领导连续统一体"模型

这个模型按照领导者运用职权的程度和下属享有自主权的程度把领导模型看作一个连续变化的分布带,左端表示专制的领导行为,右端表示民主的领导行为,中间分布着一系列领导风格。坦南鲍姆和施密特认为,不能说哪种领导方式正确,或哪种领导方式错误,领导者应当根据组织的特定环境,考虑各种因素后,选择图中某种领导方式。

从管理心理学的角度来说,领导是一个动态的过程,领导工作效能取决于领导者、被领导者和管理情景之间的相互作用;领导作风理论的研究强调了领导行为方式对下属和组织效能的影响,但是在很大程度上忽视了下属特征和组织环境的作用。

三、领导行为理论

20世纪40年代起,研究者们开始把目光转向领导者的行为上来,希望通过研究发现不同领导行为方式对职工的影响,找到最佳的领导方式。在对领导行为的研究中,学者们根据领导行为的基本倾向,提出了不同的领导行为理论。

（一）密执安大学的领导行为研究

密执安大学调查研究中心在长时间的调查研究基础上,将领导行为划分为员工导向和生产导向两种类型:① 员工导向的领导者重视员工的个性与需要,承认个体之间的差异;重视人际关系,树立相互信任的氛围,是一种民主型的领导模式。② 生产导向的领导者强调生产与技术管理,关心组织任务的完成情况,认为员工是完成任务的工具;领导者会介入和干预员工的工作,容易形成专制型的领导。密执安大学的研究结论表明,员工导向的领导者与团体高生产率和高工作满意度成正相关,而生产导向的领导者们则与团体低生产率和低工作满意度联系在一起。

（二）领导行为四分图理论及其发展

1945年,美国俄亥俄州立大学商业研究所开展一项关于大型组织的领导行为的广泛调查,列出了1000多种描述领导行为的因素,通过逐步概括,最后将领导行为归纳为两个维度:即关心人与关心工作组织。

研究者们设计了"领导行为调查问卷",通过调查发现:关心人的领导以人际关系为中心,强调建立相互信任的氛围;尊重下级的意见、注意下属的感情和需要等;关心组织的领导以工作为中心,重视组织设计,制定计划和程序,明确职责和关系。用这两个维度来分析领导者,发现有的在某一方面占有很高的分量,而在另一方面很低;有的人在两方面都比较高或低。据此,研究者们制出"领导行为四分图"（见图10-4）。他们认为,第三种对组织和人都比较关心的领导行为最有成效,第一种对组织和人都不关心的领导效能最差,第二种是关心组织的任务型领导;第四种是关心人的人际关系型领导。

四种领导行为中,在实践中没有绝对的好或者坏,要视具体情况而定。有人认为在生产部门中效率与"关心组织"之间的关系成正比,与"关心人"的关系成反比,而在非生产部门中情况恰恰相反。一般来说,高组织与低体贴带来更多的旷工、事故和抱怨。许多其他的研究

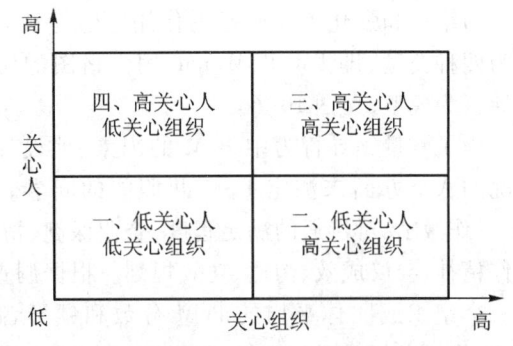

图10-4 领导行为四分图模型

证实了上述的一般结论,但也有人提供了相反的证据。

(三)管理方格理论

在管理四分图的基础上,美国管理学家布莱克(Robert R. Blake)和莫顿(Jane Mouton)在1964年设计了一个管理方格图,如图10-5所示：

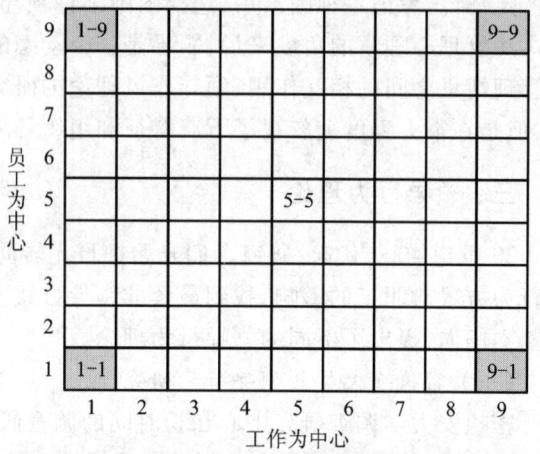

图10-5 管理方格图

在这个九等分的方格图中,横坐标表示领导者对生产的关心程度,纵坐标表示领导者对员工的关心程度,各划分出9个等级,构成81种领导类型。在81种领导类型中,布莱克和莫顿主要阐述了五种具有代表性的类型：(1-1)型：贫乏型。领导者对员工和工作都漠不关心。(1-9)型：俱乐部型。领导者对员工关心的程度很高,但是对工作任务关心不够。(9-1)型：任务型。领导者集中注意生产任务,但不关心员工的需要。(9-9)型：团队合作型。领导者对员工和生产都极为关心。(5-5)型：中间型或中庸型。这种类型的领导者对人的关心度和对工作心度都不高,但是能保持平衡。布莱克和莫顿认为,(9-9)型的领导方式是最有效的领导方式。应该指出,上述五种典型,只是理论上的描述,都是一种极端的情况。在实际生活中,很难会出现如此典型的领导方式。领导者应该客观地分析组织内外的各种情况,分析自己的领导方式,努力使自己的领导方式向(9-9)型转化。

(四)领导行为PM分析模型

美国学者卡特赖特和詹德 D. Cartnyight & A. Zander 在他们的《团体动力学》一书中提出了PM型领导模式。这一理论认为领导的功能,或者是达成特定的团体目标,或者是维持及强化团体的成员关系和正常运行,或者兼而有之。因此,领导行为方式可划分为三类：目标达成型(P型)、团体维持型(M型)、两者兼备型(PM型)。

日本大阪大学教授三隅二不二在长期的研究中发展了这一理论。他认为,P(Performance)是领导者为完成团体目标所做的努力,主要考察工作绩效、规划的能力等;M(Maintenance)是领导者为维持和强化团体所起的作用。他将领导的行为方式分为四种类型,即 PM、P、M、pm,用方格图的做法,建立 PM 领导行为模型,见图10-6。

为了测量领导行为中 P、M 的因素,他设计了有关下属情况的八个方面来测定 P、M 两职能的问卷。这八个方面是：工作激励、对待遇的满足程度、企业保健、精神卫生、集体工作精神、会议成效、沟通、功效规划。根据调查问卷分别统计一个组织或团体平均的 P、M 分数和领导者个人的 P、M 分数,将后者与前者相比较,就可以知道领导者的领导类型。PM 领导模型与领导四分图在形式上比较相似,但是它不像

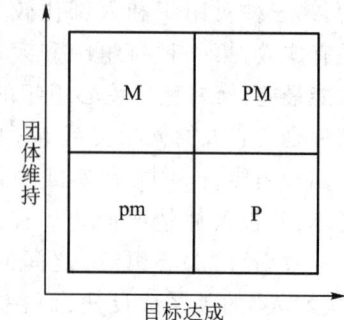

图10-6 领导行为PM模型图

领导四分图模型那样对称地分割为四等分。它的分割线代表被测群体中所有成员的平均值,因而是变动的、相对的、灵活的。四个区域分别代表低绩效—低维持的小 pm 区、高绩效—高维持的大 PM 区,高绩效—低维持的 P 区,低绩效—高维持的 M 区。三隅二不二教授做了大量的现场调查,实测了 15 万以上的案例。结果发现,大 PM 型的管理生产量高,员工对组织与工会的信赖度也高;P 型和 M 型处于中间;小 pm 型管理生产量与员工对组织和工会的信赖度最低。PM 领导模式是分析、评价领导行为的一种比较成功的方法。20 世纪 80 年代,我国学者凌文铨等人对 PM 理论进行本土化研究和修订,考虑到中国自古以来重视"德"的方面,在设计领导者行为评价量表时,加入个人品德因素 C(Character and Moral),从而编制成适合中国科研单位和行政管理部门的领导行为评价量表——CPM 量表。

四、领导情势(权变)理论

(一)情势(权变)理论的概念与影响因素

领导权变理论是 20 世纪 70 年发展起来的。当时,社会不稳、经济动荡、政治骚动、石油危机对西方社会产生了深远的影响。以往的领导理论在解决企业面对的外部环境时又显得无能为力。人们越来越清楚地认识到,没有一种普遍适用的"最好的"领导理论和方法。领导效果的好坏,除了领导者本人的素质和能力外,还取决于诸多客观因素,如被领导者的特点、组织的环境等。领导行为要以时间、地点、条件为转移,这便是领导权变理论的实质。

领导权变理论主要研究与领导行为有关的情境因素对领导效力的潜在影响,如被领导者的特征、环境因素及领导者与被领导者的关系(见图 10-7)。在不同的情境中,不同的领导行为有不同的效果,所以又被称为领导情境理论。

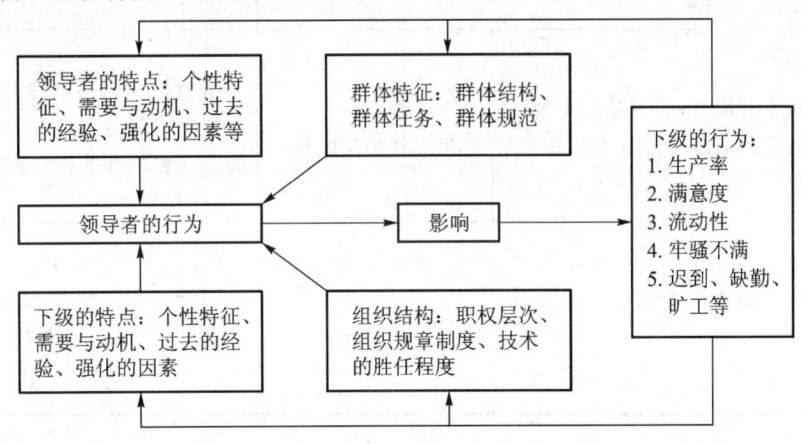

图 10-7 影响领导者行为的权变因素

(二)领导生命周期理论

领导生命周期理论是由赫塞(Paul Hersey)和布兰查德(Ken Blanchard)提出的一种重视下属成熟水平对领导影响的情景理论。

该理论的重要概念是下级的"成熟度"。即指人们对自己承担责任的能力和愿望,包括工作成熟度和心理成熟度。工作成熟度是指一个人拥有足够的知识、技能和经验胜任与完成工作任务的能力与水平。心理成熟度是指一个人做某事的意愿和动机。心理成熟度高的个体不需要太多外部激励与控制,主要靠内部动机激励欲自我管理。赫塞和布兰查德认为下属的"成熟度"对领导者的领导方式起重要作用,根据员工的成熟度不同,将领导方式分为四种:命令式、说服式、参与式和授权式。表10-2概括了不同下属成熟度匹配的领导风格。

领导生命周期理论的各项要素。随着组织成员的成长,领导者与组织成员之间的关系要经历四个阶段,因此领导者要不断调整自己的领导风格,领导生命也随之呈现出周期性的变化。随着下属从不成熟走向成熟,领导者不仅要减少对活动的控制,而且也要减少对下属的帮助。当下属成熟度不高时,领导者要给予明确的指导和严格的控制,当下属成熟度较高时,领导者只要给出明确的目标和工作要求,由下属自我控制和自主完成工作任务。

表10-2 下属成熟度与领导风格匹配表

	下属成熟度	领导风格	
第一阶段	这些人对于执行某任务既无能力又不情愿。他们既不胜任工作又不能被信任	命令型 高工作—低关系	由领导者进行角色分类,并告知人们做什么,如何做、何时以及何地去完成不同的任务。它强调指导性行为,通常采用单向沟通方式
第二阶段	这些人缺乏能力,但愿意执行必要的工作任务。他们有积极性,但目前尚缺足够的技能	说服型 高工作—高关系	领导者既提供指导性行为,又提供支持性行为。领导者除向下属布置任务外,还与下属共同商讨工作的进行,比较重视双向沟通
第三阶段	这些人有能力,却不愿意干领导者希望他们做的工作	参与型 低工作—高关系	领导者极少进行命令,而是与下属共同进行决策。领导者的主要作用就是促进工作的开展和沟通
第四阶段	这些人既有能力又愿意干让他们做的工作	授权型 低工作—低关系	领导者几乎不提供指导或支持,通过授权鼓励下属自主做好工作

领导生命周期理论建议领导者们采取动态灵活的领导风格。领导者要注意观察下属的动机、能力和经验,以便选择恰当的领导方式。恰当的领导风格不仅能够激励下属,还能帮助下属发展专业技能。这种理论被广泛应用于企业、学校等各级组织管理。

(三)费德勒的权变模型

美国心理学家费德勒(F. Fiedler)经过15年的调查,提出了一个"有效领导的权变理论"。费德勒认为,影响领导行为效能的因素有两方面,一是与被领导者相互作用的领导者的行为方式,二是情境对领导者的控制和影响程度。费德勒对影响领导效能的领导行为方式和情境因素进行了测量和研究。

费德勒延用"以任务为中心"还是"以人为中心"领导方式,开发了"最难共事者问卷"(即 LPC 问卷,见表 10-3),用以确定领导者的人格特征和行为方式。问卷由 16 组对应形容词构成,被测人员回想一下自己共事过的所有同事,并找出一个最难共事者,在 16 组形容词中按 1-8 等级对他进行评估。费德勒认为,从 LPC 问卷的回答中可以判断出人们最基本的领导风格。如果一位领导者对其最不喜欢的同事仍能给予很高的评价,即高 LPC,表明他是一位宽容和关心下属的领导者,领导行为体现出"以人为中心"的倾向;相反,低 LPC 的领导者给予最不喜欢的同事低评价,领导行为体现出"以任务为中心"的倾向,是任务型、指令型的领导。

表 10-3 LPC 问卷表

愉快	8	7	6	5	4	3	2	1	不愉快
友好	8	7	6	5	4	3	2	1	不友好
拒绝	1	2	3	4	5	6	7	8	接受
有益	8	7	6	5	4	3	2	1	无益
不热情	1	2	3	4	5	6	7	8	热情
紧张	1	2	3	4	5	6	7	8	轻松
疏远	1	2	3	4	5	6	7	8	接近
冷淡	1	2	3	4	5	6	7	8	热烈
合作	8	7	6	5	4	3	2	1	不合作
支持	8	7	6	5	4	3	2	1	敌对
讨厌	1	2	3	4	5	6	7	8	有趣
争吵	1	2	3	4	5	6	7	8	和睦
自信	8	7	6	5	4	3	2	1	犹豫
有效率	8	7	6	5	4	3	2	1	无效率
低沉	1	2	3	4	5	6	7	8	振奋
坦率	8	7	6	5	4	3	2	1	谨慎

通过调查,费德勒认为以下三种情境因素影响着领导行为的效果:① 上下级关系,是指下属对领导者的支持和忠诚,以及上下级之间的信任、尊重与合作。② 任务结构,是指工作任务的标准化和明确程度,以及人们对这些任务的熟悉和控制程度。③ 职位权力,是指领导者的岗位职权大小,以及领导者从上级和组织各方面所取得的支持程度。费德勒根据上述三种因素对领导者所处的环境进行评估,三种因素的权重和不同组合决定了领导环境的有利性。费德勒认为上下级之间的关系最为重要,因为工作任务结构和职位权力是受到组织的控制和影响的,而上下级关系则直接体现了下级对领导者是否信任、尊敬和追随。这三种因素综合起来,得到八种不同的情景或类型,每个领导者都可以从中找到自己所处的位置(见图 10-8)。

费德勒认为,只有领导风格与情景因素两者相互匹配时,才能取得最佳的领导效果。他调查了1 200个团体后,费德勒把领导风格和领导情景的8种情况结合起来,通过数据分析得出在不同的情况下确保领导效能的有效领导方式(见图10-8,图10-9①)。

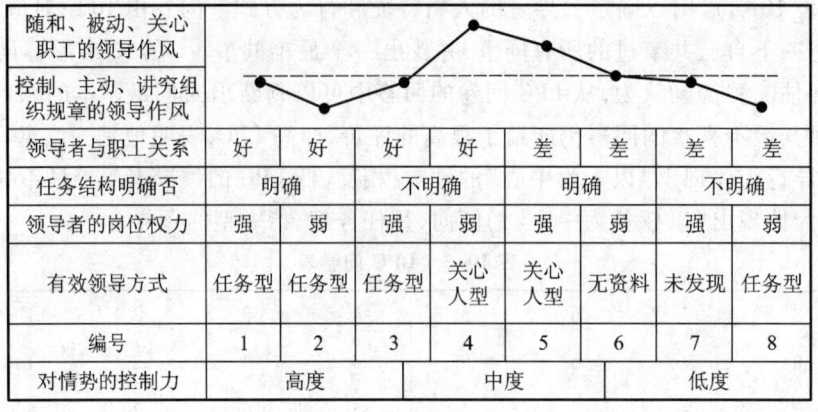

图10-8 费德勒权变模型之一

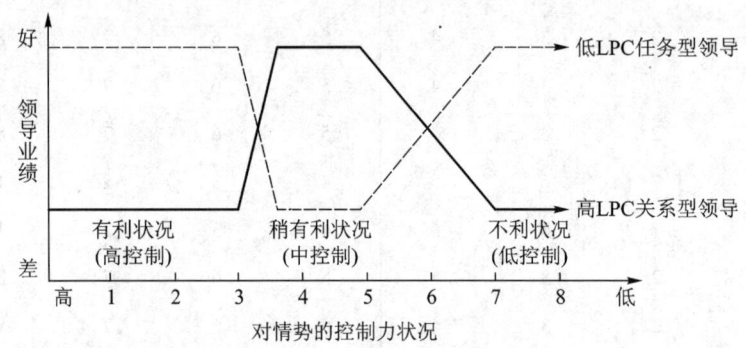

图10-9 费德勒权变模型之二

费德勒通过研究证明,在最不利和最有利的两种情况下,采用以"任务为中心"的指令型领导方式,效果最好,而对于处在中间状态环境,则采用"以人为中心"的宽容性领导方式,效果较好。两种领导风格和八种领导情境的匹配见表10-4。

表10-4 领导方式与领导情境匹配表

领导方式		情势控制		
		高度控制	中度控制	低度控制
高LPC	行为方式	专制、冷淡、自我中心,只关心工作	关怀的、开放的、参与的	焦虑的、不定的、过分关心人关系
	领导绩效	很差	良好	很差

---

① 程正方主编:现代管理心理学(第4版),北京师范大学出版社,2009年版,第423页。

续表

领导方式		情势控制		
		高度控制	中度控制	低度控制
低 LPC	行为方式	关怀和乐于支持	紧张、过分重视工作	专制、严肃、过分重视工作
	领导绩效	良好	很差	较好

费德勒模型强调为了保证领导效能需要领导者采取什么样的领导行为,而不是从领导者的个体特质出发要求领导者应当具有什么样的行为(能力),因为费德勒认为个人的领导风格是与生俱来的,所以提高领导效能的途径只有两条:一是替换领导者以适应情境,二是改变情境以适应领导者的行为方式。

费德勒模型表明,并不存在着一种绝对的最好的领导形态,企业领导者必须具有适应力,不断调整自己的行为以适应变化的情境。同时也提示管理层必须根据实际情况选用合适的领导者。

(四) 领导行为的目标导向理论

目标导向理论是加拿大多伦多大学教授伊万斯(W. G. Evans)于1968年提出的,后由其同事豪斯(R. J. Howse)加以延伸和发展。豪斯等人认为,领导者的基本任务就是发挥下属的作用,而要发挥下属的作用,领导者不仅要向下属阐明工作任务的要求,而且要帮助下属排除实现目标的障碍,使其顺利实现目标。

目标导向理论以期望理论和管理四分图理论为依据,认为"高工作"和"高关系"的领导风格组合并不一定是最有效的领导方式,还应当考虑不同的环境因素。豪斯等在1974年发表的著作中做出了说明,提出了四种领导方式:① 指令型。决策完全由领导者做出,没有下属参与。② 支持型。领导者对下属友好,关系融洽,关心下属的生活福利,但不太注意怎样通过工作使人满意。③ 参与型。领导者经常与下属沟通信息,听取下属的意见,让下属参与决策。④ 成就型。领导者为下属树立具有挑战性的组织目标,激励下属想方设法去实现目标,迎接挑战。

豪斯认为,这四种领导方式可供领导者在不同的情况下选用。在选择领导方式时主要考虑两方面的因素(见图10-10①):一是下属的个人特点。如果下属经验丰富,有能力完成任务,应选择支持型领导方式,能力较差或有困难则选择指令型领导方式。二是环境因素。如果组织中的权力结构明确,支持型领导的效果好;当工作群体之间的关系紧张,指令型领导的满意度高;当工作任务明确具体,易于执行,这时参与型的领导让下属放手自己完成任务;反之,当工作目标模糊不清,下属无所适从,领导者应当提供指导和支持,帮助下属了解工作任务和要求。工作任务对领导方式和职工满意度的影响见图10-11②。

目标导向理论认为,如果领导方式能够与下属、工作环境互补,会对下属的业绩和满意度起到积极的影响。因此,领导者应该在不同的环境下选择恰当的领导方式,不易墨守成规,故步自封。

---

① 程正方主编:现代管理心理学(第4版),北京师范大学出版社,2009年版,第426页。
② 程正方主编:现代管理心理学(第4版),北京师范大学出版社,2009年版,第427页。

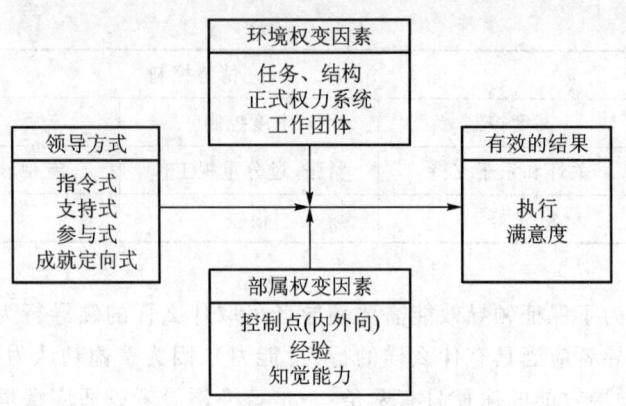

图 10-10 目标导向理论权变因素

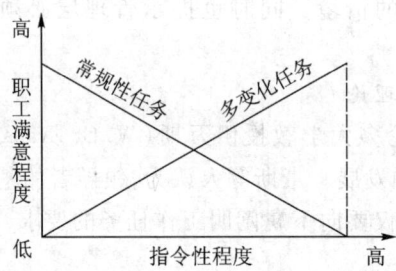

图 10-11 工作任务对领导方式和职工满意度的影响

五、领导理论的新进展

20 世纪 80 年代开始,尤其是 90 年代以来,很多学者与实际工作者提出了新的领导理论,如魅力型领导理论、交易型领导理论、变革型领导理论等。

（一）魅力型领导理论

魅力型领导理论是指领导者利用其自身的魅力鼓励追随者并做出重大组织变革的一种领导理论。魅力型领导理论从 80 年代起,日益受到重视。这是因为随着经济全球化的发展,市场竞争日趋激烈,各类组织,尤其是企业组织迫切需要魅力型领导者的改革和创新精神,以对应环境的挑战。一些学者的研究也指出,魅力型领导者也可能有消极方面。如果魅力型领导者过分强调自己个人需要高于一切,要求下级绝对服从,或利用其高超的说服能力误导或操纵下级,则可能导致不良结果。

（二）交易型领导理论

交易型领导理论是霍兰德(Hollander,1978)提出来的。该理论认为,在特定情境之下,领导行为是领导者和被领导者相互满足的交易过程,领导给部下提供报酬、实物奖励、晋升机会、荣誉等,以满足部下的需要与愿望;而部下则以服从领导的命令指挥,完成其所交给的任务作为回报。交易型领导以奖赏来领导和激励员工,当员工完成规定的任务后,便给予承诺的奖赏,整个过程就像一项交易。这种领导模式能有效提高工作绩效,但它可能成为谋取个人私利的操纵工具;可能过度强调"完成任务"、追求效率和利润的最大化而忽视了一些更为长远的东西;还可能使下属在强大的压力和过分的奖惩之下,堕入不道德和非理性的误区;最为致命的是,交易型领导看重"一物换一物",欣赏"你为我干活,我为你办事"。他们只懂得用有形、无形的条件与下属交换而取得领导权,不能够赋予员工工作上的意义,从而无法调动员工的积极性和开发员工的创造性。

（三）变革型领导理论

20世纪80年代,美国社会学家伯恩斯(Burns)在其经典著作《领袖论》中提出变革型领导理论。他将领导者描述为能够激发追随者的积极性从而更好地实现目标的个体,进而将变革型领导定义为通过让员工意识到所承担任务的重要意义和责任,激发下属的高层次需要或扩展下属的需要和愿望,使下属追求团队、组织和更大的政治利益而超越个人利益。变革型领导理论把领导者和下属的角色相互联系起来,并试图在领导者与下属之间创造出一种能提高双方动力和品德水平的过程。拥有变革型领导力的领导者通过自身的行为表率,对下属需求的关心来优化组织内的成员互动。同时通过对组织愿景的共同创造和宣扬,在组织内营造起变革的氛围,在富有效率地完成组织目标的过程中推动组织的适应性变革。

变革型领导理论发展已有20多年历史,随着研究的深入,我国学者,如孙建国、姚艳红、孟慧、时勘等,对它的研究除了本土化的过程外,也作了一些深入的理论与实证的研究。

第三节 领导者的选拔、考核与测评

一、领导者的选拔

（一）选拔领导人才的原则与素质标准

古人曰:"试玉要烧三日满,辨才需待七年期"。在选拔领导人才上,任何时代和组织都要反复推敲,精心考查。总的来说,我国企业和组织要坚持党管干部原则;任人唯贤、德才兼备原则;群众公认、注重实绩原则;公开、平等、竞争、择优原则;民主集中制原则;依法办事原则。[1] 除此之外,还应把握以下几种关系:

（1）德与才。领导者选拔标准方面要坚持"德才兼备、以德为先"[2]的用人标准。"才者,德之资也;德者,才之帅也。"德是才的统帅,才是德的支撑。当然,德与才是辩证统一的,强调以德为先,也决不能忽视才,不能重"德"轻"才"。市场经济的深入发展更是如此。

（2）绩与效。选拔领导者多侧重于对"绩"的定量考察,而忽视将"绩"与"效"联系起来。孤立的政绩不能显现领导和管理行为的绩效如何,也无法正确和全面地衡量领导人才,因此,选拔领导者是要把握好绩与效的结合。

（3）轻与老。领导干部年轻化逐渐成为企事业单位选拔领导人才的一种趋势,但是"年轻化",不是青年化,不能在年龄条件上做绝对的要求,新的知识和技能还需要与成熟和经验结合起来,选拔与培养年龄结构合理的领导队伍。

---

[1] 党政领导干部选拔任用工作条例,2002-07-09。
[2] 中共中央关于加强和改进新形势下党的建设若干重大问题的决定,2009-09-18。

（4）识与能。学历文凭是知识文化的标志，当今要求领导人才具备较高的文凭无可厚非，如果不适当地过度强调文凭，而不看其是否具有相应的能力和水平，也是错误的。通常学历容易判断，而能力却不易定量分析，所以选拔领导者往往出现重视知识轻视能力的考察，这是选拔领导人才中的一个误区。

（5）稳与新。在市场经济社会和民主政治的大环境下，选拔领导者应关注其是否具有竞争意识、创新意识、甚至某种程度上的冒险意识，改变因循守旧、故步自封的求稳思维。

（二）选拔领导人才的流程与方法

选拔领导人才的方法主要有：

（1）民主推荐。民主推荐是选才起点，它表明人们对该人可接受可拥护的程度。为了体现选才的客观性、公正性、全面性，应采用全方位推荐的方式：包括领导、组织、自我、同事推荐等。由于民主推荐对领导人才起到基本素质和现实业绩的初始评价作用，因而不论采用何种科学方法，民主推荐始终是选才的基本手段之一。

（2）岗位竞聘。为了发现更多优秀领导人才，在选拔时要营造公开、平等、竞争、择优的氛围，使组织内部和外部人才参加竞聘，通过报名、笔试、面试等环节，实现双向选择。

（3）业绩考核。工作能力测定的最有效的方法是通过业绩来体现，业绩考核选拔领导人才很重要的依据。通常考察其工作思路、工作方法、工作态度、工作效率和工作效果，包括企业内外比较、行业内外比较，甚至国内外比较。

（4）素质评价。素质是能力形成和发展的前提，对促进能力的提高起着积极的作用。一般而言，对领导人才的素质测评是指潜在的能力与素质评价，以探知其发展潜力及培育方向。

（5）岗位模拟测试。这是近些年兴起的一种用情景或环境模拟进行考核、挑选和录用的方法，由主考设计出一套与空缺职位的工作环境、工作性质十分相似的情景作为测试手段，通过应试者的实际表现，观察判断其智能水平，处事应变能力和可能的工作能力。这种方法既有选才的特点，又有实践锻炼的特征。

在实际操作过程中，上述几个方法是相互联系、相互补充，应结合起来使用，力求达到综合考察、全面衡量和择优选拔。

（三）选拔领导人才必须克服的心理障碍

（1）以貌取人。过度要求领导人才的相貌、身高等外在身体条件，往往造成选人失误，相貌堂堂却无德无才的人没有选用的价值，相反，貌不出众却有真才实学的人往往才是合适人选。

（2）强调经验、学历或性别，忽视态度和信念。大多数世界500强企业认为生意成功，93%由态度决定，而信息、智力及技能仅占7%。但是，在选拔人才过程中对工作态度的关注却很少。

（3）凭直觉仓促做出判断。据调查表明，90%的招聘人员在初见应聘者的14秒之内就已经做出了是否录用的决定，因为第一印象会发挥很大作用，有时候，一条负面信息足以淘汰掉一位相当不错的候选人。这也是一种常见的偏见，往往造成选用的人和岗位实际需要的人相差甚远。

（4）任人唯熟，任人唯亲。很多情况下，企业愿意聘用觉得舒服和熟悉的人或者亲人，而不是寻求企业岗位最需要的人才。

（5）从众效应：很多企业在招聘时，在发表对候选人的看法时，选拔者往往保持和其他同事一致的意见，人云亦云，很少说出相反的观点。

此外，还有论资排辈、妒忌心理、习惯心理、近因效应、晕轮效应、社会刻板印象等社会认知偏差,都会影响领导人才的选拔。

二、领导者的考核与评价

(一)考核与评价领导者的目的与作用

现代领导活动中,考评日益成为一个规范化和制度化的环节,考评工作的地位和重要性正日益突出。考评的目的在于识别、激励、监督与晋升提拔德能勤绩优秀的领导人才。具体有如下作用:① 识别作用。知人才能善任。而要真正认识一个领导人才,既不能凭印象也不能道听途说。必须经过调查研究,用现代化的测评方法,对领导者作定量与定性的分析,通过比较来进行考查。② 激励作用。没有比较就没有鉴别,没有考查也分不出优劣。只有通过考查,表彰与提拔优秀领导干部,才可能催人进取,奋发向上,产生鼓舞、鞭策与激励作用。③ 自我完善与成长作用。通过考查可以使各级领导者更好地认识自我、评价自我、完善自我,因而有利于各自的成长与发展。④ 为领导干部的奖评、晋级、提升和选拔、培训,提供定性与定量的测评和调查依据。

(二)考核与评价领导者的原则

为保证领导者考评的正常开展,应当在客观公正、实事求是的指导思想下遵循以下原则:

(1) 自我述职、群众评议、领导考查三结合的原则。被考评人自述工作与业绩,然后由群众和领导机关进行评议和考查。

(2) 定性与定量相结合的原则。定性考评是依据领导干部的德、能、勤、绩标准进行的判断;定量考评时运用现代化的科技方法测出各项基本要素的有关数据。定性与定量结合,加强考评的有效性与实用性。

(3) 主要与次要相结合的原则。每个人和每件事都有主要方面和次要方面之分,次要方面很重要,但一定要把握好主要方面。比如在考评领导者时,如果一位领导者不善于把握方向、控制全局,而是在日常琐事上亲力亲为,忙忙碌碌,那么这位领导者可以说是不称职、不合格的。如果我们在评价领导者时只注意其平易近人、善结人缘这些方面,忽视其工作业绩,这就是主次不分,或者说主次颠倒。如果说不能用次要方面的好掩盖主要方面的不足,同样也不能以次要方面的欠缺来否定主要方面的成绩。比如一位工作业绩卓越的领导者在性格上的某些缺点需要改正,但决不能因此抹杀掉他的主要成绩。

(4) 静态与动态相结合的原则。一方面领导活动的效果或成绩以特定的形式呈现出来,即静态的领导效能,如产量、销售量等,通过静态的领导效能我们才可以比较成绩的大小;另一方面,领导活动是一个连续的、发展的过程,每一阶段的领导效能都与前后的领导活动有着密切联系,即动态的领导效能,通过动态的领导效能我们才能理解静态领导效能的真正价值和意义。

(5) 稳定与发展相结合的原则。这要求我们在考评时既要尊重以前的考评结论,又要用发展的眼光来看领导者,不能因为一两次的考评结论就对一个领导者的各方面情况都作出定论。

(6) 察言观行、以行为主的原则。领导者考评切忌形式主义、教条主义,应当实事求是地考查领导者的行为、活动和成绩。

(三)考核与评价领导者的方法

1. 目标考评法

目标考评法是根据预先设定的领导行为目标进行考评,考查目标实施的进度、措施及其实现的程度。目标考评法最重要的工作是确定领导目标,这是考评的基础。在确定目标时,要使目标易于判断和测量,比如规定一系列数量指标,使之能够计量和运算,对一些不宜用数量表示的目标,可以揭示它的质的规定性,也可以通过详细阐明目标的质量、特征、完成日期和途径来提高其可考评程度。比如某位厂长的目标是在一年的时间内让产量翻两番,开拓欧美市场等。

2. 群众测评法

群众测评法是通过走访、座谈、投票、问卷等方式,调查了解群众对领导者的工作表现和工作成绩的反应和评价,在充分掌握和综合分析群众意见的基础上对领导者做出相应的评价。群众测验作为一种调查民情了解民意的重要手段,已经得到广泛运用,但要注意谈话和问卷一定要设计得科学合理,调查研究一定要深入,与群众深度接触,对有关情况进行细致研究,不能只看到一些表面现象,否则结论就会脱离实际。

3. 专家评估法

专家评估法是由那些具有专业知识和经验的人对领导者进行测评。首先,这些专家掌握领导知识,可以超越普通人对领导活动规律的认识,用"内行"的眼光来看待被测评的领导者。其次,测评者由于没有直接参加被测评领导者的领导活动,因此能够超脱某些人际关系的利害纠葛,"旁观者清",可以站在公正的立场上评价被测评者。再次,测评者拥有测评专业知识和经验,因此能够保证在进行测评时,从科学的角度出发,运用恰当的方法测评领导者。

4. 情境模拟考评法

情境模拟考评法是把被考评者置于一个模拟的工作环境中,要求他按照给定的条件进行模拟操作,以此来观察他们的行为方式、心理素质、反应能力等,并依据这些观察对他们做出一定的评价。模拟测评法是目前国际上较为流行的一种领导测评方法,主要有案例分析法、小组讨论法和公文包处理法、角色扮演法等。

5. 调查研究法

调查研究法是一种常用的考评方法,包含调查与研究两个阶段。在调查阶段,要搜集信息全面了解调查对象的客观情况;在研究阶段,要分析调查获得的材料,从而取得对调查对象本质和规律的认识。调查是基础;研究是目的。领导考评过程实质上就是一个对被测评领导者进行调查研究的过程。考核即为调查阶段,评价则是研究阶段。调查研究既是领导测评的基本过程,又是领导测评的基本方法。

6. 比较测评法

比较测评法是一种通过比较考查领导者效率、效益和效果,分为纵向比较和横向比较。纵向比较是领导者个人过去与现在,上次与这次的比较;横向比较是领导者、领导机构之间的比较。正确地运用比较方法,可以产生很好的激励作用,但是现实生活中,每个领导者、每个组织都各不相同,所以应有针对性地设计好比较的内容和方面,否则就会失去测评的意义。

7. 统计分析法

统计分析法是一种定量的考评方法,将领导活动及其效果用量化的指标表示出来,运用数学方式,建立数学模型,对各种数据及资料进行数理统计和分析,形成定量的结论。统计分析方法是目前广泛使用的现代科学方法,是一种比较科学、精确和客观的测评方法。在运用定量分析的同时,也不应忽视定性分析。

8. 自我述职法

自我述职法是由领导者本人对领导活动的绩效和问题进行总结分析,并将基本结果项测评者进行汇报的一种自我鉴定方法。比如政府机构领导人的年度或任职工作报告,汇报职务履行情况、工作成效、个人所起作用、工作存在问题和今后打算。述职过后,再组织与会者对述职报告进行评论,对述职者履行岗位职责及其贡献进行评价。这种自我述职、自我鉴定,也是全面考评领导效能不容忽视的一个方法,对于领导者自我约束和提高领导效能起着积极作用。另外,领导者自我述职要以广泛的民主参与和监督为前提。

思考题

1. 什么是领导?领导的基本功能是什么?
2. 简述西方领导体制发展经历的阶段及其特点。
3. 试分析我国现代领导体制发展的趋势与特点。
4. 试分析领导者应具备哪些良好的心理素质。
5. 试分析领导影响力的构成因素及怎样才能提高领导的影响力。
6. 试评价一种领导理论。
7. 怎样选拔和培养优秀的领导?

参考文献

1. 程正方.现代管理心理学(第4版).北京:北京师范大学出版社,2009.
2. I.D.赫尔雷格尔.俞文钊等,译.组织行为学(9版).华东师范大学出版社与汤姆森学习出版集团,2001.
3. ① 凌文辁,张治灿等.中国职工组织承诺的结构模型研究.管理科学学报,JOURNAL OF MANEGEMENT SCIENCES IN CHINA,2000(2).
   ② 凌文辁等.中国职工组织承诺研究.中国社会科学,Social Sciences In China.2001(2).
4. [美]安德鲁.杜布林.王佳艺译.心理学与工作.北京:中国人民大学出版社,2007.
5. [美]斯蒂芬.P.罗宾斯.组织行为学.(7版,12版).北京:中国人民大学出版社,1997,2008.
6. 陈国海.组织行为学.北京:清华大学出版社,2006.
7. 程正方,高玉祥,郑日昌.心理学(4版).北京:北京师范大学出版社,2009.
8. 程正方.学校管理心理学(2版).北京:中央广播电视大学出版社,2006.
9. 俞文钊.管理心理学(修订版).甘肃人民出版社,2003.
10. 凌文辁,方俐洛.领导与激励.北京:机械工业出版社,2000.
11. [美]Dail liekls.阳志平译.工作评价——组织诊断与研究实用量表.北京:中国轻工出版社,2002.
12. [美]Paul R Timm&Brent D Peterson,钟谷兰译.人的行为与组织管理.北京:中国轻工业出版社,2004.
13. 凌文辁,陈龙,王登.CPM领导行为评价量表的建构.心理学报,1987(02).
14. [美]理查德·格里格等.王垒等译.心理学与生活.北京:人民邮电出版社,2003.
15. 王美绪.图解心理学.海口:南海出版社,2008.
16. 李原.企业员工的心理契约——概念、理论及实证研究.上海:复旦大学出版社,2006.
17. 张爱卿.当代组织行为学.北京:人民邮电出版社,2006.
18. 刘勇,周琳.现代企业心理与行为创造.广州:中山大学出版社,2007.
19. 孔祥勇.管理心理学.北京:高等教育出版社,2001.
20. 周三多.管理学.北京:高等教育出版社,2004.
21. 邓荣霖,罗锐韧.MBA全集.北京:台海出版社,1998.
22. 孙健.领导科学.天津:南开大学出版社,2008.
23. 林牧,曹晓丽.领导科学基础.北京:首都经济贸易大学出版社,2007.
24. 王乐夫.领导学:理论、实践与方法(2版).广州:中山大学出版社,2002.
25. 王彬.组织行为学.大连:大连理工大学出版社,2007.
26. 冯秋婷.西方领导理论研究.北京:人民出版社,2008.
27. 刘银花.领导科学.大连:东北财经大学出版社,2006.
28. 王永章.中国文化产业典型案例选编.北京:北京出版社,2004.
29. 小詹姆斯·H.唐纳利.李柱流译.管理学基础—职能.行为.模型.北京:中国人民大学出版社,1982.
30. [美]丹尼尔·A.雷恩.管理思想的演变.孙耀君,李柱流等,译.北京:中国社会科学出版社,1986.
31. [美]克劳德·小乔治.管理思想史.孙耀君,李柱流等,译.北京:商务印书馆,1985.

32. 张西超.员工帮助计划:中国 EAP 的理论与实践.北京:中国社会科学出版社,2009.
33. 时勘,王继承.企业高层管理者胜任特征模型评价的研究[J].心理学报,2002(3).
34. 仲理峰,时勘.胜任特征研究的新进展.南开管理评论,2005(5).